Die Kunsttätigkeit der Salesianerinnen im deutschsprachigen Raum

Auf dem Umschlag:

Vorderseite: *Amberg, Salesianerinnenkirche St. Augustinus, heute Schulkirche genannt. Detail aus ursprünglichem Chorgitter, heute Abschlussgitter: Wappen der Salesianerinnen.*

Rückseite: *Amberg, Salesianerinnenkirche St. Augustinus. Detail aus Hauptfresko: Wunder bei der Übergabe des Freibriefes an die Ordensstifter Franz von Sales und Johanna Franziska von Chantal (vgl. Abb. 32).*

BIBLIOGRAFISCHE INFORMATION DER DEUTSCHEN BIBLIOTHEK

Die Deutsche Bibliothek verzeichnet diese Publikation in der Deutschen Nationalbibliografie; detaillierte bibliografische Daten sind im Internet über <http:dnb.de> abrufbar.

1. Auflage 2005

ISBN 3-89870-197-2
Zugl.: Dissertation, Universität München, 2003

Layout: Georg Mader, 88171 Weiler im Allgäu
Gesamtherstellung: Holzer Druck und Medien, 88171 Weiler im Allgäu

Susanne Stadl

Die Kunsttätigkeit der Salesianerinnen
im deutschsprachigen Raum

KUNSTVERLAG JOSEF FINK

Inhalt

Anhang

Einleitung

In dem Zeitraum von 1610 bis 1798 gab es im deutschsprachigen Raum nur vier Niederlassungen der Salesianerinnen: Wien, München, Amberg und Sulzbach in der Oberpfalz. Sulzbach wird im Folgenden nicht berücksichtigt, da die Kirche erst ab 1762 entstand und nie ein Deckenbildprogramm erhalten hat. Zwischen den Salesianerinnenkirchen in Wien, München und Amberg besteht ein enger Zusammenhang. Die Deckenbilder haben drei für den „Orden von der Heimsuchung Mariens" wichtige Personen zum Thema: In Wien Maria, in München den Ordensstifter Franz von Sales und in Amberg die Ordensstifterin Johanna Franziska von Chantal.

Die erste Gründung im deutschsprachigen Raum war die Salesianerinnenkirche in München, St. Anna, heute Damenstiftskirche genannt – weshalb der Schwerpunkt auf München gelegt wird.
Auf alten Fotos ist zu sehen, dass St. Anna und die Klostergebäude am 22.11.1944 fast völlig zerstört wurden[1]. Vom Kloster ist außer der Fassade nichts mehr vorhanden; die Kirche wurde nach alten Aufnahmen durch Erwin Schleich rekonstruiert. Da nur Schwarzweißaufnahmen des Vorkriegszustandes erhalten waren, wurden die Deckenfresken in eine skizzierte Grisailletechnik, besser gesagt in eine graubraune Ton-in-Ton-Malerei übersetzt[2]. Schleich nennt dieses Vorgehen ein Wagnis erster Ordnung und stellt fest, dass, wie längst bedauert wird, die Bilder nicht in Farbe gesetzt wurden. Da die wiedererstellte Malerei nicht die ästhetischen Werte der ursprünglichen Fresken aufweist und verschiedene Details aus Nichtkenntnis der Zusammenhänge falsch rekonstruiert wurden, werden als Bearbeitungsgrundlage vor allem Vorkriegsaufnahmen herangezogen.

Bei der Untersuchung der Baugeschichte ist zuerst die Zuschreibung an Johann Baptist Gunezrhainer zu klären. Bereits Helene Voelcker stellte 1923 fest, dass die Zuschreibung der Salesianerinnenkirche an Gunezrhainer aufgrund der Chronik

1 Siehe BLfD, Salesianerinnenkirche St. Anna, Besichtigung am 17.5.1944 nach dem Angriff vom 25.4.1944: „Die Kirche ist in ihrem gesamten Innenraum und den darüber liegenden Gewölben restlos erhalten. Desgleichen sind die Deckengemälde der Gebrüder Asam unversehrt. Lediglich der Dachstuhl ist abgebrannt". Der Vorgehensentscheid lautete: „Da die Kirche unter Denkmalschutz steht, und an sich vollständig erhalten geblieben ist, wird die Anbringung eines Notdaches anerkannt". Die Zerstörung bis auf die Außenmauern erfolgte am 22.11.1944.

2 Vgl. Erwin Schleich, Zur Rekonstruktion von Werken der Baukunst, in: Jahrbuch des Vereins für christliche Kunst, Bd. 8, München 1974, S. 96.

von Westenrieder aus dem Jahr 1783 erfolgte, die entsprechenden Quellen aber fehlten[3]. Eine bisher nicht berücksichtigte Quittung vom 11. Oktober 1734 sagt aus, dass die Kirche im Namen des Hofbaumeisters Johann Gunezrhainer erbaut wurde.

Bekannt waren bisher Zeichnungen von Grundriss und Fassade von Cuvilliés[4]; die Originalpläne galten als nicht erhalten. Eine neu aufgefundene Planserie, die unter der Zuständigkeit Gunezrhainers entstanden ist, wirft Fragen auf, da ein vorhandener erster Entwurf nicht realisiert wurde. Zur Klärung dieser Fragen werden ein Idealplan und Regeln zur Ausführung von Salesianerinnenklöster und -kirchen des Ordensstifters Franz von Sales herangezogen. Als Beispiel der Dokumentation einer „Planänderung“ dient die Salesianerinnenkirche St. Marie in Paris, die 1634 von François Mansart erbaut wurde.

Durch einen Vergleich mit weiteren Kirchen im bayerischen Raum, die Gunezrhainer zugeschrieben werden, soll sein Einfluss bei der Planänderung herausgearbeitet werden.

Bei der Behandlung der Innenausstattung steht der Inhalt der Deckenfresken im Vordergrund. Die Deckenbilder stammen von Cosmas Damian Asam. Zwischen 1714 bis in die 1730er Jahre entstand eine Sonderform der Deckenmalerei. Cosmas Damian Asam veranschaulichte in seinen Deckenbildern komplizierte ikonologische Vorstellungen, wie sie sich besonders im frühen 18. Jahrhundert im süddeutschen Raum ausprägten. Bernhard Rupprecht stellt fest: „Eine programmatische Ideenmalerei hat es in Europa schon längst gegeben, im 17. Jahrhundert dringt sogar die Emblematik in die Raumdekoration ein. (...) Asams Leistung als Maler besteht nicht zuletzt darin, daß er auch vielschichtige inhaltliche Vorgaben ganz in der schlüssigen Anschaulichkeit des illusionistischen Deckenbildes aufgehen lassen konnte“[5].

Das Patrozinium der Salesianerinnenkirche St. Anna wurde von dem Vorgängerbau aus dem 15. Jahrhundert übernommen. Eine Quelle von 1738 nennt die Kirche „Closter Gottshaus S. Francisci von Sales Episcopi. bey St: Anna in München“[6]. Diese Aussage ist ein Hinweis auf das Thema des Bildzyklus. Dargestellt ist in St. Anna im Hauptfresko der Zug zum Lamm auf dem Berg Zion. An einer exponier-

3 Vgl. Helene Voelcker, Die Baumeister Gunezrhainer, München 1923, S. 66.

4 Siehe Gustav von Bezold, Berthold Riehl und Georg Hager, Die Kunstdenkmale des Regierungsbezirks Oberbayern, Bd. 4, München 1902 (Nachdruck 1982), S. 949 und Norbert Lieb, Münchner Barockbaumeister, München 1941, S. 22.

5 Bernhard Rupprecht, Der Deckenmaler Cosmas Damian Asam, in: Ausst.-Kat. Aldersbach (1986), S. 12.

6 BHStAM I, KU München-Salesianerinnen Jg. 1738 Sept. 8.

ten Stelle ist der Ordensgründer Franz von Sales zu sehen, der eines seiner Hauptwerke, die *Philothea*, in Händen hält. In einem Kirchenführer von 1903 sowie im *Corpus der barocken Deckenmalerei* wird als Thema für das Hauptfresko genannt: „Sie folgen dem Lamme" bzw. „Zug der Jungfrauen zum Lamm auf dem Berg Zion"[7]. Beide Bearbeitungen kommen nicht zu der Feststellung, dass der Ordensstifter im Fresko dargestellt ist, da die historischen Zusammenhänge zur Entstehungszeit bis heute nicht untersucht wurden.
Zu dieser Thematik stellt Frank Büttner fest: „Für die Barockforschung kann es keinen anderen Weg geben, als den einer Interpretation im Rahmen einer historischen Rekonstruktion der ursprünglichen Rezeptionsbedingungen. Sie muß sich, wenn sie wirklich verstehen will, in die Vorstellungswelt derer hineindenken, die die Werke geschaffen haben und für die sie geschaffen worden sind"[8]. Die Entwicklung der religiösen Malerei war entscheidend für die kunstgeschichtliche Entwicklung des Mediums Bild. Zwischen der historischen Bedeutung und dem konkreten Wissen des heutigen Betrachters über die Aussage dieser Werke besteht eine große Diskrepanz. Für das Verstehen ist es nötig, die Werke nach allen zur Verfügung stehenden Bedeutungsrichtungen zu untersuchen und Erkenntnisse von Nachbardisziplinen heranzuziehen[9].

Ebenso wichtig ist es, wie Markus Hundemer ausführlich erläutert, das spezifisch rhetorische Kunstverständnis im Barock wiederzugewinnen, als Voraussetzung für die Rekonstruktion zeitgenössischer Rezeption barocker Deckenmalerei[10]. Auftraggeber für das Innendekorationsprogramm waren die Jesuiten. Im Circulaire von 1738 wird betont, dass der Münchner Salesianerinnenorden bereits seit 30 Jahren unter der Leitung der ehrwürdigen Väter der Jesuiten stehe und die Ordensfrauen in allen geistlichen und zeitlichen Bedürfnissen sich ihrer Führung anvertrauten[11]. Ein Bittschreiben der Salesianerinnen vom 9. Juni 1761 an den Kurfürsten besagt:

---

7 Vgl. Kirchenführer von St. Anna: Kleine Geschichte und kurze Beschreibung der St. Anna-Damenstiftskirche in München anlässlich der Restaurierung derselben im Jahre 1903, (o.V.), München 1903 sowie Hermann Bauer und Bernhard Rupprecht, Corpus der barocken Deckenmalerei in Deutschland, Bd. 3: Freistaat Bayern, Regierungsbezirk Oberbayern, Stadt und Landkreis München, Teil I, Sakralbauten, München 1987, S. 186.

8 Frank Büttner, Rhetorik und barocke Deckenmalerei. Überlegungen am Beispiel der Fresken Johann Zicks in Bruchsal, in: Zeitschrift des deutschen Vereins für Kunstwissenschaft, Bd. 43, Heft 1, Berlin 1989, S. 72.

9 Vgl. Frank Büttner und Hans Ramisch, Geleitwort in: Markus Hundemer, Rhetorische Kunsttheorie und barocke Deckenmalerei. Zur Theorie der sinnlichen Erkenntnis im Barock (=Studien zur christlichen Kunst, Bd. 1), Diss. Regensburg 1997, 7 f.

10 Vgl. Hundemer (1997), S. 20.

11 Vgl. Circulaire: Vive+Jesus. De nôtre Monastere de la Visitation S. Marie de Munic ce 8. de Mars 1738, München 1738, S. 4. Das Münchner Kloster berichtete alle drei Jahre über die wichtigsten Ereignisse handschriftlich nach Annecy und andere Klöster. Eine nicht vollständige Serie der in

„(...) nach der Intention unseres Heyl: Ordens Stiffters Francisci Salesij nichts sehnlicheres wünschen, und verlangen, noch länger unter der geistlichen Direktion schon besagter Patrum Soc. JESU uns zu befünden (...)“[12]. Die beiden Quellen zeigen, dass der geistige Hintergrund der Innenausstattung in der Münchner Salesianerinnenkirche von den Jesuiten geprägt wurde.
Hundemer schreibt zum Einfluss der Jesuiten: „Von kaum zu überschätzender Bedeutung – nicht nur in den überwiegend katholisch geprägten Ländern – war im 17. und bis weit ins 18. Jahrhundert hinein dabei die Dominanz jesuitischer Bildung und Bildungsinhalte gewesen, die nicht zuletzt rhetorische »Kunst« und »Wissenschaft« zu ihrem Zentrum hatten“[13].

Dem Innendekorationsprogramm der Münchner Salesianerinnenkirche liegt eine Reihe von Texten zugrunde, die bei der Bearbeitung im *Corpus der barocken Deckenmalerei* nicht berücksichtigt wurden. Neben den Hauptwerken des Ordensstifters, der *Philothea* (1609/1619)[14] und dem *Theotimus* (1616)[15], werden seine Predigttheorie (1604)[16], eine Festschrift zu seiner Heiligsprechung (1666)[17], gedruckte Predigten, die in St. Anna gehalten wurden, sowie der erhaltene Schriftverkehr herangezogen.
Als Interpretationsgrundlage für das Freskenprogramm der Münchner Kirche dient eine Predigt von 1692, die zu Ehren von Franz von Sales an seinem 70. Todestag in der Salesianerinnenkirche St. Anna gehalten wurde[18]. Der Autor der Predigt, Karg von Bebenburg, war dem Orden persönlich sehr verbunden. Durch seine Vorbildung war es ihm möglich, eine rhetorisch kunstvoll angelegte Argumentation für seine Hauptaussage – ein Wunder als Zeichen der Macht und Gnade der göttlichen Vorsehung – auszuarbeiten. Grundlage seiner Predigt ist u. a. eine Biographie des

---

Paris und Annecy gedruckten Circulaires wird in der Nationalbibliothek von Paris und im Salesianerinnenkloster von Annecy aufbewahrt. Die das Münchner Kloster betreffenden Circulaires sind im Archiv des Instituts für salesianische Forschung, Kloster der Heimsuchung, Dietramszell vorhanden.

12 BHStAM I, KL Fasz. 468/25.

13 Hundemer (1997), S. 231.

14 Franz von Sales, Introduction à la vie dévote, Paris 1619, in: Deutsche Ausgabe der Werke des hl. Franz von Sales, Bd. 1, Eichstätt und Wien 1959.

15 Franz von Sales, Traité de l’amour de dieu, Lyon 1616, in: Deutsche Ausgabe der Werke des hl. Franz von Sales, Bd. 2, 3, Eichstätt und Wien 1960.

16 Franz von Sales, Brief über das Predigen (1604), aus dem Französischen von E. Kopp, in: Franz von Sales-Hefte, Bd. 5, Eichstätt 1946.

17 Relation de ce quis est passe a Turin a la Ceremonie de la Feste de St. Francois de Sales le 29. Januier 1666 & pendant l’Octave dans l’Eglise des Religieuses de la Visitation, Turin 1666.

18 Vgl. Johann Friderich Karg von Bebenburg, Die uber den Todt der Bethlehemitischen Kinder weinende: und durch den lang hernach an eben selbigen Tag erfolgten seeligsten Hintritt deß Heiligen FRANCISCI von SALES getröstete RACHEL, München 1692.

Ordensstifters und die Festschrift zu seiner Heiligsprechung. Dieses Wunder wird in der Mitte der Predigt als Höhepunkt mit dem Motiv der Anbetung des Lammes auf dem Berg Zion nach Apk 14 verbunden. Da dieses Thema im 18. Jahrhundert in St. Anna offenbar erstmals als zentrales Thema an der Decke verwendet wurde, kann davon ausgegangen werden, dass die Predigt als theologisches Konzept von den Jesuiten bzw. von dem Jesuiten Wilhelm Englisch, dem Spiritual der Salesianerinnen, verwendet wurde, und nach der Beratung mit dem ausführenden Künstler Cosmas Damian Asam eine Umsetzung fand.
Mehrere bei der Heiligsprechung des Ordensstifters im Jahr 1666 beschriebene Embleme fanden direkten Eingang in das Hauptfresko von St. Anna und erklären die Hauptstruktur der Bildanlage[19].

In der Innenausstattung der neu erbauten, 1735 geweihten Salesianerinnenkirche finden sich das Emblem der Herz-Jesu-Bruderschaft im Hauptfresko an der Decke und viele weitere Zeichen der Verehrung im Innenraum. St. Anna ist im bayrischen Raum Anfang des 18. Jahrhunderts die einzige Kirche, die eine Betonung der Herz-Jesu-Verehrung in diesem Maße aufweist, weshalb dieser Punkt ausführlicher behandelt wird. Die Herz-Jesu-Verehrung wurde von Franz von Sales in seinen Schriften begründet, durch die Salesianerin Margareta Maria Alacoque ab 1690 neu belebt und ihre Verbreitung durch die Jesuiten stark gefördert. Im Jahr 1695 hielt der Jesuit Bernhard von Sonnenberg eine Herz-Jesu-Predigt in der Salesianerinnenkirche St. Anna[20].

Abschließend werden die Programme in Amberg und Wien vorgestellt. Die drei Kirchen im Kontext präsentieren die Bedeutung des Salesianerinnenordens im deutschsprachigen Raum. Für die Ausführung der Freskenzyklen wurden erstklassige Künstler herangezogen. Die Ölmalerei des Kuppelbildes in Wien wurde von Antonio Pellegrini 1727 erstellt. Die Bedeutung des Bildes erläutert eine bisher nicht beachtete Predigt von P. Fr. Lucas à S. Nicolao[21], die 1727 in St. Peter in Wien gehalten wurde. Die Textquelle ist der Kaiserin selbst gewidmet und zeigt, wie sehr die Fürstin den Salesianerinnenorden schätzte.

---

19 Siehe Festschrift (1666), S. 14 ff.

20 Vgl. Bernardo Sonnenberg, Newe vom Himmel gesandte Andacht gegen dem Göttlichen Herzen JEsu Christi an dem ersten Freytag nach der Octav deß H. Fronleichnambs als an seinem verordneten Festtag in der Kirchen der Wol-Ehrwürdigen Closter-Frawen von der Heimbsuchung MARIAE zu München Anno 1695. in einer Predig vorgetragen unnd auff derselben Anhalten mit einem Zusatz hervor gegeben, München 1695.

21 Vgl. Fr. Lucas à S. Nicolao, Marianisch-Salesische Bundes-Zeichen/ Das ist: MARIA, am Tag ihrer Reinigung erscheinend im Tempel GOttes/ und Heil. FRANCISCUS von SALES, Wien 1727.

In Amberg erstellte Gottfried Bernhard Göz einen Freskenzyklus zu Ehren der Ordensgründerin Johanna Franziska von Chantal. Grundlage für das Bildprogramm war eine Festschrift von 1752[22], die einen nicht erhaltenen Emblemzyklus beschreibt und deutet, der bei der Seligsprechung der Ordensstifterin in der Vorgängerkirche aufgehängt war.

22 Siehe hierzu: nicht veröffentlichte Magisterarbeit der Verfasserin, Die ehemalige Klosterkirche der Salesianerinnen in Amberg, St. Augustinus, München 1994.

I. Geschichte des Salesianerinnenordens in Bayern und Österreich

Franz von Sales, seit 1602 Fürstbischof von Genf, gründete am 6. Juni 1610 zusammen mit der verwitweten Baronin Johanna Franziska von Chantal den „Orden von der Heimsuchung Mariens“[23] in der Bischofsstadt Annecy in Savoyen, wo sich auch heute noch ein Salesianerinnenkloster befindet. Franz von Sales gründete die Gemeinschaft zwar ohne Klausur, aber mit Konstitutionen: „Une religieuse sans clôture ou peu, qui sortait de son couvent pour de multiples raisons, quoique prévues dans les constitutions, et qui n'avait pas de voeux solennels, pourrait facilement être confondue avec celles qui sortaient pour toutes autres raisons“[24]. Erzbischof und Kardinal Denis von Marquemont in Lyon, wo 1615 ein zweites Salesianerinnenkloster gegründet wurde, forderte die strenge Klausur für den Orden. Auf Grund eines Breves von Papst Paul V. erhob Franz von Sales am 16. Oktober 1618 die Genossenschaft zu einem förmlichen Orden mit dem Namen „De Visitatione Beatae Mariae Virginis“ nach der Augustinerregel[25]. Der Ordensstifter übersetzte die neue Ordensregel ins Französische und gab dem neuen förmlichen Orden zusätzlich die bereits früher verfassten Konstitutionen, die am 27. Juni 1626 von Papst Urban VIII. bestätigt wurden.

Beim Tod des Franz von Sales am 28. Dezember 1622 gab es 13 Salesianerinnenklöster, beim Tod der Ordensgründerin am 13. Dezember 1641 zählte der Orden bereits 87, alle (bis auf Aosta und Freiburg) in Savoyen, Frankreich und Burgund[26]. Das erste Kloster in Deutschland, das 136. des ganzen Ordens, wurde 1667 vom Kurfürsten Ferdinand Maria und seiner Gemahlin Henriette Adelaide in München gestiftet[27]. Von hier aus wurde 1692 eine Niederlassung in Amberg

---

23 Max Heimbucher, Die Orden und Kongregationen der katholischen Kirche, Bd. 1, Paderborn 1933, S. 642; „Franz von Sales gab seinen geistlichen Töchtern den Namen *Schwestern von der Heimsuchung* (Mariens), um sie durch diese Benennung anzuleiten, beim Dienste der Armen und Kranken die hohen übernatürlichen Ansichten nachzuahmen, die einst die hl. Jungfrau bewogen hatten, die stille Zurückgezogenheit in Nazareth aufzugeben und ihre Base Elisabeth zu besuchen und zu pflegen“.

24 Marie-Patricia Burns, Aux Origines de la visitation: La vraie pensée de Saint François de Sales, in: Nicole Bouter (Hrsg.), Les religieuses dans le cloître et dans le monde des origines à nos jours, Saint-Etienne 1994, S. 659.

25 Vgl. hierzu Norbert Backmund, Die kleinen Orden in Bayern und ihre Klöster bis zur Säkularisation, Windberg 1974, S. 89–92, siehe auch Romuald Bauerreiss, Kirchengeschichte Bayerns, Bd. 7, Ottilien 1977, S. 27–30.

26 Vgl. Burns (1994), S. 670.

27 Siehe Heimbucher (1933), S. 641–646.

gegründet[28]. In Österreich holte Kaiserin Amalia Wilhelmine, Witwe Kaiser Josephs I., 1719 Salesianerinnen nach Wien.

Neu- bzw. Umbauten mit Deckenprogrammen erfolgten chronologisch gesehen 1717–1719 in Wien, 1733–1735 in München und 1757–1760 in Amberg. Die Reihenfolge der Themen der entsprechenden Deckenbilder entspricht der Programmwahl der Seitenaltäre, die üblicherweise in Heimsuchungskirchen aufgestellt wurden.
Die erste Kirche der Salesianerinnen im deutschsprachigen Raum, die in der ersten Hälfte des 18. Jahrhunderts mit einem Deckenbild versehen wurde, war die Salesianerinnenkirche am Rennweg in Wien. Das Thema des Kuppelbildes beinhaltet die Gottesmutter Maria.
Auftraggeberin war die Kaiserinwitwe Amalia Wilhelmine. Ihre Tochter Amalia Maria, ab 1722 Kurfürstin von Bayern, initiierte einen Neubau der Münchner Salesianerinnenkirche etwa 5 Jahre nach der endgültigen Weihe der Wiener Kirche; das Hauptfresko in München ist dem Ordensstifter Franz von Sales gewidmet. Nach der Seligsprechung der Ordensstifterin Johanna Franziska von Chantal 1751 erfolgte ein Umbau der Amberger Salesianerinnenkirche mit einem Deckenfreskenzyklus über die Ordensstifterin.

Das Circulaire von 1735 der Münchner Salesianerinnen stellt diesen thematischen Zusammenhang her:

„(...); la premiere de nos Chapelles sera sous le vocable de la Visitation, & la seconde sous celui de nôtre saint Fondateur; nous avons encore de place pour en eriger une troisiéme, nous esperons que les peines qu´on se donne, & les voeux qui se sont dans tout nôtre ordre y placeront un jour nôtre venerable Fondatrice; (...)[29]."

28 Die von Amberg aus erfolgte Gründung in Sulzbach wird in die Untersuchung nicht mit einbezogen, da die Klosterkirche kein Bildprogramm aufweist. Kloster und Kirche sind Bestandteil des Schlosskomplexes am Platz des ehemaligen Ballhauses. Als Stiftung der Sulzbacher Herzogswitwe Eleonora Philippina errichtete der Amberger Stadtbaumeister Wolf Dirmann 1753–55 den Klostertrakt. Die von 1762–65 erbaute Kirche wurde am 22. September 1765 geweiht. Da die Nachlassmittel der 1759 verstorbenen Herzogin bald aufgebraucht waren, blieb die Einrichtung der Kirche unvollendet. Vgl. Friedrich Fuchs, Die Kirchen von Sulzbach-Rosenberg, in: Eisenerz und Morgenglanz. Geschichte der Stadt Sulzbach-Rosenberg, Bd. 2, Amberg 1999, S. 784.
„Wie bereits ausgeführt waren Kloster und Kirche so arm, daß die Innenausstattung der in den Jahren 1762 bis 1764 erbauten Kirche erst durch Dekan Joh. Siegert im Jahre 1809 ihre letzte Vollendung gefunden hat, die bis auf den heutigen Tag fast unverändert erhalten werden konnte". Wilhelm Baumgärtner, Die Klosterkirche: kunstvolles religiöses Denkmal, in: Sulzbach-Rosenberger Stadtnachrichten, 30.09.1983.

29 Circulaire : Vive+Jesus. De nôtre Monastere de la Visitation Ste. Marie de Munich ce 6. Mars 1735, München 1735, S. 4.

1. Gründungsbulle der Kurfürstin Henriette Adelaide von 1667 für München und Amberg

1.1 Gründung in München 1667

Kurfürstin Henriette Adelaide von Savoyen erlangte 1667 die Genehmigung von Papst Alexander VII., Salesianerinnen aus Norditalien nach Bayern zu holen. Sie hatte die Absicht, in München und Amberg je ein Kloster zu gründen. In der Bulle Alexanders VII. vom 24. März 1667 unterstellt der Papst die neu zu gründenden Klöster der Jurisdiktion des Regensburger Bischofs[30]. Zudem geht aus der Bulle hervor, dass die Kurfürstin sich verpflichtet hatte, die Mittel für die Erstellung der Klostergebäude und Kirchen zur Verfügung zu stellen. Das Ordensziel der Salesianerinnen sollte unter Einhaltung der Klausur die Erziehung von jungen Mädchen sein[31]. Nach der Genehmigung für die Ordensgründung durch Papst Alexander VII. wandte sich Henriette Adelaide an den Bischof von Vercelli, Michael Angelus Broglia[32]. Mit seiner Zustimmung wurden von der Oberin des Klosters vier Nonnen ausgesucht. Als Oberin des Klosters in München wurde die Schwester Maria Margaretha de Nus, als Oberin für das Kloster in Amberg die Schwester Maria Hyacintha Olgiatha bestimmt. *Abb. 39*

Die Verbesserung der Schulbedingungen für Mädchen in München kann aber nicht als einziger Grund für das Interesse der Kurfürstin an den Salesianerinnen gelten, da Mitte des 17. Jahrhunderts bereits Klarissinnen und Englische Fräulein Institute in München eröffnet hatten. Die Einführung dieses Ordens in Bayern hatte für die Kurfürstin eine ganz besondere Bedeutung.

Henriette Adelaide war die Tochter des Herzogs Viktor Amadeus I. von Savoyen und seiner Gemahlin Christine, der Tochter von Maria von Medici und König Heinrichs IV. von Frankreich, an deren Hof Franz von Sales aufgrund seiner Schriften hochge-

30 Vgl. BHStAM I, Kurbayern U 1751, Or. Perg. Lat., 57x72 cm, Kopie der Originalbulle von Papst Alexander VII. vom 24.03.1667. Registriert bei Ludwig Muggenthaler, Der Schulorden der Salesianerinnen in Bayern von 1667 bis 1831, in: Jahrbuch für Münchener Geschichte, Jg. 5, Bamberg 1894, S. 216-221, Anm. 46. Die Originalbulle befindet sich im Klosterarchiv der Salesianerinnen.

31 „(...), construere et dotare magnamque pecuniarum summam in fabricam novi Monasterii hujusmodi illiusque Ecclesiae in loco ad id commodo decenti et opportuno, magnifica structura aedificandorum erogare intendit. (...), sub regulari clausura commorari, ibique virgines educare (...)“. BHStAM I, Kurbayern U 1751.

32 Der Salesianerinnenorden hatte 1667 seine größte Niederlassung in Vercelli, Piemont, die heute nicht mehr existiert.

schätzt war[33]. Der Vater von Viktor Amadeus, Herzog Karl Emanuel, wollte das Bündnis mit Frankreich durch die Vermählung seines Sohnes mit Christine, der Schwester Ludwigs XIII., vertiefen. Kardinal Moritz von Savoyen bekam 1618 den Auftrag, um die Hand der Prinzessin anzuhalten. In seiner Begleitung waren Franz von Sales und Anton Favre. 1619 wurde Franz von Sales von Ludwig XIII. und Karl Emanuel zum Großalmosenier (Hauskaplan) der Herzogin Christine bestimmt; sie stand den Werken des Genfer Bischofs sehr nahe und verbreitete sie im Piemont. 1638 entschloss sie sich, den Orden der Salesianerinnen in Turin einzuführen.

Henriette Adelaide wuchs im Bannkreis der Lehre des Franz von Sales auf. Ihre erste religiöse Schulung im Kloster der Annunziatinnen zu Chambéry stand mit dem Bischof von Genf in engem Zusammenhang, da seine mystischen Abhandlungen u. a. von dem Werk der Katharina von Genua beeinflusst waren, die ihrerseits als geistige Mutter der Annunziatinnen galt.
Nach ihrer Eheschließung mit Kurfürst Ferdinand Maria 1652 führte sie zwei Orden in München ein – die Theatiner und die Salesianerinnen. 1664 erfolgte durch den Abt von Andechs die Grundsteinlegung der Theatinerkirche, die auf Wunsch der Kurfürstin den Ordensgründer Kajetan von Thiene und die heilige Kaiserin Adelheid zu Patronen haben sollten[34]. Am 12. April 1671 führte Papst Klemens X. die Kanonisierung des Ordensgründers der Theatiner durch, nachdem die Kurfürstin sich jahrelang durch Petitionen an den Heiligen Stuhl dafür eingesetzt hatte.
Als am 19. April 1665 Franz von Sales von Papst Alexander VII. heiliggesprochen wurde, war dies ebenfalls ein Werk des bayerischen Kurfürstenpaares.

Henriette Adelaide führte zu Beginn des Jahres 1665 mit der größten Niederlassung der piemontesischen Heimsuchungsschwestern, dem Kloster in Vercelli, eine rege Korrespondenz. Sie wollte zur Verehrung des Bischofs von Genf ein Salesianerinnenkloster in München errichten, da der Orden im deutschen Sprachraum bis zu

---

33 „(...) Philothea, welches Buch von der ganzen Welt ist hochgeschätzet worden. Henricus der Vierdte kunte es nicht genugsamb loben/ Maria von Medicis hat es dem König von Engelland überschicket (...)". Adolphus à S. Georgio, Predig [!] von dem Heiligen FRANCISCO DE SALES, Bischoffen und Fürsten zu Genff/ deß Dritten Ordens S. FRANCISCI DE PAULA, Wienn [!] 1719, S. 10.

34 Nach zehnjähriger kinderloser Ehe kam 1662 der Thronfolger zur Welt, nachdem das streng religiöse Kurfürstenpaar ein Gelübde an Kajetan abgelegt hatte. Auf einer goldenen Medaille, die zur Feier von Max Emanuels Taufe geprägt wurde, war auf der Vorderseite die um einen Thronfolger flehende Landesherrin abgebildet und auf der Rückseite übergab der Gründer des Theatinerordens das Kind. Unter Kurfürst Ferdinand Maria wurde die Hofkirche in das neugegründete Theatinerkloster St. Kajetan verlegt. Siehe hierzu Roswitha von Bary, Henriette Adelaide von Savoyen. Kurfürstin von Bayern, München 1980, S. 205.

diesem Zeitpunkt noch nicht Fuß gefasst hatte. Bereits 1667 hatte sie ihr Ziel erreicht[35].

Ein Reisebericht der Nonnen, der am 20. Dezember 1667 an die verschiedenen Klöster des Ordens weitergeleitet wurde, beschreibt die Vorkommnisse der Reise und die ersten Monate des Aufenthaltes der Salesianerinnen in München[36].
Im Sommer des Jahres 1667 reiste das Kurfürstenpaar mit dem ganzen Hof nach Padua, da Henriette Adelaide dort ein dem hl. Antonius gemachtes Gelübde erfüllen wollte. Aufgrund eines brieflichen Befehls der Fürstin begaben sich die für die Stiftung ernannten Schwestern in Begleitung des Grafen Zefaletti von Vercelli nach Padua. Am 9. Juli reiste der bayerische Hof von dort mit den Schwestern im Gefolge ab. Der festliche Einzug der Schwestern in München erfolgte am 26. Juli 1667, am Fest der hl. Anna[37].

Die Kurfürstin hatte als vorläufigen Aufenthaltsort für die Schwestern die zwei Preyhamischen Häuser in der Schwabinger Gasse erworben, die direkt an das Theatinerstiftsgebäude anstießen[38]. Die Installation der Nonnen und damit die Gründung des ersten Klosters der Salesianerinnen in Deutschland fand am 21. November 1667, dem Fest Mariä Opferung statt.
Im Fundationsbrief des Kurfürstenpaares vom 16. Mai 1671 wird das Ziel der Ordensgründung folgendermaßen formuliert: „Zudem so wollen wür Uns genedi-

---

35 Eine Statistik zeigt, dass sich die Kurfürstin zu einer Zeit um den Frauenorden bemühte, als seine Ausbreitung ihren Höhepunkt erreicht hatte. Zwischen 1610 und 1669 waren insgesamt 141, zwischen 1670 und 1769 nur 27 Niederlassungen errichtet worden; vgl. Roger Devos, Vie religieuse féminine et société. L'origine sociale des Visitandines d'Annecy aux XVIIe et XVIIIe siècles, in: Mémoires et documents publiés par l'Académie Salésienne, Tome 84, Annecy 1973, S. 80.

36 Vgl. BHStAM I, KL Fasz. 466/1; Die Reiseerlebnisse der Nonnen sind in einem tagebuchartigen Reisebericht in italienischer Sprache festgehalten. Die im Staatsarchiv aufbewahrte handschriftliche Kopie enthält einen Vermerk, daß der originale Reisebericht von den Nonnen im Druck vervielfältigt und in einem eigenen Archiv aufbewahrt wurde. Der Titel der Kopie lautet: „Relatione minuta del nostro Viaggio fatto da Vercelli a Monaco per la fundatione del presente Monasterio. Assieme con quella della medema fundatione". Nacherzählt in: Erzbischöfliches Ordinariat München-Freising (Hrsg.), Die Einführung des Ordens der Salesianerinnen in Bayern, in: Pastoralblatt für die Erzdiöcese München-Freysing, Jg. 4, München 1863, S. 3–12.

37 Der Einzug in München wird folgendermaßen beschrieben: „Bald nachdem sie in der genannten Kirche angekommen waren, erschien die Churfürstin mit der Prinzessin, gefolgt von dem ganzen Hofe und einer Wache zu Pferd. Nach einem kurzen Gebet nahm sie zwei von den Schwestern in ihren Wagen, die zwei anderen bestiegen den der Prinzessin, und der Beichtvater den des Grafen Porsija, ihres Obersthofmeisters. Hierauf zogen sie, begleitet von der Wache und unter Trompetenklang in die Stadt, geraden Weges in die Kirche der Theatiner, deren Kloster sechs Jahre früher von der nämlichen Churfürstin gestiftet worden war". Pastoralblatt (1863), S. 7.

38 Siehe BHStAM I, KL Fasz. 466/1.

gist versechen und versichern, Sye werden mitels haltung einer offenen schuell die kinder weiblichen Geschlechts in gueten Sütten, tugenten und andern wüssenschafften Ihrem besten vemögen und verstandt nach fleißig lehrnen, zu der Gottsforcht anweißen und ziehen, und an Ihnen nichts erwinden laßen, waß hierzue immer nottwendig und gedeielich sein kan; (...)"[39].

Die erste deutsche Übersetzung der Lebensbeschreibung des Franz von Sales aus dem Französischen wurde 1674 Ferdinand Maria und Henriette Adelaide gewidmet. Der Übersetzer Eder spricht in seiner mehrseitigen Dedicatio an das Kurfürstenpaar von der Bedeutung des Heiligen für Bayern:

„Underlasse derowegen ein mehrers den Tugenden Francisci hinzuzusetzen/ zumalen selbe E.E.C.C.D.D. schon vorhero genugsamb bewust/ auch also tieff in dero Durchleuchtigiste Gemüther eingetrucket/ daß sie Ihro Hochmögenheit höchstrühmlich dahin angewendet/ damit diser von Gott/ unnd den Menschen beliebte Apostl/ und Verkünder deß wahren Glaubens/ in unser Vatterland/ mittels seines von ihme newgestifften Heiligen Ordens/ von Maria Haimbsuchung/ eingeführet wurde/ unnd also von E.E.C.C.D.D. Landen bekennen muste/ was er vor Henrich dem Vierdten/ König in Frankreich/ von Savoy gehalten: Dises ist mein Vatterland/ dises will mein Gott/ und Herr von mir beschützet zu werden"[40].

Im Jahre 1675 erwarb die Kurfürstin für die Münchner Salesianerinnen die dem Augustinerchorherrenstift Indersdorf gehörige St. Anna Kirche und daran stoßende Wohngebäude zur Einrichtung eines Klosters[41]. Aus dem Bericht über die Gründung geht hervor, dass Henriette Adelaide eine große Summe für den Ankauf ausgab[42]. Da sie 1676 verstarb, wurde der Neubau einer Kirche um einige Jahrzehnte verzögert. Ein weiterer Grund für das Hinausschieben eines Neubaus war vermutlich die schwierige finanzielle Situation im Land, hervorgerufen durch die Türkenkriege von 1683–1688 und den folgenden Spanischen Erbfolgekrieg mit der kaiserlichen Besetzung von 1701–1715. Zur Finanzierung dieser Kriegszüge wurden auch die kirchlichen Stiftungsvermögen herangezogen.

---

39 BHStAM I, KU Amberg-Salesianerinnen 3, S. 4 f. Registriert bei Muggenthaler (1894), S. 94–96.

40 Henricus Maupas du Tour, Leben deß Heyligen Francisci von Sales/ Bischoff- unnd Fürsten zu Genff, Paris 1657, übers. von Wolfgangus Eder, München 1674, Dedicatio von Eder, S. 1.

41 „Kurze Nachricht von dem Kloster deren Frauen Salesianerinen in München, und deroselben Translation nach Inderstorf anno 1784. (...) zu diesem Ende erkaufte noch dieselbe 1675 von dem dortmaligen hochwürdigen Herrn Probsten Georgius Mall die denen Herrn Canonicis zu Inderstorf eigenthümliche behausung samt dem St. Anna Kirchl in der Röhrenspeckergasse gegen andauschung der Soyerischen Behausung in der Fürstenfelder gasse zu München. Dieses Haus wurde sodann zum neuen Kloster von der Durchl. Stüfterin zugericht, erweitert und schön und zierlich hergestellt: wohin auch 1675 den 5ten July alle von der Schwabinger gasse auf das Creuz in das neue Kloster hinaus gezogen, und selbes, wie sie es empfangen, 58 Jahr von 1675 bis 1733 bewohnet". BSB, Handschriftenabteilung, Xiana 17 d. Registriert bei Muggenthaler (1894), S. 184–190.

42 „Informazione: Sopra la Fondazione fatta dalla Serma Elettrice Henrietta Adelhaida Principessa

Am 31. Mai 1733, am Tag der heiligen Dreifaltigkeit, erfolgte die Grundsteinlegung für eine neue Salesianerinnenkirche durch das Kurfürstenpaar Karl Albrecht und Amalia Maria, der Tochter von Kaiser Josef I. und Amalia Wilhelmine von Österreich. Sie wurde von dem Hofbaumeister des Kurfürsten, Johann Baptist Gunezrhainer, erbaut und von den Brüdern Asam ausgestattet. Im folgenden Jahr erfolgte die Grundsteinlegung für das Kloster, ebenfalls durch den Kurfürsten[43]. *Abb. 41*

Das Münchner Kloster berichtete in einem Abstand von etwa drei Jahren über alle wichtigen Vorkommnisse v. a. an die Klöster der Heimsuchung.
Im Circulaire vom 6. März 1735 wird ausführlich über die Grundsteinlegung erzählt. Da der Brief im Frühjahr vor Erstellung der Deckenfresken entstand, wird über die Ausmalung in der Zukunft gesprochen. In fünf Zeilen wird kurz auf das zukünftige Deckenbild eingegangen.
In dem folgenden Circulaire vom 8. März 1738 beschreiben die Salesianerinnen ausführlich die Feierlichkeiten zur Weihe der Kirche[44]. Über das ausgeführte Deckenprogramm wird nichts ausgesagt. Eine Weihepredigt, die Erläuterungen zum Innenprogramm der neuen Kirche hätte enthalten können, hat sich offensichtlich nicht erhalten.
Am 14. September 1735 wurde vorab eine Einsegnung durch den Vize-Generalvikar des Bistums Freising, Johann Baptist von Pfister, Propst von Petersberg, vorgenommen, da man befürchtete, dass sich die Weihe zu lange verzögern könnte. Am nächsten Tag, einem Donnerstag, übertrug der Beichtvater das Ziborium mit den geweihten Hostien in einer Prozession mit allen Schwestern in den Chor der neuen Kirche. Er legte das heilige Sakrament auf das Abendmahlfenster und der Kaplan brachte es auf den Altar, worauf die Messe und die heilige Kommunion folgten.

Reale di Savoia, nell anno 1667 delle Monache Salesiane in Monaco". BHStAM I, KL Fasz. 466/1; Bericht von 1675.

43 Vgl. Anton Mayer und Georg Westermayer, Statistische Beschreibung des Erzbisthums München-Freising, Bd. 2, Regensburg 1880, S. 339.

44 „Enfin le jour suivant (c'étoit un Dimanche & le 9. d'Octobre) son Altesse Serenissime Monseigneur Jean Théodore Prince & Evêque de Freising & de Ratisbone, qui pour nôtre plus grande consolation voulut bien daigner faire cette S. Cérémonie en propre personne, sortit à 8. heures de sa Résidence; dans toutes des Eglises, par où il lui fallut passer, il fut salué au son de toutes les cloches, & venant à nôtre Monastere, il fut reçu par la Musique de la Cour, par les Trompettes & Tymbales, placées sur un amphitheâtre dressé à ce dessein. Ensuite il fut complimenté au Nom de toute la Communauté par Msr. le Comte de Königseck Doyen de la Cathedrale, & par le P. Simerle Consesseur de son Altesse: (...) La Musique, les Prêtres & Chapelains de la Cour, deux Maîtres de Cérémonies avec Msr. le Comte de Pethicam Suffragant, & Msr. le Comte de Königseck accompagnoient Monseigr. L'Evêque (...). Nous pouvons nous glorifier, que nôtre Eglise a été la premiere, qui ait été consacrée par S.A.S. & cela avec une Majesté accompagnée d'une si bonne grace, que tout le monde en a été édifié, avec admiration de voir un si grand Prince faire une si penible fonction, qui dura bien 5. heures (...)". Circulaire (1738), S. 6.

Die Weihe erfolgte am Sonntag, dem 9. Oktober. Die Schwestern erwähnen, dass ihre neue Kirche die erste war, die der Kardinal und Fürstbischof von Freising und Regensburg, Johann Theodor, Herzog von Bayern, einweihte. Die Messe wurde von Graf von Pethicam zelebriert, bei der der Herzog und die Prinzessinnen von Bayern anwesend waren.

Peter Hawel stellt bei der Bearbeitung einer Reihe von Jubel- und Kirchweihpredigten des frühen 18. Jahrhunderts aus dem süddeutschen Raum fest, dass von den Predigern keine konkreten Aussagen über das Kirchengebäude gemacht oder eine Deutung der neu errichteten Kirche versucht werden. Über die Bedeutung der Heiligen und Stifter wird häufig sehr ausführlich gesprochen. „Den allgemeinen Leitfaden dieser Quellen bildet die Heilsgeschichte, deren Erfüllung am betreffenden Sakralort und Sakralbau aufgewiesen wurde. Damit wurde gleichzeitig die Aufgabe des spätbarocken Sakralbaues umschrieben“[45]. Da es offenbar nicht üblich war, in den Weihepredigten explizit auf eine Deutung der Fresken einzugehen, erstaunt es nicht, dass die Salesianerinnen in ihren Schreiben den Inhalt der Fresken nur am Rande erwähnen.

1.2 Gründung in Amberg 1692

Verhandlungen für den Ankauf eines Geländes zum Bau eines Salesianerinnenklosters in Amberg wurden bereits ab Frühjahr 1667 geführt[46]. Konkretisiert werden die Bemühungen in einem Schreiben des Kurfürsten an den Rat der Stadt Amberg vom 17. Juli 1669. Es beinhaltet die Aufforderung, einen Preisanschlag für den Platz an der Vils, der den Franziskanern gegenüberliegt, unverzüglich einzuschicken[47]. Eine Aufstellung der in Frage kommenden Häuser und Grundstücke wurde am 18. Juli 1669 nach München abgesandt. Eine Besichtigung des Areals durch von der kurfürstlichen Regierung bestellte Sachverständige erfolgte noch im gleichen Monat, da die festgesetzten Preise dem Kurfürsten zu hoch erschienen. Vermutlich kam es deshalb bei diesen ersten Verhandlungen zu keinem Kaufabschluss.
Im Fundationsbrief von 1671 wird die finanzielle Grundlage für das noch zu gründende Amberger Kloster geregelt[48]. Aus diesem Brief ist zu ersehen, dass die Amber-

45 Peter Hawel, Der spätbarocke Kirchenbau und seine theologische Bedeutung. Ein Beitrag zur Ikonologie der christlichen Sakralarchitektur, Würzburg 1987, S. 2.
46 Siehe StAA, Geistliche Sachen 845, 7. Mai 1667.
47 „Getreue, euch ist vorhero bewußt, daß wir ein kloster vor eine anzahl klosterfrauen allhier aufzurichten, und zwar zu solches auf dem plaz bei der Vils gegen den P. Franciscanis bauen zu lassen gnedist intentioniert sind, (...)“. StAA, Geistliche Sachen 845.
48 Vgl. BHStAM I, KU Amberg-Salesianerinnen 3.

ger Gründung in unmittelbarer Zukunft beabsichtigt war. Doch erst siebzehn Jahre später kam die Errichtung eines weiblichen Schulordens in Amberg wieder ins Gespräch. Am 12. Januar 1688 wandte sich der Stadtmagistrat mit einem Bittgesuch an Kurfürst Maximilian II. Emanuel[49]. Darin wird um Unterstützung gebeten, in Amberg Klosterfrauen ansiedeln zu dürfen. Der einzige Unterricht für die weibliche Jugend würde in benachbarten unkatholischen Orten angeboten, weshalb viele von der katholischen Religion abtrünnig würden[50].

Der Kurfürst reagierte erst zwei Jahre später auf diese Bitte. In einem kurzen Brief wird mitgeteilt, dass die Englischen Fräulein darum nachgesucht hatten, sich in Amberg ansiedeln zu dürfen[51]. Aus einem Schreiben der Amberger vom 5. Mai 1691 geht hervor, dass sie nichts gegen die Englischen Fräulein einzuwenden hatten, zu deren Unterhalt die seit 1669 von dem Kloster Seligenporten zurückgehaltenen Mittel verwendet werden könnten[52]. Die Einkünfte von Seligenporten waren im Fundationsbrief von 1671 von Kurfürstin Henriette Adelaide zur Gründung eines Salesianerinnenklosters in Amberg bestimmt worden: "(...), also und der gestalt, daß nun hinfüran solches Ambt Seeligenpforten, sambt dessen beschribenen ein- unnd zuegehörungen Ihr der Saleserinen zu Amberg unwiderrueffliches aigen Guett sein und bleiben sollen"[53]. Da diese Mittel ursprünglich diesem Orden zustanden, stellten die Münchner Salesianerinnen offenbar als Reaktion auf das Ansuchen der Englischen Fräulein ihrerseits ein Bittgesuch an den Kurfürsten, sich in Amberg ansiedeln zu dürfen.

Am 18. Januar 1692 erhielten sie von Max Emanuel die Bewilligung[54]. Bereits im März lässt er dem Amberger Stadtmagistrat mitteilen, dass er Giovanni Antonio Viscardi nach Amberg schicken werde, damit er den Platz für den künftigen Klos-

49 Siehe StAA, Geistlichen Sachen 845; Ausschnitte aus dem Schriftverkehr zwischen Amberg und München sind ohne Quellennachweis gedruckt bei: Georg Blößner, Geschichte des Salesianerinnenklosters in Amberg, in: Verhandlungen des historischen Vereines von Oberpfalz und Regensburg, Jg. 1912, Regensburg 1913, S. 61–225.

50 „(...) weder in hiesig oberpfälzischer Haubtstatt noch dem ganzen Fürstenthumb der obernpfalz sich einiges Frauenkloster nicht bestündt, dahingegen sich bezaiget, wie sowohl bei den im Landt befündigen, starckhen Adel, als auch denen Stätt, Märckhten und Gemainden sehr vil Persohnen weiblichen Geschlechts seint, welchen aus Mangel der Mitl, die Gelegenheit benomen, in künstlichen Arbeithen, sidlichen Wandl und auferpaulichem Leben informirt zu werden, (...)". StAA, Geistliche Sachen 845.

51 Vgl. StAA, Geistliche Sachen 845, 14. Februar 1691.

52 Siehe StAA, Geistlichen Sachen 845; Aufstellung vom 10. Mai 1691: Es handelt sich um den von 1688 bis 1691 angesammelten Betrag von 18.000 fl.

53 BHStAM I, KU Amberg-Salesianerinnen 3.

54 Vgl. StAA, Geistlichen Sachen 845.

terbau besichtigen solle[55]. Hierbei handelte es sich um dasselbe Bauareal, das bereits 25 Jahre vorher Gegenstand von Verhandlungen gewesen war.

Im Fundationsbrief vom 12. März 1692 wird die finanzielle Situation des neuen Klosters geregelt und nochmals als Hauptzweck die Haltung einer offenen Schule für Kinder weiblichen Geschlechts hervorgehoben[56]. Die Klosterfrauen wurden Mitte April festlich in Amberg empfangen und bezogen eine Interimsbehausung[57]. Der Bau des Amberger Klosters durch Wolfgang Dientzenhofer dauerte von 1693 bis 1699, der Kirchenbau begann im Frühjahr 1697 und wurde 1699 fertiggestellt. Dieser erste Bau wurde 1757 umgestaltet. Die Weihe der umgebauten Amberger Kirche wurde so gelegt, dass sie auf den Gründungstag der ersten Niederlassung des Salesianerinnenordens im deutschsprachigen Raum fiel, den 21. November 1760. Die Installation der Nonnen in München hatte am 21. November 1667, dem Fest Mariä Opferung, stattgefunden.

55 Siehe StAA, Geistlichen Sachen 845, Brief vom 12. März 1692; „(...), Antoni Viscardi, unseren hoffmaurermaistern zu dem ende nach Amberg schicken, (...)".
56 Vgl. StAA, Geistliche Sachen 845.
57 Siehe StAA, Geistlichen Sachen 845, 14. April 1692.

2. Bau eines Salesianerinnenklosters ab 1717 als Witwensitz der Kaiserin Amalia Wilhelmine in Wien

Amalia Wilhelmine[58] wurde nach dem Tode ihres Vaters ab 1679 in Paris erzogen, wo sie vermutlich auch mit den Lehren des Franz von Sales in Kontakt kam. 1699 heiratete sie Erzherzog Josef I. von Österreich und wurde 1705 Kaiserin. Da Kaiser Josef I. bereits 1711 an Blattern starb, wurde sie in jungen Jahren Witwe. Der Gedanke, ein Kloster zu gründen, beschäftigte Kaiserin Amalia Wilhelmine schon zu diesem Zeitpunkt[59]. Sie zog sich vom gesellschaftlichen Leben zurück und widmete sich ausschließlich der Erziehung ihrer Kinder Maria Josefa (1699) und Amalia Maria (1701), die als Kurfürstin von Bayern den Neubau der Salesianerinnenkirche in München initiierte. *Abb. 40*

Ab 1716 verfolgte sie das Ziel, in Verbindung mit einem Salesianerinnenkloster einen Witwensitz erbauen zu lassen, in den sie sich vom Hof zurückziehen konnte. In einem Brief vom 26. Dezember 1716 nimmt die Kaiserin zu diesem Zweck Kontakt mit dem Erzbischof von Mecheln auf[60], um Nonnen aus den Österreichischen Niederlanden anzufordern; seit 1661 befand sich eine Niederlassung der Salesianerinnen in Brüssel[61]. Als Hauptgrund für ihr Ansuchen nennt sie die desolate Mädchenerziehung in Wien[62]. In der provisorischen Stiftungsurkunde vom 29. Dezember 1717 drückt sie ihre besondere Wertschätzung für den Orden der Heimsuchung des hl. Franz von Sales aus[63].

58 Amalia Wilhelmine wurde am 26. April 1673 als jüngste Tochter des Herzogs Johann Friedrich von Braunschweig geboren, der 1651 zur katholischen Kirche übergetreten war. Siehe hierzu Henriette Peters, Gründungsgeschichte, in: Hildegard Waach, Die Salesianerinnen in Wien 1717-1967, Wien 1967, S. 16.

59 Vgl. Peters (1967), S. 19 f.

60 Das Schreiben der Kaiserin an den Erzbischof von Mecheln vom 26. Dezember 1716 ist abgedruckt in: Peters (1967), Anhang, Urkunden, S. 151 f., „Il y a deia quelque tems que voyant que le menque d'education et la misere etoient cause de la perte et du desordre de baucoup de ieune filles, i'aurois souhaité de pouvoir faire un etablissement pour l'education et assistance du moins de quelques pauvres filles".

61 Vgl. Alexander Henne und Alphonse Wauters, Histoire de la Ville de Bruxelles, Bruxelles 1845, S. 440.

62 Wien und seine Vorstädte wiesen zu diesem Zeitpunkt acht Frauenklöster auf, von denen nur die Ursulinen ein Schulorden waren. Siehe hierzu Peters (1967), S. 13 f.

63 „L'estime, que i'ay pour l'ordre de la Visitation Sainte Marie m'avoit depuis longtems fait souhaiter d'avoir la satisfaction de voir cet ordre establis icy, et ayant en mesme tems un gran desir d'avoir un lieu ou ie puise faire eslever et instruire des pauvres filles (...). (...), car comme tout l'ordre des Filles Sainte Marie consiste particullierement en cet esprit que Saint François de Sales leur a laisé, lequel est un tresor si gran et si pretieux (...)". Peters (1967), S. 155 ff.

Diese besondere Beziehung der Kaiserin zu den Salesianerinnen kann zum einen aus der Berührung mit den Lehren des Franz von Sales in ihrer Kindheit in Paris herrühren, zum anderen sind auch geschichtliche Zusammenhänge als Ursache zu nennen. Der verstorbene Kaiser hielt zu seiner Umgebung weitgehend Distanz. Nur mit Prinz Eugen von Savoyen verband ihn eine tiefe Freundschaft[64].

1703 hatte Herzog Viktor Amadeus von Savoyen im Spanischen Erbfolgekrieg die Partei gewechselt, weshalb er von den Franzosen stark bedrängt wurde. Prinz Eugen, der im Jahre 1705 wieder den Oberbefehl an der italienischen Front übernommen hatte, führte kaiserliche und preußische Truppen von Tirol nach Piemont, wo sie sich mit den Savoyarden vereinigten. Nach dem Sieg von Turin mussten die Franzosen Italien räumen.

Kirchlich wirkte sich dieses neue Bündnis zwischen Savoyen und Habsburg in einer jährlich sich wiederholenden Verehrung des savoyischen Heiligen Franz von Sales aus: „Franz von Sales wurde so im besten Sinne des Wortes zu einem, politischen Heiligen', zu einem Heiligen des Hauses Österreich"[65].

Die enge Beziehung zwischen Österreich und Savoyen begründete eine Tradition der Verehrung des Bischofs von Genf bereits bevor Kaiserin Amalia Wilhelmine Salesianerinnen nach Wien holte[66]. Verehrt wurde Franz von Sales in der Paulanerkirche und der Peterskirche[67].

In der Paulanerkirche auf der Wieden (in der Vor-Stadt zum heiligen Schutzengel), wurde 1706 ein Altar des hl. Franz von Sales von der savoyischen Nation[68] errichtet, da der Ordensstifter dem Dritten Orden des hl. Franz de Paula angehörte. In

64 Vgl. Richard Reifenscheid, Die Habsburger in Lebensbildern. Von Rudolf I. bis Karl I., Kreuzlingen 2000, S. 199–216.
„Prinz Eugen von Savoyen gehört zu den großen abendländischen Gestalten (...). Als Retter des christlichen Abendlandes bewahrte Prinz Eugen Österreich und das Heilige Römische Reich Deutscher Nation vor dem Osten und den Gefahren des Islams, den er weit über Mitteleuropa hinaus zurückwarf. Der Kaiser ordnete für den verstorbenen Prinzen ein Staatsbegräbnis an". Reifenscheid (2000), S. 214.
Die Stellung Prinz Eugens als Präsident von Hofkriegsrat und Hofkammer für die Habsburgmonarchie, sein Mitwirken am Sieg von Höchstädt 1704 und dem Türkenkrieg ab 1716, sowie seinen politischen Einfluss bis zu seinem Tod 1736 auf Kaiser Karl VI. beschreibt ausführlich Elisabeth Kovács, Österreich im Zeitalter des Barock 1648-1740, in: Ausst.-Kat. St. Florian (1986), S. 52 ff.

65 Rosemarie J. Patzak, Der hl. Franz von Sales in der Wiener Barocktradition, in: Jahrbuch für Salesianische Studien, Bd. 15, Eichstätt 1979, S. 187.

66 Vgl. zu folgenden Patzak (1979), S. 182 ff.

67 In einer in St. Peter in Wien gehaltenen Predigt von 1727 wird auf diese Zusammenhänge eingegangen: „(...) nehme zum Vorschein deinen Durchleuchtisten Prinzen Eugenium, deme der geschlossene Bunde ein altes ist/ daß er nach den Beyspiel seines glorreichen Lands-Heiligen Françisci Salesii in der Treue gegen GOtt und den Kaiser veralten/ streiten/ und/ aber nach langen Jahren erst/ sterben werde". Nicolao (1727), S. 12.

68 Durch die engen Beziehungen des Prinzen Eugen zum Wiener Hof kamen savoyische Immigranten nach Österreich, die den Großteil der Baumwollspinnerei im Wiener Raum beherrschten und Armeelieferanten waren. Vgl. Patzak (1979), S. 185.

einer in der Paulanerkirche gehaltenen Festpredigt wird erwähnt, dass der Savoyarde Nikolaus Revena 1705 Reliquien des hl. Franz von Sales aus Genf nach Wien mitgebracht und sie der Paulanerkirche übereignet hatte[69].
Ab 1714 wurde Franz von Sales auch in St. Peter zur Allerheiligsten Dreifaltigkeit im Zentrum der Stadt verehrt. Aus einem Stiftungsbrief von 1716 geht hervor, dass die Savoyarden Peter Gervet und Nikolaus Salliet einen Seitenaltar für den hl. Franz von Sales errichten ließen. Das Ölgemälde dieses Altars von Michael Rottmayr ist mit 1714 datiert.

Im Januar des Jahres 1717 erwarb die Kaiserin einen Grund am Rennweg unterhalb des Belvederegartens. Die Grundsteinlegung zu der Kirche mit dem Patrozinium „Mariä Heimsuchung" fand am 13. Mai 1717 statt. In der Grundsteinlegungsurkunde, die die Zeremonie beschreibt, wird Donato Felice Allio als Baumeister genannt[70]. Aus den Klosterannalen ist ersichtlich, dass bereits zu diesem Zeitpunkt der ovale Grundriss der Kirche erkennbar war und die Anlage des Klostertraktes feststand. Am 13. Mai 1719 zogen die Nonnen in einen fertigen Teil des Klosters ein.
Ende 1722 bewohnte die Kaiserin die für sie vorbereiteten Räume im Kloster. Im darauffolgenden Jahr ließ sie die Nonnen entscheiden, ob sie zuerst den Bau der Klausur oder die Fertigstellung der Kirche wünschten. Da sich erst ab 1725 die Baunachrichten auf die Kirche beziehen, scheint dieses Projekt für Jahre zurückgestellt worden zu sein. Der Maler für die Deckenfresken, Antonio Pellegrini, wird erstmals im April 1727 erwähnt und die fertiggestellten Fresken wurden am 25. Oktober 1727 für die Öffentlichkeit enthüllt. Erst am 6. Juni 1728 fand die Weihe der Kirche einschließlich der Altäre statt.

---

69 Vgl. Gregorio Friz, Ein Mann der Salz hat. Der Heilige FRANCISCUS von Sales/ Bischoff und Fürst zu Genff, Wienn 1714.

70 Vgl. Géza Hajós, Kloster und Kirchen der Salesianerinnen, in: Die Kunstdenkmäler Wiens. Die Kirchen des III. Bezirks, Wien 1974, S. 201–284.

II. Baugeschichte von Kirche und Kloster der Salesianerinnen in München

Die Salesianerinnen waren seit 1667 in München. In der Gründungsbulle vom 24. März 1667 heißt es:

„(...) illiusque regulam et Constitutiones a memorato Sancto Francisco Salesio conditas servare cupientibus, quarum numerus in illis partibus non exiguus est, et in dies benedicente Domino incrementum suscepturus speratur, suis sumptibus et expensis fundare, construere et dotare magnamque pecuniarum summam in fabricam novi Monasterii hujusmodi illiusque Ecclesiae in loco ad id commodo decenti et opportuno, magnifica structura aedificandorum erogare intendit“[71].

Kurfürstin Henriette Adelaide wollte die Errichtung von Klostergebäuden und Klosterkirchen in München und Amberg aus ihrer eigenen Kasse bezahlen. Da den Salesianerinnen das „Kirchlein“ St. Anna überlassen wurde, kam es nicht sofort zu einem repräsentativen Kirchenneubau.

Erst mehr als fünfzig Jahre später wurde die alte Kirche abgerissen, nachdem der Neubau 1735 geweiht worden war. Die Gründe, warum nach so langer Zeit vom Hof Interesse an dem Orden bestand, liegen vermutlich in der Person der Kurfürstin Amalia Maria. Ebenso wie ihre Mutter war sie dem Salesianerinnenorden eng verbunden. Bei der vorläufigen Weihe der Wiener Salesianerinnenkirche im Mai 1719 war auch Amalia Maria anwesend: „Gegen 5 Uhr nachmittags begab sich Ihre Majestät mit den Erzherzoginnen und dem Hof öffentlich in das Sommerhaus des Grafen Paar, wo wir bis jetzt gewohnt hatten“[72]. Am 5.10.1722 heiratete Erzherzogin Amalia Maria von Österreich Karl Albrecht, Kurfürst von Bayern. Bei der Grundsteinlegung zum Neubau von St. Anna im Jahr 1733[73] war das Kurfürstenpaar anwesend:

---

71 BHStAM I, Kurbayern U 1751.

72 Cölestin Wolfsgruber, Klostergeschichte, Wien o. J. (unveröffentlichtes Manuskript im Wiener Klosterarchiv der Salesianerinnen), S. 115.

73 Das folgende Zitat aus dem Circulaire der Salesianerinnen zeigt, dass die Grundsteinlegung am Dreifaltigkeitsfest 1733 erfolgte. Im Corpus (1987), S. 185 wird der 31. Mai 1732 angegeben, also ein Jahr früher. Dieses Datum wird erstmals bei Crammer (1776), S. 132 genannt und von Westenrieder (1782), S. 204 übernommen, während Brentano (1897), S. 26 den 31. Mai 1733, Fest der Heiligsten Dreifaltigkeit, als Tag der Grundsteinlegung festhält und der Kirchenführer von 1903 ebenfalls das Jahr 1733 nennt.
Vgl. hierzu Anton Crammer, Teutsches Rom, München 1784; Lorenz Westenrieder, Beschreibung der Haupt- und Residenzstadt München, München 1782; Seraphica von Brentano, Kurze Geschichte des Ordens von der Heimsuchung Mariä – genannt Salesianerinnen – in Bayern, von seiner ersten Niederlassung in München bis heute, Regensburg 1897; Kleine Geschichte und kurze Beschreibung der St. Anna-Damenstiftskirche in München anläßlich der Restaurierung derselben im Jahre 1903 (o.V.), München 1903.

„(...) nous nous disposames en trente trois au mois d'Avril á commencer nôtre Eglise, & la jour de la trés sainte Trinité de la même année fut choisi pour en jetter la pierre fondamentale au nom de leurs Altesses serenissimes Monseigneur, l'Electeur, & Madame l'Electrice qui nous y honnoreront de leur Auguste presence accompagnées de toute la noblesse, & d'un grand concours de peuple"[74].

Auch in den folgenden Jahren besuchte sie häufig mit ihren Töchtern die Salesianerinnen, blieb in ihrer Gemeinschaft bei Tisch und verbrachte die Erholungszeit mit ihnen[75].

Nach den Beschreibungen einer Salesianerin hielt sich Amalia Maria besonders nach dem Tod ihres Gatten Karl Albrecht (1742 als Karl VII. zum deutschen Kaiser gekrönt) im Jahr 1745 oft im Münchner Kloster auf[76]. Bei den Seligsprechungsfeierlichkeiten der Ordensstifterin von 1752 war sie im Chor der Kirche anwesend.

Die Grundlage für die Finanzierung des Kirchen- und Klosterbaus hatte bereits Henriette Adelaide in dem Fundationsbrief vom 16. Mai 1671 gelegt, indem sie das Einkommen des Klosters Gnadenberg für die Münchner Stiftung bestimmte. Ausdrücklich wird betont, dass die Vereinbarungen auch für die Erben und Nachkommen gelten sollten[77]. Dieser Originalfundationsbrief gibt Aufschluss über einen Großteil der Finanzierung der späteren Baumaßnahmen[78]. Trotz der eindeutigen

---

74 Circulaire (1735), S. 4.

75 „Son Altesse Serenissime Madame l'Electrice ne se contente pas de nous honnorer de ses Visites, mais encore par un effet de sa Clemence naturelle, accompagnée seulement de ses Princesses, & de quelques Dames, Elle prend plaisir, tantôt de faire diner la Com.te avec son Auguste Personne, témoignant d'être fort satisfaite de nos aprêts, tantôt d'y faire porter ses propres plats & de passer même la récreation avec nous sans vouloir accepter d'autre siege pour l'asseoir que nos petits bancs de bois. Tout cela nous fait admirer la bonté & la Grandeur de son Cœur, qui est connue de tout le monde". Circulaire (1738), S. 4.

76 „Diese heiligmäßige Fürstin war eine besondere Freundin und Gönnerin der Heimsuchung in München. Häufig speiste sie mit der Gemeinde im Refektor, wohnte dann der Rekreation bei, gleich den Schwestern auf einem Bänkchen sitzend und deren Arbeiten teilend. Auch bei der Vesper, zumal an hohen Festen war sie zugegen, ja kniete wohl auch in Demut und Andacht auf dem flachen Boden". Brentano (1897), S. 37.

77 „(...) und Wür Henriette Adelheid in Ober und Nider Bayrn, auch der Obern Pfalz Hörzogin, Pfalzgräfin bey Rhein, Churfürstin, Landtgräfin zu Leuchtenberg, Gebohrne Königliche Princessin zu Savoya und Piemont: Bekhennen für unß, unßer Erben und Nachkommen: (...) solche Seeligenpfortische und Gnadenbergische einkommen zu underhaltung der anhero in unßere Haubt: und Residenz Statt München, dann noch Amberg zu erfillung unnßer genedigisten Intention (...) beschribner und alhie beraits anwesender Closter Frawen von dem Orden und Regul deß heyligen Vatters Francisci Salesii anzuwenden (...)". BHStAM I, KU Amberg-Salsianerinnen, S. 4 f.

78 Zur Finanzierung von Kirchen- und Klosterbau im Barock vgl. Klaus Wollenberg, Wirtschaftliche und machtpolitische Voraussetzungen des Barock, in: Angelika Mundorff und Eva von Seckendorff (Hrsg.), Inszenierte Pracht. Barocke Kunst im Fürstenfelder Land, Regensburg 2000, S. 79–91; Heinrich Rombach, Die Welt des Barock. Versuch einer Strukturanalyse, in: Ausst.-Kat. St. Florian (1986), Bd. 2, S. 9-23; Matthäus Pest, Die Finanzierung des süddeutschen Kirchen- und Klosterbaues in der Barockzeit, Diss. München 1937.

Festlegung, welche Mittel für eine Gründung in Amberg und in München zu verwenden sein sollten, kam es später zu Auseinandersetzungen zwischen den Klöstern.

Eine Gründung in Amberg erfolgte 1692; aber erst 1708, nachdem die Nonnen mehrmals Einsicht in die Fundationsurkunden verlangt hatten, unternahm das Amberger Kloster Anstrengungen, die Einkünfte zwischen 1671 bis 1687 über 45.159 fl. in ihren Besitz zu bekommen[79]. Es folgte ein Prozess mit dem Mutterkloster, der bis 1719 dauerte. Ein Gutachten der Juristischen Fakultät der Universität in Ingolstadt bestätigte den rechtmäßigen Anspruch des Amberger Klosters auf die Streitsumme[80].
In einem Schreiben des Kurfürsten Maximilian II. Emanuel an den Bischof von Freising vom 5. Juli 1719 erklärt dieser[81], dass von den Geldern, die ursprünglich für eine Gründung in Amberg gedacht waren, eine Teilsumme von 39.000 fl dem Münchner Orden für ihren Klosterbau zur Verfügung gestellt worden war[82].
In dem Circulaire von 1738 wird bestätigt, dass nach dem Willen des Kurfürsten diese Gelder an das Münchner Haus geflossen waren:

„Cependant la Providence de Pere Celeste l'avance encore plus que tous nos foins, tant par les dots de nos dernieres Professes, & payement de quelques rentes, que nous avions à pretendre sur la Province, & que nous comptions déjà longtems perdues, que par quelques héritages ou legs pieux des Parens de nos Sœurs, ainsi que l'année prochaine, s'il plaît à Dieu, nous verrons tout ce grand Bâtiment achevé"[83].

---

79 Vgl. StA, Geistlichen Sachen 845, Schreiben vom 26. Juli 1692 und 21. April 1693. Es handelte sich um fünf von Kurfürst Max Emanuel ausgestellte Schuldobligationen, die bei der Rentkammer in Amberg hinterlegt waren.

80 Siehe BHStAM I, KL Fasz. 468/21.

81 Die bayerischen Herzöge besaßen seit Wilhelm IV. durch ein päpstliches Privileg das Visitationsrecht, wodurch die Wittelsbacher berechtigt waren, eine ständige Klosterkommission einzurichten. Visitationen fielen immer bei Neuwahlen an, wodurch der Landsherr die Aufsicht über das Klostervermögen ausübte. Vgl. Wollenberg (2000), S. 86.

82 Der Kurfürst bestimmt entgegen dem Text der Fundationsurkunde von 1671, dass den Amberger Salesianerinnen die Einkünfte von Seligenporten erst ab der Fundation von 1692 zustünden. Er setzt sich zugunsten der Münchner Salesianerinnen über die Fundationsurkunde und das Gutachten der Jursitischen Fakultät der Universität Ingolstadt hinweg, was in den Worten zum Ausdruck kommt: „(...) Closter zu Amberg sich solemnissime reversiret, auch obligiret, all demjenigen, waß in solchen enthalten, Folge zu leisten, so ist so undanckhbar als frech, daß die Ambergischen Salesianerinnen mit Unser als ihres fundators praeterition bey Euer Liebden wider hiesiges Closter Klag stellen und unser guetthätiges factum angreifen derffen. Der Päpstl. Stuhl hat uns independent von allen ordinarien die Verthaillung der Alten und Fundirung der Neuen Clöster zuegelegt und anvertrauet, und wie Wür guett gefunden, daß von denen vorräthig gewesten Geföhlen den hiesigen zu deren Klosterpau ein mehreres zugethailt seye, so ist diese sach die Unserige, und haben Wür hierumb Niemandt Antwortt zu geben (...)". BHStAM I,KL Fasz. 468/21. Registriert bei Muggenthaler (1894), S. 126.

83 Circulaire (1738), S. 2.

Zudem erhielt das Münchner Kloster aus den Einnahmen von Gnadenberg jährlich etwa 7.000 fl. Da die eingetretenen Kandidatinnen meist aus adligen Kreisen stammten, waren die in das Kloster eingebrachten Heiratsgüter so hoch, dass sie im Laufe der Zeit die Aufmerksamkeit der Behörden erregten[84].

Daraus lässt sich schließen, dass die Finanzierung einer reichausgestatteten Kirche und eines großzügig angelegten Klosters gesichert war; zudem stand die Niederlassung unter dem Schutz der Wittelsbacher, wobei auffällt, dass vor allem Henriette Adelaide aufgrund ihrer Abstammung aus Savoyen und Amalia Maria aufgrund ihrer Freundschaft mit den Wiener Salesianerinnen von Jugend an um den Frauenorden bemüht waren. Durch diese engen Beziehungen hielten weitere Personen des Hofes Kontakt zu dem Orden. Der Ratgeber und Schatzmeister des Kurfürsten, Jean Antoine de Loreck, hatte seine Tochter unter den Pensionärinnen und ließ dem Orden sehr viel Geld zukommen[85].

Die verwitwete Kurfürstin Maria Anna Sophie wünschte 1783 ein adeliges Damenstift einzurichten. Zu diesem Zweck wurden die Salesianerinnen gegen deren Willen in das Kloster Indersdorf transferiert. Es wurde ihnen erlaubt, die Ausstattung von Kirche und Kloster mitzunehmen. In einem vom 3. Oktober 1783 datierten Dekret bestimmt Kurfürst Carl Theodor u. a. in Punkt 1 und 2: „Sollen denen Salesianerinen Ihre Einkünften ligend und fahrende gütter, dann auch alle Mobilien und Hausgeräthschaft verbleiben, (...). Ist ihnen erlaubt, alle vorrätige Kirchen und Altarzürde mit sich zu nemen, auch die bloß von aussteuerung Ihrer Professinen gestüfte tägliche 4 hl Meßen nach Inderstorf zu verlegen“[86].

Auch in der Säkularisation wurden sie verschont. In dem Brief vom 6. März 1802 stellt die Kurfürstin Karoline die Salesianerinnen unter ihren Schutz:

„Die Verdienste, die sich der Orden der Salesianerinnen um die Erziehung der Jugend bisher erworben hat, sind dem Staate nicht unbekannt, und derselbe wird daher auch fernerhin einem für die Menschheit so nüzlichen Institute den kräftig-

84 Vgl. Muggenthaler (1894), S. 102 ff.

85 „Monsieur Jean Antoine de LORECK Conseiller & Tresorier de son Altesse Electorale, lequel a sa fille unique parmi nos Pensionnaires, qui est tout plein & de zele pour la gloire de Dieu & la beauté de son saint Temple, & d'affection pour faire du bien à ce Monastere, vient de nous offrir des joiaux de très grand prix en Diamants, & Emeraudes pour embellir nôtre Soleil autour du saint Sacrement: ce pieux Seigneur voulu bien l'année derniere paier toute la musique pour la Fête de nôtre glorieux Fondateur, & ensuite faire retoucher presque tous les Tableaux que nous avons dans la maison en très belle peinture“. Circulaire (1735), S. 3.

86 BSB, Handschriftenabteilung, Xiana 17 d, S. 5.

sten Schuz angedeihen lassen. Ich bin zum voraus versichert, daß diese Nachricht der Oberin und dem Konvent zu Inderstorf nicht nur zur Beruhigung dienen, sondern dieselbe auch aufmuntern wird, mit verdoppelten Kräften dem in sie gesezten Vertrauen des Vaterlandes vollkommen zu entsprechen"[87].

Die Sankt-Anna-Damenstiftskirche diente später als Schulkirche und schließlich als Kirche der Herz-Jesu-Bruderschaft; sie war nie Pfarrkirche.

87 Klosterarchiv der Salesianerinnen.

1. Johann Baptist Gunezrhainer

1.1 Zuschreibung

Bisher waren keine schriftlichen Quellen bekannt, die Johann Baptist Gunezrhainer als Baumeister für die Salesianerinnenkirche St. Anna nennen.
Voelcker schreibt hierzu 1923: „Die Zuweisung des Baus der Damenstiftskirche an Joh. Gunezrhainer gründet sich auf Westenrieders Beschreibung der Haupt- und Residenzstadt München 1783 und Crammers Teutsches Rom 1784"[88]. Diese Zuschreibung wurde auch in der jüngsten Forschung nicht angezweifelt[89].

Eine bisher nicht bekannte Quelle nennt Johann Baptist Gunezrhainer im Zusammenhang mit St. Anna. Am 11. Oktober 1734 quittiert George de Marées den Erhalt von 300 Gulden für die Verfertigung eines Altarblattes; die Auszahlung wird von Johann Gunezrhainer bestätigt. Im Text heißt es: „Deren von dem churfürstlichen: Hofpau Meistern alhier Herrn Johann Gunezrhainer abdem für die Frauen Frauen Salesianerinen in dessen Nam erpauten Kürchen (...)"[90].
Aufgrund dieser Quelle ist zu schließen, dass St. Anna unter der Zuständigkeit des Hofbaumeisters Johann Baptist Gunezrhainer entstand.

Voelcker führt an, dass im Münchener Stadtarchiv eine Eingabe an den Magistrat der Stadtmaurermeister vom 18. Juni 1733 vorhanden ist, dass Ignaz Gunezrhainer sein Meisterstück noch nicht geliefert hätte, aber sich trotzdem „unterstehe eigenmächtigerweise allerhandt Gepäu als in specie bei denen Closter Frauen am Creuz (...) zu führen"[91].
Crammer schreibt als frühester Chronist im Jahr 1776: „Die zween Brüder Asam waren die Baumeister, Maler, und Stukadorer, die mit künstlichem Pemsel, und Gipsarbeit selbes schön und herrlich ausgezieret. (...) Herr Johann Baptist Gunezreiner Hofbaumeister hat diese Kirche und Frauenkloster aufgeführet"[92].

Aus der Angabe vom 18. Juni 1733 verbunden mit der Rechnung vom 11. Oktober 1734 ist zu schließen, dass unter der Zuständigkeit des Hofbaumeisters Johann Baptist Gunezrhainer sein Bruder Ignaz Gunezrhainer im Auftrag der Salesianerinnen unter Betreuung der Jesuiten die Klosterkirche St. Anna ausführte. Inwieweit

88 Voelcker (1923), S. 66.
89 Vgl. Bernhard Schütz, Die kirchliche Barockarchitektur in Bayern und Oberschwaben 1580–1780, München 2000, S. 78.
90 Rechnung vom 11. Oktober 1734 ; Klosterarchiv der Salesianerinnen.
91 Zit. nach Voelcker (1923), S. 67.
92 Crammer (1776), S. 132 f. Auch Mayer/Westermayer (1880), S. 339 diskutiert diese missverständliche Angabe.

die Brüder Asam in die Planungsphase eingegriffen haben könnten, da Crammer sie als „Baumeister“ nennt, wird später berücksichtigt.

Im Circulaire von 1735 wird erwähnt, dass die Leitung des Kirchenbaus einem geschickten und ehrenhaften Architekten anvertraut wurde: „(...) nous regardons comme une faveur singuliere que la direction d'un si grand on rage aie été confié à un Architecte habile, honère conseientieux & desinteresé, de forte qu'en faisant bien toutes choses il ne laisse pas de nous avoir épargné plus de mille florins, nous le recommandons très instamment á vos prieres“[93].

Johann Baptist Gunezrhainer wurde am 4. Mai 1692 in München geboren. Er arbeitete öfters mit seinem jüngeren Bruder Ignaz (1698–1764) zusammen. Sie waren die Söhne des Stadtmaurermeisters Martin Gunezrhainer, der von einer alten Schlierseer Maurerfamilie abstammte. Die Brüder waren mit dem Baumeister Johann Michael Fischer verwandt. Ihre Mutter hatte als Stadtmaurermeisterwitwe den Maurermeister Hans Mayer in zweiter Ehe geheiratet; eine Tochter aus dieser Verbindung war mit Johann Michael Fischer verheiratet. Diese Verwandtschaftsverhältnisse hatten aufgrund der strengen Zunftgesetze eine wichtige Rolle und begründeten gegenseitige Unterstützung.
Johann Baptist war der erste Münchner, der die oberste Baumeisterstelle einnahm; im Jahr 1721 wurde er zum Hofunterbaumeister und 1745 zum Hofbaumeister ernannt[94]. Er starb am 23. November 1763 und wurde auf dem Salvatorfriedhof begraben.

Nachdem 1715 Kurfürst Max Emanuel aus der französischen Verbannung zurückgekehrt war, erfuhr Gunezrhainer eine höfische Schulung durch dessen Baumeister Effner. Bei dieser Zusammenarbeit hatte er auch mit den Schlossbauten Schleißheim und Nymphenburg zu tun, wo er seit 1747 die Fertigstellung der Wirtschaftsflügel selbständig ausführte. Zu seinen Auftraggebern zählten u. a. der Kurfürst, Baron Unertl und Graf Törring. Mit seinem Namen werden neben der Salesianerinnenkirche St. Anna, u. a. Ruhpolding (Risse 1730), Seligenthal (Umbau 1732) und die Klosterkirche Schäftlarn (1751; neben Cuvilliés und Fischer) in Verbindung gebracht.

Feulner charakterisiert die Kirchenräume von Johann Baptist Gunezrhainer folgendermaßen:

---

93 Circulaire (1735), S. 5.

94 Siehe zu folgenden Voelcker (1923), S. 1 ff. und Adolf Feulner, Bayerisches Rokoko, München 1923, S. 58 ff.

„Was seinen kirchlichen Räumen fehlt, ist das Problematische der Genialität, der Instinkt für die feineren Werte räumlicher Komposition, der Sinn für das Transzendente der Wirkungen, das Vergeistigte, das den besten Bauten Fischers eignet; was sie auszeichnet ist die Kehrseite dieser Negation, die Klarheit und Einfachheit. Wenn auch der Ausgleich nachträglich durch die Dekoration der Asam, Zimmermanns geschaffen wurde, der leise Zwiespalt der Empfindungen ist dabei nicht immer verwischt worden“[95].

Von den Kirchenprojekten, die unter der Zuständigkeit Gunezrhainers entstanden sind, sind keine Originalpläne erhalten, außer eine bisher nicht bekannte Planserie der Salesianerinnenkirche St. Anna, die der folgenden Bearbeitung zugrunde liegt.

1.2 Baubeschreibung von St. Anna 1733-1735

Das Salesianerinnenkloster wurde im Zweiten Weltkrieg stark zerstört. Als Eigentum der St. Anna-Damenstiftung, deren Liegenschaften fast alle vernichtet worden waren, gab es keinen Grund, warum sich ein Wiederaufbau gelohnt hätte. Die Kirche wurde nur durch den Einsatz des Geistlichen Rates Dr. Josef Bader, der einen Bauverein gründete, wieder aufgebaut. Nach seinem Tod im Jahr 1960 übernahm der Kirchenrektor Professor Johann Wiesheu die Weiterführung der Innenausstattung[96].

Für den Wiederaufbau von St. Anna dienten Vorkriegsaufnahmen. Die Kirche ist an der Kreuzung der Damenstiftsstraße mit dem Altheimer Eck gelegen, wodurch die nördliche Langhauswand und die nach Westen ausgerichtete Fassade von der Straße her zu sehen sind. Die Verlängerung der Damenstiftsstraße trifft jenseits der Kreuzung von Herzogspitalstraße und Altheimer Eck direkt auf die Front des Jesuitenkollegs in der Neuhauser Straße. Im Osten wie im Süden schlossen Klostergebäude an die Salesianerinnenkirche an, von denen heute noch Fassadenteile zu sehen sind. Die Außenmaße der Kirche betragen 28 x 16 m[97]. Die geraden Umfassungsmauern bilden ein Rechteck; der schlichte Außenbau hat einen blockhaften Charakter und keinen Turm.

Die Gestaltung des Außenbaus beschränkt sich vor allem auf die Eingangsseite im Westen der Kirche. Diese Fassadengliederung unterscheidet sich auffällig von der

95 Feulner (1923), S. 58 f.
96 Vgl. Schleich (1974), S. 95 f.
97 Vgl. Friedrich Naab, Damenstiftskirche St. Anna, in: Norbert Lieb und Jürgen Sauermost (Hrsg.), Münchens Kirchen, München 1973, S. 151.

Nüchternheit der Längswand am Altheimer Eck, die durch flache Rahmen in drei verschieden breite hochrechteckige Felder unterteilt wird. Die Fensteröffnungen der Längswand sind asymmetrisch angeordnet. In den beiden östlichen Putzfeldern befinden sich oben Lünettenfenster mit gekehlter Laibung. Unter dem Fenster des Chorbereichs ist zusätzlich ein hochrechteckiges Fenster.

Die eher schlichte Fassade ist streng gegliedert. Vier große Pilasterordnungen teilen sie in drei Abschnitte. Der betonte Mittelteil ist höher und etwa doppelt so breit wie die Schmaltravéen, die ihn flankieren.
Das Eingangsportal in der Mitte ist in eine Ädikula mit ionischer Pilastergliederung gestellt. Die hinterlegten Pilaster sind leicht nach außen gedreht; der Dreiecksgiebel wiederholt diese Stufung. Im Giebelfeld befinden sich in einem Strahlenkranz die Herzen von Maria und Jesus. Das gekröpfte Gebälk der Ädikula ist mit einer Kartusche mit dem Portalbogen verbunden. Über der Ädikula sitzt ein hohes Rechteckfenster, auf dem flachen Segmentbogen seiner Laibung eine Stuckkartusche mit einem flammenden Herz.
Die beiden flankierenden Schmaltravéen, jeweils durch ein kleines Rechteckfenster durchbrochen (das mit der mittleren Fensterzone des im Süden anschließenden Klostertraktes korrespondiert), sind durch Pilaster auf hohem Sockel mit korinthischen Kapitellen gegliedert, die ein kräftiges Gebälk tragen. Wo die Pilaster geknickt sind, lagert auf dem Gebälk ein verkröpfter flacher Segmentbogen, der die seitlichen Travéen verbindet, wodurch ein weiteres Ädikulamotiv entsteht. Zwei hohe Steinvasen auf dem Segmentbogen markieren die Verbindung der Mitteltravée mit den Schmaltravéen. In der Mitte des Segmentbogens trägt eine girlandengeschmückte Stuckkonsole die Reliefs von zwei Gesichtern; es könnte sich um Maria handeln, die Jesus im Arm hält. Eine hohe Attika schließt die Fassade über den Schmaltravéen mit einem Gebälk ab; der Dachgiebel ist abgewalmt. Der Dachreiterturm wurde nach Mayer-Westermayer erst 1860 erbaut[98].

Abb. 16 Ein Aufriss, der unter der Zuständigkeit von Gunezrhainer entstand, gibt einen Ausschnitt der Fassade, das giebelbekrönte Portal, wieder. Die beiden Herzen von Maria und Jesus sind detailliert ausformuliert. Ein Entwurf für die ganze Fassade existiert nicht.
Insgesamt fehlt der Fassade eine harmonische Ausgewogenheit. Wenn man sie mit dem Mittelteil v. a. der unteren Zone von Il Gesù in Rom vergleicht, fällt auf, dass St. Anna wie ein Ausschnitt aus einem Gesamtzusammenhang wirkt[99].

98 Siehe Mayer/Westermayer (1880), S. 339.
99 Es liegt nahe, dass Elemente der Mitteltravée von Il Gesù in Rom, der Hauptkirche des Jesuitenordens, in vereinfachter Form von den Auftraggebern für St. Anna, den Jesuiten, übernommen wurden. Dazu gehören u. a. der den Mittelteil der Fassade bestimmende Segmentbogen, die Anordnung eines Fensters über dem Ädikulamotiv sowie die Pilasterordnungen.

Von den ursprünglichen Klostergebäuden sind nur noch wenige Teile erhalten. Hinter der Fassade in der Damenstiftsstraße befindet sich heute eine Mädchenrealschule, die der Nachkriegszeit entsprechend aus modernen Baumaterialien besteht. Die Reste des bombardierten Klosters sind bis auf die Fassade nicht erhalten. An den Anschluss des Schwesternchors erinnert ein angedeutetes Portal. Im Osten der Kirche bestehen noch Teile des Klosters.

Einen Eindruck der Klosteranlage vor der Zerstörung vermitteln u. a. Luftaufnahmen, das Häuserbuch der Stadt München sowie eine Beschreibung in dem Translationsbericht der Schwestern von 1784: *Abb. 25*

„(...) das Kloster noch mehr zu vergrößern, und eine neuere Schöne Kirchen herzustellen. Zu diesem ende wurden zeig der Original Kauf Brieffen verschiedene Häusl und Städl erkauft, nachmahls nidergerissen, und gegenwärtiges gebäude aufgeführet, welches in seiner Breitte, Tieffe und ganzen umfang 144724 Quadrat Schuh in sich haltet: in mitte desselben war ein garten von 330 Schuh in der Länge, und 150 Schuh in der Breithe, dann einem mit 4 Thor versehenen großem und 5 kleinen Höfen, so daß 9 Schwäre Dachstühl auf dem hohen gebäude ruheten“[100].

Viscardi errichtete um 1694/95 bereits Klosterbauten für die Salesianerinnen. Als Palier wird in einer Quelle Ettenhofer genannt[101]. Es muss sich um Gebäudeteile östlich der heutigen Kirche gehandelt haben, da die alte St. Anna Kirche noch bestand. Die heute erhaltene westliche Klosterfassade ist 19-achsig und in ihren Formen sehr zurückhaltend. Die beiden oberen Stockwerke befinden sich über einem bossierten Erdgeschoss.

---

100 BSB, Handschriftenabteilung, Xiana 17 d, S. 2.

101 Vgl. Karl-Ludwig Lippert, Giovanni Antonio Viscardi 1645–1713. Studien zur Entwicklung der barocken Kirchenbaukunst in Bayern, München 1969, S. 140.
Um 1694/95 errichtete Viscardi bereits Klosterbauten für die Salesianerinnen. Als Palier wird Johann Georg Ettenhofer genannt; StadtA München: Akt Gewerbeamt 2556/1: Maurer 1570–1701. (20. XI. 1698: Tätigkeitsbericht Ettenhofers an den Rat der Stadt München). Vgl. auch Lieb (1941), S. 93.

2. Planserie

2.1 Planänderung

Der Grundriss der Salesianerinnenkirche St. Anna weist die Form eines langgestreckten Rechtecks mit geraden Umfassungsmauern auf. An den dominanten Hauptraum sind seichte tonnengewölbte Querarme angefügt. Der Chor ist durch Abseiten erweitert, die keinen Einfluss auf den Raumeindruck haben. Die westliche Vorhalle hat zwei Treppenhäuser in seitlichen Nebenräumen, die für den Eintretenden nicht sichtbar sind.

Die Innengliederung wirkt im Chorbereich nicht harmonisch. Diesen Eindruck formuliert Friedrich Naab folgendermaßen: „Eine Verunklärung der Raumgrenze ergibt sich lediglich vor dem Hochaltar, wo die bis zur Flucht des Rahmenrechtecks ausladenden Außenmauern der lichterfüllten Anräume für den Eintretenden nicht wahrnehmbar sind“[102].
Diese „Verunklärung“ hat ihre Ursache in einer Planänderung, die bei den bisherigen Bearbeitungen des Kirchenbaus der Salesianerinnen in München nicht berücksichtigt werden konnte, da die Originalpläne nicht auffindbar waren. Innerhalb einer Planserie existieren zwei unterschiedliche Grundrisse für St. Anna, die eine Planänderung dokumentieren.

Vorhanden sind acht originale Blätter, die alle unter der Zuständigkeit Gunezrhainers entstanden[103]:

Abb. 16–23

1 Eingangsportal, Detail aus Fassadenaufriss
2 2. Stock von Kirche und Kloster, nur Umrisse des Klostergartens, Plan I der Kirche
3 1. Stock von Kirche und Kloster, nur Umrisse des Klostergartens, Plan I der Kirche
4 EG von Kirche und Kloster, Klostergarten in Farbe, Plan II der Kirche
5 ausgeführter Grundriss der Kirche nach Plan II (leichte Änderungen zu Nr. 4)
6 Wandaufriss des Schwesternchors
7 Altarschranke für den Chor und Baluster
8 Altarschranke für den Seitenaltar

102 Naab (1973), S. 152.
103 Die Originalpläne befinden sich im Klosterarchiv der Salesianerinnen.

Es ist deutlich erkennbar, dass zwei unterschiedliche Grundrisse für die Kirche existieren. Plan I, der nicht zur Ausführung kam, weist einen einfachen dreiachsigen Grundriss eines Longitudinalbaus auf. Das östliche Joch, der Chorbereich, ist etwas breiter als die beiden westlichen, gleichgroßen Joche. Der Chorabschluss ist gerade und beinhaltet eine Öffnung als Zugang zur Sakristei. Durch diese drei Achsen hätte die Kirche Platz für sechs Altäre geboten (rechts vom Hauptaltar war nicht Platz für einen Seitenaltar, da sich dort das Gitter für den Schwesternchor befand).

Der ausgeführte einzelne Kirchenplan weist Markierungen für vier Altäre auf: Hauptaltar und drei Seitenaltäre. Die Kirche wurde von den Außenmauern her, verglichen zu Plan I, nicht verändert. In Inneren gewinnt das mittlere Joch eine größere Dominanz, wodurch die Ausführung eines großen zentralen Deckenfreskos möglich wurde.

Dass es sich bei dem ausgeführten Plan um eine Änderung und nicht um einen Neuentwurf handelt, zeigt die Montage, wenn man bei Übereinanderlegung der Pläne I und II die Veränderungen herausarbeitet.
Das mittlere Joch wird zu Lasten des östlichen und westlichen Jochs verbreitert. Die in den Raum einspringenden Mauerzungen vor dem Chorbereich sind verstärkt und die in Plan I freistehenden Rundpfeiler integriert worden. Auffällig ist, dass vor allem die westlichen Stützen des mittleren Jochs erheblich vergrößert wurden, womit eine Symmetrie der Begrenzungen des Hauptraums erreicht wurde. (Der Abschluss des Chorbereichs erhält in Plan II eine leichte Rundung.)
Die Abseiten bleiben bestehen, da die nördliche Abseite Platz für einen zukünftigen Altar für die Ordensstifterin bietet und gleichzeitig einen neuen Zugang zur Sakristei ermöglicht; die südliche bleibt erhalten, da der Blick der Schwestern durch das Chorgitter zum Altar möglich sein musste.

Ein Entwurf von Cosmas Damian Asam für das Fresko über der Empore zeigt in der Komposition größere Abweichungen von dem ausgeführten „Engelskonzert“. Das Deckenbild weist ein schmäleres Bildformat auf, wie es die Tonnenwölbung erfordert. Der ovale Entwurf war für eine Flachkuppel vorgesehen[104] (Vgl. Änderungen von Plan Nr. 4 zu Plan Nr. 5). Dies könnte ein Hinweis darauf sein, dass es zu den Planänderungen kam, während Asam bereits Entwürfe für die Deckenfresken anfertigte.

104 Vgl. Corpus (1987), S. 185.

Feulner schreibt zu den Werken der beiden Asam:

„Der Raum ist nur in seiner Wirkung fühlbar, die Gliederung nur in der Bewegung, im malerischen Reichtum. Folge ist, daß die Architektur als solche – wenigstens in den späten Hauptwerken – nebensächlich wird; sie ist ein Faktor der Wirkung wie die anderen Faktoren, sie kann zur Folie, zur Kulisse degradiert werden und die übergeordneten, allgemeinen Begriffe des Ausdrucks, das Geheimnisvolle, die barocke Unendlichkeit, die Verbindung von Diesseits und Jenseits, die Mystik des Lichtes werden Leitmotive“[105].

Der Grundriss wurde in St. Anna nebensächlich. Wichtig war, dass zur Ausführung der Innendekoration und zur Verwirklichung des Deckenprogramms die Voraussetzungen geschaffen wurden.

Plan I, der abgeändert zur Ausführung kam, entspricht nicht der regionalen Bautätigkeit Anfang des 18. Jahrhunderts in Bayern. Seine Ursprünge liegen bei dem Ordensgründer. Der Hofbaumeister Johann Gunezrhainer wurde offenbar von den Salesianerinnen beauftragt, nach dem Idealplan ihres Ordensstifters den Grundriss für die neue Kirche zu entwerfen; Änderungen entstanden vermutlich in der Zusammenarbeit mit den Brüdern Asam.

2.2 Idealplan von Franz von Sales

Franz von Sales schrieb am 24. August 1621 einen Brief an Johanna Franziska von Chantal, in dem er davon spricht, dass er von einem sehr guten Meister gemäß den Beschreibungen, die der heilige Karl Borromäus für die Klöster hat machen lassen, einen schönen Plan für ein Kloster hat anfertigen lassen.

„J'ay fait faire icy un beau plan de monastère que je vous envoyeray au premier jour; et celui qui l'a fait est très bon maistre, et l'a fait sur les descriptions que saint Charles a fait faire des monastères, en s'accomodant nèanmoins à l'usage de al Visitation. Et je pense qu'il faudra faire, au plus près qu'il se pourra, selon la commodité des lieux, tous les monastères ainsy ; et tousjours les treilles bien ferrées et jalousies de bois esloignées des grilles ; car c'est un grand playsir de parler en aussurance es parloirs. Il faudra aussi mettre un balustre derrière la grille du choeur, en la mesme façon qu'au parloir“[106].

105 Feulner (1923), S. 14.

106 Zit. nach Jean-Marie Marquis, L'Ordre de la Visitation en Italie aux XVIIe et XVIIIe siècles. Les avatars d'un plan-type et la fortune de quelques thèmes salésiens, in : Gilles Chomer et Marie-

Der Tod von Franz von Sales am 22.12.1622 verzögerte die Veröffentlichung des Planes. Erst sieben Jahre nach dem Brief an die Ordensstifterin, im Jahr 1628, wurde er zum ersten Mal im *Coutumier et Directoire pour les Soeurs Religieuses de la Visitation de Saincte Marie* gedruckt.
Diese „Ordensgebräuche" wurden unter Zusammenarbeit von Michel Favre und Johanna Franziska von Chantal nach den Aufzeichnungen herausgegeben, die Franz von Sales hinterlassen hat. Nach mehreren Überarbeitungen erschien 1637 eine endgültige Ausgabe. Der Plan der Kirche von 1628 unterscheidet sich von dem von 1637 darin, dass der spätere Grundriss detaillierter ausgeformt ist. Auffällig ist die deutliche Trennung des Kirchenchors mit dem links davon befindlichen Schwesternchor von dem Kirchenschiff.
Bereits der Ausgabe von 1628 war ein Werk von 35 Seiten beigegeben, das den Plan ausführlich beschrieb. In der Ausgabe von 1637 ist unter dem Titel *Devis de l'ordre de la grandeur, disposition & commoditez des lieux & Offices du Plan* auf den ersten Seiten die Ausführung der Kirche dargelegt.

In dem Brief von 1621 nennt Franz von Sales als Vorbild für den Plan die Beschreibungen, die der hl. Karl Borromäus (1538–1584) für die Klöster machen ließ. Karl Borromäus wurde 1560 von seinem Onkel Papst Pius IV. nach Rom berufen und zum Kardinal und Erzbischof von Mailand ernannt, wo er ab 1563 residierte. Er wurde 1602 selig und 1610 heilig gesprochen. Karl Borromäus verkörperte das Bischofsideal der Gegenreformation; er sorgte für die Durchführung der Beschlüsse des Konzils von Trient und förderte die Verehrung der Eucharistie.

Bei den „Beschreibungen für die Klöster" handelte es sich vermutlich um die *Instructiones fabricae et supellectilis libri*, die Regeln beinhalteten, die auf die Architektur nach den Grundsätzen des Konzils von Trient angewendet werden sollten. Jean-Marie Marquis sieht in diesem Werk die Grundlage für die „Ordensgebräuche" des Franz von Sales. Die Bedeutung des hl. Karl Borromäus für den Salesianerinnenorden charakterisiert er folgendermaßen: „Et c'est sans doute au fait que François de Sales voulait être le Charles Borromée de la Savoie que l'on doit l'existence même de ce plan. Toute la pastorale salésienne est un démarquage de celle l'archevêque de Milan"[107].

Félicie Pérez, Lyon et L'Italie, Paris 1984, S. 18; aus: Saint François de Sales. Œuvres, Paris, Bibliothèque de la Pléiade, 1969, vol. XX, p. 136, lettre MDCCCXXI, d'Annecy, à la Mère de Chantal à Paris.

107 Marquis (1984), S. 21. Der Aufsatz beinhaltet eine kurze Zusammenfassung der nicht veröffentlichten Dissertation des Verfassers: Jean-Marie Marquis, Les monastères de l'Ordre de la Visitation en Italie et en Autriche aux XVIIème et XVIIIème siècles, Lyon 1982.

Im Verfahren zur Heiligsprechung des Ordensstifters äußerte der Mönch Nikolas Baytaz am 15. Juli 1627 folgende Worte zur Erstellung eines Plans auf den Wunsch von Franz von Sales:

„Il me commandat de lire avec grande diligence les Constitutions de saint Charles touchant la fabrique des religieuses afin que selon icelles je luy en dressasse un plan sur lequel les Religieuses du dict ordre se reglassent a l'advenir aultrant que les lieux le pourroient permettre, lequel après que j'heu faict Il le fist encore examiner au R. Seigneur Ajazza pour lors Abbé D'Abondance“[108].

Demnach ist offensichtlich Nicolas Baytaz de Doucy, geboren in Desingy bei Annecy um 1595 und gestorben in Annecy 1677, der Urheber des Plans, der dem *Coutumier et Directoire pour les Soeurs Religieuses de la Visitation de Saincte Marie* von 1628 erstmals beigefügt war. Nicolas Baytaz war ab 1630 der geistliche Vater des Klosters von Annecy; er war der Architekt des zweiten Klosters der Heimsuchung in Annecy von 1634, für welches er sich auf seinen für Franz von Sales entwickelten Plan bezog. Für den Herzog von Nemours veröffentlichte er 1644 eine Abhandlung über die Perspektive.

Im Klosterarchiv der Salesianerinnen befindet sich ein Buch über die „Ordensgebräuche“ des Salesianerinnenordens, deren Weisungen von Franz von Sales verfasst wurden. Ein handschriftlicher Eintrag zeigt, dass es sich im Münchner Kloster befand: „Dieses Buch gehört dem Closter von Maria Heimbsuchung in München“. Dabei handelt es sich um das 1727 in Wien übersetzte Werk *Coutumier et Directoire pour les Soeurs Religieuses de la Visitation de Saincte Marie*. In einem beigebundenen Vorwort (datiert 24. Juni 1624) erläutert Johanna Franziska von Chantal die Absicht, nach dem Tod des Ordensstifters seine geistlichen Weisungen für die Mitschwestern festzuhalten[109].

Am Ende des Buches sind Abbildungen mit eingebunden. Dabei handelt es sich um
Abb. 14, 15 einen Schnitt des Brusttuches, die Form der Kreuze und den Idealgrundriss jeweils

108 Zit. nach Marquis (1984), S. 21.

109 Vgl. Lebe Jesu. Buch deren Ordens-Gebräuchen/ und DIRECTORIUM, oder Unterrichtungen für die Geistliche Schwestern von der Heimsuchung Maria, Aus der Französischen in die Teutsche Sprach übersetzet, Wien 1727.
Die Ordensstifterin schreibt im Vorwort: „Ihro Hochfürstliche Gnaden Franciscus von Sales, Bischof/ und Fürst von Genf/ unser Heiliger Vatter/ und Stifter Höchstseligen Andenkens/ hat uns neben denen Satzungen/ welche er aufgerichtet/ und denen Regeln des Heiligen Augustini zugesetzet hat/ viele Geistliche Unterweisungen gegeben. Er hat auch sehr nutzliche Gebräuche/ und Gewohnheiten/ uns zur Vollkommenheit/ in dem Dienst GOttes zu befördern/ und darinnen zu

für Erdgeschoss und Obergeschoss eines Salesianerinnenklosters mit französischer Beschriftung[110].

Im fünfunddreißigsten Artikel des ersten Teils wird die Gestaltung einer idealen Anlage beschrieben. Dabei wird auf den beigebundenen Grundriss verwiesen. Die Worte „(...) und anderer bemeldten Dingen/ solle man sich nach Beschreibung des besagten Abriß richten" weisen auf das dem Werk *Coutumier et Directoire pour les Soeurs Religieuses de la Visitation de Saincte Marie* beigegebene Devis, das aber nicht der Ausgabe von 1727 beigebunden ist.

Für die Dekoration der Bauteile wird auf die einfache Bauweise der Kapuziner verwiesen[111], so dass man bereits am Gebäude selbst den „Geist der Armut" erkennen kann. Diese Anordnung entspricht der schmucklosen Ausführung der Fassaden von Kirche und Kloster der Münchner Salesianerinnen.

„Alle Gebäue sollen sehr stark/ und fest aufgeführet seyn/ aber einfältig deren Capuciner=Art nach/ ohne Zierat an denen Verdachungen/ noch anderstwo; ohne Verschnitzung/ und Bild=hauerey von Quater= oder anderen Steinen; weder an denen Mauer=Bänden/ noch an dem obersten Gesims. Ja in allem solle man/ so viel möglich ist/ dem Grund=Riß folgen/ über alles aber/ für die Grösse der Porten und Thüren/ Fenster=Gestell/ und anderer bemeldten Dingen/ solle man sich nach Beschreibung des besagten Abriß richten; damit die Clöster keinen Weltlichen Häusern gleich sehen/ sondern daß man den Geist der Armut daran erkenne/ welcher unter denen Dienerinen GOttes regieren solle"[112].

---

erhalten/ eingeführet: welche wir mit eben so grosser Sorge als die Regel selbst/ gehalten haben. Sie seyn zwar in keine Ordnung gebracht/ noch aufgesetzet worden/ und dieses aus Ursache/ dieweilen sie uns zu verschiedenen Zeiten/ nachdeme sich die Gelegenheit ereignete/ waren gegeben worden; sondern sein Verlangen ware (wie er solches uns angedeutet hat) daß sie solten schriftlich aufgesetzet/ und zusammen in ein Buch verfasset werden".

110 Es handelt sich vermutlich um einen Abzug der gleichen Platte, die für das Werk *Coutumier et Directoire pour les Soeurs Religieuses de la Visitation de Saincte Marie* von 1637 verwendet wurde.

111 Vgl. hierzu Peter Hawel, Klöster. Wie sie wurden, wie sie aussahen und wie man in ihnen lebte, Ulm 1982, S. 172. Die Kapuziner erhielten 1524 die päpstliche Bestätigung für ein striktes Leben nach den Grundsätzen des Hl. Franziskus. Damit trennten sie sich endgültig vom Franziskaner-Orden, der aufgrund von päpstlichen Privilegien seine ursprüngliche Zielsetzung weitgehend aufgegeben hatte.

112 Direktorium (1727), Teil 1, S. 117 f.

Die Einrichtung der Klausur und der Zellen wird detailliert z. B. bis zur Wahl der Holzart vorgegeben. Im siebenunddreißigsten Artikel wird sehr ausführlich auf die Ausführung des Schwesternchors eingegangen.

„Rings herum in dem Chor deren Schwestern solle eine Reihe Stühl von Nuß= oder Eichen=Holz seyn. Jedwedere solle 19. oder 20. Zoll breit seyn/ sechzehen hoch/ und dreyzehen oder vierzehen Zoll tief/ jeder Stuhl solle mit einem Brett/ welches acht oder zehen Zoll hoch ist/ unterschieden seyn/ ganz glat/ und ohne Zierat; am Rucken dieser Stühlen sollen Bretter von anderthalb Schuhe hoch seyn/ ein wenig gebogen/ und unten=her ein Brett längst deren Stühlen/ welches für einen Fuß=Schammel dienen wird. Sie sollen bey einem halben Schuhe weit von der Mauer enfernet seyn/ damit man darhinder kleine Trühelein/ oder was anderes/ darein zu speyen/ stellen kann/ und dieses von zwey zu zwey Stühlen; ausgenommen auf Seiten des Eingangs in den Chor/ da man sieben oder acht Schuhe Platz/ für die Zugesellte= und Lay Schwestern leer lassen kan. Der Chor=Stuhl für die Oberin/ solle zu Ende des Chors gerad gegen dem Gätter über gestellet werden/ er solle gleich denen anderen gemachet seyn/ ohne Zierat/ ausser daß er über die andere mit einem Staffel von vier Zoll erhöhet seyn solle/ und am Rucken zwey und einen halben Schuhe hoch. Uber welchen Stuhl man eine Bildnuß der Mutter GOttes hängen solle/ welches mit Geistlichen Sprüchen umgeben seye“[113].

In der Planserie existiert ein eigenes Blatt mit dem Wandaufriss des Schwesternchors. Beschriftet ist dieser Entwurf mit den Worten „Chorsthühle in München“. Eingezeichnet ist das Chorgestühl und der einzelne erhöhte Platz für die Oberin. Das Chorgestühl hat sich bis heute im Salesianerinnenkloster Dietramszell erhalten. Das ursprüngliche Marienbild aus dem Schwesternchor von St. Anna befindet sich über dem Stuhl der Oberin.

Franz von Sales legte großen Wert auf die Einhaltung genauer Vorschriften für das Chorgitter, was bereits aus dem Brief vom 24. August 1621 hervorgeht[114]. Die Aufgabe des Klosters war, die Ordensgemeinschaft vor der Außenwelt zu schützen. Die Gitter symbolisieren den Trennungspunkt zwischen der Welt der Menschen und der klösterlichen Welt. Die Beachtung der Abgeschlossenheit stellte eine wichtige Grundregel dar, deren Verletzung im Konzil von Trient mit Exkommunizierung belegt worden war. Franz von Sales hatte den Orden ursprünglich ohne Klausur gegründet. Um so mehr wurde die Einhaltung der Klausur beachtet, nachdem Erzbischof und Kardinal Denis von Marquemont in Lyon für die Klausur eingetreten

113 Direktorium (1727), Teil 1, S. 126 f.
114 Siehe Marquis (1984), S. 23.

und durch ein Breve von Papst Paul V. die Genossenschaft am 23. April 1618, also 7 Jahre nach der Gründung, zu einem förmlichen Orden erhoben worden war.

„Das grosse Gätter des Chors/ solle die gantze Oefnung/ oder den leeren Raum völlig ausfüllen. Es kan in der Breite zehen oder zwölf Schuhe haben/ und sechs/ ja wol gar bis zehen in der Höhe/ soferne es vonnöhten ist. (...) Gegen dem höltzernen Gätter/ solle ein schwartzer Fürhang seyn/ von Estamin, (welches ein schwartzer Zeug ist/ wovon die Wail gemachet werden) welcher an einem eisernen Stänglein hangen solle/ um zu verhindern/ daß die Schwestern/ wann sie die Heilige Meß hören/ nicht gesehen werden. (...) Wann das Communion-Fenster/ in die Mauer gemachet wird/ solle es derselben gleich auf der Seiten deren Weltlichen gesetzet werden“[115].

Dem Chorgitter wird in den gedruckten *Ceremonien bei der jährlichen Visitation für die Ordensfrauen der Heimsuchung Mariä* von 1874 noch der gleiche Stellenwert wie Anfang des 17. Jahrhunderts eingeräumt:
„Sobald die Schwestern im Chore versammelt sind, sollen sich alle zum Gitter wenden, und nachdem der Rahmen geöffnet, die Vorhänge weggezogen worden, werden sie sich auf den Boden niedersetzen; die Novizinnen und die Schwestern des weißen Schleiers stellen sich zunächst an das Gitter. Die Kirche soll leer und geschlossen sein“[116].
Der Aufbau des Innenraums von St. Anna ist als logische Abfolge von plastischen Elementen gegliedert. Vor dem Chorbereich steigert sich die Verwendung von Doppelsäulen zu einer körperhaften Verdichtung, so dass die Sicht auf den Schwesternchor stark erschwert wird, wodurch die Forderung des Ordensstifters erfüllt war.

Im zweiten Teil des Direktoriums wird auf das Verhalten der Schwestern während der Predigt eingegangen. Die genauen Anweisungen lassen darauf schließen, dass von Franz von Sales eine strenge Trennung von Weltlichen und Schwestern gefordert wurde; die Salesianerinnen sollten vom Kirchenschiff aus nicht sichtbar sein:
„Man machet den Chor finster/ gleich wie unter der Heiligen Meß/ doch dergestalten, daß der Prediger sehen könne/ dass man gegenwärtig ist. In dem Fall man aber das Tag=Licht nicht benehmen kan/ sollen die Schwestern auf das wenigste ihren Wail herunter hangen haben/ woferne sie anderst denen Welt Leuten solten in dem Gesicht seyn“[117].

115 Direktorium (1727), Teil 1, S. 123-24.
116 Ceremonien bei der jährlichen Visitation für die Ordensfrauen der Heimsuchung Mariä, Regensburg 1874, S. 1.
117 Direktorium (1727), Teil 2, S. 70.

In diesem Kapitel stehen auch Vorschriften für die Ausführung von Kirchen des Ordens:

„So viel/ als es möglich wird seyn/ solle man den Haus=Raht vor die Kirchen/ den Chor deren Schwestern/ und die Sacristey einrichten/ wie folget: der Altar in der Kirchen solle ohngefehr acht Schuhe haben in der Länge/ drey in der Höhe/ und drey Schuhe und vier Zoll in der Tiefe mit drey Stäffeln versehen/ wann es der Form des Tabernaculs zulasset/ deren der erste sieben Zoll haben solle. Wann man mehrer Altär/ in der Capellen/ oder Schif der Kirchen aufrichtet/ ist es nicht nöhtig/ dass sie diese Grösse haben. (...) Um den Altar herum solle ein Fuß=Schammel von drey Staffeln/ ein jeder einen halben Schuhe/ oder fünf Zoll hoch/ gemachet werden. (...) Zwischen dem Schif der Kirchen/ und dem Chor derer Priestern solle ein Nuß=Baumenes Gätter seyn/ das Postament, oder die Stellung solle dritthalb Schuhe hoch seyn/ die runde Stänglein sollen fünf Schuhe/ und das Gesims zehen Zoll haben“[118].

Die Münchner Salesianerinnen hielten sich an diese Vorschriften. Im „Grundriss der Kirche nach Plan II“ ist der „Fuß=Schammel von drey Staffeln“ um den Altar herum eingezeichnet. Ebenso existieren zwei Blätter in der Planserie, die einen Entwurf für die Altarschranke und die „Stänglein“ zeigen. Die Ausführung erfolgte nach den Entwürfen.

In einem Sendschreiben der Ordensstifterin an die „Geistlichen Schwestern von der Heimsuchung Maria“, das dem Direktorium vorangestellt ist, fasst Johanna Franziska von Chantal die Grundforderungen des Franz von Sales zusammen:

„(...) befehlet er nichts desto minder/ daß alle sich vereiniget/ und demselben gleichförmig halten/ auch ihre Zuflucht/ um Beystand/ und Erklärung/ in Sachen das Institut betreffend (...)“. Uber dieses/ setzten sie anbey/ befehlet er/ daß alle Clöster sich sehr untereinander vereiniget halten; indeme er gewolt/ daß eine Zusammenfügung/ und Zusammenknüpfung eines mit dem andern seye/ gleichwie die Ringe einer Ketten/ deren jeder an dem anderen angeheftet ist/ und sich mit dem ersten Ring stark/ und fest zusammen haltet“[119].

In dem achtundzwanzigsten Artikel der ersten Teils mit der Überschrift „Von der Einigkeit zwischen denen Clöstern“ heißt es:

---

118 Direktorium (1727), Teil 1, S. 125 f.
119 Direktorium (1727), S. 7 f.

„Obschon das Closter zu Annessy, in einer kleinen Stadt aufgerichtet ist/ so hat doch nichts destoweniger die Göttliche Vorsichtigkeit wollen/ daß die Versammlung der Heimsuchung/ alda solte entspriessen/ und in diesem Ort ihr Gesatz/ und Grund=Feste empfangen. Derohalben sollen die andere Clöster der Heimsuchung/ eine sehr genaue Vereinigung der Liebe/ samt einer Gleichförmigkeit/ und besonderer Verständnuß und Zuflucht mit diesem zu Annessy haben (...)“[120].

Als Mittelpunkt oder erstes Glied der Kette wird mehrmals das Kloster in Annecy benannt. Gemäß dem Direktorium wird, wie bereits erwähnt, von den Klöstern in Wien und München in Abständen von etwa drei Jahren in den Circulaires über die Vorkommnisse nach Annecy und andere Klöster berichtet[121].

Marquis führt an, dass der Heimsuchungsorden nicht zentralisiert, und jedes Kloster ausschließlich von dem örtlichen Bischof abhängig ist. Das erste Kloster in Annecy wird zwar als das Mutterkloster angesehen, übt aber keine Führungsrolle aus. Aufgrund dieser dezentralisierten Organisation des Ordens kommen den Weisungen des Franz von Sales, die durch die Anstrengungen der Ordensstifterin Johanna Franziska von Chantal nach seinem Tod herausgegeben wurden, eine vereinigende Rolle zu: „Si le *Coutumier* était le garant de l'unité spirituelle de la Visitation, le *Devis* et son plan devaient en assurer l'unité architecturale“[122].

Im Idealplan von 1637 ist die Kirche dezentralisiert angeordnet. Der Teil, der den weltlichen Gläubigen gewidmet ist, nimmt die gleiche Fläche ein, wie der Chor und der innere Chor, der zum Gebrauch der Ordensschwestern bestimmt ist. Es handelt sich um eine einfache rechteckige Kirche, die ein Schiff ohne Querhaus aufweist. Auch in Plan I für St. Anna ist ein einfacher rechteckiger Kirchenbau mit drei Achsen eingezeichnet. Der schmale Eingangsbereich fügt sich wie im Idealplan im Westen an. In Plan II wird, um das mittlere Joch verbreitern zu können, das dritte Joch von Plan I mit dem Eingangsbereich verschmolzen.

---

120 Direktorium (1727), Teil 1, S. 90.

121 „Sie sollen dieses Closter willig und mit grossem Vertrauen berichten von denen Sachen/ welche in ihren Häusern sich ereignen können (...) von dem Segen/ mit welchem GOtt ihre Häuser/ oder Versammlungen begnadet. Diese vollkommene Einigkeit aber/ solle nicht nur allein mit diesem Closter zu Annessy sein/ sondern auch mit allen anderen Clöstern (...)“. Direktorium (1727), Teil 1, S. 91.
„(...)nous sommes pour le dehors toûjours intimement unies d'affection à tous nos chers Monasteres, & continuons à être en relation particulierement avec le premier d'Annessi, & avec quelques autres d'Italie, & d'Allemagne“. Circulaire (1735), S. 5.

122 Marquis (1984), S. 23.

Auf dem Idealplan sieht man, dass der Kreuzgang der zentrale Raum des Klosterareals ist. Ringsum öffnen sich verschiedene Räume der Gemeinschaft, wie Küche, Speisesaal und Archiv. Die persönlichen Zellen nehmen fast ein Drittel der bewohnbaren Fläche des Gebäudes ein. Es sind drei Zimmer für die Krankenabteilung vorgesehen. Eine Besonderheit des Salesianerinnenordens war auf Wunsch des Ordensstifters die uneingeschränkte Aufnahme von blinden und gebrechlichen Frauen, was sich in diesem Teil des Planes klar ausdrückt.

Abb. 1 Ein aus dem 18. Jahrhundert erhaltenes Gemälde, das sich im Besitz der Münchner Salesianerinnen befand, zeigt aus der Vogelperspektive eine leicht vereinfachte Ansicht von Kirche und Kloster[123]. Dieses Bild ist die früheste bekannte Darstellung der Gesamtanlage und gibt einen Eindruck wieder, wie Plan II im Aufriss aussah.
Abb. 24 Dieses Gemälde und ein Bild in der Klosterchronik zeigen den Innenhof der Klosteranlage der Münchner Salesianerinnenkirche nach 1735 und vor der Translation der Nonnen im Jahr 1784. Das Aquarell der Klosterchronik zeigt den Blick gegen Westen. Die zweistöckigen Gebäude weisen keinerlei Schmuck auf. Im südlichen Flügel ist ein Arkadengang zu erkennen. Im Westteil befinden sich drei Eingangsfelder, die wiederum die Form von Arkaden haben. Dem nördlichen Flügel wurde ein offenbar hölzener Laufgang vorgeblendet. Deutlich sind auf dem kolorierten Originalplan zwei Brunnen zu erkennen, die auch das Aquarell zeigt. Der Arkadengang des südlichen Klosterflügels weist offensichtlich ein Kreuzgratgewölbe auf. Dahinter scheinen sich keine Räume mehr zu befinden.

Die alte St. Anna Kirche wurde bis zum 15. September 1735 benützt[124]. Ursprünglich ließ sie Herzog Albrecht III. 1440 erbauen[125]. Das Häuserbuch der Stadt Mün-

---

123 Das Gemälde befindet sich heute noch im Besitz der Salesianerinnen.

124 „Le jeudi suivant 15. de September 1735. nous dîmes pour la derniere fois l'Office dans le Choeur de l'ancienne Eglise (...)". Circulaire (1738), S. 5.

125 „Die auswärtigen größeren Klöster besassen früher gewöhnlich auch Häuser in München, wo sie Absteigquartiere hatten, (...). Bisweilen dienten diese ‚Klosterhäuser' auch als Ruheplätzchen kranker Conventualen, oft auch selbst solcher Klosterunterthanen, welche dahier in ärztl. Pflege waren. Ein solches ‚Kloster= u. Pflegehaus' hatte denn auch das Kloster Indersdorf zu München resp. Althaim. Zu diesem erbaute Herzog Albrecht III. im Jahre 1440 ein Kirchlein, denn er liebte Indersdorf u. besonders dessen Decan Johannes, dem es gelungen war, nach Agnesens der Bernauerin schrecklicher Ermordung den wuth= und rachetobenden Gatten zur Versöhnung mit seinem Vater zu bewegen. (...) u. als Albrecht sich endlich entschloß, Anna v. Braunschweig zur Gemahlin zu nehmen, da mochte diese wohl bald auch den Friedensapostel zu Indersdorf ebenso hochachten gelernt haben. Gewiß ist, daß sie sich bei der Erbauung u. Ausschmückung des Kirchleins am Indersdorfer=Klosterhause mit großer Liebe betheiligte, weshalb es auch wohl zu Ehren der hl. Anna, der Namenspatronin der frommen Herzogin, nicht auf den Titel der Indersdorfer=Kirchenpatrone, eingeweiht worden sein mag". Mayer/Westermayer (1880), S. 343 f.

chen zeigt die Veränderung des Bauareals. Es ist deutlich zu sehen, dass auf dem Platz des St. Anna Kirchleins ein weiterer Klostertrakt errichtet wurde.

2.3 Vergleich mit Turin und Paris

Der Idealplan des Franz von Sales wurde beim Bau von neuen Klöstern der Heimsuchung herangezogen, aber nicht immer genau befolgt.
Marquis untersucht die Klosterbauten der Salesianerinnen in Italien in Hinblick auf die Einhaltung der Forderungen des Ordensstifters. Er führt die 1657 erbaute Kirche in Turin an, die mit ihrem zentralen Grundriss keine Ähnlichkeit mit der einschiffigen Kirche des Idealplans hat. Beim Bau der Turiner Kirche lag bereits die überarbeitete Version der „Ordensgebräuche" von 1637 vor.
Marquis fasst die Anwendung des Idealplans folgendermaßen zusammen: „On constate donc que les strictes données du *Devis* et du plan furent interprétées pour suivre les usages locaux ou la volonté des donateurs, ou la fantaisie des architectes"[126]. Von 24 untersuchten Klöstern entsprechen nur 5 annähernd dem Plan. Die 1708 erbaute Kirche von San Vito hat einen einfachen rechteckigen Grundriss mit drei Altären. Der Schwesternchor befindet sich, wie es der Idealplan vorgibt, rechts vom Chor der Kirche.

Gemäß dem Plan der „Ordensgebräuche" haben die meisten Kirchen drei, manche aber auch fünf Altäre. In vielen Fällen ist der Schwesternchor nicht seitlich, sondern axial hinter dem Hauptaltar angeordnet, so dass das Gitter, das einen besonderen Stellenwert einnimmt, hinter dem Hauptaltar verborgen ist.

Luc Barré beschäftigt sich mit einer Planserie, die im Nationalarchiv von Paris vorhanden ist. Für das Heimsuchungskloster in Paris an der Rue St. Antoine, neben dem Hôtel de Cossé, existieren zwei Pläne, die eine grundsätzliche Planänderung für die Kirche St. Marie dokumentieren. Die Kirche wurde 1632–1634 von François Mansart erbaut[127].
Der erste Plan (NIII 309 N° s 9), zeigt eine Aufteilung, die auf dem vorgegebenen Grundstück nicht auszuführen wäre. Bei Plan 9 hielt man sich an die Ost-West-Ausrichtung, die der Idealplan vorschreibt. Der Grundriss weist die einfachen Formen auf, die Franz von Sales im *Devis* fordert.

---

126 Marquis (1984), S. 30.
127 Vgl. zu folgenden Luc Barré, Passages. Recherche des significations de deux espaces architecturaux, Nanterre 1976, S. 75 ff.

Der zweite Plan (NIII 309 N° s 10) ändert die Ausrichtung der Kirche um 90°, so dass der Eingang zur Kirche an der Straße liegt. Auf diesem Plan ist ursprünglich der Grundriss von Plan 9 verwendet worden. Zusätzlich dokumentiert Plan 10 eine Neuerung in der Planungsphase. Zwei konzentrische Kreise wurden über den fertigen Plan aufgetragen. Barré interpretiert diese Änderung des Plans als erstes Erscheinen Mansarts in der Planungsphase Anfang 1632. Ein rekonstruierter Plan von Februar 1632, der auf Zeichnungen des Architekten fußt, zeigt bereits einen Zentralbau. Der schließlich realisierte Bau hat mit dem Idealplan des Franz von Sales kaum mehr Gemeinsamkeiten.
Als Grund für die Änderung gibt Barré an, dass die Kirche von Sillery finanziert wurde, der Mansart den Salesianerinnen vorstellte. Johanna Franziska von Chantal und Vinzenz von Paul war es gelungen, Brûlart de Sillery zu gewinnen, die Kosten für den Bau zu übernehmen. Bei dem Pariser Salesianerinnenkloster in der Rue St. Antoine kam es, im Gegensatz zu St. Anna in München, zu einer grundlegenden Änderung des Kirchengrundrisses, da ein neuer Architekt hinzugezogen worden war.

3. Vergleiche im bayerischen Raum

Die Votivkirche und ehemalige Klosterkirche der Karmelitinnen in München, Hl. Dreifaltigkeit, wurde zwischen 1711 und 1714 neu erbaut. Sie entstand nach Plänen von Giovanni Antonio Viscardi[128]. Die Fresken wurden von Cosmas Damian Asam 1715 fertig gestellt.

In der Literatur wird außer von Max Hauttmann die Dreifaltigkeitskirche als Vergleichsbau zu der Salesianerinnenkirche St. Anna herangezogen. Hauttmann dagegen stellt St. Anna in einen Kontext mit Schäftlarn und Ruhpolding. Die verschiedenen Aussagen werden im Folgenden kurz genannt, da sie zeigen, dass keiner der Vergleiche ergiebig war, da immer die geringe Tiefe der Querarme und die den Chor erweiternden Abseiten irritierten.

Bereits Zauner stellt 1914 Ähnlichkeiten zwischen den Grundrissen von St. Anna und der Dreifaltigkeitskirche fest: „Grundriß ähnlich jenem der *Viscardischen Dreifaltigkeitskirche* (nur der Chor erweitert als Betraum der Klosterfrauen): ein Kreuz mit kurzen Armen, alles aber weniger barock und einfacher“[129].

Auch Helene Voelcker vergleicht St. Anna mit der Dreifaltigkeitskirche. Sie nennt den Bau Viscardis einen Zentralbau von relativ klarer Ausprägung mit einer barocken Modifizierung der Längsachse. In der Salesianerinnenkirche sei die Zentralidee in stärkerem Maße verunklärt. Sie stellt fest, dass die Längstendenz der Zentralidee Konkurrenz mache[130].

Karl-Ludwig Lippert beschreibt den Grundriss der Dreifaltigkeitskirche als ein abgeschrägtes Kernquadrat mit vier Kreuzarmen, die etwa doppelt so breit wie tief sind: Diese zentrale Form erhält ihre Längsbetonung durch die Angliederung von Vorhalle und Altarraum. Im Grundriss der Salesianerinnenkirche St. Anna wiederholt sich deutlich das Schema der Dreifaltigkeitskirche. Die beiden Querarme sind sehr seicht und der Eingangsarm grenzt ohne Vorraum an die gerade Fassadenwand

128 Siehe Feulner (1923), S. 10. Der Norditaliener Johann Antonio Viscardi kam 1673 als 26jähriger Bauhandwerker nach Bayern; er wanderte mit einem der italienischen Trupps, die von Zuccallis Werkführer Petri berufen worden waren, ein. Obwohl er bereits 1678 Hofmaurermeister und 1685 Baumeister wurde, wurde er durch Intrigen Zuccallis zur Aufgabe seiner Stellung gezwungen. Erst 1702 kam es zu einer abermaligen Anstellung als Hofbaumeister. Als Hof-Ober- und Landbaumeister starb er 1713 in München; nach seinem Tod wurde die Dreifaltigkeitskirche von seinem Polier Johann Georg Ettenhofer unter der Leitung des Hofbaudirektors Enrico Zuccalli zu Ende geführt.

129 F. P. Zauner, München in Kunst und Geschichte, München 1914, S. 59.

130 Vgl. Voelcker (1923), S. 67 ff.

an und nimmt die Orgelempore auf. Der östliche Kreuzarm, der als Altarraum dient, wiederholt in kleineren Abmessungen und ohne Eckabschrägungen den Hauptraum[131].

Ebenso schreibt Naab, dass Gunezrhainer bei der Disposition des Inneren von St. Anna vom Schema der Dreifaltigkeitskirche Viscardis ausging: einem überkuppelten Quadrat mit abgeschrägten Ecken – überkreuz durch Anräume erweitert[132].

Hauttmann bezeichnet die Dreifaltigkeitskirche als Zentralbau, da sich der Grundriss aus einem Quadrat entwickelt. Von den vier Kreuzarmen ist der Chor dreimal so tief wie die übrigen, wodurch die Längsachse stark betont wird. Die Kirche erscheint deshalb als eine Verbindung von Zentral- und Longitudinalbau. Ähnlichkeiten mit St. Anna stellt er nicht fest. Er stellt St. Anna in einen Kontext mit weiteren Kirchen, die Gunezrhainer zugeschrieben werden: „Der St. Anna=Damenstiftskirche in München (1732-35) wie der Prämonstratenserkirche Schäftlarn (Ob.=Bayern, Bez.=A.München II, 1733-64) und der Pfarrkirche in Ruhpolding (Ob.=Bayern, Bez.=A.Traunstein, 1738-57) liegt das Motiv des dreiachsigen Langhauses mit betontem Mitteljoch zugrunde (...)“[133].
Diese Aussage Hauttmanns bewertet Voelcker als zu weit gehend mit der Begründung, dass das Langhaus von St. Anna nur aus einem Joch bestehe und der Mittelraum deutlich gegen die beiden anliegenden Joche eingezogen sei.

Der Vergleich mit Ruhpolding und Schäftlarn führt bei der Frage nach Gunezrhainers Anteil am ausgeführten Bau der Salesianerinnenkirche zu wenig Erfolg. Beide Kirchen entstanden nach 1735 und bei beiden werden weitere Baumeister für die Entwicklung des Grundrisses genannt.

Die Genehmigung eines Neubaus einer Dorfkirche in Ruhpolding, der bereits seit 1684 im Gespräch war, wurde von 1725 bis 1738 aufgrund der zu hohen Kosten verzögert[134]. Mit einem im Mai 1725 eingereichten Grundriss[135] von Hanns Aignherr, Maurermeister auf der Au, war der Kurfürst wegen des hohen Überschlags

131 Vgl. Lippert (1969), S. 35, 56 ff.
132 Siehe Naab (1973), S. 152.
133 Max Hauttmann, Geschichte der kirchlichen Baukunst in Bayern, Schwaben und Franken 1550–1780, München 1921, S. 182.
134 Vgl. zu folgenden Voelcker (1923), S. 80 ff. Ein Umbauprojekt Viscardis der alten Kirche von 1699 wurde nicht ausgeführt. Viscardi wollte die alte Kirche als Chor verwenden und ein Langhaus anfügen.
135 Siehe BHStAM I, Plansammlung Nr. 20530.

nicht einverstanden. Im Januar 1730 wurden die Risse und reduzierten Überschläge dem kurfürstlichen Hofbaumeister Johann Baptist Gunezrhainer vorgelegt. Erst im Juni 1737 besichtigte er die alte Kirche und einen vorgesehenen Bauplatz. Gunezrhainer berichtete dem Kurfürsten im April 1738 über die notwendigen Kosten des Neubaus. Der Bau entstand unter der Zuständigkeit Gunezrhainers, wurde aber aufgrund von Bauverzögerungen wegen Überschreitung des genehmigten Kostenrahmens erst im Juli 1754 geweiht.
Inwieweit die Entwürfe des Maurermeisters Aignherr für den ausgeführten Grundriss herangezogen wurden, ist schwer nachzuvollziehen. Ein Longitudinalbau mit eingezogenem Chor und Apsis war bereits 1725 vorgesehen. Die endgültige Ausführung von St. Georg in Ruhpolding entsprach schlussendlich nicht dem Entwicklungsstand, der in der bayerischen Architektur der Zeit bereits selbstverständlich war[136].

Giovanni Antonio Viscardi errichtete ab 1702 bis 1707 das neue Prämonstratenserkloster in Schäftlarn; die Eingliederung einer neuen Abteikirche war zu diesem Zeitpunkt bereits geplant. Aus Mangel an Mitteln erfolgte erst 1733 die Grundsteinlegung für die Kirche. Der Bau wurde an der Hochaltarapsis und dem Chor nach den Plänen des Hofbaumeisters François de Cuvilliés begonnen. Bis 1740 wird der Name Cuvilliés im Bauausgabenregister genannt. Der Langhausbau war vermutlich bis zur Sockelzone fertiggestellt, als der Österreichische Erbfolgekrieg zur Einstellung des Baus zwang. Erst 1749 wurden neue Mittel von Kurfürst Maximilian III. Josef genehmigt und der Bau unter Johann Baptist Gunezrhainer fortgeführt. Ein überarbeiteter Langhausentwurf verringerte die Grunddimension, da das Langhaus der Kirche als zu weitläufig angelegt und der Grundriss als zu kostspielig betrachtet wurde[137]. Bereits 1751 erscheint Johann Michael Fischer als Maurermeister in der Baurechnung; an Gunezrhainer sind keine Zahlungen angegeben. Die Kirche wurde im Herbst 1769 geweiht.
Nach Norbert Lieb ist nicht anzunehmen, dass Fischer den Entwurf der Kirche noch geändert hat[138]. Der Langhausgrundriss geht auf das System des griechischen Kreuzes zurück. Cuvilliés hatte vermutlich breiter ausladende Querhausarme vorgesehen. „Die Kreuzform behielt Gunetzrhainer bei, verkürzte aber die Querarme so weit, daß sie nur noch um Mauerstärke über die Außenfluchten vorspringen. Er machte aus den Querarmen breite, weit gespannte Wandpfeilerabseiten, entsprechend den schmaleren, niedrigeren Abseiten im Westen und Osten des Langhauses,

136 Vgl. Schütz (2000), S. 54.
137 Vgl. Voelcker (1923), Fußnote 155.
138 Siehe Norbert Lieb, Johann Michael Fischer. Baumeister und Raumschöpfer im späten Barock Süddeutschlands, Regensburg 1982, S. 182.

die die Mitte symmetrisch einfassen. So entstand ein dreiteiliger, rhythmisierter Wandpfeilersaal mit betonter Mitte“[139].
Harald Möhring formuliert als Ergebnis seiner Untersuchung zu Schäftlarn und dem von Gunezrhainer formulierten Langhausgedanken: „Damit stimmt auch die mehr statische Zentralisierungstendenz zusammen, die in verwandter Art etwa die Münchner Damenstiftskirche St. Anna desselben Baumeisters zeigt; (...)[140]“.

Der Beginn des Umbaus der Klosterkirche Seligenthal in Landshut erfolgte 1732 – ein Jahr vor der Grundsteinlegung der Salesianerinnenkirche St. Anna.
In der Klosterkirche der Zisterzienserinnen verwendet Gunezrhainer eine zentrale Raumform. Es handelt sich um einen quadratischen Kuppelraum in scharfmarkierter Blockform, der in das Langhaus hineingestellt wirkt und durch kurze Seitenarme erweitert ist. Nur im Gewölbereich erscheinen die verschiedenen Bereiche miteinander verschmolzen[141]. Obwohl der westliche Kreuzarm mit der Nonnenempore länger ist, wird der Eindruck eines kreuzförmigen Zentralbaus nicht beeinträchtigt[142].
Voelcker untersucht, inwieweit der Vorgängerbau in den Umbau einbezogen wurde. Sie kommt zu dem Ergebnis, dass der Grundriss in der Hauptsache unverändert blieb:

> „Ich komme somit zu dem überraschenden Resultat, dass alle Momente, die charakteristisch schienen, für den Umbau des 18. Jahrhunderts schon gegeben waren. Der Grundriss kam den Intentionen eines Baumeisters dieser Zeit so weit entgegen, dass es gelingen konnte, nur durch eine Änderung der Aufrissgestaltung (abgesehen von der Verlängerung des Chors) einen Raum einheitlicher Barockstimmung zu schaffen“[143].

Durch die Verlängerung des Chors und der optischen Verkürzung des westlichen Kreuzarms erreichte Gunezrhainer eine zentrale Wirkung im Vierungsbereich.
Wie die Auswertung der Originalpläne für St. Anna gezeigt hat, liegt Plan I der Idealplan des Ordensstifters Franz von Sales zugrunde, der seine Wurzeln südlich der Alpen hat. Noch während der Planungsphase erhielt der ursprüngliche Longitudinalbau ein betontes Mitteljoch, wie Plan II zeigt. Der Innenraum entstand also nicht wie bei der Dreifaltigkeitskirche durch Anfügung von Chor und Vorhalle an

---

139 Schütz (2000), S. 56.
140 Harald H.-F. G. Möhring, Johann Michael Fischers Kirchenbauten, Stuttgart 1992, S. 293.
141 Vgl. Feulner (1923), S. 59.
142 Vgl. Schütz (2000), S. 78.
143 Voelcker (1923), S. 77.

einen zentralen Mittelraum, sondern durch Veränderung des mittleren Jochs eines Longitudinalbaus.
Auch bei Seligenthal handelt es sich um die Umgestaltung eines Longitudinalbaus. Doch führte Gunezrhainer hier nur die Umbauten aus, während St. Anna unter seiner Zuständigkeit neu gebaut wurde.

Trotzdem sind Parallelen zwischen Ruhpolding, Schäftlarn, Seligenthal und der Salesianerinnenkirche festzustellen. Bei allen Bauten gab es bereits Pläne bzw. existierende Bauteile, bevor sie unter die Zuständigkeit Gunezrhainers fielen. Es handelte sich jeweils um einen Longitudinalbau, der von Gunezrhainer nachträglich mit einem betonten Mitteljoch mit Tendenz zum Zentralbau verändert wurde.

III. Ikonographie und Ikonologie der Innenausstattung

Im süddeutschen Raum wurden im frühen 18. Jahrhundert viele Klöster samt ihrer Kloster- und inkorporierten Pfarrkirchen völlig neu errichtet; einige Kirchen wurden barockisiert[144]. Bei der Bearbeitung dieser süddeutschen sakralen Baukunst findet die theologisch-homiletische Literatur kaum Beachtung und bedarf an vielen Stellen noch der Aufbereitung.
In den Weihepredigten wird besondere Aufmerksamkeit dem Ordensstifter und den Ordensheiligen gewidmet, deren Ruhm und Verdienste ausführlich geschildert werden, da sie nach der Gottesmutter in ihrer Eigenschaft als „Gnadenvermittler“[145] gepriesen werden. Die Wirkung ihrer Fürbitte ist sehr groß, da sie durch ihr Leiden am Opfer Christi teilnehmen. Die besondere Bedeutung der Heiligen, wie sie in den homiletischen Werken dargestellt wird, zeigt sich v. a. in den Deckenfresken barocker Kirchen des 18. Jahrhunderts, denn „grundsätzlich ist das wichtigste Deckenfresko dem Kirchenpatron, seinem Leben und Wirken, seiner Hilfe und seinem Martyrium sowie seiner Verherrlichung thematisch zugeordnet“[146].

Zwischen den thematischen Inhalten der Predigten und den Deckenfresken besteht eine enge Beziehung. Es ist aber eher ein Ausnahmefall, dass in einer Weihepredigt auf das Programm der Fresken direkt eingegangen wird und diese sogar erläutert werden. Obwohl die Prediger keine Deutung des Programms oder des Kirchenbaus vornahmen, stellten sie z. B. ausführlich die Bedeutung der Stifter und Heiligen dar. Hawel führt hierzu aus: „Den allgemeinen Leitfaden dieser Quellen bildet die Heilsgeschichte, deren Erfüllung am betreffenden Sakralort und Sakralbau aufgewiesen wurde. Damit wurde gleichzeitig die Aufgabe des spätbarocken Sakralbaues umschrieben“[147].

Die Methode, liturgische, theologische und philosophische Texte zur Deutung von Sakralarchitektur heranzuziehen, wurde bereits auf den frühchristlichen Kirchenbau und die mittelalterliche Baukunst angewendet.

---

144 Vgl. zu folgenden Hawel (1987), S. 1 ff.
145 Hawel (1987), S. 307.
146 Hawel (1987), S. 307.
147 Hawel (1987), S. 2.

Für die Münchner Salesianerinnenkirche St. Anna ist die Weihepredigt von 1735 nicht erhalten. Auch das Patrozinium St. Anna verweist nicht auf den Inhalt des Innenausstattungs-Programms der neu erbauten Kirche. Anhand von Schriften des Ordensstifters Franz von Sales, verschiedener Predigten kurz vor und nach 1700 sowie der Circulaires der Salesianerinnen u. a. an das Mutterkloster in Annecy wird in den folgenden Kapiteln versucht, die Bedeutung des Innendekorations-Programms zur Entstehungszeit nachzuvollziehen.

1. Brüder Asam

Bisher wurde keine Quelle aufgefunden, in der die Gebrüder Asam für die Innenausstattung der St. Anna-Kirche nachweisbar sind. Allerdings wurde die Autorschaft von Egid Quirin und Cosmas Damian Asam in der St. Anna-Kirche nie angezweifelt[148].

In der zweiten Hälfte des 18. Jahrhunderts erwähnen verschiedene Chroniken die beiden Künstler. Eine Stadtchronik von 1776 bezeichnet die Gebrüder Asam als verantwortlich für die Innenausstattung der St. Anna-Kirche. „Die zween Brüder Asam waren die Baumeister, Maler, und Stukadorer, die mit künstlichem Pemsel, und Gipsarbeit selbes schön und herrlich ausgezieret“ [149].

---

148 „München, Salesianerinnen-, später Damenstiftskirche St. Anna, Stuck und Altäre von Egid Quirin, Fresken von Cosmas Damian 1733/34: Hauptbild Glorie des Apokalyptischen Lammes; 1944 zerstört, Ausstattung nachgeschaffen, Deckenfresken monochrom rekonstruiert“. Joachim Hotz, die Künstlerfamilie Asam – Versuch einer Werkliste, in: Volker Liedke (Hrsg.), Ars Bavarica, Bd. 19/20, München 1980, S. 4. Werkliste gemeinsamer Werke beider Brüder.
„Einer umfassenden Vorstellung von dem künstlerischen Niveau dieser Spätphase stehen die empfindlichen Verluste von Werken ersten Ranges entgegen; es genügt an den Untergang der riesigen Malflächen im Mannheimer Schloß zu erinnern, an die Zerstörung der Kirchen in Bruchsal, von St. Anna im Lehel und St. Anna Damenstift, das über Strecken bis zur Unleserlichkeit verdorbene Deckenbild in der Asamkirche in München“. Bernhard Rupprecht, Die Brüder Asam. Sinn und Sinnlichkeit im bayerischen Barock, Regensburg 1980, S. 42.
„Die Stuck- und Freskoausstattung ist als ein Werk der Brüder Asam anzusehen. Zwar sind keine urkundlichen Nachrichten über die Tätigkeit der Brüder Asam in der St. Anna-Kirche überliefert, doch ist die Ausstattung so charakteristisch für die Asams, daß ihre Urheberschaft nie in Zweifel gezogen worden ist“. Rita Eleonore Penzlin, Stil- und Motivquellen in Werken des Cosmas Damian Asam. Studien zum Dekorationssystem und dessen Vorbildern im Werk Cosmas Damian Asam, Bonn 1983, S. 198.
Vgl. Bärbel Hamacher und Ralph Paschke, Werkverzeichnis Verlorene Fresken, in: Ausst.-Kat. Aldersbach (1986), S. 299.
Vgl. Helene Trottmann, Cosmas Damian Asam 1686–1739. Tradition und Invention im malerischen Werk, Nürnberg 1986, S. 159.

149 Crammer (1776), S. 132.
Cosmas Damian Asam wird als Maler der Deckenfresken u. a. genannt bei:
Westenrieder (1782), S. 204.
J. S. von Rittershausen, Die vornehmste Merkwürdigkeiten der Residenzstadt München für Liebhaber der bildenden Künste, München 1788, S. 148.
Lorenz Hübner, Beschreibung der kurbaierischen Haupt- und Residenzstadt München, und ihrer Umgebungen, verbunden mit ihrer Geschichte, Erste Abtheilung. Topographie, München 1803, S. 325.
Ernest Geiß, Geschichte der Stadtpfarrei St. Peter in München, München 1868, S. 350.
Mayer/Westermayer (1880), S. 339.

Im Circulaire von 1735 wird der Name des Freskanten nicht ausdrücklich genannt, aber die Salesianerinnen berichten von einem sehr geschickten Meister: „La voute sur le grand Autel sera peinte par une trés habile maitre qui ne peut nous donner qu'un ouvrage achevé; (...)"[150].

Eine bisher nicht herangezogene Quelle nennt die Brüder Asam namentlich: In einer handgeschriebenen Chronik der Salesianerinnen[151] steht, dass die Freskomalereien von Cosmas Damian und die Stuckarbeiten von Egid Quirin Asam ausgeführt wurden.
Aufgrund der einheitlichen Aussagen wird die Autorschaft der Gebrüder Asam für die Innenausstattung der Salesianerinnenkirche St. Anna nicht in Frage gestellt.

Bei der Salesianerinnenkirche St. Anna handelt es sich um einen von den Brüdern Asam ganz durchgestalteten neu erbauten Innenraum. Sie zählt zu den Spätwerken, da Cosmas Damian 1739, also vier Jahre nach ihrer Weihe, starb.
Die Werke des Cosmas Damian und des Egid Quirin Asam wurden Ende des 19. Jahrhunderts wiederentdeckt und die Wissenschaften versuchen, in den letzten Jahrzehnten verstehend in sie einzudringen. Das Wissen um die historische Entstehungslage ist wichtig, da diese Innenausstattungen eingebettet waren „in ein lebendiges Ineinander von Kultur und Kult, von Liturgie, Zeremoniell und Bild"[152].
Das Kerngebiet der Brüder war das alte kurfürstliche Bayern mit der Oberpfalz v. a. entlang der Donau; doch kamen sie auch in den angrenzenden Gebieten weit herum[153]. In der Landeshauptstadt München finden sich ihre Werke über einen Zeitraum von über fünfundzwanzig Jahren.

Wenn von süddeutscher Freskomalerei die Rede ist, werden darunter Werke von Meistern verstanden, die dem München-Augsburgischen Zentrum angehören. Daran schließen sich auch die südwestdeutschen Schulen von Konstanz und Freiburg an. Der erste bedeutende Meister dieser Gegend, Jakob Stauder, ist direkt von den Fresken Asams in Weingarten abhängig. Die Münchner und Augsburger Schulen kann man nicht klar trennen, da die Augsburger Künstler von den Münchnern beeinflusst sind. „Unter diesen jedoch ist Cosmas Damian Asam der hervorragendste, und mit ihm beginnt eigentlich erst die Großmalerei (...)"[154].

150 Circulaire (1735), S. 4.
151 Siehe Klosterarchiv der Salesianerinnen, handschriftliche Chronik, o. J., S. 50 f.
152 Rupprecht (1980), S. 12.
153 Sie wurden von den Kurfürsten von der Pfalz für die Mannheimer Residenz beauftragt und sie arbeiteten im Bodenseegebiet in Meßkirch, Weingarten und Einsiedeln. Cosmas Damian malte mehrfach in Böhmen; seine weiteste Reise unternahm er kurz vor der Erstellung der Fresken in St. Anna nach Wahlstatt in Schlesien im Jahr 1733. Vgl. hierzu Rupprecht (1980), S. 9.
154 Bernhard Rupprecht, Die bayerische Rokokokirche, Kallmünz 1959, S. 2.

Mit dem Vater der Brüder, Hans Georg Asam (1649–1711), beginnt die Künstlergeschichte der Familie. Dieser lernte in München bei dem Hofmaler Nikolaus Prugger und heiratete 1680 dessen Tochter Maria Theresia (1657 bis 1719). Er war jahrzehntelang als Klostermaler tätig; die Deckenbilder der Klosterkirchen in Benediktbeuren und Tegernsee zeigen, dass er bereits in Italien gewesen sein muss.
Aus der Ehe Asam-Prugger entstammen zwölf Kinder[155]. Cosmas Damian wurde am 28. September 1686 in Benediktbeuren und Egid Quirin am 1. September 1692 in Tegernsee getauft. Diese beiden Klöster zählen zu den angesehensten und mächtigsten in Bayern. Durch diese alten Beziehungen zu den Benediktinern war eine Verbindung zu der oberdeutschen Benediktiner-Organisation[156] hergestellt. Von diesem Orden erhielten die Asambrüder ihre größten Aufträge, wie z. B. Ensdorf, Weingarten, Einsiedeln oder die Fürstabtei St. Emmeram in Regensburg.

Nach dem Tod des Vaters, der 1711 im oberpfälzischen Sulzbach begraben wurde, schickte vermutlich Abt Quirin Millon von Tegernsee die Brüder zur Ausbildung nach Rom. Cosmas Damian muss spätestens im Herbst 1712 mit Studien an der römischen Malerakademie begonnen haben. Quellenmäßig erwähnt ist, dass er am 23. März 1713 den ersten Preis in der ersten Malklasse der römischen Accademia di San Luca erhalten hat. Bereits 1714 signierte Cosmas Damian Asam die große Kuppel in Ensdorf in der Oberpfalz, weshalb sein Italienaufenthalt nur zwei bis drei Jahre betragen haben kann. Der Aufenthalt seines Bruders Egid Quirin in Rom kann nur aus dessen späteren Werken erschlossen werden.

Barocke Freskanten richteten sich meist nach den Wünschen der geistlichen Auftraggeber. Diese hatten den Vorsprung theologischer Kenntnisse, die wissenschaftliche Theologie und die jeweils an einem bestimmten Ort zu erwartende Spiritualität umfassten. In den Freskenprogrammen bleibt wenig dem Zufall überlassen. Es handelt sich immer um theologische Lehrgebäude, in denen jedes Detail seinen klar definierten Ort hat. Den Stellenwert eines solchen Details kann man nur aus dem Entstehungszusammenhang erkennen. Trotzdem ist ein Programm oder eine schriftliche Grundlage meist nur ein Konzept des Inhaltlichen, nicht eine detaillierte Festlegung der künstlerischen Ausformung.

---

155 Vgl. die genealogische Übersichten von Gustav Mutter, Genealogische Übersichten, in: Ausst.-Kat. Aldersbach (1986), S. 102 f.

156 „Seit 1623 schickten die Klöster in Schwaben, der Schweiz, Bayern, Salzburg und Österreich ihre besten Köpfe zum Studium an die Ordens-Universität in Salzburg; die späteren Prioren und Äbte des oberdeutschen Raumes haben sich dort kennengelernt und im Netz dieser Verbindungen sind die Asam-Brüder empfohlen und »weitergereicht« worden. Seit 1684 existierte auch noch eine eigene bayerische Benediktiner-Kongregation“. Rupprecht (1980), S. 17.

Dies kann man an Weingarten belegen, wo das schließlich von Cosmas Damian Asam realisierte Programm von der ursprünglichen thematischen Konzeption in vielen Punkten abweicht. In der Hauptkuppel z. B. wurde entsprechend der Vorgaben im Konzept der triumphierende Himmel gemalt, aber nicht, wie schriftlich festgehalten, mit der Dreifaltigkeit in der Laterne, sondern Gottvater und Christus wurden in das Kuppelbild aufgenommen. Es ist anzunehmen, dass die Änderungen in Beratung mit dem ausführenden Künstler erfolgten[157].
Siegfried Hofmann geht davon aus, dass ein Freskant „trotz mangelnder theologischer Schulung Kenntnis von den Usancen bei Freskenzyklen in Kirchen [hatte], auch hatte er wohl von Anfang an künstlerische Möglichkeiten vor Augen, die sich angesichts thematischer Wünsche eröffneten"[158].

Inwieweit im Werk der Asams eigene Reflexion und theoretische Grundlagen eine Rolle gespielt haben, bleibt nach Rupprecht[159] ungeklärt, da man von gebildeten Künstlern, wie sie seit der Frührenaissance bekannt waren, bei den Brüdern nicht sprechen kann. Trotzdem erschließt sich aus dem Quellenmaterial, das von ihrer Ausstattung in Freising erhalten ist, dass sie bis zu einem bestimmten Maß eigene Ideen einbrachten und Entwürfe vorlegten. Die Arbeiten in Freising wurden offiziell anerkannt. Im September 1724 wurden die Brüder zu Fürstlich Freisingischen Kammerdienern ernannt und zudem Cosmas Damian zum Hofmaler und Egid Quirin zum Hofstukkateur.

Nach dem Dreißigjährigen Krieg begann in den letzten Jahrzehnten des 17. Jahrhunderts eine neue Kunstepoche. Ein wichtiges Ereignis war der Sieg gegen die Türken vor Wien im Jahr 1683. Bei der darauf folgenden Befreiung Ungarns und des Balkans kämpfte Henriette Adelaides Sohn Maximilian II. Emanuel von Bayern neben Prinz Eugen von Savoyen, der die Franz von Sales-Verehrung nach Wien brachte. Der Triumph über die gefürchteten Türken wurde als christlicher Sieg gedeutet, was sich auch auf die Künste auswirkte – besonders auf die neue Ausprägung des süddeutschen Barockklosters. Das barocke Kloster wurde im süddeutschen Raum zum „charakteristischen Zentrum einer Kulturform, der Repräsentation und geistlich-geistige Weltbewältigung keine Gegensätze waren"[160].

---

157 Vgl. Gebhard Spahr, Die Basilika Weingarten. Ein Barockjuwel in Oberschwaben, Sigmaringen 1974, S. 101 f. sowie Siegfried Hofmann und Gerd Treffer, Cosmas Damian Asam. Maria de Victoria. Ingolstadt, Ingolstadt 1986, S. 46 ff.
158 Hofmann/Treffer (1986), S. 48.
159 Siehe hierzu Rupprecht (1980), S. 21.
160 Rupprecht (1980), S. 14.

Es entwickelte sich in einem Zeitraum von fünfzig Jahren, etwa zwischen 1680 und 1730 das Bild an der Decke zu einem raumbestimmenden Bereich. Trotz aller Ungewöhnlichkeit des Schaffens der Asams muss ihre Arbeit als eine Ausprägung der barocken Epoche gesehen werden. Lösungen entstehen oft aus der Gegenüberstellung von Gegensätzen, aus dem Aufbau von Spannungen im gesamten Innenraum. Die Künstler wollen in den ersten Jahrzehnten des 18. Jahrhunderts nicht nur die Sinne des Betrachters ansprechen, sondern sie wollen überzeugen; die Bildwerke werden zur bildlichen Rhetorik.

Der siegreiche Held wird in dieser Epoche zu einer strahlenden Leitfigur, die nach erfolgreichem Kampf auf der lichtdurchfluteten Decke dargestellt wird. Im sakralen Bereich „nimmt dieser Held die Gestalt des Heiligen, zumeist des Märtyrers an, der nach der Bezwingung innerer und äußerer Widerstände, in Askese und mutiger Weltüberwindung in das Licht ewiger Glorie entrückt wird“[161].
Die religiöse Erneuerung des Katholizismus aus der gegenreformatorischen Bewegung heraus brachte eine „Abwendung vom Lehrgehalt der Religion, der ja in den Religionsstreitigkeiten der Reformation bis zum Überdruß strapaziert worden war, und eine Zuwendung zu einem innerlichen, subjektiven, gefühlsbetonten Glaubensleben, dem die großen menschlichen Vorbilder der ekstatischen Heiligen wichtiger waren als die Dogmen“[162].
Kurz vor der Erstellung der Bilddekoration von St. Anna in München erfolgte 1734 die Freskierung des Kongregationssaals *Maria de Victoria* in Ingolstadt, 1735 das Gewölbefresko des Chors in Weltenburg und kurz danach Bau und Ausstattung der Münchner Asamkirche, St. Johann Nepomuk. Diese Werke gelten als Höhepunkte von Asams Schaffen. Die Grundsteinlegung der Asamkirche erfolgte am 16. Mai 1733, also nur zwei Wochen vor der Grundsteinlegung der Salesianerinnenkirche St. Anna.

---

161 Rupprecht (1980), S. 10.
162 Rombach (1986), S. 11.

2. Beschreibung des Innenraums der Salesianerinnenkirche St. Anna

Im Innenraum der St. Anna-Kirche dominiert das Deckenfresko des Hauptraumes. Im Gegensatz zur Münchener Dreifaltigkeitskirche und zu Weingarten handelt es sich nicht um eine hochgewölbte Kuppelschale, sondern um eine flache Hängekuppel. Flachgewölbte Decken lagen Cosmas Damian Asam eher; auf ihnen gelang es ihm mühelos, durch Lichteffekte und perspektivische Verkürzungen Weiten und Höhen vorzutäuschen. An der Accademia di San Luca hatte es Cosmas Damian Asam gelernt, große Formate durch ausgewogene Gruppierung und Verteilung von Licht- und Schattenpartien zu gestalten[163].

Nach Rupprecht war der „Kern der Asamschen Kunst" das „Große Bild"[164]. Es ging dabei nicht um Architektur oder die Gattungen der bildenden Künste als solche, die hier nicht autonom auftreten – sondern um ihr Zusammenwirken.

Die Brüder Asam waren bei vier größeren Neubauten auch für die Bauform verantwortlich[165]. Da die Grundsteinlegung zur Münchner Asamkirche im gleichen Monat stattfand und die Baustellen nur wenige Straßen auseinanderliegen, ist anzunehmen, dass bei der Salesianerinnenkirche zumindest eine gegenseitige Absprache zwischen Gunezrhainer und Asam stattfand.

Ebenso wie bei der Asamkirche und bei Weltenburg interessiert bei St. Anna der Baukörper als Ganzes als architektonische Aufgabe nicht. Die Fassade der Kirche und die nördliche Langhauswand sind so schlicht gestaltet, dass sie nicht zum Betrachten auffordern. Erst beim Eintreten in die Kirche, sollte der Besucher gefangen genommen werden. Da die Innenräume der Asams vor allem durch ihre Farbigkeit wirkten, muss man sich heute, nach der monochromen Rekonstruktion, die frühere Pracht imaginär vorstellen.

Die Kirche besteht aus einer kleinen Vorhalle mit seitlich angefügten, abgeschlossenen Treppenhäusern, einem quadratischen Hauptraum mit Kuppel, von dem durch breite Gurte kurze Querarme abgetrennt werden, sowie einem Chorraum. Die Kuppel ist ohne Tambour und Laterne, eine Hängekuppel, die von außen nicht sichtbar ist, sondern unter dem Dach verborgen bleibt. Der querrechteckige, eingezogene Chor im Osten weist im Norden und Süden tiefe Abseiten auf; diese können beim Eintreten in die Kirche nicht wahrgenommen werden, da an beiden Seiten ein tief in

163 Siehe hierzu Rupprecht (1980), S. 25.
164 Rupprecht (1980), S. 47.
165 Weltenburg, Rohr, Münchner Asamkirche und Straubing.

den Raum gezogener Pfeiler, dessen Kanten von kannelierten Dreiviertelsäulen mit Phantasiekapitellen besetzt ist, die Grenze zwischen Hauptraum und Presbyterium bildet.
An den Eckabschrägungen des Hauptraums stehen acht kannelierte fast vollrunde Säulen auf hohem Sockel. Die Ecken der Querarme sind mit geknickten Pilastern ausgekleidet und die Säulen mit schmalen Pilastern hinterlegt. Das bei den Säulen verkröpfte Gebälk läuft ohne Unterbrechungen um den ganzen Innenraum. Im Hauptraum und im Altarraum befinden sich flache Hängekuppeln, die kurzen Querarme sowie die Empore sind von Halbkreistonnen überwölbt.
Die Querarme des Hauptraumes und der östliche Abschluss der Kirche werden von den mächtigen Altarbauten Egid Quirin Asams ausgefüllt, die die Wandgliederung aufnehmen. Durch die Fortführung der Kapitelle und des Gebälks entsteht eine Verbindung mit dem Kirchenraum.

Belichtet wird das Kircheninnere durch ein großes Westfenster über dem Portal, ein Lünettenfenster und ein rechteckiges Fenster im Chorraum sowie je zwei Lünettenfenster an der nördlichen und südlichen Langhauswand des Hauptraums. Die Lichtquelle des Gemeinderaums liegt folglich oberhalb des Betrachters, kurz unterhalb der Fresken, was die Deckenbilder in eine eigene Sphäre rückt.
Vor allem in der Kuppel des Hauptraums fällt auf, dass Asam nicht eine natürliche Lichtquelle verwendet, wie es bei Pozzo der Fall ist, oder wie das offene Oberlicht des Pantheons in Rom die Künstler der Renaissance beeindruckte; in der Mitte des Freskos erscheint nicht der freie Himmel, sondern ein Strom flammenden Lichts ergießt sich um den Berg Zion und scheint eine Öffnung in die Unendlichkeit zu sein, aus der das Lamm herabgestiegen ist. Das von oben in die Kuppel eindringende Licht ist kein reales Licht. Da es sich wie in Kreisen um das Lamm bewegt, erzeugt es eine eigentümliche kreisende Blickbewegung; umso weiter die Spirale sich von diesem Licht wegbewegt, umso dunkler werden die Zonen.

Abb. 3 Betritt man die Kirche, fällt der Blick zuerst auf den Hauptaltar und von hier aus werden die Augen unausweichlich nach oben geleitet, denn die Stuckfigur des hl. Johannes des Täufers, die links neben dem Hochaltarbild steht, zeigt mit hochgereckter Hand und ausgestrecktem Zeigefinger nach oben zur Decke.
Der Blick wandert diagonal nach rechts zum südöstlichen Pendentif der Hängekuppel des Hauptraums; dort leitet der Evangelist Johannes durch seine in das Kuppelfresko weisende Feder weiter in das Bild ein.
Der Betrachterstandpunkt dafür liegt nicht zentral unter der Mitte der Flachkuppel, sondern kurz nach der Orgelempore mit der Hauptansicht nach Osten. Wenn man das Fresko ganz erfassen will, ist es nötig, den Standort zu wechseln. Der zweite Betrachterstandpunkt befindet sich vor den Chorschranken mit Blickrichtung nach Westen.

Bei den beiden Seitenaltären wurde von Egid Quirin Asam ähnlich wie in Weltenburg ein vermittelndes Zwischenglied eingeschaltet. Über dem gesprengten Altargiebel halten Engel jeweils einen goldenen Kronreifen. Er scheint frei in der Luft zu schweben und bildet optisch ein Bindeglied zu der Decke. Andererseits erfahren durch die goldenen Kronreifen die auf den Altarbildern Dargestellten, Maria und Franz von Sales eine besondere Erhöhung und werden mit dem Jenseits im Deckenbild verbunden.
Genau unterhalb der Reifen zwischen den gesprengten Giebeln steht jeweils in einer Kartusche über dem rechten Seitenaltarblatt „PATER ORDINIS“ und über dem linken „MATER ORDINIS“.

3. Deckenfresken

3.1 Der Ordensstifter Franz von Sales dargestellt im zentralen Deckenfresko

Abb. 8 Im Hauptfresko von St. Anna ist, genau gegenüberliegend, auf einer Achse mit dem Evangelisten Johannes, ein junger Mann dargestellt, der vor einem geöffneten Buch kniet. Diese Figur wird in der Festschrift von 1903 nicht erwähnt. Im *Corpus der barocken Deckenmalerei* steht dazu: „Die vor Fides schreitende Figur, die ein Lamm an einem Bande hält, ist die Personifikation der Innocentia. Vor ihr steht ein großer Engel auf Wolken und reicht ihr eine Lilie, das Symbol der Reinheit. Zu dieser Szene blickt ein in einen weiten Mantel gehüllter junger Mann auf. Er kniet auf einer großen Wolke, die über den Bildrand reicht, und betrachtet damit das Geschehen in der Kuppel quasi von außen. Er ist über ein großes, geöffnetes Buch gebeugt"[166]. Zur Identität des Mannes oder seinen Bezug zu der Figur mit dem Lamm wird keine Aussage gemacht. Im Folgenden wird auf diese Unstimmigkeit im *Corpus der barocken Deckenmalerei* ausführlich eingegangen.

Bei dem jungen Mann handelt es sich um den Ordensstifter Franz von Sales, der vermutlich sein erfolgreichstes Werk die *Philothea* vor sich aufgeschlagen hat; bei der „Figur mit dem Lamm" um die hl. Agnes. Diese These soll durch nachfolgende Argumente gestützt werden.

In einem gedruckten Circulaire vom 20. Dezember 1667, das die Stiftungsschwestern von München aus an die verschiedenen Klöster des Ordens erlassen haben, ist auch ihre Installation beschrieben[167].
Zum vorläufigen Aufenthalt wurden den Schwestern in München ein „Kloster mit Kirche" zur Verfügung gestellt, das in den zu diesem Zweck erworbenen zwei Preyhamischen Häusern, die direkt an das Kloster der Theatiner angrenzten, eingerichtet wurde[168]. Diese erste Kirche der Salesianerinnen im deutschsprachigen Raum wurde dem Ordensstifter Franz von Sales geweiht: „Um 7 Uhr wurde die Kirche benedicirt und dem heiligen Stifter geweiht von dem hochwürdigsten Suffragan, der im Auftrage des Bischofes von Freising Tags vorher angekommen war. Nach der Benediktion kamen der Churfürst und sein Bruder, der Herzog Maximilian, in die äußere Kirche, während die Churfürstin mit ihrem Sohne, der Prinzessin und den Hofdamen in den Chor der Klosterfrauen sich begab"[169].

166 Corpus (1987), S. 189.
167 Siehe Pastoralblatt (1863), S. 11.
168 Vgl. BHStAM I, KL Fasz. 466/1.
169 Pastoralblatt (1863), S. 11.

Die 1735 geweihte neue St. Anna-Kirche behielt das ursprüngliche Patrozinium des St. Anna-Kirchleins; während die Innenausstattung thematisch Franz von Sales gewidmet wurde. In einer Urkunde vom 15. September 1738, die von der Superiorin S. Angelica Maximilana de Pelkoven von Maria Haimbsuchung unterzeichnet ist, wird von ihr die Widmung der Kirche an Franz von Sales ausgedrückt: „(...) obligiert ist in das würdige Closter Gottshaus S. Francisci von Sales Episcopi. bey St: Anna in München (...)“[170].

Eine weitere Quelle weist, wie das Fresko, eine Gegenüberstellung des Ordensstifters mit dem Evangelisten Johannes auf. In einer Festschrift von 1666 zur Heiligsprechung des Ordensstifters werden die Werke des Johannes und die Bücher des Franz von Sales in einem Emblem in einen Zusammenhang gestellt[171]:
„Sainct Jean l'Evangliste escrit au bord de la Mer, dans l'Ille ou il avoit esté relegué, les revelations que Dieu lui envoye, & Sainct François compose dans son Cabinet ces beaux liures qui ont remply le Ciel de tant de Sainctz“[172].

Die Darstellung des Franz von Sales als junger Mann ist ungewöhnlich, da ihn viele erhaltene Porträts als reifen Mann zeigen. Aus den Quellen lässt sich diese Besonderheit erklären. *Abb. 37*
In der Festschrift zur Heiligsprechung des Franz von Sales wird ein Emblem beschrieben, das direkt auf diesen Zusammenhang eingeht. Die hl. Agnes, deren Attribut das Lamm ist, steht für die Reinheit, die sich der junge Franz von Sales bei einer Versuchung in Padua bewahrt hat:
„Saincte Agnes voit a ses piedz ceterneraire jeune homme qui voulust ataquer sa pudicité, & Sainct François encor bien jeune estant a Padoue crache au visage d'une courtizane, & on en comprend encore plus, que la peinture n'en represente“[173].

Diesem Ereignis wird offenbar eine so große Bedeutung beigemessen, dass auch Karg von Bebenburg in seiner Predigt von 1692, gehalten zu Ehren von Franz von Sales an seinem 70. Todestag in der Salesianerinnenkirche St. Anna, darauf eingeht. Demnach hat Franz von Sales während seiner Zeit in Paris „in seinen jungen Jahren in der S. Stephans-Kirch bey den Grichen GOtt dem HErren die ewige Keuschheit

170 BHStAM I, KU München-Salesianerinnen Jg. 1738 Sept. 8.
171 Eine Vorstellung, wie zu den Feierlichkeiten zur Heiligsprechung des Ordensstifters die Embleme ausgesehen haben, geben zwei Stiche der Dekoration der Fassade und der Dekoration des Innenraums der Salesianerinnenkirche in Annecy wieder. Vgl. Marie-Patricia Burns, Françoise-Madeleine de Chaugy. Dans l'ombre et la lumière de la canonisation de François de Sales, Annecy 2002, S. 226 f., Abb. 21, 22.
172 Festschrift (1666), S. 15.
173 Festschrift (1666), S. 15.

verlobt"[174] und in der folgenden Zeit durch die Göttliche Gnade verschieden Schwierigkeiten überwunden: „(...) daß ihm der Teuffel/ und alles was der Reinigkeit zuwider/ wehr= und krafftloß weichen müssen/ und fürnehmlich einmahl zu Padua, wo ihm in seiner blühenden Jugend ein freche Weibs=Person nachgesetzt (...)"[175].
In diesem Kontext der Versuchung, wird Franz von Sales als jung und von liebreicher Gestalt beschrieben[176], so wie er tatsächlich im Fresko von Cosmas Damian Asam dargestellt worden ist.

Franz von Sales wurde 1567 als ältester Sohn des Grafen von Sales in Savoyen, in der Nähe von Annecy, geboren. Mit zwölf Jahren kam er in das Jesuitenkolleg in Paris, wo er Rhetorik, Philosophie und Theologie studierte. Schon während dieser Zeit legte er das „votum perenne virginitatis" ab. Ab 1584 widmete er sich in Padua dem Studium des Zivil- und Kirchenrechts sowie der Theologie unter der Leitung des Jesuiten Antonio Possevino. Er erwarb die Doktorwürde in Theologie und Recht.
Eine ernste Erkrankung war ausschlaggebend dafür, dass Franz von Sales gegen den Willen seines Vaters, der ihm bereits eine Ratsstelle im Senat von Chambéry besorgt und seine Verheiratung geplant hatte, in den geistlichen Stand eintreten wollte. Er wurde am 7. März 1593 zum Propst an der Domkirche von Annecy ernannt. Am 18. Dezember 1593 empfing er von dem in Annecy residierenden Bischof von Genf die Priesterweihe und erhielt den Auftrag, den Katholizismus in der Provinz Chablais und in der Landschaft Gex wiedereinzuführen[177]. Franz von Sales wurde 1599 von Papst Clemens VIII. zum Koadjutor des kranken Bischofs Claude de Granier ernannt. Bei einem Parisaufenthalt von Januar bis September 1602 kam er mit dem Kreis um Mme Acarie in Berührung, in dem die karmelitische Mystik der Theresia von Avila Eingang gefunden hatte. Der Papst würdigte sein apostolisches Wirken bei der Bekehrung der Provinz Chablais, wo der katholische Glaube von den Protestanten gewaltsam unterdrückt worden war, indem er am 8. Dezember 1602, nach dem Tod von Claude de Granier, zum Bischof geweiht wurde[178]. Franz von Sales residierte weiterhin in Annecy, wo er ein Priesterseminar gründete, jährliche Diöze-

174 Karg von Bebenburg (1692), S. 5.
175 Karg von Bebenburg (1692), S. 5.
176 „(...) und ob er schon von Natur holdseelig gegen jedermann/ und so wohl in der Gestalt/ als in seinen Gebärden sehr liebreich gewesen/ und durch Sanfftmuth und Freundlichkeit alle ehrliche Gemüther leicht an sich gezogen (...)". Karg von Bebenburg (1692), S. 5.
177 Diese Länder wurden 1564 im Vertrag von Lausanne dem Herzog von Savoyen von den Bernern zurückgegeben, der den evangelisch gewordenen Bewohnern Religionsfreiheit gewährte, während sein Sohn später die Rekatholisierung forderte.
178 Die Missionierung in den Jahren 1594 bis 1598 ist detailliert beschrieben bei Etienne-Jean Lajeunie, Franz von Sales. Leben – Lehre – Werk, Eichstätt ^{2}1980, S. 116 ff.

sansynoden und Priesterkonferenzen einführte. Er erreichte den Ruf eines bedeutenden Predigers durch seine Fastenpredigten in Dijon, Lyon und Paris. Im Herbst 1622 begleitete Franz von Sales den Herzog von Savoyen zu einem Treffen mit Ludwig XIII. nach Avignon. Am 28. Dezember 1622 starb er auf der Rückreise in Lyon im Alter von 56 Jahren. Er wurde in Annecy, im ersten Kloster der Heimsuchung, beigesetzt. Unter Papst Alexander VII. erfolgte 1661 die Selig- und 1665 die Heiligsprechung.

3.2 Beschreibung

A Engelskonzert

Das „Engelskonzert" steht thematisch im Zusammenhang mit dem zweiten und größten Deckenfresko der St. Anna-Kirche mit dem Thema „Nachfolge des Lammes“ und dem Chorfresko „Gottvater“. Alle Themen entstammen Apk 14. *Abb. 2, 6*

Beatrix Holzer erarbeitet in einer Tabelle die Symbole der Apokalypse im Textzusammenhang. Dabei stellt sie fest, dass in Apk 14 in der 7. Theophanie (fünfte Anbetung) folgende Symbole vorkommen: „Das Lamm auf dem Berg Sion; die 144-Tausend Erwählten; das neue Lied; 3 Engel: der Engel mit dem ewigen Evangelium; der Engel, der den Fall Babylons verkündet; der Engel, der den Abtrünnigen die Verdammnis verkündet“[179].

Der zweite Abschnitt von Apk 14 beginnt mit dem „Engel mit dem ewigen Evangelium“: „Und ich sahe einen andern Engel mitten durch den Himmel fliegen, der hatte das ewige Evangelium denen zu verkündigen, die auf Erden wohnen, allen Heyden, und Geschlechtern, und Zungen, und Voickern“[180].

179 Beatrix Holzer, Bilder der Apokalypse im Kirchenraum des 18. Jahrhunderts, Diss. Salzburg 1998, S. 250.

180 Biblia Sacra oder die ganze Heil. Schrifft des Alten und Neuen Testaments, Nürnberg 1758, Apk 14,6. Der Text zu den beiden weiteren Engeln lautet in Apk 14,7-12: „7. Und er sprach mit lauter Stimm: Fürchtet den HErrn und gebt ihm die Ehr, dann die Stund seines Gerichts ist heran kommen: und bettet ihn an, der den Himmel und die Erd, das Meer, und die Wasserbrunnen gemacht hat. 8. Und ein anderer Engel folgte hernach, und sprach: Sie ist gefallen, sie ist gefallen, Babylon die grosse Stadt, welche von dem grimmigen Wein ihrer Hureren alle Heyden geträncket hat. 9. Und der dritte Engel folgte ihnen nach, und sprach mit lauter Stimm: So jemand das Thier, und sein Bild anbettet, und das Mahlzeichen an seine Stirn oder an seine Hand nimmt: 10. Derselbig wird auch trincken von dem Wein des Zorn GOttes, der gemenget, und lauter ist in dem Kelch seines Zorns, und er wird vor dem Angesicht der heiligen Engeln, und vor dem Angesicht

Dieser zweite Abschnitt (6–12) beinhaltet einen Ausblick auf das Gericht und Warnungen an die Ungläubigen[181]. Drei Engel fliegen für die ganze Menschheit sichtbar hoch am Himmel. Der erste ruft dazu auf, den Schöpfer anzubeten, der zweite verkündet den Fall Babylons, den Inbegriff der Gottlosigkeit und der dritte warnt alle Ungläubigen vor dem Zorn Gottes.
Die in die Kirche Eintretenden werden von dem Fresko im Eingangsbereich auf die Thematik der folgenden Fresken vorbereitet.
In der Festschrift von 1903 wird das Bild folgendermaßen beschrieben: „Das rückwärtige Bild ober dem Musikchor zeigt in ewig jugendlicher Frische den Chor der Engel, die Gott mit Violinen und Flöten und Guitarren und selbst dem Dudelsack ihr Lobopfer darbringen und ihr 3 mal Heilig jauchzen“[182].

Der Betrachterstandpunkt für das „Engelskonzert” befindet sich nach der Orgelempore mit Blickrichtung gegen Westen.
In der Mitte der oberen Begrenzung des Bildfeldes wird eine in der Rahmung angelegte Stuckkartusche malerisch im Bild fortgesetzt; in ihr ist das Jahwezeichen abgebildet. Diese Glioriole steht für Gottvater, der im dritten Fresko über dem Chor dargestellt ist. Ein Engel darunter hebt ein gerolltes Blatt Papier in seiner rechten Hand in Richtung der Mitte der Kartusche[183]. Er bildet den Mittelpunkt des Bildes. Seine linke Hand deutet auf ein Spruchband, auf dem dreimal „Sanctus“ geschrieben steht. Dieses Band reicht von der unteren bis zur oberen Bildbegrenzung und verbindet eine Gruppe von drei Engeln im rechten Bildteil miteinander, die von Putten und musizierenden Engeln umgeben ist.
Im linken Bildteil begleitet eine musizierende Schar, die im Rücken des zentralen Engels ihre Aufstellung zu beginnen scheint, den Lobgesang.

Wie bereits erwähnt, hat Asam gegenüber seiner Entwurfszeichnung einige kompositionelle Änderungen vorgenommen. Der ovale Entwurf, der für eine Flachkuppel gedacht war, ist in ein schmaleres Bildformat für eine Tonnenwölbung abgeändert. Am oberen Bildrand ist die Kartusche hinzugefügt. Der Engel im Zentrum des Bil-

des Lamms mit Feuer und Schwefel gepeiniget werden: 11. Und der Rauch ihrer Qual wird auffsteigen in alle Ewigkeit: und sie werden Tag und Nacht keine Ruhe haben, die das Thier und sein Bild angebettet, und das Mahlzeichen seines Nahmes angenommen haben. 12. Hie ist die Gedult der Heiligen, welche die, Gebott GOttes, und den Glauben JEsu bewahren“.

181 Vgl. zu folgenden Gertrud Schiller, Die Apokalypse des Johannes, in: Ikonographie der christlichen Kunst, Bd. 5, Mohn 1990, S. 59.

182 Kirchenführer (1903), S. 9.

183 Dabei handelt es sich nicht um einen Taktstock, Vgl. Corpus (1987), S. 186, sondern um eine Schriftrolle. Eine sehr gute Vorkriegsaufnahme von Hamacher zeigt, dass die Rolle einen größeren Umfang hat als in der Rekonstruktion.

des, der ein Buch in der Hand hält, wird weiter nach rechts gerückt und gehört im ausgeführten Fresko zu einer Dreiergruppe. Neu eingeführt wird sein Zeigegestus auf die Anwesenheit Gottes.

Bei der Schriftrolle in der Hand des Engels handelt es sich um das „ewige Evangelium“. Im gleichen Kontext wird der Engel mit dem „ewigen Evangelium“ z. B. von Asam 1721 in Weltenburg oder von Göz 1748 in Birnau dargestellt.

Kupferstich von Pfeffel

Ein Kupferstichblatt von Johann Andreas Pfeffel[184], das einem Augsburger Emblembuch von 1738 entstammt, zeigt, dass die Deckenfresken in St. Anna thematisch miteinander verknüpft sind. Als Entwerfer der Bilder bezeichnet sich auf dem zweiten Frontispiz ein Anastasius à Cruce[185]. *Abb. 10*
Es handelt sich dabei um ein kleines Andachtsbild, das sich im 17. Jahrhundert auch in Süddeutschland ausbreitete. Wanderkünstler hatten den flämischen Andachtsbildstich nach Deutschland gebracht[186].

Die Überschrift *Aureola Virginitatis* auf einem Spruchband weist auf den moralischen Charakter des Stiches hin. Am unteren Bildrand liegt Amor mit verbundenen Augen und zerbrochenen Pfeilen.
Unter dem Spruchband folgt eine Gloriole, deren Rahmung große Ähnlichkeiten mit der Ausführung in St. Anna aufweist. Zwei Gruppen von musizierenden Engeln sitzen auf Wolken darunter. Der rechten Gruppe ist eine Textstelle aus Apk 14, 3 zugeordnet: „Cantabat quasi canticum novum, & nemo poterat dicere canticum nisi“[187]. Der der Mitte zugewendete Engel trägt eine Schriftrolle in der

184 Johann Andreas Pfeffel d. Ä. war Kupferstecher und Verleger; er wurde 1674 geboren und starb 1748 in Augsburg. Nachdem er Schüler der Akademie in Wien war, arbeitete er zunächst in dieser Stadt als Hofkupferstecher, später in Augsburg. Vgl. Thieme-Becker, begründet von Ulrich Thieme und Felix Becker, vollendet von Hans Vollmer, Allgemeines Lexikon der Bildenden Künstler von der Antike bis zur Gegenwart, Bd. 26, Leipzig 1932, S. 525.

185 Das Kupferstichblatt und das Deckblatt befinden sich in Privatbesitz. In der graphischen Sammlung im Schaezlerpalais, Augsburg werden sieben weitere Stiche aufbewahrt, die zu diesem Werk gehören. Ein vollständiges Exemplar befindet sich in der Staatsbibliothek, München, wodurch die Datierung auf 1738 gesichert ist. Vgl. Joannis Francisci (à Stauffenberg), Sacrosancta Theologia universa sacris bibliorum figuris illustrata, symbolis adumbrata, assertis scholasticis, dogmaticis, moralibus elucidata, iconismis aeneis exhibita, Augsburg 1738, Stich 16, S. 33 f.

186 Siehe Adolf Spamer, Das kleine Andachtsbild vom XIV. bis zum XX. Jahrhundert, München 1930, S. 176 ff.

187 Die linke Gruppe von Engeln steht unter einem anderem Thema. In Matthäus 22,30 heißt es: „Denn bei der Auferstehung wird weder geheiratet noch verheiratet, sondern sie sind wie die Engel Gottes im Himmel“. Dieser Text steht nicht im Zusammenhang mit dem Fresko.

Hand, mit der er auf die Glioriole weist; das „ewige Evangelium“ aus Apk 14 weist wiederum auf die 144.000 Auserwählten. Der Zug der Jungfrauen zu dem Lamm auf dem Berg Zion wird angeführt von Maria und dem hl. Johannes dem Täufer. Die Stelle aus Apk 14 links unter dem Berg beginnt mit den gleichen Worten, die an der Decke von St. Anna verwendet sind: *Sequuntur Agnum*. Der zugehörige Text nennt als Symbol I des Stiches „Montes nivei“ und als Symbol II „Lilium“.

Werner Telesko führt in seinem Aufsatz an, dass Thesenblätter in der Augsburger Druckgraphik vielfältige Querbeziehungen zu zeitgleichen Freskomalereien aufweisen. Er schließt daraus, dass die „Druckgraphik als ‚Motor' und ‚Ideenlieferant' großangelegter allegorischer Freskenprogramme fungiert, die Thesenblätter also gleichsam das Material für den umfassenden Anspruch und die universelle Ausformung der barocken Ikonographie liefern“[188].

Aufgrund der Ähnlichkeit des Stichs mit dem Fresko von der Übernahme des Stuckrahmens des Engelkonzerts, der Glioriole, des Hauptthemas *Zug zum Lamm auf dem Berg Zion*, der Einbeziehung von Maria und des hl. Johannes des Täufers bis zur Aussage des Sieges der Jungfräulichkeit wird geschlossen, dass es sich bei dem Stich von Pfeffel um eine Rezeption der Innenausstattung der Brüder Asam von St. Anna in der Druckgraphik handelt, da der Stich drei Jahre nach Ausführung des Freskos erstellt wurde. Folglich liegt hier der Fall vor, dass ein Thema aus der Freskomalerei in den Augsburger Kupferstich aufgenommen wurde.

Zudem wird im Folgenden ausgeführt, dass Apk 14 ein sehr selten dargestelltes Bildthema im 18. Jahrhundert war, sowohl in Fresken wie in der Druckgraphik[189].

---

188 Werner Telesko, Das Bild als Predigt in der Augsburger Druckgraphik. Untersuchungen zum argumentativen Charakter der barocken Bildsprache am Beispiel des Thesenblattes, in: Jahrbuch des Vereins für Augsburger Bistumsgeschichte e. V., Jg. 31, Augsburg 1997, S. 129.

189 Vgl. Hans Hermann Groër, Die Rufe von Loreto, Maria Roggendorf ^{2}1991, z. B. Abb. S. 104, 108, 110. Die Bilder sind einer Serie von Kupferstichen entnommen, die von dem Brüderpaar Joseph Sebastian und Johann Baptist Klauber 1763 erstellt wurden. Das zur Erbauungsliteratur zählende Buch aus dem Bestand der Bibliothek des Benediktinerstiftes Göttweig in Niederösterreich erschien unter dem Titel „Lauretanische Litaney so zu Lob, und Ehr der Ohne Mackel empfangenen, von aller Sünd befreyten, Unbefleckten Jungfrauen, und Glorwürdigsten Himmels-Königin Mariae“, herausgegeben von Franciscus Xaverius Dornn im Verlag Johann Baptist Burckhart zu Augsburg 1763.
Alle drei Bilder zeigen Maria als Himmelskönigin zusammen mit dem Lamm dargestellt. Abb. S. 104 hat den Untertitel: „Sequuntur agnum, quocunque ierit, Virgines enim, sunt. Apoc. 14.“ In Abb. S. 108 steht Maria zwischen Johannes dem Evangelisten und Johannes dem Täufer.

Bei der Gestaltung des Hauptfreskos wurde auf die Verwendung von Architektur verzichtet; die Kuppel wird somit nicht zu einem Kirchenraum über der Kirche. Dabei illusioniert das Deckenbild die Überhöhung des Realraumes, womit es in ein unmittelbares Verhältnis zur Architektur tritt. Ebenso wird in St. Anna auf eine Landschaft und terrestrisches Geschehen an der Decke verzichtet. *Abb. 2, 8*
In einer Spirale zieht ein Zug von Heiligen in Gefolgschaft der Gottesmutter zu dem Lamm auf dem Berg Zion. Das Kuppelfresko ist nicht wie im Fresko der Vierungskuppel in Weingarten mit einem durchgehenden Stuckrahmen versehen, der diese Zone eindeutig von dem darunter liegenden Raum abgrenzt, sondern es sind viele räumliche Überschneidungen festzustellen.

Heinrich Rombach spricht von drei Dimensionen, die häufig in Barockkirchen zu erkennen sind. Ganz unten ist Platz für die Menschen in ihrem scheinbar begrenzten Dasein. In der nächsten Schicht befinden sich die biblischen Ereignisse und heilsgeschichtlichen Geschehnisse. „Was in dieser Dimension als ein, expliziter' Text zu lesen ist, erscheint ganz oben, ‚implizite', als ein einziges ‚Wort' oder bildhaft als ‚Licht', (...) das unbegreifliche Licht, das das Wesen Gottes und zugleich der Inhalt aller Schöpfung ist"[190].

Im Barock trat an die Stelle eines dogmatikbeflissenen Glaubens die reine Innerlichkeit der persönlichen Hingabe an Gott, wie sie sich auch in der Ekstase äußert. Die Wiederaufnahme entsprechender Ströme des Mittelalters führte zu einer neuen Mystik, für die Namen wie Theresia von Avila, Karl Borromäus, Franz von Sales oder Ignatius von Loyola stehen. Die ekstatische Frömmigkeit wurde zur herrschenden Glaubensgestalt. Die inhaltliche Vermittlung der Heiligenlegende trat an Stelle der tradierten Himmelsillusion in den Vordergrund.
Theologisch wurden die Vermittlungsformen der Sakramente wichtig. Die Eucharistie trat als Grundbild der Identität in unterschiedlicher Gestalt ins neue Interesse, da sie die reale Entsprechung zwischen geistigem Leib und realem Körper beinhaltete. Rombach nennt das Inkarnationsgeschehen zwischen göttlicher Bedeutung und irdischem Leib ein Grundmodell der Verklammerung, die die ganze Schöpfung zusammenhält[191].

In Abb. S. 110 weist Maria auf das Lamm, das auf dem Buch mit den sieben Siegeln liegt.
Die Darstellung des Lammes in Verbindung mit der Gottesmutter scheint ein übliches Thema zu sein, doch keine dieser Abbildungen zeigt das Lamm auf dem Berg Zion.

190 Rombach (1986), S. 15 f.

191 Vgl. hierzu Rombach (1986), S. 18 ff.

Die Reihenfolge der Bildszenen in der folgenden Bearbeitung wird anhand der Ent-
Abb. 7 wurfszeichnung für das Hauptfresko festgelegt, die sich im Städtischen Museum Weilheim befindet[192]. Die im Entwurf als Hauptszene dargestellte Stelle aus Karg von Bebenburgs Predigt: „Der Überreichung der Lilie an Franz von Sales", beweist, dass es sich bei dem ursprünglich Matthäus Günther zugeschriebenen Blatt um den Entwurf für die Hauptkuppel der Salesianerinnenkirche in München handelt; aufgrund der offensichtlich zentralen Bedeutung der Szene wird bei der Bearbeitung des Deckenfreskos mit ihr begonnen.

Abb. 9 *Segment I „Franz von Sales bekommt die Lilie überreicht"*

Das Pantheon in Rom, das 610 von Papst Bonifaz IV. der Jungfrau Maria und allen Märtyrern geweiht worden war, wurde zum Ausgangspunkt des Allerheiligenkultes. Nach Hermann Bauer ist die bildliche Gestaltung der Allerheiligenverehrung in der Johannesapokalypse, nämlich in der Anbetung des Lammes durch Apostel, Märtyrer und Jungfrauen vorgebildet[193]. Erst seit dem Barock ist der Heiligenhimmel eine bildhafte Wirklichkeit, die in illusionistisch ausgemalten Kuppeln Heilige auf Wolkenbänken in der Anbetung Gottes darstellt.

Der jugendliche Franz von Sales kniet auf einer Wolke. Seine linke Hand hält ein großes aufgeschlagenes Buch, das auf einer weiteren Wolke aufliegt, und dadurch ins Zentrum dieser Szene gerückt wird. Die rechte Hand des Heiligen weist auf seine Brust, als wäre die Handlung der ihn umgebenden Personen auf ihn gerichtet. Sein Blick geht schräg nach oben zu einer Frau, die ein Lamm bei sich führt. Es handelt sich um die hl. Agnes von Rom. Das Lamm nimmt als Christus-Symbol Bezug auf den in einer Legende berichteten Wunsch, mit Christus das Verlöbnis einzugehen[194]. Ihre linke Hand weist mit einem Segnungsgestus auf Franz von Sales[195],

192 Das Blatt wird innerhalb einer Serie von Entwurfszeichnungen des Matthäus Günther aufbewahrt. Es handelt sich um eine lavierte Zeichnung ohne Datierung und Signatur, 44,7 x 37,9 cm, Inv. Nr. D II 21. Im Corpus (1987), Bd. 3, S. 186 wird die Entwurfszeichnung der Weilheimer Sammlung Cosmas Damian Asam als Vorzeichnung für die Hauptkuppel von St. Anna-Damenstiftskirche zugeschrieben.

193 Vgl. hierzu Hermann Bauer, Der Himmel im Rokoko, Regensburg 1965, S. 9.

194 Agnes war eine römische Jungfrau aus vornehmer Familie, die das Martyrium im jugendlichen Alter unter Diokletian (304) oder Valerian (258/259) erlitt. Sie wird seit dem 4. Jahrhundert als Märtyrerin verehrt und ist die Patronin der Jungfrauen und Kinder. Seit dem 6. Jahrhundert ist ihr als individuelles Attribut das Lamm beigegeben. Vgl. Engelbert Kirschbaum (Hrsg.), Lexikon der christlichen Ikonographie, Bd. 5, Freiburg i. Br. 1994 (Nachdruck 1968), S. 58 ff.

195 Die Hand ist nicht geöffnet, als wollte sie die Lilie empfangen. Zudem führt sie ihr Attribut der Reinheit, das Lamm, neben sich.

während ihr Blick auf einen Engel gerichtet ist, der eine Lilie in der rechten Hand trägt. Der Blick dieses Engels korrespondiert mit dem der hl. Agnes, während seine Körperhaltung gerade in einer Drehung zu dem schräg unter ihm knienden Franz von Sales begriffen ist. Die linke Hand des Engels weist mit ausgestrecktem Zeigefinger genau auf den Kopf des Heiligen. Wie bereits erwähnt, steht die hl. Agnes für die Reinheit des Ordensstifters[196].

In dem nach dem Krieg nach alten Aufnahmen rekonstruierten Deckenfresko ist folgendes Detail falsch dargestellt:
Ein Engel links oberhalb des knienden Ordensstifters befindet sich bereits innerhalb der Begrenzung des Freskos. Seine rechte Hand hält eine Lilie, die sich direkt über dem Kopf des Heiligen befindet. Der Blick des lilientragenden Engels geht in der Rekonstruktion geradeaus ins Leere.
Auf einem vergrößerten Originalfoto ist eindeutig zu erkennen, dass seine Augen auf die Lilie gerichtet sind, die der frei stehende Engel über ihm zwischen sich und der hl. Agnes hält. Seine linke Hand scheint die Schulter des knienden Heiligen umfassen zu wollen, als wenn Franz von Sales dadurch in die Handlung einbezogen werden sollte. Alle drei Figuren zeigen durch einen Gestus auf Franz von Sales, dass die Lilie offensichtlich an ihn übergeben werden soll.

Im Hintergrund sind weitere Figuren zu erkennen. Ein Engel blickt mit zum Gebet erhobenen Händen auf das aufgeschlagene Buch. Vor ihm ist ein Gesicht zu sehen, dass zur hl. Agnes aufblickt. Unterhalb der Szene, direkt am Bildrand, schauen zwei Frauengesichter nach oben. Diese Frauen scheinen aus der Bildtiefe, aus einer anderen Ebene aufzusteigen. Ihre Anordnung im Bild stellt ebenso wie die den Rahmen überlappende Wolke, ein Bindeglied zwischen dem Jetzt auf der Erde und der Zukunft im Himmel dar. Franz von Sales steht hier als Mittler zwischen dem Diesseits und dem Jenseits.

Bei Karg von Bebenburg bilden die Themen der Nachfolge des Lammes nach Apk 14, die Übergabe der Lilien und die Stiftung des Salesianerinnenordens den Höhepunkt seiner Predigt von 1692. Diese Szenen werden in einen direkten Zusammenhang gebracht:

---

196 Vgl. Festschrift (1666), S. 15.

„Gleichermassen sagt der H. Franciscus mit höchster Ehrerbietsambkeit zu seinen lieben Eltern: Christus ist ein liebhaber der Jungfräulichen Reinigkeit/ und ob er schon den Ehestand *I. Corin. 7.* zum Mittel wider die Unlauterkeit deren/ die sich nicht einhalten wollen/ heylsamblich eingesetzt: So hat er doch die Jungfrauen den Eheleuthen weit vorgezogen/ ein unberührte Jungfrau zur Mutter erwehlt/ und selbe under dem Creutz dem Jungfräulichen *H. Joanni* anbefolhen: non faciam rem hanc; meine wehrteste Eltern geruhen mir mit Ansinnung deß Ehestands zuverschonen/ und zugestatten/ daß ich dem himmlischen Bräutigamb meiner Seel/ der *cantic. 2.* under den Lilien weydet/ mich unaußsetzlich beygeselle/ und einmahl im ewigen Leben *Apoc. 14.* dem keuschen Lamb mit den Erstlingen folge/ wo es hingeht. Wie er dann den Jungfräulichen Lilien Crantz biß an sein End und unverwelcht/ und zu dessen Zeugnuß von GOtt erhalten hat/ daß sich am heiligen Pfingst=Fest under der Meß ein weisse Tauben auff sein Haubt gesetzt/ und GOtt der HErr am Fest der unschuldigen Kindern/ da man auß der Litaney die Wort gelesen: Omnes Sancti Innocentes orate pro eo, alle Heilige Unschuldige bittet für ihn/ seinen reinesten Geist auffgenommen: zuvor aber ihn zum Stiffter deß Frauen=Ordens under dem Titul unser lieben Frauen Heimbsuchung gemacht hat (...)“[197].

Das Ereignis, dass sich an Pfingsten eine Taube in dem Moment auf den Kopf des Ordensstifters gesetzt hat, als er die „heilige Formb über die Hostien aussprach“, ist in der Übersetzung der Lebensbeschreibung Eders von 1674 nachzulesen[198]. Aus der Textstelle ist zu entnehmen, dass Karg von Bebenburg ein Ereignis gewählt hat, das mehrere Voraussetzungen erfüllt. Das Zeichen Gottes wurde durch das Volk mit großer Freude und „Verwunderung“ aufgenommen[199], also wie ein Wunder angesehen, und dieses Ereignis geschah während der Konsekration. Durch das Konzil von Trient (1540–1563) wurden konkrete Anweisungen gegeben, die sich aus der neu gefestigten Theologie ergaben. In der Auseinandersetzung mit dem Protestantismus wurde u. a. die reale Anwesenheit Christi in den konsekrierten Hostien gelehrt[200]. Die Interpretation der Stelle aus der Biographie des Ordensstifters, dass dieses Geschehnis mit der Überreichung von Lilien durch Gott gleichzusetzen ist, findet sich nur bei Karg von Bebenburg. Zusätzlich ist diesem Ereignis aus dem Leben des

197 Karg von Bebenburg (1692), S. 7.

198 „An dem heiligen Pfingsttag/ als er das Hohambt mit Bischöfflichen Klayderen angethan/ hielte/ auch/ nach selber Kirchen alter Gewonheit/ zway Tauben von hohen Gewelb mit gewisen Frewden=Zaichen entlassen wurden/ sezete sich eine auß denselben auff sein Haubt/ eben als er die heilige Formb über die Hostien außsprache/ die andere aber liesse sich bey seinen Knyen darnider. Ab welchem das Volck vor Frewden/ und Verwunderung auffgeschrien/ und die grosse Liebe/ so Gott gegen ihne truge/ geprysen hat, (...)“. Maupas (1657), S. 266.

199 Zu der Verwendung des Begriffs „Verwunderung“ im Barock vgl. Frank Büttner, Die ästhetische Illusion und ihre Ziele. Überlegungen zur historischen Rezeption barocker Deckenmalerei in Deutschland, in: Das Münster, Jg. 54, Heft 2, 2001, S. 124.

200 Vgl. Hawel (1982), S. 172 f.

Franz von Sales, das spätestens 1674 schriftlich festgehalten worden war, diese Bedeutung auch nur von Karg von Bebenburg Ende des 17. Jahrhunderts beigemessen worden. Das „Wunder“ wird in späteren Biographien nicht erwähnt und auch in der Literatur über den Ordensstifter nicht mehr aufgegriffen.

Zudem wird Franz von Sales in der Predigt von 1692 wie im Fresko als Mittler dargestellt:

> „Dahingegen der H. Franciscus von Sales de virtute in virtutem alle Tugenden durchwandert/ und mit dem Engel Gottes/ so *Tob.* am 5. den jungen Tobiam von Ninive nach Rages begleiten sollen/ versichern können: novi, & omnia itinera ejus frequenter ambulavi: nehmet mich keck zu einem Führer oder Gleits=Mann auff dem Weeg der ewigen Seeligkeit an/ dann ich weiß alle Strassen dahin/ und bin auff denselben gar offt gewandert“ [201].

Diese Aussage stimmt mit den Lehraussagen des Konzils von Trient überein. Anders als der Protestantismus hielt das „Konzil an der alten Lehre der Mittlerfunktion der Heiligen fest, die vor Gott durch ihre Fürbitte und ihr Opfer für die Menschheit eintreten. Die Heiligenverehrung in Kult und Bild wurde ausdrücklich empfohlen“[202].

Agnes mit dem Lamm folgen auf der Westseite die Personifikationen von Glaube, Liebe und Hoffnung. Ein Engel reicht der Spes den Anker aus den Wolken.
Zwischen der hl. Agnes und den Personifikationen ist eine Nonne mit Attributen dargestellt. Sie trägt in ihrer linken Hand einen Krug und hält in ihrer rechten ein Stück Brot. An dieser Stelle sollte nicht irgendeine Ordensfrau dargestellt werden[203]. Es könnte sich um die Aufgabe der Salesianerinnen handeln, sich um Arme und Kranke anzunehmen und somit die drei Tugenden zu leben.

In der Salesianerinnenkirche wird eine für den Orden historisch wichtige Szene in Verbindung mit dem Allerheiligenhimmel dargestellt: Franz von Sales hat von Gott

201 Karg von Bebenburg (1692), S. 9.
Wie bereits erwähnt, wird in der Festschrift von 1666 zur Heiligsprechung des Ordensstifters ein ähnlicher Vergleich in einem Emblem dargestellt: Wie der Engel Raphael für Tobias den Führer machte, war Franz von Sales der Johanna Franziska von Chantal von Gott als Führer ihres geistlichen Lebens bestimmt.

202 Hawel (1982), S. 173.

203 Im Corpus (1987), S. 189 heißt es ohne Begründung: „Im Hintergrund sieht man hier eine Nonne mit Brot und Krug auf einem Buch, die Äbtissin Eugenia von Hohenburg“. Ein Buch ist auf der Vorkriegsaufnahme nicht zu erkennen. In der Rekonstruktion hält die Nonne ein Buch in den Händen, auf dem sich ein Brot und ein Krug befinden.

selbst einen Lilienkranz erhalten; Zeugnis dafür ist ein Zeichen Gottes: am Pfingstfest hat sich während der Messe eine weiße Taube auf seinen Kopf gesetzt.
Indem der Stifter mit einem göttlichen Akt, den Karg von Bebenburg einem historischen Geschehnis gleichsetzt, in den Allerheiligenhimmel mit aufgenommen wird, „wird dieser Himmel nicht mehr nur Ewigkeit, sondern Versuch, die geschichtliche Institution (des Ordens) in diese Ewigkeit mit einzubeziehen“[204].

Abb. 9 *Segment II „Das Lamm auf dem Berg Zion nach Apk 14“*

Im Zentrum des Freskos ist das Lamm auf dem Berg Zion aus der Apokalypse des hl. Johannes dargestellt.
Auf diese Szene beziehen sich die Worte *Sequuntur Agnum*, die in einer Kartusche am östlichen Rand dieses Freskos, zu lesen sind. Die Nachfolge und Anbetung des Lammes, das auf dem Berg Zion steht, ist in Apk 14,1-5 beschrieben.

Die „Anbetung des Lammes“ ist das häufigste Motiv der Apokalypse. Bereits im 2. Jh. hatte sich die Allegorie von Christus als dem Lamm Gottes herausgebildet. Bis ins 13. Jh. entstanden in Rom Monumentaldarstellungen des Lammes[205]. In der Neuzeit wird die „Anbetung des Lammes“ zwar ein eigenständiges, aber seltenes Bildthema.

Die „Anbetung des Lammes“ ist von Jan van Eyck im Genter Altar 1432 aufgegriffen worden. Der Altar, auf dem das Lamm steht, wird von anbetenden und musizierenden Engeln umgeben. Die beiden vorderen schwenken Weihrauchgefäße; die Engel im Hintergrund halten die Marterwerkzeuge Christi in den Händen. Aus vier verschiedenen Himmelsrichtungen strömen die Vertreter der „Hundertvierundvierzigtausend“. Eine Miniatur in den *Heures de Turin*, um 1415–1417, die den van Eycks zugeschrieben wird, zeigt in der Fußleiste den Zug der Jungfrauen zu dem Lamm auf dem Berg Zion. Die Darstellung der Jungfrauen weist Ähnlichkeiten mit der gleichen Szene im Genter Altar auf.

Die *Bamberger Apokalypse*, die vor 1010 im Bodenseekloster Reichenau entstand, enthält insgesamt 57 meist ganzseitige Miniaturen. Sie zählt zu den bekanntesten

204 Bauer (1965), S. 14.
205 Z. B. Chiesa di S. Prassede (9. Jh.): Apsisbogen mit Apokalyptischem Lamm auf dem Buch mit den 7 Siegeln, Apsismosaik mit Parusie Christi über Fries mit Lamm und den 12 Schafen der Apokalypse und Basilica der hl. Maria in Trastevere (12. Jh.): Apsismosaik mit Christus und Maria auf dem Thron; darunter Lamm und die 12 Schafe der Apokalypse.

Bilder-Apokalypsen des Mittelalters und enthält ein Beispiel für die Illustration der „Anbetung des Lammes auf dem Berg“[206].

In der *Bamberger Apokalypse* steht das Lamm auf dem Berg Zion, seitlich umgeben von zwei anbetenden Männergruppen, die für die 144000 Auserwählten stehen, wie es in Apokalypse 14,1-5 beschrieben wird. Rechts unten neben dem Berg ist Johannes mit Buch als Zuschauer dargestellt[207].
Von dieser Illustration unterscheiden sich zwei weitere Darstellungen des Lammes in der *Bamberger Apokalypse* erheblich.
Das „Lamm Gottes auf dem Thron“ bezieht sich auf Apk 5,1-6. Zwischen zwei Seraphim liegt auf einem Thron das Buch mit den sieben Siegeln, auf dem das aus einer Brustwunde blutende Lamm steht. Es ist mit sieben Augen und sieben Hörnern dargestellt. Auch hier ist Johannes, allerdings ohne Buch abgebildet[208].
Die Darstellung des Lammes im Himmlischen Jerusalem hat Apk 21,1-21 zur Grundlage. Johannes steht außerhalb der Stadtmauer. Ein Engel ergreift ihn am Handgelenk und versucht, ihn zu sich auf einen Berg zu ziehen und weist gleichzeitig mit einem lilienbekrönten Stab auf das Himmlische Jerusalem[209].

In der Predigt, die Karg von Bebenburg 1692 in der alten St. Anna Kirche gehalten hatte, wird, wie bereits zitiert, ein direkter Bezug zwischen Apk 14 und dem Leben des Franz von Sales hergestellt:
„(...) und einmahl im ewigen Leben *Apoc 14*. dem keuschen Lamb mit den Erstlingen folge/ wo es hingeht“[210].

Die Offenbarung des Johannes wird von Franz von Sales im *Theotimus* erwähnt. Allerdings verwendet er hier nicht Apk 14 sondern Apk 19,7-9[211]. Das Hochzeitsmahl des Lammes ist im Fresko nicht dargestellt.
Vergleicht man den Text von Apk 14,1-5 mit dem Dargestellten, fallen die Parallelen zwischen Deckenfresko und der Predigt Karg von Bebenburgs auf.

---

206 Siehe hierzu Peter K. Klein, Stellung und Bedeutung des Bamberger Apokalypse-Zyklus, in: Ausst.-Kat. Bamberg (2000), S. 106. Weitere Illustrationen des „Lammes auf dem Berg Zion“ mit Johannes, der das Buch in der Hand hält und auf das Lamm weist, finden sich u. a. in der *Valenciennes-Apokalypse* und der *Trierer Apokalypse*.
207 Vgl. Gude Suckale-Redlefsen, Beschreibung der Miniaturen, in: Ausst.-Kat. Bamberg (2000), S. 67.
208 Vgl. Suckale-Redlefsen (2000), S. 62.
209 Vgl. Suckale-Redlefsen (2000), S. 72.
210 Karg von Bebenburg (1692), S. 7.
211 „Diese vollkommene Vereinigung der Seele mit Gott wird aber erst im Himmel stattfinden, wo

Apk 14,1–5 aus der Offenbarung des H. Joannis des Apostel:

„Und ich sahe: und siehe, es stund ein Lamm auf dem Berg Sion, und mit ihm hundert, und vier und vierzig tausend, die hatten seinen Nahmen, und seines Vatters Nahmen an ihren Stirnen geschrieben. 2. Und ich hörte eine Stimm vom Himmel, wie eine Stimm vieler Wasser, und wie eine Stimm eines grossen Donners: und die Stimm, die ich hörte, war gleichwie der Harpffenschläger, die auf ihren Harpffen schlugen. 3. Und sie sungen gleichwie ein neues Lied vor dem Stuhl, und vor den vier Thieren, und den Aeltesten. Und niemand kunte dasselbig Lied singen, ohn allein die hundert und vier und vierzig tausend, welche erkaufft seynd von der Erden. 4. Dieß seynd diejenige, die mit Weibern nicht seynd beflecket worden: dann sie seynd Jungfrauen. Dieselbe folgen dem Lamm, wo es hingehet. Diese seynd aus den Menschen erkaufft, zu Erstlingen GOtt und dem Lamm: 5. Und in ihrem Mund ist keine Lugen gefunden worden: dann sie seynd unsträfflich vor dem Thron GOttes“.

In dem zu dieser Stelle gehörenden zeitgenössischen Kommentar steht:
„I. Erzehlt, daß sich viel dem Antichrist werden widersetzen, unter andern auch 144. tausend, welche ihre Jungfrauschafft behalten, und würdig seyn, dem Lamm, wo es hingehet, zu folgen“[212].

Die Betonung an dieser Stelle liegt darauf, dass diejenigen dem Lamm nachfolgen können, die Jungfrauen und somit makellos sind. Bei Karg von Bebenburg wird als Beweis für die Jungfräulichkeit des Franz von Sales angeführt, dass er Lilien von Gott selbst erhalten hat. Die Charakterisierung der Christen als Jungfrauen ist angemessen, da von ihrer Gemeinschaft mit dem Lamm in der Heilsvollendung gesprochen wird, nicht aber von der Nachfolge Jesu auf Erden. Es wird auf die Christustreue angespielt, die sich vom Götzendienst fernhält[213].

Der Abschnitt 12–14 ist deutlich die dramatische Mitte des Hauptteils der Apokalypse. In dieser Vision des Sehers wird die christliche Gemeinde in die immerwährende Gemeinschaft mit dem Lamm eingehen (14,1–5), während den Gottfeindlichen die Vernichtung droht. Dabei ist wichtig, dass in der Beauftragungs-

---

nach der Offenbarung des hl. Johannes (19,7.9) das Hochzeitsmahl mit dem Lamme gefeiert wird. Demnach ist sie Braut und Verlobte des unbefleckten Lammes (1. Petr 1,19) schon in diesem vergänglichen Leben, aber noch nicht Vermählte“. Sales (1616), I, S. 179.

212 Biblia Sacra (1758), Apk 14,1–5.

213 Vgl. Heinz Giesen, Die Offenbarung des Johannes, in: Jost Eckert (Hrsg.), Regensburger Neues Testament, Regensburg 1997, S. 319 ff.

vision (1,9-20) der erhöhte Jesus dem Seher aufträgt, das Geschaute in seinem Buch niederzuschreiben, wodurch der Inhalt der Offenbarung nicht Erfindung seines Verfassers, sondern Zeugnis des Wortes Gottes wird[214].

In dem Circulaire vom 6. März 1735, also wenige Monate vor Ausführung des Deckenfreskos, wird die Darstellung des Lammes anders beschrieben, als sie ausgeführt wurde:

„(...) on y verra dans une gloire ravissante devant le throne l'Agneau occis avec les paroles de l'Apocalipse à l'entour, environné des Anges, & des Saints qui le suivent par tout, d'un coté on y verra l Ordre de la Visitation sous la protection de la sainte Vierge & de l'autre ce Monastere de Munich sous cella de sainte Anne“[215].

Diese Beschreibung des zukünftigen Deckenbildes entspricht nicht Apk 14, sondern Apk 5. Der Inhalt dieser Stelle des Circulaire, der im später entstandenen Fresko abweichend umgesetzt wurde, diente auch als Grundlage für die Ordensgeschichte, die 1897 entstand[216].

In der Salesianerinnenkirche in Amberg, St. Augustinus befindet sich, wie bereits erwähnt, eine Darstellung des Lammes (1758) von Gottfried Bernhard Göz an der nördlichen Langhauswand, das der Beschreibung in dem Circulaire von 1735 entspricht:

214 Siehe hierzu Giesen (1997), S. 13 ff.

215 Circulaire (1735), S. 4.

216 In der Ordensgeschichte von 1897 wird das Fresko von St. Anna beschrieben: „In der Mitte steht das apokalyptische Lamm; auf dessen einer Seite ist der Orden der Heimsuchung unter dem Schutze der seligen Jungfrau, auf der anderen das Salesianerinnenkloster zu München unter der Obhut der hl. Anna dargestellt“. Brentano (1897), S. 29.
Die *Kurze Geschichte des Ordens von der Heimsuchung Mariä – genannt Salesianerinnen – in Bayern, von seiner ersten Niederlassung bis heute* wurde von M. Seraphica von Brentano verfasst, die als Ordensfrau in einem Salesianerinnenkloster lebte und die Deckenfresken in St. Anna in München vermutlich nie gesehen hat.
Diese Angabe wurde übernommen in den KDB OB (1982), S. 950; hier heißt es, dass im Hauptfresko die „Glorification Mariä und der hl. Anna“ dargestellt ist. Ebenso wiederholt sich diese Übernahme in verschiedenen Stadtführern.
Weder im Kirchenführer von 1903 noch im Corpus (1987) ist eine Darstellung der hl. Anna im Hauptfresko festgehalten.

Das Lamm, aus einer Halswunde blutend, liegt auf dem Buch mit den sieben Siegeln. Hier bildet die Grundlage für die Darstellung Apk 5,1–6[217]. Diese Stelle aus der Offenbarung wird mit dem Emblem der Herz-Jesu-Bruderschaft verbunden.

Weitere Darstellungen des apokalyptischen Lammes in Kirchen der Salesianerinnen im deutschsprachigen Raum, sowie in Italien sind nicht bekannt.

Lammdarstellungen in Deckenfresken finden sich z. B. in Weingarten (1718), Freising (ab 1723) und Schäftlarn (1754–1756); allerdings wird hier das Lamm nicht auf dem Berg Zion, sondern auf dem Buch mit den 7 Siegeln liegend, abgebildet. Auffallend ist auch, dass sich bei diesen Beispielen, wie bei Il Gesù in Rom, die Lammdarstellung immer im Chorbereich befindet, während das Hauptfresko ein anderes Thema aufweist.

In Weingarten befindet sich im Chorraum über dem Hochaltar die „Anbetung des Apokalyptischen Lammes". Zusammen mit der „Geburt Christi" über dem Eingangsjoch bilden die beiden Fresken den Beginn und die Vollendung des göttlichen Heilsplans und stellen somit die räumliche und zeitliche Klammer für den Programmablauf dar. Bei der „Anbetung des Apokalyptischen Lammes" handelt es sich um das am 15. Juli 1718 vollendete Probestück von Cosmas Damian Asam. Er konnte sich in Weingarten gegen den Vorschlag des Architekten Frisoni, Jakob Karl Stauder für die Fresken zu beauftragen, als Freskant durchsetzen. Am 20. Dezember 1717 kamen die Brüder Asam zum ersten Mal in das Kloster. Am 30. Juni 1718 begann Asam mit seinem Probestück. Erst zwei Monate nach Vollendung des Freskos kam es am 3. Oktober 1718 zum Vertragsabschluss.
Das ovale Bild zeigt einen himmlischen Gottesdienst in der Anbetung des apokalyptischen Lammes. Das Lamm liegt mit erhobenem Kopf auf dem Buch mit dem sieben Siegeln und wird von einem überirdischen Licht umstrahlt. Die Wolke, auf der es ruht, ist von anbetenden Engeln umringt. In einer Ebene darunter befinden sich links und rechts des Lammes die 24 Ältesten, die ehrfürchtig ihre Häupter ent-

217 „Und ich sahe in der rechten Hand dessen, der auf dem Thron saß, ein Buch, das inwendig und auswendig geschrieben, und mit sieben Siegeln versiegelt war. (...) Und ich sahe: und siehe, zwischen dem Thron und den vier Thieren, und mitten unter den Aeltesten, stund ein Lamm, als wann es erwürget wäre, und hatte sieben Hörner und sieben Augen: welche seynd die sieben Geister GOttes, die ausgesandt seynd in alle Welt". Biblia Sacra (1758), Apk 5,1 und 5,6.

blößt haben und weichrauchgefüllte Gefäße schwenken[218]. Die Grundlage für diese Darstellung ist – wie in Amberg – Apk 5,1–6.

Im Gegensatz zur Ausführung schrieb der Themenbearbeiter ursprünglich:

„Erstens, in dem oberen Chor, beu dem Hochaltar propter Mysterium SS. Sacramenti könte oben an dem gewölb Coena Domini (Abendmahl), auf denen seiten aber, in denen beuden runden neben gewölberen der hoche Prister Melchisedech, wie er dem Abraham brodt und wien offeriert, auf der anderen der evangelische Hausvatter, welcher die müessig gehende in seinen Weingarten, zu der arbeit schikt, als figuren des alt und neuen testaments könten meines sinns nit gar ungereimbt gemahlt werden“[219].

Wie in der Münchner Salesianerinnenkirche wurde der erste Vorschlag nicht oder abgeändert ausgeführt. In Weingarten zeigt das apokalyptische Lamm noch die tafelbildmäßige Auffassung[220]; ca. 15 Jahre später ist davon in St. Anna nichts mehr zu bemerken.

Im Mariendom zu Freising erstellte Cosmas Damian Asam ab 1723 die Deckenfresken. Die „Anbetung des Lammes“ wurde im Chorbereich ausgeführt. Das Gotteslamm liegt auf dem Buch mit den sieben Siegeln; es ist von Engeln und den 24 Ältesten umgeben. Grundlage für diese Darstellung ist Apk 5.
Hier sind Ähnlichkeiten mit der Ausführung in Weingarten festzustellen. „Bei der Festlegung des Programms dürften die Vorstellungen des auftraggebenden Fürstbischofs und des ausführenden Malers Cosmas Damian Asam zusammengeflossen und im ständigen Austausch entwickelt worden sein. Meichelbeck war hieran nicht beteiligt, denn er erhielt von dem Konzept erst Kenntnis, als es bereits fertig war“[221].
Von 1754 bis 1756, also nur zwei Jahre vor der Erstellung der Fresken in der Amberger Salesianerinnenkirche, entstanden die Deckenfresken in der ehem. Prämonstratenserabtei von Schäftlarn. Der Freskant war Johann Baptist Zimmermann. Im mittleren Langhausjoch ist die Gründung des Klosters dargestellt: „Bischof Otto der Große von Freising überreicht im Beisein seines Bruders Leopold des Babenber-

---

218 Siehe hierzu Hamacher/Paschke (1986), S. 210 ff. und Spahr (1974), S. 108 f.
219 Zit. nach Spahr (1974), S. 108.
220 Vgl. Rupprecht (1980), S. 33.
221 Hermann Bauer, Frank Büttner und Bernhard Rupprecht, Corpus der barocken Deckenmalerei in Deutschland, Bd. 6: Freistaat Bayern, Regierungsbezirk Oberbayern, Stadt und Landkreis Freising, München 1998, S. 120.

gers dem vor ihm knieenden ersten Propst Engelbert von Schäftlarn die Gründungsurkunde“[222]. Über dem Geschehnis erscheint im Zentrum des Freskos das apokalyptische Lamm von Strahlen umgeben; unter ihm schwenkt ein Engel ein Weihrauchfass. Es steht auf dem Buch mit den sieben Siegeln. Wie in der Münchner St. Anna-Kirche befindet sich das Lamm im Zentrum des Hauptfreskos; nur ist es nicht auf dem Berg Zion, sondern nach Apk 5 auf dem Buch mit den sieben Siegeln, dargestellt.

Zusammenfassend lässt sich feststellen, dass sich in der Neuzeit das Thema „Anbetung des Lammes“ zu einem eigenständigen Bildthema entwickelte; dabei lag die Betonung auf dem heilversprechenden Teil der Apokalypse und der endlich siegreichen Kirche im Kampf gegen die Häresien[223].
In der Mitte des 18. Jahrhunderts wird das Thema mehrfach in süddeutschen Deckenfresken verwendet, wobei sich die Darstellung des Lammes meist auf Apk 5 bezieht und sich im Chorbereich befindet. Die Illustration von Apk 14 „Anbetung und Nachfolge des siegreichen Lammes auf dem Berg Zion“ ist eher als Ausnahme zu werten[224].

Im März 1735 gingen die Salesianerinnen in ihrem Circulaire noch davon aus, dass das geschlachtete Lamm auf dem Thron mit den Worten der Apokalypse dargestellt werden wird. Offenbar kam es in den folgenden Monaten zu einer Änderung dieser Vorstellungen. Es wäre möglich, dass sich die Bildkomposition des Hauptfreskos in St. Anna durch den Austausch des Beichtvaters der Salesianerinnen, Wilhelm Englisch mit dem ausführenden Freskanten, Cosmas Damian Asam entwickelt hat. Englisch kannte sicherlich die *Philothea*, den *Theotimus* sowie die Predigten von Sonnenberg und Karg von Bebenburg; Asam konnte auf seine Erfahrungen u. a. in Weingarten und Freising zurückgreifen.

---

222 Corpus (1987), S. 151.

223 Vgl. Holzer (1998), S. 24.

224 Vgl. Holzer (1998), Abb. 36: In einem Wandfresko der Benediktiner-Abteikirche Kladrúby-Kladrau stellte Cosmas Damian Asam 1725/26 die „Verehrung des Lammes auf dem Berg Sion“ dar. Nach Holzer wird in diesem Wandbild das aus dem Hals des Lammes den Berghang hinunterströmende Blut zur Hauptaussage. Das Thema des Lobgesangs und das Heer der lobpreisenden Märtyrer sei Asam offensichtlich nicht ergiebig genug gewesen.
Vgl. Holzer (1998), Abb. 17: Paul Troger erstellte 1750 im Langhausfresko des Domes in Brixen das apokalyptische Thema der 7. Vision „Die Anbetung des Lammes“ auf dem Berg Sion. Troger stellte in einem Gutachten von 1747 fest: „(...) große Veldt des langhauses adorationem agni ex Apocalypsi, weilen das Osterlamb des Hochstüffts Wappen und per adorationem agni auch adoratio Dei verstanden wirdet“. Zit. nach Holzer (1998), S. 92. Die Wahl dieses Themas hatte politische Hintergründe. Mit dem Hochstiftswappen sollte Brixens Territorialanspruch zum Ausdruck gebracht werden.

Auch im Kloster Fürstenfeld geht Hundemer davon aus, dass das umfangreiche und vielschichtige Programm von einem Inventor in Zusammenarbeit mit Cosmas Damian Asam geschaffen wurde[225]; die Fresken des Langhauses entstanden 1731–32. Bei der 1738 erfolgten Ausmalung der Ursulinenkirche in Straubing ist belegt, dass ein gelehrter Geistlicher, der Jesuit Franz Xaver Gumpp, das Programm festlegte[226].

Segment III „Zug zum Lamm" *Abb. 9*

Wie bereits erwähnt, wird in einer Quelle von 1738 die Münchner Salesianerinnenkirche „Closter Gottshaus S. Francisci von Sales Episcopi. bey St: Anna in München"[227] genannt.
Das Patrozinium der hl. Anna steht mit der Ordensgeschichte der Salesianerinnen insofern in Zusammenhang, als die hl. Anna die Mutter von Maria war. In der Münchner Kirche des Ordens wurde dieses Patrozinium von dem ursprünglichen St. Anna-Kirchlein übernommen. Die heilige Anna ist im Deckenbild nicht abgebildet. Sie wurde im Bild des Hauptaltars zusammen mit Maria dargestellt.

Im Gegensatz zu der Salesianerinnenkirche in Wien, in der der gesamte Freskenzyklus das Leben der Gottesmutter beinhaltet, ist im Hauptfresko in München im Allerheiligenhimmel Maria als Führerin zum Lamm gewählt; die nachfolgenden Heiligen stellen sich unter ihren Schutz.

Die Salesianerinnen stellen sich zusätzlich unter den Schutz ihres Ordensstifters, der die beiden Bereiche, Allerheiligenhimmel und Zone des Betrachters überschneidet. Karg von Bebenburg nennt Franz von Sales am Schluss seiner Predigt von 1692 einen mächtigen Fürsprecher bei Gott im Himmel, der durch seine Lehrwerke bei den Lebenden bleibt und sie tröstet:

---

225 Vgl. Markus Hundemer, Barocke Bilderpracht und sinnliche Erkenntnis – Zur rhetorischen Struktur einiger Kirchenausstattungen im Fürstenfelder Land, in: Angelika Mundorff und Eva von Seckendorff (Hrsg.), Inszenierte Pracht. Barocke Kunst im Fürstenfelder Land, Regensburg 2000, S. 57.
226 Siehe Angelika Mundorff, Werkprozesse barocker Kunst, in: Angelika Mundorff und Eva von Seckendorff (Hrsg.), Inszenierte Pracht. Barocke Kunst im Fürstenfelder Land, Regensburg 2000, S. 36.
227 BHStAM I, KU München-Salesianerinnen, Jg. 1738 Sept. 8.

„(...) daß er bey GOtt im Himmel ein mächtiger Fürsprecher aller deren sey/ die ihn andächtig anruffen/ und verehren: und ob er schon von uns der Seel nach abgesöndert ist/ so ist und bleibt er doch bey uns und tröstet uns mit seinen heylsamen Büchern/ worauß wir täglich vil gutes lesen und schöpffen können: Er ist und bleibt bey uns durch seine Geistliche Töchter/ die uns/ wie die Königin von Mittag *Matth. 12.* am letzten Gericht werden zuschanden machen/ indem sie als schwache Weibs=Personen ihrem glorwürdigsten Führer so tapffer folgen (...)"[228].

Wenn der Betrachter den Blick zum Hauptfresko hebt, sieht er zuerst den Evangelisten Johannes, der, den Bildrand überschneidend, in das Fresko einführt. Er wendet seinen Oberkörper dem Geschehen im Bild zu. Seine rechte Hand, die eine Feder hält, weist auf den Ring, der das Verlöbnis mit dem Lamm im Zentrum des Bildes bedeutet. Verlängert man die Linie der Feder, zeigt diese direkt auf den Beginn des Zuges zum Berg Zion. Die Prozession beginnt über der Pendentifkartusche des Evangelisten Lukas. Dieser sitzt nachsinnend auf einer Wolke und ist mit seinen Attributen dargestellt. Sein linker Arm, der auf den Rücken des Stieres aufgelegt ist, stützt sein Kinn; unterhalb seines nach oben weisenden linken Armes befindet sich ein Marienporträt mit dem Christuskind. Durch die Begrenzung des Bildes befindet er sich zwar außerhalb des Geschehens, blickt aber auf die Stelle, an der sich ein zweiter Zug aus der Bildtiefe mit dem ersten vereinigt.
Zwischen den beiden Evangelisten, an der Ostseite des Kuppelrandes, befindet sich die Kartusche, die mit den Worten „Sequuntur Agnum" aus Apk 14 dem Betrachter, bevor er seinen Blick weiterwandern lässt, mitteilt, wohin der Zug gehen soll, der an dieser Stelle beginnt.

Die Figuren am untersten Bildrand oberhalb des Apostels Lukas scheinen aus einer darunter liegenden Ebene aufzusteigen. Von den ersten beiden Figuren und der vierten sind nur die Köpfe zu erkennen. Wobei das Gesicht der ersten nach unten dem Betrachter zugewendet ist. Die zweite blickt auf die rechte Seite des Freskos auf die Gruppe von Engeln zwischen sich und dem Klosterplan und das dritte Gesicht führt den Blick des Betrachters schließlich in Richtung der Prozession.

Die Engel links neben dem Plan tragen eine Vielzahl von Blumen und zwar v. a. Rosen in Händen. In der Nachkriegsrekonstruktion sind Früchte und Blumen zu sehen. Auf den Originalfotos ist nicht eindeutig zu klären, ob es sich nur um Blumen oder auch um Früchte handelt.

228 Karg von Bebenburg (1692), S. 15.

Die Bedeutung dieser Attribute könnte einerseits die erfolgreiche Ausbreitung des Ordens sein und zum anderen mit dem segensreichen Wirken der Salesianerinnen zusammenhängen[229], da der Orden 1610 als Genossenschaft für den Dienst an Kranken und Armen gegründet worden war. Andererseits könnte auch ein allegorischer Vergleich der sittlichen Tugend mit Blumen gemeint sein[230].

Die Blumen in diesem Bereich überschneiden den gemalten Wulst, der den optischen Rahmen des Freskos bildet. Dieser ist mit Bändern und Blumengirlanden geschmückt.

Wolfgang Prohaska führt an, dass das Girlanden-Thema Anfang des 17. Jahrhunderts gleichsam in der Luft lag. Er führt die Verwendung von Blumengirlanden zu dieser Zeit auf die Glykera-Geschichte zurück. In Nordeuropa wurde diese 1604 von Karel van Mander im *Schilderboeck* verwendet. Im Süden geht Franz von Sales am Anfang seines Vorwortes zur *Philothea* auf die Geschichte der Glykera ein[231]. Der Maler Pausias wetteiferte mit seiner Geliebten Glykera, der Erfinderin der Blumenkränze, indem er versuchte, ihre Arbeit mit der enkaustischen Malerei nachzuahmen. Franz von Sales vergleicht Pausias' Malen der Blumengirlanden mit dem fruchtbaren Wirken des Hl. Geistes in Predigten und Schriften:

---

229 „(...) worin vil tausend fromme Seelen mit dem Gelübd der ewigen Keuschheit glücklich gebunden leben (...)". Bebenburg (1692), S. 7.
„SALESIUS hat den Trost gehabt/ vor seinem Todt dreyzehen Clöster zu sehen/ welche Zahl in kurzer Zeit so sehr gewachsen/ daß man schon biß siebenhundert in Frankreich/ Savoyen/ Pohlen/ Flandern/ Wälschland/ Bayerland/ und Oesterreich zehlet. Das schönste aber ist/ daß diese Häuser allezeit seynd angefüllet gewesen mit solchen Persohnen/ welche nicht nur ihres Standes/ sondern auch ihrer Tugend halben seynd hoch=berühmt gewesen". Georgio (1719), S. 9.

230 „Die lilien und rosen unter denen dörneren seynt sinnbilder einer geistlichen ordtens persohn, welche allzeit die unschuldt erhaltet und diser die freywillige Bues beygesellet, damit sie ihren bräutigamb desto mehr gefahlen, welcher weis und roth ist, wie die brauth in hohen liedt redet". VIVAT JESUS: Simbolische bildnußen so bey der seeligsprechungs solennitaet JOANNAE FRANCISCAE FREMIOT DE CHANTAL stüffterin des Ordens vom Maria Heimbsuchung. Aufgehängt worden in der kürchen des H: Augustin gemeldten Ordens in Amberg. Den 23 julii, des jahrs 1752, handschriftlich, S. 14.
Ralf van Bühren erläutert ausführlich den Vergleich der sittlichen Tugend mit Blumen oder Früchten in der Heiligen Schrift. Zu der „Tugendrose" führt er z. B. aus: „Der allegorische Vergleich der Rose mit Christus hat wahrscheinlich seinen Ursprung in der Exegese von Hld 2,1. Da es sich bei betreffendem Sonntag liturgisch um eine freudige Unterbrechung der ernsten Fastenzeit handelt, einen kurzen Ausblick auf die österliche Auferstehung, erhielt der Begriff der Tugendrose einen zweifachen Sinn, die Bedeutung des dornenreichen Weges und des blütetragenden Zieles; (...)". Ralf van Bühren, Die Werke der Barmherzigkeit in der Kunst des 12.-18. Jahrhunderts. Zum Wandel eines Bildmotivs vor dem Hintergrund neuzeitlicher Rhetorikrezeption, Hildesheim 1998, S. 220.

231 Vgl. zu folgenden Wolfgang Prohaska, Das geistliche Stillleben – Blumenkränze und Girlanden, in: Ausst.-Kat. Wien (2002), S. 323 f. Z. B. Kardinal Federico Borromeo, der in ständigem Kontakt zu Franz von Sales stand, gab bei Jan Brueghel ein Bild mit Blumengirlanden in Auftrag.

„Die Blumenbinderin Glykera verstand es so geschickt, ihre Blumen auf mannigfaltige Art zusammenzustellen, daß der Maler Pausias, der die verschiedenen Sträuße zu malen versuchte, nicht imstande war, ihre stets neue Farbenpracht so auf die Leinwand zu bringen, wie sie Glykera durch geschickte Anordnung der Blumen hervorzauberte. So ist es auch mit den Unterweisungen für das geistliche Leben. Alle Diener Gottes tragen in ihren Predigten und Schriften *die gleichen Lehren* über die Frömmigkeit vor; unter der Leitung des Heiligen Geistes bringt sie aber *jeder in anderer Anordnung* und Zusammenstellung“[232].

Am Ende des Vorwortes der *Philothea* führt Franz von Sales diesen Gedankengang fort und stellt sich selbst als Lehrer in eine Reihe mit den Heiligen Johannes und Augustinus; alle drei sind im Bildprogramm von St. Anna als Lehrer mit ihren Werken dargestellt und in Bezug zueinander gesetzt.

„Die Bischöfe der ersten christlichen Jahrhunderte nahmen die Pflichten ihres Amtes nicht leichter als wir; trotzdem übernahmen sie die Seelenleitung bestimmter Menschen, die sie um Hilfe baten (...). Schreibt nicht auch der hl. Johannes einen seiner kanonischen Briefe an die fromme Frau Elekta? (...) Diese Liebe zur Frömmigkeit gibt mir den Mut, dich [den Leser] darin zu unterweisen; denn nach dem Ausspruch eines großen Schriftstellers ist ein guter Weg zu lernen das Studium, ein besserer das Hören, der beste aber das Lehren. Oft, schreibt der hl. Augustinus, empfängt man, indem man gibt. Wer zu lehren hat, ist zu lernen gezwungen“[233].

John F. Moffitt bezeichnet Franz von Sales u. a. im Zusammenhang mit der Geschichte der Glykera als „writer-painter“[234] und zieht Vergleiche mit spanischen Malern. „De Sales however reinterprets the pagan story within a new Christian context, in fact in such a way as perhaps to throw some light on the activities of the early Spanish ‚floreros', so suggesting some once commonly perceived, religious and metaphorical context for otherwise apparently mundane representations of painted floral-garlands by Spanish still-life painters“[235].

Im Hauptfresko von St. Anna steigen drei Frauen aus der Bildtiefe auf, die durch ihre Attribute gekennzeichnet sind. Es handelt sich um die Heiligen Margaretha,

232 Sales (1609/1619), S. 25.
233 Sales (1609/1619), S. 28.
234 Siehe John F. Moffitt, The meaning of „Christ after the flagellation“ in Siglo de Oro Sevillian painting, in: Wallraf-Richartz-Jahrbuch, Bd. 53, Köln 1992, S. 147.
235 Moffitt (1992), S. 147.

Barbara und Katharina, die im europäischen Raum eine häufig auftretende Gruppe darstellen und „virgines capitales" genannt werden. Alle drei zählen zu den Vierzehn Nothelfern.
Die erste Märtyrerin ist Margaretha von Antiochien (20. Juli), die mit einem Kreuzstab dargestellt ist[236]. Ihr folgt die hl. Barbara (4. Dezember) mit Hostienkelch, Palmzweig und einer turbanartigen Haube bekleidet[237]. Die dritte Heilige dieser Gruppe ist Katharina von Alexandrien (25. November), die als Königstochter im Hermelinmantel mit ihrem Attribut, einem zerbrochenen Rad, abgebildet wird[238].

Vor dieser Dreiergruppe wird einer Heiligen geholfen, in die Höhe zu steigen. In ihrer rechten Hand hält sie ihr Attribut: eine Zange mit einem Zahn. Es handelt sich um die hl. Apollonia (9. Februar), der während ihres Martyriums die Zähne mit einer Zange einzeln ausgerissen wurden[239].
Die Legenden dieser vier Heiligen haben gemeinsam, dass sie das Martyrium erlitten, da sie sich einer Ehe verweigerten, um aufgrund des christlichen Glaubens ihre Jungfräulichkeit zu bewahren. Karg von Bebenburg schreibt zu der Hoffnung der Märtyrer: „(...) als auff meinen Erlöser/ hat er gnugsamb gezeigt/ daß ihm die Hoffnung zu was bessers/ nach disen zeitlichen Plagen/ nemblich zur ewigen Seeligkeit/ überbleibe: und ist von den heiligen Martyrern bekant/ daß sie under ihren grösten Plagen von der Lieb Gottes nicht abgestanden/ weilen sie ein End der Peynen/ und die himmlische Cron zur Belohnung erwartet (...)"[240].

---

236 Zur Zeit der Diokletianischen Verfolgungen begehrt der Stadtpräfekt Olibrius die Christin Margaretha, als er sie Schafe hüten sieht, zur Frau. Da sie sich aufgrund ihres Glaubens weigert, lässt er sie martern. Der Versucher erscheint ihr mehrmals als Drache. Er wird durch ein Kreuzzeichen, das sie über ihn macht, besiegt. Obwohl sie die Martern überlebt, lässt Olibrius sie enthaupten. Vgl. Hiltgart L. Keller, Reclams Lexikon der Heiligen und der biblischen Gestalten. Legende und Darstellung in der bildenden Kunst, Stuttgart 51984, S. 395.

237 Barbara, die Tochter des Heiden Dioscorus von Nikomedien, wehrt sich gegen die Heiratspläne ihres Vaters. Als sie sich zum Christentum bekehrt und ein Gelöbnis der ewigen Jungfräulichkeit ablegt, lässt sie ihr Vater martern und enthauptet sie schließlich eigenhändig. Daraufhin wird er von einem Blitzstrahl getötet. Siehe Keller (1984), S. 71 ff.

238 Katharina weist die Werbung des Sohnes von Kaiser Maxentius ab. Im Traum erscheint ihr Christus, der ihr den Verlobungsring an den Finger steckt. Nachdem sie sich dem Kaiser gegenüber als Christin zu erkennen gibt, lässt er sie mit einem Rad mit spitzen Messern und Nägeln martern und schließlich enthaupten. Vgl. Keller (1984), S. 352 ff.

239 Im 15. Jh. entsteht die Legende, dass Apollonia eine Kaisertochter war, die, nachdem sie Christin geworden war, ihren Schmuck verschenkte und eine Ehe verweigerte, wodurch ihr Martyrium begann. Siehe Keller (1984), S. 57.

240 Karg von Bebenburg (1692), S. 13.

Auch Franz von Sales wird in der Predigt von 1692 als Märtyrer bezeichnet:
„(...) eine Jungfrau mit Verdienst; ein Lehrer mit hocherleuchtem Verstand; und ein Martyrer voll inbrünstiger Lieb gewesen ist/ mittels dessen du mit so vil tausend Jungfrauen/ Lehrmeisterinen/ und Liebs=Martyrinen geziert worden bist (...)“[241].
Da der Ordensstifter nicht als Märtyrer gestorben ist, wird die o. a. Aussage von Karg von Bebenburg an verschiedenen Stellen seiner Predigt mit Beweisführungen unterlegt:
„(...) wie ihm in der That auch widerfahren/ und von der Göttlichen Lieb eben so grosse Qual/ als den würcklichen Martyrern von den Tyranen/ zugefügt worden ist/ wie der H. Laurentius Justinianus *in encom.* S. Hieronymi von dem heiligen Kirchen=Lehrer Hieronymo schreibt (...)“[242].

Nach den Märtyrerinnen, die sich auf der gleichen Bildebene wie Franz von Sales befinden, steht eine Frau ohne Attribute, die den Wendepunkt in der Richtung der Prozession bedeutet. Sie steht ganzfigurig auf einer Wolke und reicht Apollonia die rechte Hand als Hilfestellung, aus der Bildtiefe nach oben zu steigen; ihre Linke weist nach vorne zu einer Bannenträgerin in der Mitte des Zuges. In ihrem Rücken vereinigt sich ein zweiter Zug mit dem ersten.
Dieser beginnt über der Pendentifkartusche des Evangelisten Markus. Vom Betrachter aus gesehen rechts unterhalb von Franz von Sales sind drei Köpfe zu erkennen, die über den Stuckrahmen des Freskos blicken. Das erste Gesicht ist wiederum – wie auf der anderen Seite – nach unten in den Kirchenraum gewendet. Die beiden andere blicken zu dem Geschehen auf, das sich um den Ordensstifter herum abspielt. Aus der Bildtiefe steigen zwei Männer auf, die schwere große Kreuze auf dem Rücken tragen. Die nächste durch Attribute gekennzeichnete Heilige im Zug ist Kunigunde (3. März)[243], die gut erkennbar eine Pflugschar in der Hand trägt. Nach einer Legende lebte sie mit Kaiser Heinrich II. in einer „Josefsehe“[244].

241 Karg von Bebenburg (1692), S. 4.

242 Karg von Bebenburg (1692), S. 12. Er fährt in seiner Argumentation fort: „Sintemahlen von der ersten Qual etwas zumelden/ wie köndte die unblutige Liebs=Marter an einem Menschen besser/ als an unserem heiligen Francisco von Sales vollzogen werden? welcher in vorerwehnter Versuchung/ ob währe er ewig verdambt/ nicht nur von GOtt dem HErren sich auff kein Augenblick verzweyfelter Weiß abgewendet (...)“.

243 „Ihr folgt die Zier des bayrischen Herzogstuhls, die hl. Kaiserin Kunigunde, eine Fürstin ohne gleichen, stark und fromm zugleich, die freigebige Wohltäterin der Bistümer, Kirchen, Klöster und Armen, die keusche Gemahlin des hl. Kaisers Heinrich II. Eine Pflugschar trägt sie in Händen; denn über glühende Pflugscharen wollte sie unverletzt unter Gottes Schutz wandeln zum Zeugnis ihrer Keuschheit. Frohlockende Engel umschweben sie mit Lorbeer, Krone Martyrpalme, Keuschheitslilie, Rosensträußen, Fruchtgewinden, Liebespfeil und Köcher“. Kirchenführer (1903), S. 10.

244 Heinrich II. wurde 995 Herzog von Bayern, 1002 deutscher König und 1014 in Rom vom Papst

Der Zug der Märtyrer und Jungfrauen wird durch eine Bannerträgerin angeführt. Nach der Festschrift von 1903 handelt es sich um eine weiße Fahne mit einem roten Kreuz[245], die von der hl. Ursula (21. Oktober) getragen wird. Als junge Königstochter ist sie vornehm gekleidet und mit einer Krone im Haar dargestellt. Pfeile als ihr Attribut sind links und rechts von ihr zu erkennen[246].
Vor ihr gehen die fünf klugen Jungfrauen mit brennenden Lampen in den Händen. Das Erhalten der Flamme steht für die Mahnung, stets wachsam auf den Jüngsten Tag vorbereitet zu sein[247].

Als Führerin der gesamten Schar, einschließlich der Betrachter im Kirchenraum, nähert sich Maria von mehreren Engeln umgeben der Bergkuppe, auf der das Lamm steht. Sie ist als Himmelskönigin mit einer Sternengloriole um ihr Haupt dargestellt. Der vor ihr schreitende Engel trägt als Reinheitssymbol einen Lilienstab in der Hand[248].
Der Orden der Salesianerinnen sah sich unter den besonderen Schutz der Gottesmutter gestellt. Darauf weist der Name „Orden von der Heimsuchung Mariens", den ihnen Franz von Sales gegeben hatte.
Die Bedeutung, die der Ordensstifter Maria zumisst, artikuliert sich in seinem Widmungsgebet des *Theotimus*. Es beginnt mit folgenden Worten: „Heiligste Mutter Gottes, Du Gefäß einzigartiger Erwählung und Königin der erhabensten Liebe"[249]. An mehreren Stellen dieses Werkes nennt er sie die Braut des göttlichen Bräutigams[250].

Benedikt VIII. in Rom zum Kaiser gekrönt. Seine Frau Kunigunde war eine Tochter des Herzogs Siegfried von Luxemburg; ihre Ehe blieb kinderlos. Nach einer Legende lebten sie wie Bruder und Schwester zusammen. Der Satan stiftete Verleumder an, sie beim Kaiser des Ehebruchs zu bezichtigen. Um ihre Jungfräulichkeit zu beweisen, erklärte sie sich zu einer Feuerprobe als Gottesurteil bereit. Sie ging barfuss über glühende Pflugscharen, ohne sich dabei zu verletzen. Siehe hierzu Heinrich Krauss und Eva Uthemann, Was Bilder erzählen. Die klassischen Geschichten aus Antike und Christentum in der abendländischen Malerei, München [2]1988, S. 424.

245 Vgl. Kirchenführer (1903), S. 10.

246 Ursula weigert sich nach einer Legende, den heidnischen Thronfolger von England, Aethereus zum Mann zu nehmen. Als dieser sich bekehrt, begibt sie sich vor der geplanten Eheschließung in Begleitung von elftausend Jungfrauen auf eine dreijährige Pilgerschaft. In Köln werden ihre Begleiterinnen von den dort die Stadt belagernden Hunnen niedergemetzelt. Ursula wird von dem Hunnenkönig, der sie zur Frau begehrt, nach ihrer Weigerung durch einen Pfeil getötet. Vgl. Krauss/Uthemann (1988), S. 485 ff.

247 In Mt 25,1–13 erzählt Jesus das Gleichnis von zehn Jungfrauen mit Öllampen, die bei einer Hochzeit den Bräutigam begleiten sollen. Da der Bräutigam lange nicht kam, schliefen sie ein. Den fünf Jungfrauen, die nicht für genügend Öl gesorgt hatten, gingen die Lampen aus, weshalb sie den schließlich ankommenden Bräutigam nicht in den Hochzeitssaal geleiten durften.

248 Vgl. zur Darstellung von Maria LCI (1994), Bd. 2, S. 338 ff.

249 Sales (1616), I, S. 33 f.

250 Siehe Sales (1616), z. B. II, S. 179; „Über allen diesen Seelen aber gibt es eine, die einzig in ihrer

Im 14. Kapitel der Apokalypse steht das Lamm auf dem Berg Zion, dem heiligen Berg des Tempels in Jerusalem. Er ist der Ort des endzeitlichen Heils, an dem der Erlöser sein Volk versammeln wird. Für die auf Erden kämpfende Kirche bedeutet der heilige Tempelberg in Jerusalem eine eschatologische Verheißung. „Er ist jedoch zugleich Symbol für diese auf das Himmlische Jerusalem ausgerichtete Kirche, die dem Lamm folgt und schon auf Erden allein vermag, das neue Lied zu singen“[251].

Übertragen auf den Orden der Salesianerinnen stellt dies die höchste Form der Gottesliebe dar, die Franz von Sales in der *Abhandlung von der Gottesliebe* anspricht. Das Ziel des kontemplativen Ordens ist es, nach der Führung eines entsprechenden Lebens, aufgenommen im Allerheiligenhimmel, in Ewigkeit in der Liebe Jesu zu sein. Franz von Sales beschließt seine *Gottesliebe* mit den Worten: „Jeder anderen Liebe sterben, um nur der Liebe Jesu zu leben, auf daß wir nicht ewig sterben, sondern in Deiner ewigen Liebe lebend, o Erlöser unserer Seelen, ewig singen mögen: Es lebe Jesus! Ich liebe Jesus! Es lebe Jesus, den ich liebe! Ich liebe Jesus, der lebt und herrscht von Ewigkeit zu Ewigkeit. Amen“[252].

Abb. 9 *Segment IV „Der Grundriss der neu erbauten Kirche“*

Die Ordensstifterin kniet neben dem Plan für St. Anna; ihre linke Hand weist auf den Plan, ihr Blick ist auf den Engel gerichtet, der auf der anderen Seite den aufgerollten Grundriss hält und mit dem Zeigefinger der rechten Hand auf den eingezeichneten Altar der Kirche weist. Dieser Engel blickt den Betrachter direkt an. Von einem zweiten Engel, links etwas oberhalb von Johanna Franziska von Chantal, sind nur Kopf, Flügel und Hände sichtbar. Er hält den Plan fest, sein Blick ist ebenso wie der der Ordensstifterin auf das Geschehen in der Mitte des Freskos gerichtet.

Ein dritter Engel unterhalb des Planes sitzt ganzfigurig auf einer Wolkenbank. Er sieht den Betrachter lächelnd an; sein Rücken ist dem Grundriss zugewendet. In der rechten Hand hält er ein Kreuz mit dem Leib Christi; mit Daumen und Zeigefinger der Rechten weist er dem Betrachter einen Ring vor.
Offenbar nimmt er eine Mittlerfunktion ein, da er zwei getrennte Bereiche miteinander verbindet. Seinem Kopf dient als Hintergrund der Plan, während sein Ober-

---

Art ist, die Königin aller Königinnen, die über alles liebende, die liebenswerteste und die geliebteste unter allen Freundinnen des göttlichen Bräutigams“.

251 Schiller (1990), S. 58 f.

252 Sales (1616), II, S. 316.

körper sich bereits in der Höhe des Freskorahmens befindet, über den sich auch das Planende aufrollt.
Der Evangelist Johannes, der körperlich eindeutig dem Zwickelbereich zuzuordnen ist, deutet mit seiner Schreibfeder auf den Ring, dem offenbar eine hohe Bedeutung in diesem Übergangsbereich zukommt.
Die Darstellung des Ringes hat in der Brautmystik verschiedene Bedeutungen[253]. Die Deutung der Braut Christi als gottliebende Seele entstammt einer alten Tradition; auch Franz von Sales verwendet sie in seinen Schriften. Hans Georg Asam macht auf einem Fresko unter der Orgelempore der Abteikirche Benediktbeuren die Vereinigung mit der Gottheit durch Überreichung des Ringes an den Menschen deutlich. Bei der Gegenüberstellung der himmlischen und der irdischen Liebe auf dem Deckengemälde von Cosmas Damian Asam im Freisinger Dom, ist die irdische Liebe als mit Gott verbundene Seele aufzufassen.

In den Fresken vieler Kirchen im süddeutschen Raum werden Gründungsakten, Kirchen- und Klostermodelle oder Grundrisse vorgewiesen. Auf den gegenwärtigen Plan in der neuerbauten Salesianerinnenkirche weist nicht die Oberin Angelika Maximiliana von Pelkoven, unter der das Bauvorhaben endlich realisiert wurde, sondern die Ordensstifterin selbst, die 1641 verstorben war. Diese anachronistische Szene stellt bewusst den Plan der ab 1733 erbauten Kirche in den „Rahmen des Ewigen“[254].

Johanna Franziska von Chantal wurde am 23. Januar 1572 als Tochter des späteren Präsidenten von Burgund, Benignus Frémyot, in Dijon geboren. Im Jahr 1592 wurde sie mit Christoph de Rabutin, Baron von Chantal, verheiratet. Ihr Mann kam bei einem Jagdunfall 1601 ums Leben; zu diesem Zeitpunkt hatte sie vier Kinder. Im Jahr 1604 lernte die Witwe in Dijon Franz von Sales kennen. Am 6. Juni 1610, am Tag des Festes der heiligen Dreieinigkeit, übergab er der Freifrau die Konstitutionen für einen neugegründeten Orden und stellte ihr und zwei gleichgesinnten Frauen, Jeanne-Charlotte de Bréchard, Tochter eines adligen Gutsbesitzers und Marie-Jacqueline Favre, Tochter des Parlamentspräsidenten von Savoyen, ein Haus in Annecy zur Verfügung. Nach einem längeren Aufenthalt in Paris verstarb sie auf der Rückreise nach Annecy 1641 in Moulins. Johanna Franziska von Chantal wurde 1751 von Papst Benedict XIV. selig und 1767 von Papst Clement XIII. heilig gesprochen.

Die Kleidung der Salesianerinnen besteht aus einem schwarzen Habit mit Gürtel und Rosenkranz, einem schwarzen Kopfschleier mit einem schwarzen Stirnband

253 Vgl. hierzu LCI (1994), Bd. 1, S. 324 ff.
254 Bauer (1965), S. 16.

sowie einer Barbette. An einem schwarzen Kreuzband wird ein silbernes Kreuz mit Reliquien getragen.
Auf den Darstellungen der Überreichung der Ordensregel durch Franz von Sales an Johanna Franziska von Chantal fällt auf, dass die Ordensstifterin sich jeweils in Begleitung zweier Salesianerinnen befindet[255]. Die Barbette weist bei allen Darstellungen am unteren Abschluss Ecken auf.

Johanna Franziska von Chantal ist durch ihre Tracht und besonders durch das Kreuz auf ihrer Brust als Salesianerin gekennzeichnet. Zudem wird die Ordensstifterin immer mit dem brennenden Herzen, auf dem die Abkürzung des Namens Jesu *IHS* eingebrannt ist, dargestellt[256]. Die am meisten verbreitete Verwendung erfährt das *IHS* durch die Jesuiten. Gedeutet wird es als Abkürzung für Jesus Habemus Socium oder Jesu Humilis Societatis[257].

Eine zweite Salesianerin kniet direkt rechts neben der Ordensstifterin. Sie weist mit der linken Hand auf eine große „Monstranz", die mit vier Putten geschmückt und mit der Abkürzung des Namens Jesu *IHS* bekrönt ist. Das Bild auf der Vorderseite ist auf der Vorkriegsaufnahme, die als Vorlage für die Restaurierung gedient hat, nicht genau zu erkennen. Es könnte sich um eine Hostie oder ein Herz handeln[258]. Diese Darstellung weist eine große Ähnlichkeit mit einem Bild auf, das der Ausgabe der Predigt Sonnenbergs von 1696 vorangestellt ist[259]. Ein dem Stich von 1696

---

255 Vgl. Deckenfresko in Amberg und Seitenaltarbild in Wien. Auf das Wiener Altarbild wird in einem Circulaire der Wiener Salesianerinnen vom 27. Juli 1720 eingegangen: „(...) qu'on êlevoit au Grand Autel un tableau de nôtre Pere Saint François de Sales, donnant les Regles a nôtre Digne Mere de Chantall, accompagnée de nôtre Mere Marie Jacqueline Favre, & de nôtre Mere Jeanne Charlotte de Brechard (...)". Vive Jesus. De nôtre Monastere de Vienne, en Autriche, ce 27. Juillet, 1720, Wien 1720, (Klosterarchiv der Wiener Salesianerinnen), S. 14.

256 „(...) ist gemahlen ein oratorium und in diesen ein altar, vor welchen Joanna knyet in den aufzug einer wittib haltent an der handt ein kliendes eisen, gleich als wärr sie in einer verzuckhung, werffent ihre augen auf den heiligsten nahmen Jesu, welcher in denen wolckhen ober den altar schwebet, umgeben mit villen englen. Hinter Joannam stehet ein engel, und haltet sie deittent mit den finger auf den nahmen Jesu. Auf der brust Joannae ist ebenfahls diser heiligste nahmen eingepräget mit kleinen strahlen umbgeben". Festschrift (1752), S. 26.

257 Siehe hierzu LCI (1994), Bd. 2, S. 337.

258 Die „Monstranz" wurde bisher folgendermaßen gedeutet:
„Hinter ihr halten zwei Salesianerinnen einen mit Puttenköpfen verzierten Tabernakel (?) mit dem IHS-Zeichen, eine vierte Nonne kniet darunter und präsentiert eine Schale brennender Herzen". Corpus (1987), S. 188.
„Ein paar Ordensschwestern, darunter Margareta Alacoque, geleiten sie mit Herz=Jesu=Abzeichen; (...)". Kirchenführer (1903), S. 10.

259 Ein Exemplar der Ausgabe von 1696, der 1695 erstmals veröffentlichten Predigt, befindet sich im Klosterarchiv der Salesianerinnen mit dem handschriftlichen Vermerk „Dises buch gehört dem Closter Maria Heimbsuchung in München".

sehr ähnliches Gemälde befand sich im Besitz der Münchner Salesianerinnen. Im Ölbild wurde auf der linken Seite der Ordensstifter Franz von Sales hinzugefügt[260]. Die Abbildungen entsprechen der zweiten Vision der Margareta Maria des Jahres 1674. Bei Sonnenberg wird diese Offenbarung geschildert: *Abb. 36*

„Es ist dises/ daß an einem Tag deß heiligen Joannis deß Evangelisten; nachdem ich von meinem Göttlichen Heiland empfangen hatte ein vast gleichende Gnad derjenigen/ welche diser geliebte Jünger an dem Abend=Mahl empfangen hat/ ist mir vorgestellet worden dises Göttliche Herz/ als auf einem ganz feurig=und flammenden Ehren=Thron; es ware durchscheinend wie ein Crystall/ vil glanzender als die Sonne/und warffe Stralen auf alle Seiten: Die Wunden/ welche es an dem Creuz empfangen/ schine an ihm wol sichtbarlich: um dises heilige Herz war ein dörnerne Cron/ und auf ihm stunde ein Creuz. (...) und daß dise Bildnuß/ in alle Ort/ in welchen sie zu sonderbarer Verehrung wurde vorgesetzet werden/ allerhand Glück und Segen ziehen werde“[261].

Im Hauptfresko der Münchner Salesianerinnenkirche kniet unterhalb dieser Nonne eine weitere Salesianerin, die ein Kissen in den Händen hält, auf dem sich eine flache Schale mit brennenden Herzen befindet. Bei den beiden Nonnen könnte es sich um die beiden Frauen handeln, die am 16. Juni 1610 gemeinsam mit Johanna Franziska von Chantal in den neu gegründeten Orden eingetreten sind. Wahrscheinlicher ist, dass es sich bei der Nonne, die die Monstranz hält, um Margareta Maria Alacoque handelt und die zweite Nonne stellvertretend für die Salesianerinnen die Herzen zu Gott erhebt. Die Darbringung einer Schale mit brennenden Herzen drückt den Begriff „Herzenserhebungen“ aus, den der Ordensstifter im *Theotimus* verwendet[262].

260 Das Gemälde befindet sich heute noch im Besitz der Salesianerinnen.

261 Sonnenberg (1696), S. 40 f.

262 „Doch darf man dabei nicht stehen bleiben, Theotimus, sondern um große Fortschritte in der Frömmigkeit zu machen, müssen wir nicht nur am Anfang unserer Bekehrung und dann jedes Jahr unser Leben und alle unsere Handlungen Gott weihen, wir müssen sie vielmehr alle Tage ihm opfern, wie ich es Philothea in der Morgenübung gelehrt habe. Denn durch diese tägliche Erneuerung unserer Hingabe durchdringen wir unsere Handlungen mit der Kraft und der Tugend der Liebe, indem wir unser Herz von neuem der Verherrlichung Gottes weihen, wodurch es immer mehr geheiligt wird“. Sales (1616), II, S. 308.

Bei der Bestimmung der folgenden Ordensfrauen widersprechen sich die bisherigen Deutungen zum Teil[263]. Im Vorwort zum *Theotimus* schreibt Franz von Sales:

„Damit jedoch offenbar werde, daß solche Schriften eher der Frömmigkeit Liebender, als der Wissenschaft Gelehrter entstammen, gefiel es dem Heiligen Geist, mehrere Frauen dazu anzuregen, die dann auch Wundervolles über die heilige Liebe schrieben. Wer vermochte es je, die himmlischen Gluten dieser heiligen Liebe besser zu schildern, als eine *hl. Katharina von Genua, eine hl. Angela von Foligno, eine hl. Katharina von Siena*, eine *hl. Mechtild*? (...) Endlich hat die selige *Theresia von Jesus* in allen ihren Schriften so Wunderbares über die heiligen Regungen der Liebe geschrieben, daß man ganz hingerissen ist, so hohe Beredsamkeit bei solcher Demut und so tiefschürfendes Denken bei solcher Einfalt des Geistes zu sehen" [264].

Aus dem Besitz der Münchner Salesianerinnen sind heute noch folgende Bilder als „Vorbilder von Lehrmeisterinnen" vorhanden: Theresia von Avila, Katharina von Siena und Klara von Montefalco.

Es könnte sich im Deckenfresko um folgende Ordensfrauen handeln:

Monstranz auf der Brust – Juliana von Lüttich (5. April)

Eine Nonne, die oberhalb der beiden Salesianerinnen dargestellt ist, trägt eine Monstranz auf die Brust gestickt. Ihr Barbette unterscheidet sich auf der Vorkriegsaufnahme deutlich von dem der Salesianerinnen. Ihr ist am nächsten die große Monstranz zugeordnet. Dies könnte ein Hinweis auf die Herz-Jesu-Bruderschaft sein, die zu diesem Zeitpunkt bereits in der Kirche eingerichtet worden war, da das Herz-Jesu-Fest direkt an die Fronleichnamsoktav anschloss.

---

263 Vgl. Corpus (1987), S. 189 und Abb. 9: Links neben vier Salesianerinnen werden folgende Ordensfrauen genannt: s) wird als eine von vier Salesianerinnen benannt, t) die Dominikanerin Katharina von Racconigi mit einem Kruzifixus, u) die hl. Scholastika mit Buch und Taube als Gründerin des Benediktinerinnenordens, v) die hl. Clara von Assisi als Gründerin des Klarissenordens mit Ciborium, w) Katharina von Siena mit den Wundmalen, x) die Karmelitin Theresia von Avila mit durchbohrtem Herz, y) Walburga von Eichstätt in Franziskanertracht der Tertiarin mit Ölkrug, z) Gertrude von Helfta im Nonnenhabit der Zisterzienser in Visionshaltung.
Siehe Festschrift 1903, S. 10 f. s) Juliana von Lüttich mit Monstranz aufs Ordenskleid gestickt, t) Gertrud oder sonst eine Kreuzliebhaberin, u) die Benediktinerin Mechtilde, v) die Franziskanerin Klara zeigt die Monstranz, w) Katharina von Siena mit den Wundmalen, x) Theresia mit dem pfeildurchbohrten Herz, y) Walburga mit Evangelienbuch und Ölkrüglein, z) fehlt; vgl. Abb. 9.

264 Sales (1616), I, S. 36 f.

Juliana von Cornillon (von Lüttich) lebte von 1191/92–1258. Sie war ab 1230 Priorin in Rétienne bei Lüttich und wird als Augustinerin oder Zisterzienserin dargestellt. Als sie zum Rücktritt gezwungen wurde, zog sie sich als Einsiedlerin nach Fosses zurück. Sie gilt als Stifterin des Fronleichnamsfestes; die erste Feier fand 1247 in der Diözese Lüttich statt. Urban IV. machte das Fest 1264 für die ganze Kirche verbindlich. Das Konzil von Trient gab ausführliche Vorschriften, die den Kult der Eucharistie bis heute bestimmt haben. Da die Verehrung der Eucharistie ihre Form im Fronleichnamsfest findet, haben sich auch Gegenstände der Anbetung als kultische Darstellungen herausgebildet. Seit dem Mittelalter werden als liturgische Geräte u. a. Monstranzen, die zunächst aus Lüttich und aus dem Maasgebiet stammen, verwendet[265].

Kruzifixus – Angela von Foligno (30. März)

Die links folgende Nonne ist deutlich in ihrer Art der Darstellung von den ersten vier unterschieden, die wie ein Block eine Einheit mit der Ordensstifterin bilden. Sie ist kniend in Anbetung vor der Szene in der Mitte des Freskos abgebildet und hält ein großes Kreuz in der Hand, das waagrecht aus ihrer linken Brust zu wachsen scheint.

Angela von Foligno lebte von 1248–1309 in Foligno. Sie war eine Büßerin und Mystikerin aus dem 3. Orden des hl. Franziskus und gründete eine Schwesterngemeinschaft. Als Schriftstellerin hinterließ sie bedeutende theologische Schriften; u. a. hat sie ein Buch mit dem Titel *Kreuztheologie* geschrieben[266]. In ihrer Leidensmystik spielt das Herz Christi eine bedeutsame Rolle[267]. In Foligno, St. Anna, wird Angela im Habit der Franziskaner-Terzianerinnen in Anbetung der Madonna dargestellt.

Buch und Taube – Mechtild von Hackeborn (Helfta) (19. November)

Die Ordensfrau nach Angela von Foligno ist nur halbfigurig dargestellt. Eine Wolke, die als Hintergrund für einen Rauchfass schwenkenden Putto dient, verdeckt die untere Hälfte ihrer Gestalt. Ihr Oberkörper ist leicht gedreht, als wollte sie

265 Siehe hierzu LCI (1994), Bd. 1, S. 687–695.

266 Im 3. Kapitel des 9. Buches schreibt Franz von Sales über die Liebe zum Kreuz, die uns freiwillig Leiden auf uns nehmen lässt. Er nennt in diesem Zusammenhang Angela von Foligno als Beispiel für die Einwilligung der Seele in Leiden des geistlichen Lebens. Vgl. Sales (1616), II, S. 126.

267 Siehe Anna Coreth, Liebe ohne Mass. Geschichte der Herz-Jesu-Verehrung in Österreich im 18. Jahrhundert, Diss. Maria Roggendorf 1994, S. 16.

um die Nonne vor ihr herum auf den Plan blicken. Ihre linke Hand hält ein Buch in der Hand, auf dem eine Taube sitzt.

Die Zisterzienserin Mechtild von Hackeborn lebte von 1241–1299. Sie kam mit sieben Jahren in das Kloster Rodersdorf bei Halberstadt und wirkte für die Verbreitung der Herz-Jesu-Verehrung. Dargestellt wird sie u. a. in Stift Engelszell, wo ihr ein Engel das Herz Jesu reicht. Zu ihren Attributen gehört ein Buch, das auf ihr Werk *Buch der besonderen Gnade* hinweist und sie als Schriftstellerin herausstellt[268].

Lampe – Katharina Fieschi von Genua (15. November)

Im Anschluss an Mechtild kniet eine Nonne, die ernst und würdevoll eine Lampe vor sich trägt. Sie wirkt sehr verinnerlicht, da ihr Blick in sich gekehrt ist.

Katharina Fieschi lebte 1447-1510 in Genua. Sie leitete während der Pestzeit ein Frauenspital. 1684 wurde sie zur Stadtpatronin von Genua ernannt. Franz von Sales betont im *Theotimus* ihre Belehrungen über die Eigenschaften der reinen Liebe und vergleicht diese Liebe mit Lampen, die nichts aus der Welt auszulöschen vermag[269].

Wundmale – Katharina von Siena (30. April)

Die folgende Ordensfrau ist ganzfigurig dargestellt; sie blickt direkt zum Lamm im Zentrum des Freskos. Auf ihrer rechten Hand, die sie sich auf die rechte Brust gelegt hat, ist außen eine Wunde zu erkennen. Die linke Hand weist nach oben in Richtung ihres Blicks. Aus dem Wundmal der Handinnenseite kommt aus einer brennenden Lichtkugel ein leuchtender Strahl, der ebenfalls nach oben gerichtet ist[270].

---

268 „Man sagt einerseits, Unsere liebe Frau habe der hl. Mechtildis (Buch von der bes. Gnade, 26) geoffenbart, daß die Krankheit, an der sie gestorben, nichts anderes als ein *heftiger Ansturm* der göttlichen Liebe gewesen sei". Sales (1616), II, S. 71.

269 „(...), der lese die Belehrungen der seraphischen *hl. Katharina von Genua über die Eigenschaften der reinen Liebe*, (...). Die Lampen dieser reinen Liebe haben kein Öl, keinen Docht, keinen Rauch, sie sind ganz Feuer und Flamme, das nichts auf der Welt auszulöschen vermag (HL 8,6 f). (...) Jene, die diese brennenden Lampen in Händen tragen (Lk 12,35), sind von der heiligen Frucht keuscher Bräute ergriffen, nicht aber von der Angst ehebrecherischer Frauen". Sales (1616), II, S. 205.

270 Dieses Detail wurde in der Rekonstruktion nicht wiedergegeben; vgl. Vorkriegsaufnahme.

Katharina von Siena wurde 1347 in Siena geboren und starb 1380 in Rom. Im Jahr 1362 trat sie in den Orden der Bußschwestern vom hl. Dominikus ein. Von ihren Schriften ist besonders *De providentia Dei* hervorzuheben. Sie wird u. a. mit leuchtenden, nicht blutenden Stigmata dargestellt[271].
Franz von Sales erwähnt im *Theotimus* die brennenden Wunden der Heiligen[272]. Er hebt als besondere Eigenschaft der Katharina von Siena ihre Hilfsbereitschaft gegenüber armen Kranken hervor[273]. In einer Lebensbeschreibung des Ordensstifters werden seine Worte folgendermaßen zitiert, die Katharina von Siena in den Kontext der Herz-Jesu-Verehrung stellen: „(...) warum geschihet mit uns dasjenige nit/ was sich mit der heiligen Catharina von Siena zugetragen hat/ daß der Heyland unser Herz hinwegnehme/ und uns an stat dessen das Seinige gebe/ oder doch mache/ das unser Herz ganz sein/ durchaus sein/ alleinig/ und unwiderrufflich sein seye“[274].

Herz und Kreuz – Klara von Montefalco (17. August)

Im Rücken der Katharina von Siena ist eine Nonne halbfigurig dargestellt. Sie hält ihre linke Hand unterhalb ihrer Brust. Auf ihrer Brust ist ein Herz zu erkennen, in dem ein Kreuz steckt, das fast waagerecht leicht nach oben weist. Ihr Blick ist nach innen gekehrt.

Klara von Montefalco wird auch Clara de Cruce genannt. Sie erhielt diesen Beinamen, da man nach ihrem Tod die Leidenswerkzeuge Christi in ihrem Herzen abgebildet fand. In einer Vision soll ihr Christus ein Kreuz mit den Worten gegeben haben: „(...) sieh, dieses Kreuz will ich dir geben, das nirgends besser aufgepflanzt seyn kann, als in deinem Herzen; darum gib mir dein Herz, daß du an diesem Kreuze sterbest“[275].

---

271 Vgl. LCI (1994), Bd. 7, S. 300 ff.

272 „*Diese Liebe war es*, mein Theotimus, *welche dem liebeglühenden seraphischen hl. Franziskus die Wundmale zuzog* und der liebeerfüllten engelhaften hl. Katharina von Siena die brennenden Wunden ihres Erlösers einprägte“. Sales (1616), I, S. 249.

273 „*Es gibt Eingebungen, die nur auf eine außergewöhnliche Vollkommenheit gewöhnlicher Übungen des christlichen Lebens hinzielen*. Liebevolle Hilfsbereitschaft armen Kranken gegenüber ist ein gewöhnlicher Tugendakt echter Christen, der aber vom *hl. Franziskus* und von der *hl. Katharina von Siena* mit außergewöhnlicher Vollkommenheit geübt wurde, als sie an den Geschwüren von Aussätzigen und Krebskranken leckten und saugten. Das gleiche war auch beim glorreichen König, dem *hl. Ludwig* der Fall, als er auf den Knien und entblößten Hauptes die Kranken bediente“. Sales (1616), II, S. 106.

274 Francisco Xaverio Gennzinger, Leben des Heiligen FRANCISCI von Sales, Bischoffen zu Genff, in Welscher Sprach beschriben von dem Hochwürdigen Herrn Petro Hyacintho Gallitia, Chorherrn des hochansehnlichen Stüffts des heil. Laurentii zu Giavenno, München 1739, S. 276.

275 Hergenröther/Kaulen (1886): Joseph Hergenröther und Franz Kaulen (Hrsg.), Wetzer und Welte's Kirchenlexikon, Freiburg i. Br. 1886, S. 623.

In ähnlicher Weise wurde in einer Vision die Abkürzung des Namens Jesu auf die Brust der Ordensstifterin eingebrannt[276]. Franz von Sales weist auch auf das Attribut Herz im Zusammenhang mit der Heiligen hin[277].

Wasser und Krug – Elisabeth von Thüringen (19. November)

Die letzte Nonne, die als Gruppe ab Angela von Foligno zusammenzufassen ist, ist dem Betrachter in Körperhaltung und Blick zugewendet. Sie hält einen großen Krug in der Hand. Ihr Unterkörper wird von einem Felsen verdeckt, der die Gruppe von einer weiteren Ordensfrau trennt, die in einer Ekstase entrückt dargestellt ist.
Im Sebastiansaltar von Hans Holbein (1516, Alte Pinakothek, München) wird im rechten Flügel Elisabeth mit einem Wasserkrug dargestellt, wie sie einem bedürftigen alten Mann, der am Boden kniet, Wasser in eine Schüssel gießt. Ab dem 15. Jh. wurde Elisabeth von Thüringen oft mit Krug oder Kanne dargestellt, wie sie Durstige tränkt.

Im zweiten Band des *Theotimus* fasst Franz von Sales die Aufgabe seines „Ordens von der Heimsuchung Mariens“ folgendermaßen zusammen:

> „Kranke besuchen, die sich nicht in äußerster Not befinden, ist ein lobenswerter Liebesdienst; sie bedienen, ist noch besser. Doch sich ihrem Dienst weihen, das ist die höchste Stufe in der Befolgung dieses Rates, den die Kleriker von der Heimsuchung der Kranken ihrer Regel gemäß und auch mehrere Damen an verschiedenen Orten ausüben. (...) Sie tun es auch in Nachahmung der hl. Katharina von Siena und der von Genua, der hl. Elisabeth von Thüringen und der glorreichen Freunde Gottes, des hl. Franziskus und des seligen Ignatius von Loyola, die sich zu Beginn ihrer Ordensgründungen dieser Übung mit unbeschreiblichen Eifer und geistlichem Nutzen hingaben“[278].

Vision – Theresia von Avila (15. Oktober)

Hinter dem Felsen kniet eine Nonne, die wie in einer Ekstase die Arme ausgebreitet hat und das Geschehen im Zentrum des Freskos wie in einer inneren Schau erlebt. Ihren rechten Ellbogen stützt sie auf ein Buch, das aufgeschlagen vor ihr liegt. Sie ist

---

276 Vgl. Festschrift (1752), S. 26.
277 „Betrachte, ich bitte dich, das Herz der hl. Klara von Montefalco; es fand soviel Freude an der Passion des Herrn und an der Betrachtung der heiligsten Dreifaltigkeit, daß es die Male der Passion und ein wundersames Bild der heiligsten Dreifaltigkeit in sich abprägte“. Sales (1616), I, S. 236.
278 Sales (1616), II, S. 101.

in der Tracht der unbeschuhten Karmeliten dargestellt. In ihrer Körperhaltung ist sie den Ordensfrauen links von ihr zugeordnet.

Theresia von Avila wurde am 28.3.1515 in Avila geboren und starb am 4.10.1582 in Alba de Tormes. Mit 20 Jahren trat sie in das Karmelkloster zur Menschwerdung in Avila ein, das sie infolge einer schweren Krankheit wieder verlassen musste. In Visionen und Ekstasen erlebte Theresia die unmittelbare Gegenwart Gottes. Ihr Kult setzte mit der Seligsprechung 1614 und der Verbreitung ihrer Schriften ein. Die Heiligsprechung erfolgte 1622; zur Kirchenlehrerin wurde sie 1967 erklärt.
A. Vermeylen untersuchte die Korrespondenz des Franz von Sales von 1603 bis 1622[279] in Hinblick auf den Einfluss, den Theresia von Avila auf seine Schriften hatte. Ab 1604 ist dem Briefwechsel zu entnehmen, dass er die Werke Theresias kennt. Besonders ihr Buch *Weg zur Vollkommenheit* von 1565 erwähnt er mehrmals[280].

Theresia ist die am häufigsten angeführte spirituelle Autorin in den Predigten und Briefen des Heiligen. Er nennt Theresia von Avila als ein Vorbild für die Salesianerinnen in Hinblick auf Selbsterkenntnis als Voraussetzung echten Tugendstrebens und in der strikten Befolgung der Ordensregeln. Franz von Sales folgte ihrer Autorität in Fragen des spirituellen Lebens, besonders des Gebets. Zentrum der Verehrung der Theresia von Avila in Paris war der Kreis um Mme Acarie. 1601 hielt sich Franz von Sales ein halbes Jahr in Paris auf und traf sie häufig. Er nahm an den Bemühungen, Schülerinnen Theresias nach Frankreich zu holen, aktiv teil. Allerdings trat er auch mit scharfen Stellungnahmen den Auswüchsen der Theresia-Begeisterung entgegen, die in den ersten beiden Jahrzehnten des 17. Jahrhunderts aufblühte[281].

---

279 Siehe A. Vermeylen, Die hl. Theresia von Avila und der hl. Franz von Sales, in: Jahrbuch für Salesianische Studien, Bd. 26, Eichstätt 1993, S. 71–85.
Er untersuchte die Korrespondenz u. a. nach der Erwähnung von geistlichen Schriftstellern. Es werden in diesem Zeitraum an Schriftstellerinnen genannt: Theresia von Avila (20 mal), Katharina von Siena (1 mal), Angela von Foglino (1 mal) Katharina von Genua (1 mal).

280 Vgl. Brief von Franz von Sales an Madame de Chantal um 1608: „Die Vergegenwärtigung Gottes, wie sie die Mutter Theresia im 29. und 30. Kapitel im *Weg zur Vollkommenheit* lehrt, ist vortrefflich. Ich glaube, es ist das gleiche, was ich Ihnen angab, als ich schrieb, daß Gott in unserem Geist gleichsam wie dessen Herz, und in unserem Herzen wie der Geist sein soll (...)". Zit. nach Vermeylen (1993), S. 80 f.
Johanna Franziska von Chantal hielt sich in den Jahren 1606–1610 oft bei den spanischen Karmeliterinnen in Dijon auf. Die Belehrungen über die höheren Stufen des geistlichen Lebens bereiteten sie auf den Eintritt in einen Orden vor. Vgl. Ernst Robert Curtius, Französischer Geist im zwanzigsten Jahrhundert, München 1960, S. 444 ff.

281 Siehe hierzu Manfred Tietz: Saint François de Sales' »Traité de l'amour de Dieu« (1616) und seine spanischen Vorläufer: Cristóbal de Fonseca, Diego de Estella, Luis de Granada, Santa Teresa de Jesús und Juan de Jesús Maria, Diss. Mainz 1971, in: W. Theodor Elwert und Edmund Schramm (Hrsg.), Mainzer Romanistische Arbeiten, Bd. 10, Wiesbaden 1973, S. 87 ff.

Pierre Serouet untersucht in seinem Werk *De la vie dévote à la vie mystique. Sainte Thérèse d'Avila. Saint François de Sales* den direkten Einfluss von Theresia von Avila auf das Werk des Franz von Sales[282]. Besonders in der *Introduction à la vie dévote* weist er einen engen Zusammenhang nach.
Auch Sonnenberg geht in einem längeren Abschnitt am Ende seiner Predigt auf die „heilige Theresia" ein: Die Ermahnungen an ihre geistlichen Töchter „nimme ich auch für mich an (...) daß die Göttliche Liebe/ welche uns in dem hochheiligen Sacrament JEsum/ das ist/ die größte Gab auß allen/ durch eine Unzahl der Wunderwercken schencket und bey uns zuverbleiben macht biß zu dem Ende der Welt (...)"[283].

Es ist schwierig, über die Farbigkeit des Hauptfreskos Aussagen zu machen, da vor der Zerstörung der St. Anna Kirche von dem Innenraum keine Farbaufnahmen angefertigt wurden. Man könnte die Vierungskuppel in Weingarten zum Vergleich heranziehen, doch ist dabei zu beachten, dass Weingarten ab 1718 entstand und die Salesianerinnenkirche erst 17 Jahre später fertiggestellt wurde. Rupprecht zählt die ersten Großaufträge Asams vom Herbst 1713 bis 1718 zu seinem Frühwerk. Im Jahre 1718 beginnt mit Weingarten die zentrale Schaffensperiode, die bis 1721 dauert. Ab dann kommt die Phase der Reife, deren Wirken über Bayern und Süddeutschland hinausgeht.
Gegen Ende seines Schaffens hellte sich Asams Farbpalette auf. Durch diese Aufhellung wird der Eindruck, dass der Kirchenraum nach oben geöffnet ist, wesentlich gefördert[284].
Da Weingarten in die zweite Schaffensperiode überleitet und St. Anna am Höhepunkt der dritten Schaffenszeit entstand, ist anzunehmen, dass die Gesamtwirkung der Farben in der Salesianerinnenkirche heller als in Weingarten war.

Mit der Unterzeichung des Vertrages Ende 1718 über die Ausmalung des Benediktinerklosters Weingarten hatte Cosmas Damian Asam den größten Auftrag seiner Laufbahn erhalten[285]. Die ab 1715 errichtete Kirche ist der größte nachmittelalterliche Bau in Deutschland, wofür der Künstler mehr als tausend Quadratmeter Fresko zu erstellen hatte. In Weingarten ist die Einteilung der Decke durch

---

282 Vgl. Pierre Serouet, De la vie dévote à la vie mystique. Sainte Thérèse d'Avila. Saint François de Sales, Paris 1958, S. 164 ff.
283 Sonnenberg (1696), S. 87 f.
284 Vgl. Erika Hanfstaengl, Die Brüder Cosmas Damian und Egid Quirin Asam, München 1955, S. 26 und Rupprecht (1959), S. 10.
285 Siehe zu folgenden Rupprecht (1986), S. 21 ff.

das Wandpfeilersystem bedingt. Das durch Gurte unterteilte Langhaus bietet mehrere Felder für Deckenfresken, die Vierung ist durch eine hohe Tambourkuppel betont. Obwohl kein zusammenhängendes Malfeld vorhanden ist, weist zum Beispiel das zweite Langhausjoch eine Malfläche von fast 150 Quadratmetern auf. „Zum ersten Mal in der süddeutschen Kunst übersteigt Deckenmalerei die Dimension von >Ausstattung<, die Anlage des gewaltigen Innenraums komplettiert sich erst mit den großen Fresken, Architektur und Deckenbild ergeben zusammen die neue Qualität des sinnhaltigen und Sinn veranschaulichenden Raumes“[286]. Rupprecht nennt den Deckenfreskenzyklus von Weingarten ein Beispiel, das beinahe alle Momente artikuliert hat, die Cosmas Damian Asams Position in der Geschichte der Deckenmalerei ausmachen. Dabei stellt er fest, dass zu Asams Schaffenszeit der kirchliche Kunstbetrieb nicht nur von ästhetischen, sondern von der Veranschaulichung inhaltlicher Dimensionen geleitet wird. „Diese gegenüber früheren Epochen ungleich verstärkte >ikonologische Illusionistik< ergreift sämtliche Dimensionen der Bilder; eine isolierte Betrachtung sogenannter >künstlerischer< Bereiche verstellt das Verstehen“[287].

Asam realisierte für jedes Thema und jedes Freskenfeld einen eigenen Illusionismus. Im Chorbereich ist das Pfingstwunder dargestellt. Im folgenden kleinen Fresko über dem Hochaltar ist das bereits erwähnte Lamm auf dem Buch mit den sieben Siegeln zu sehen. Asams Leistung in Weingarten ist es, dass er mit anschaulichen Mitteln die Bedeutungsebenen dieses komplizierten Programms deutlich voneinander trennte, aber es auch vermochte, durchgehende Bezugslinien herzustellen.
Das dritte Großfresko auf der Langhausachse mit der Himmelfahrt Mariens bereitet auf die Kuppel über der Vierung vor, den Höhepunkt des Freskenzyklus': Die Aufnahme in die jenseitige Ewigkeit bei dem dreieinigen Gott zeigt die neue Existenz der Maria: die Mutter Gottes wird im Heiligenhimmel an ausgezeichneter Stelle dargestellt. In der Kuppellaterne schwebt der heilige Geist in Gestalt der Taube. Maria steht zwischen der Gruppe Jesus und Gottvater sowie Josef, der eine Lilie als sein Attribut in Händen hält. Der heilige Benedikt präsentiert am unteren Bildrand die Ordensregel. In den Zwickeln sind die vier Evangelisten dargestellt.
In diesem Allerheiligenhimmel fehlt gliedernde Architektur. Cosmas Damian Asam ordnet die Heiligen in zwei Kreisen an, die ineinander verwoben sind. Er wendet kein starres Ringschema der Wolken- und Figurenanordnung an.

In der Prozession ist wie im Hauptfresko der Münchner Salesianerinnenkirche die heilige Ursula mit Gefährtinnen zu finden; heilige Männer und Frauen ziehen aus

286 Rupprecht (1986), S. 22.
287 Rupprecht (1986), S. 24.

der Bildtiefe in die Kuppel hinein. In München handelt es sich nicht um zwei ineinander verwobene Figurenkreise, sondern um eine Prozession, die aus der Bildtiefe beginnend in einer Spirale eine konkrete Richtung nach oben zum Berg Zion einhält. Die Spirale nimmt etwa die Hälfte der Freskofläche ein. Im Unterschied zu Weingarten sind zusätzlich weitere wichtige Szenen dargestellt, deren Sinn für die Ordenskirche sich erst entschlüsseln lässt, wenn vom Betrachter ein Bedeutungszusammenhang hergestellt wurde.

C Gottvater

In Apk 14 wird Gottvater als Schöpfer beschrieben: „Und er sprach mit lauter Stimm: Fürchtet den HErrn und gebt ihm die Ehr, dann die Stund seines Gerichts ist heran kommen: und bettet ihn an, der den Himmel und die Erd, das Meer, und die Wasserbrunnen gemacht hat“[288].

Abb. 2, 11 Eben in dieser Tätigkeit wird er im Chorfresko von St. Anna dargestellt, wie es auch richtig im Kirchenführer von 1903 beschrieben wurde: „Das vordere Kuppelbild zeigt Gott Vater in schöpferischer Kraft; Engel bringen ihm das Opfer ihrer keuschen, andächtigen, tugendduftigen und liebeglühenden Herzen dar in den Sinnbildern von Diamant, Weihrauch, Balsam, Opferflammen und brennenden Herzen“[289].

Das Fresko wird im *Corpus der barocken Deckenmalerei* gedeutet: „Die Darstellung bezog sich auf das zerstörte Hochaltarblatt von Joseph Ruffini, das die hl. Anna Selbdritt zeigte. Der Anteil der hl. Anna, der Kirchenpatronin, am Heilsgeschehen wird durch die darüber erscheinende Glorie verherrlicht. Die Schale mit den brennenden Herzen, die ein Engel hält, bezieht sich wohl auf die Herz-Jesu-Bruderschaft, die an der Salesianerinnenkirche bestand“[290].

Wenn man das Chorfresko in Zusammenhang mit den beiden vorhergehenden Fresken sieht, erhält es eine andere Bedeutung, als die im *Corpus der barocken Deckenmalerei* angenommene; es stellt sich aber auch ein anderer Bedeutungszusammenhang heraus, als im Kirchenführer von 1903 erkannt wurde.

Gottvater ist als Schöpfer abgebildet, der Himmel und Erde erschaffen hat. Bei der Schale mit den brennenden Herzen handelt es sich nicht um ein Zeichen der Herz-Jesu-Bruderschaft, sondern um die „Erhebung der liebenden Herzen“: Der Weg zu Gott geht nur über Christus, der als Lamm auf dem Berg Zion im Hauptfresko dar-

---

288 Biblia Sacra (1758), Apk 14,7.
289 Kirchenführer (1903), S. 9.
290 Corpus (1987), S. 190.

gestellt ist; Christus ist der notwendige Mittler und Franz von Sales ein „glorwürdigster Führer“ auf dem im Fresko gewiesenen Weg.

In den Halbkreistonnen rechts und links dieses Deckenbildes befinden sich Wappenschilder, die von Putti getragen werden. Auf den Vorkriegsaufnahmen ist nicht zu erkennen, wie die Wappen ausgeführt waren. Eines davon zeigte sicherlich das Wappen des bayerischen Kurfürstenhauses, wodurch der Kirchenbau zusätzlich unter den Schutz der weltlichen Herrscher gestellt wird.

3.3 Bedeutung der Deckenfresken der Münchner Salesianerinnenkirche

Zu Beginn des 15. Jahrhunderts stellte bereits Leon Battista Alberti Wechselbeziehungen zwischen Rhetorik und Kunst fest[291]. Gabriele Paleotti äußerte 1582 in seinem umfangreichen Traktat *Discorso intorno alle imagine sacre e profane* die Überzeugung, dass durch sinnliche Erkenntnis in Bildern die Menschen zu wahrer Frömmigkeit geführt werden können. Im späten 16. Jahrhundert war mehr und mehr die „bildlich“ tropische Ausdrucksweise in emblematischer Form und/oder allegorischer Weise an die erste Stelle der Überzeugungskunst in Wort und Bild gerückt. Paleotti formulierte im *Discorso* wohl erstmals in ausdrücklicher Form, dass der Malerei dabei eine herausragende Rolle zufalle[292]. In seinem Traktat, das er zur Auslegung und Umsetzung der tridentinischen Konzilbestimmungen verfasste, traf Paleotti über persuasive Bildlichkeit Feststellungen, die im ganzen Barock ihre Gültigkeit behielten. Aus einem rhetorischen Bildverständnis heraus begriff er das Erfreuen, Belehren und Bewegen des Betrachters als eigentliche Aufgabe und Zweck der Bilder in Kirchen. Paleotti führt mit großer Selbstverständlichkeit die „persuasio“ (Überzeugungsfähigkeit der Bilder) als wesentlichen Aspekt der bildrhetorischen Lehre an. Bilder wurden von ihm als die überzeugendsten Erkenntnis-Medien begriffen, mit denen unmittelbar die Wahrheit vermittelt werden könne. Dadurch wendet er einen wesentlichen Aspekt der rhetorischen Lehre ausdrücklich auf die darstellenden Künste an.

Die Selbstverständlichkeit, mit der Paleotti die Wirkung der Bilder als rhetorische Überzeugung auffasst, wird in seiner Sichtweise erst auf der Grundlage topisch geprägter Auffassung von Erkenntnis erklärbar. „Persuasiv vorgetragene Bildinhalte, also die auf der Ebene des ‚Bildes‘ evozierte Verknüpfung zweier voneinander

291 Vgl. Hundemer (1997), S. 76 f.
292 Siehe hierzu Büttner (1989), S. 50 ff. und Hundemer (1997), S. 132 f.

unterschiedener ‚Dinge' mittels eines Dritten, vermögen dann aus ihrer ‚Bildlichkeit' heraus unmittelbarer die ‚Wahrheit' zu vermitteln als ‚persuasive' Worte und können so auch unmittelbar zu wahrer Frömmigkeit, Gottesgehorsam und Tugendhaftigkeit führen"[293]. Als Kardinal und Bischof von Bologna wird Paleotti kirchengeschichtlich in der Verwirklichung des tridentinischen Bischofsideals nicht nur in der Nachfolge von Karl Borromäus gesehen.

Paleotti bildet ein Bindeglied zwischen Karl Borromäus und Franz von Sales, der ein neues, von humanistischer Weite bestimmtes Bischofsideal prägte. Das Wirken von Franz von Sales war stark durch seine jesuitische Ausbildung geprägt. Da die Jesuiten die Berater der Münchner Salesianerinnen in allen geistigen und weltlichen Dingen waren, spielt ihr Einfluss in der Münchner Salesianerinnenkirche eine große Rolle.

In der neueren Forschung wird auf „sinnliche Erkenntnis" in Zusammenhang mit den Jesuiten hingewiesen. In ihrem Aufsatz *Sinnenhafte Seelenführung. Das Theater der Jesuiten im Spannungsfeld von Rhetorik, Pädagogik und ignatianischer Spiritualität* geht Sandra Krump davon aus, dass der gesamte Barock von der Rhetorik her zu verstehen sei[294]. Sie bezieht sich dabei auf Nietzsches Aussage, wonach für die Rhetorik das konstitutive Element des Wirkenwollens die Wurzel alles Barocken sei. Sie betont, dass das spezifisch Jesuitische dort beginne, wo das besondere Wirkenwollen, die besondere theologische Intentio ins Spiel kommt. Am Beispiel des Jesuitentheaters erläutert sie das Phänomen des Rhetorischen in der Gesellschaft Jesu. Das Theater der Jesuiten sei derart vom Rhetorischen geprägt, dass man sich auch außersprachlicher Mittel bediente: „Die Künste sollen sich nicht nur wechselseitig erhellen, sondern das Zusammenspiel aller Künste soll zur Erhellung der einen Wahrheit führen"[295]. Das gesamte humanistische Instrumentarium wurde von der Societas Jesu eingesetzt, um den Protestantismus zu überwinden und geistig zurückzudrängen; es ging ihr prinzipiell um das Heil der Seelen.

In der *Exercitia spiritualia* des Ignatius von Loyola sieht Krump die „Anwendung der Sinne" begründet: „Sinnenhaftigkeit wird ganz ernst genommen, man bleibt aber nicht beim Sinnenhaften stehen, sondern die sinnliche Erfahrung wird vertieft zu innerem Sinn und tieferer Bedeutung"[296]. Ausgangspunkt ist dabei das Theolo-

---

293 Hundemer (1997), S. 133.

294 Vgl. Sandra Krump, Sinnenhafte Seelenführung. Das Theater der Jesuiten im Spannungsfeld von Rhetorik, Pädagogik und ignatianischer Spiritualität, in: Hartmut Laufhütte (Hrsg.), Künste und Natur in Diskursen der Frühen Neuzeit, II, (Wolfenbütteler Arbeiten zur Barockforschung, Bd. 35), Wiesbaden 2000.

295 Krump (2000), S. 938.

296 Krump (2000), S. 939.

gumenon von der Schöpfung als Werk Gottes, wodurch es auch zum Ort der Erkenntnis Gottes werden kann. Dafür wesentlich sind die Sinne, über die die Schöpfung erst ganzheitlich erfahrbar wird. Die Exerzitien legen größten Wert auf das Erleben dessen, was betrachtet wird.

Aufgrund der ungewöhnlich guten Quellenlage über viele Einflüsse, die bei der Entstehung des Dekorationsprogramms für die Salesianerinnenkirche St. Anna zusammenwirkten und anhand der Predigt von Karg von Bebenburg als Interpretationsgrundlage wird versucht, zu analysieren, inwieweit die Wirkung der Bilder als rhetorische Überzeugungsmittel von den Jesuiten eingesetzt wurden, um auf der Grundlage topisch geprägter Auffassung von Erkenntnis die Betrachter zum wahren Glauben zu führen. Als Grundlage dieser Analyse wird die Entwurfszeichnung herangezogen, da sie, wertet man sie als Abschluss des Inventioprozesses, möglicherweise die Intention des Auftraggebers bzw. die schriftliche Invention erkennen lässt. Dieses Vorgehen hat zusätzlich den Vorteil, dass im Entwurf Stellen als betont auszumachen sind, die in den monochromen Vorkriegsaufnahmen nicht „ins Auge springen", im Deckenfresko aber durch Farbwertigkeiten sicherlich herausgestellt waren.

Ein Beispiel dafür ist der Engel im Hauptfresko, der aus dem Bildzentrum zu kommen scheint, da eine Flügelspitze noch von einem Wolkenband überlagert wird. Er reicht der Spes den Anker. Im Entwurf werden dieser Sendbote und die Gruppe der drei theologischen Tugenden besonders betont. Es ist zu sehen, dass der Engel in einigem Abstand über der Dreiergruppe schwebt und mit der rechten Hand auf sie deutet; die Linke weist auf den Mittelpunkt des Freskos. Hier hat offensichtlich zwischen Entwurf und Ausführung eine Änderung stattgefunden. Der Auftraggeber wollte eine besondere Betonung der Hoffnung, die die Vorsehung Gottes den Gläubigen vermittelt. Die Fides überschneidet mit ihrem Gewand den gemalten Freskorand; sie blickt auf die Szene der Überreichung des Ankers. Die darauffolgende Caritas nimmt direkt Augenkontakt mit dem Betrachter auf. Spes blickt auf den Sendboten.

Abb. 7, 8

Diese Dreiergruppe der Tugenden bewegt sich auf die Szene der „Überreichung der Lilie an Franz von Sales" zu, bei der es sich offensichtlich um das zentrale Moment des Freskos handelt. Die axiale Beziehung zu der im Entwurf noch nicht ausgeführten Stelle im linken oberen Teil ist bereits angedeutet, da hier eine Öffnung des Bildes zu erkennen ist.
Wie bereits erläutert, werden Franz von Sales durch die göttliche Vorsehung Lilien überreicht. Seine Reinheit symbolisiert Agnes mit dem Lamm. Beide Szenen, die Überreichung des Ankers und die Überreichung der Lilie enthalten einen göttlichen Akt – nur diese beide Szenen sind wegen ihrer großen Bedeutung im Entwurf ausformuliert.

Zwei weitere Figuren sind im Entwurf auszumachen. Am linken Bildrand ist als einzige Theresia von Avila ausformuliert. Isoliert von allen anderen Figuren sieht sie den Allerheiligenhimmel wie in einer Vision. In ihrer Körperhaltung ist sie den Ordensfrauen zugeordnet, die zwischen ihr und dem Plan dargestellt sind. Ihr steht am rechten Bildrand die Figur gegenüber, die der Prozession von vier jungfräulichen Märtyrerinnen eine neue Richtung gibt und mit der linken Hand nach oben weist, der hl. Kunigunde und der hl. Ursula zu folgen.

Die im Entwurf einzig ausgeführten Szenen sind nicht vom ersten Betrachterstandpunkt aus, den der den Kirchenraum Betretende zuerst einnimmt, zu erfassen. Erst beim Standortwechsel, mit dem Rücken zum Hauptaltar, ist die Szene mit Franz von Sales zu erschließen. Aus diesem Grund soll kurz auf die Leserichtung eingegangen werden, zu der der den Kirchenraum Betretende geführt wird. Die Verlaufsgestalt des Deckenfreskenzyklus' ähnelt dem einer Rede. Man kann das Fresko über der Orgelempore, das Engelskonzert, als *exordium* bezeichnen; die Einleitung zeigt, dass das Geschehen des folgenden Zyklus im Himmel stattfindet. Im zentralen Mittelfresko, der *argumentatio*, wird der „Leser“ in drei thematischen Blöcken zu einer „sinnlichen Erkenntnis“ geführt. Das goldumrandete Chorfresko stellt die *conclusio* dar; der Weg zu Gott bzw. zum ewigen Heil wird durch die Nachfolge seines Sohnes erreicht werden.

Abb. 3 Betritt man die Salesianerinnenkirche St. Anna, liegt der erste Betrachtungspunkt unter dem Engelskonzert. Der Blick des Eintretenden fällt zuerst auf den Hauptaltar. Johannes der Täufer leitet die Aufmerksamkeit durch seinen Zeigegestus nach oben – über das Altarauszugsbild, in dem der hl. Augustinus sein Werk *De Civitate Dei* in Händen hält – zum Hauptfresko. Dort fällt der Blick auf Johannes den Evangelisten, der rechts unterhalb des Kirchenplanes sitzt und durch seine Überschneidung der Ebenen in Kontakt mit dem Betrachter tritt.

Wenn man nicht die Leserichtung im Uhrzeigersinn wählt, sondern nach rechts blickt, folgen die Salesianerinnen und Ordensfrauen, die Franz von Sales hoch schätzte, wozu ein Bezug zum neu erbauten Gotteshaus hergestellt wird. Abschluss dieser Gruppe ist Theresia von Avila, die eine Beziehung zu einer höheren Ebene bildet.
Folgt man im Uhrzeigersinn der vorgewiesenen Richtung durch den Zeigegestus des Evangelisten, steigt man mit der Prozession der Jungfrauen in der Spirale bis zum Lamm auf dem Berg Zion empor.

Durch den Wechsel des Standpunktes vor den Altar mit Blickrichtung zum Ausgang beginnt die Betrachtung des Hauptfreskos wieder rechts unten. Franz von Sales befindet sich durch die achsiale Anordnung und der Darstellung auf einer die Ebenen überschneidenden Wolke auf einer ähnlichen Bedeutungsebene wie der Evangelist Johannes. Folgt man dem Zug rechts des Ordensstifters, wird man in einer Prozession von Liebesmärtyrern, die sich am Wendepunkt mit der Prozession der Jungfrauen vereinen, wiederum zum Lamm geführt. Liest man weiter im Uhrzeigersinn, kommt man zu einem thematisch neuen Punkt. Franz von Sales blickt nach oben zur hl. Agnes. Wenn man den Blicken und Gesten der Lilienübergabe folgt, findet ein Rückverweis auf Franz von Sales statt; einen solchen Rückverweis gibt es bei dem in das Fresko einführenden Johannes nicht.

In einem thematisch dritten Block stehen die drei theologischen Tugenden Glaube, Liebe und Hoffnung. Fides betrachtet die Übergabe des Ankers durch den Sendboten, der vom Lamm kommt, während als Schlusspunkt der Szene die Caritas direkt den Betrachter anblickt, wodurch ein Bezug zwischen Lamm und Gläubigen durch die Liebe möglich wird.

Im Gegensatz zu der Darstellung der vier Evangelisten im Chorfresko von Weingarten sind in der Münchner Salesianerinnenkirche die vier Evangelisten in das Geschehen des Hauptfreskos mit einbezogen: Johannes weist direkt in das Geschehen ein, Markus blickt und deutet auf Theresia von Avila, Lukas schaut sinnend auf die Figur, die die Wende der Spirale einleitet. In das Feld des Matthäus dringt direkt über seinem und über dem Kopf des Engels die Wolke ein, auf der Franz von Sales kniet. Nur Matthäus wendet dem Fresko seinen Rücken zu. Er schreibt gerade an seinem Werk, während der Engel ihm über die Schulter blickt.

Im Deckenfreskenprogramm der Salesianerinnenkirche sind die Dekorumbestimmungen der rhetorischen Lehre für die Malerei in Anspruch genommen worden. Hundemer führt an, dass die Regeln, nach denen Aufwand als angemessen beurteilt wurde, das Gesetz des *decorum* war, sodass der *ornatus* dem Zweck angemessen sein musste; das galt für die ornamentale Dekoration, für jedes einzelne Bild und alle verwendeten Stilmittel. Die Anwendung der Gesetze des „decorum" ist eine der Grundforderungen der rhetorischen Lehre, die im Barock eine besondere Bedeutung erhielt. Die Rhetorik gab der Sprachkunst ebenso wie der Bildkunst die Regeln vor[297]. Sie stellte die Regeln für die Vorgehensweise auf, für eine wirkungsvolle Gliederung, die Wahl der rechten Gattung, den passenden Stil und vermittelte, wie man dem Zweck angemessene Figuren findet und richtig einsetzt.
Nach Büttner betrifft der Redeschmuck im Sinne der Rhetorik einen wesentlichen Aspekt der inneren Konzeption des Kunstwerkes. Das wichtigste Mittel des *orna-*

297 Vgl. Hundemer (2000), S. 56.

tus sind die Tropen[298]. Tropen sind Sinn- bzw. Gedankenfiguren bildlicher Übertragung.

Die Synekdoche ist ein Tropus, bei dem ein Teil für das Ganze steht. Zwischen den drei theologischen Tugenden und Franz von Sales steht eine Ordensfrau mit Krug und Brot in den Händen. An dieser Stelle kann es sich nicht um eine Heilige handeln. Krug und Brot stehen für die Benennung des Ordens „Heimsuchung Mariens", da es die Intention des Ordens war, sich um Arme und Kranke zu kümmern, so wie Maria ihre Base Elisabeth besuchte, um sie zu pflegen. Eine Nonne mit Krug und Brot steht für den gesamten Orden der Salesianerinnen.

Ein weiterer sprachlicher Tropus ist die Metonymie, der Tropus der „Teilhabe"; es wird ein Instrument oder ein Zeichen anstatt der Sache gesetzt. Der Ring, auf den Johannes der Täufer im ausgeführten Fresko mit seiner Feder weist, bedeutet das Verlöbnis mit dem Lamm im Zentrum des Bildes. Die Salesianerinnen erkennen Jesus als Bräutigam ihrer Herzen an, wie es bei Karg von Bebenburg ausgedrückt wird.
Es kann ebenso angeführt werden, dass die Herzen auf der Schale, die nach oben gereicht wird, für die sich Gott aus Liebe hingebenden Menschen steht.

Das tropische Verständnis von Attributen kann als Synekdoche und gleichzeitig als Metonymie gesehen werden. Die Marterwerkzeuge kennzeichnen die Jungfrauen im Zug zum Lamm als Märtyrerinnen; die Ursache für ihren Aufenthalt im Himmel ist, dass sie den christlichen Glauben und ihre Reinheit nicht aufgegeben haben. Indem Franz von Sales mit ihnen auf eine Ebene gestellt wird, wird er ebenfalls zu einem nachahmenswerten und verehrungswürdigen Exempel[299]; ein Exempel nennt Karg von Bebenburg den Ordensstifter in seiner Predigt von 1692.

In der Metapher (Tropus der „Ähnlichkeit") wird das eigentlich gemeinte Wort durch ein anderes ersetzt. Die Sprache springt dabei von einem Vorstellungsbereich zu einem anderen. Die Metapher ist bedeutsam für die Vergeistigung einer Aussage. Rechts neben dem Plan weist eine Salesianerin auf Juliana von Lüttich und das „Herz auf dem Thron" aus der Vision der Margareta Maria Alacoque. Die Herz-Jesu-Verehrung wird hier metaphorisch dargestellt.

Eine Sinnfigur des bildlichen Vortrags ist die Personifikation, die in der Kunst der meist verwendete Tropus ist. Durch die Erweiterung der Anzahl von Personifika-

---

298 Siehe Büttner (1989), S. 65.
Nach Hundemer (1997), S. 214 wurde zuerst von Büttner ausdrücklich auf die Bedeutung des von Rhetorikern aufgestellten verzweigten Systems des „ornatus" für die Barockmalerei hingewiesen.

299 Vgl. Hundemer (1997), S. 150 f.

tionen kann sie zur Allegorie werden. Im Verlauf des zu lesenden Hauptfreskos von St. Anna wird an den beiden durch den Entwurf betonten Szenen der Tropus der Personifikation eingesetzt. Agnes mit dem Lamm ist die Personifikation der Reinheit. An der Stelle, an der der Betrachter zu einer Erkenntnis geführt wird, stehen die Personifikationen von Glaube, Liebe und Hoffnung. Bei der Prosopopöie, wie die Personifikation von Rhetorikern genannt wird, wird eine uneigentliche Vorstellung über eine menschliche Figur mittels eines beigegebenen tropisch übertragenen Attributes vor Augen geführt. Die Caritas, die den Betrachter direkt anblickt, hält als Attribut ein brennendes Herz in Händen.

Franz von Sales schreibt hierzu: „*Das Heil ist dem Glauben gezeigt, der Hoffnung bereitet, aber nur der Liebe geschenkt.* Der Glaube zeigt den Weg zum verheißenen Land wie eine Wolken= und Feuersäule, das heißt im Hell=Dunkel, die Hoffnung nährt uns mit köstlichem Manna, aber die Liebe führt uns hinein“[300].

Eine Möglichkeit der *amplificatio* ist die Steigerung, die im Zug zum Lamm erkennbar ist. Am untersten Ende steht der Betrachter, der überzeugt werden soll, sich dem Zug anzuschließen. Der Zug selbst beginnt mit Märtyrerinnen, die wie die Kaiserin Kunigunde der hl. Ursula folgen. Die fünf klugen Jungfrauen folgen direkt Maria nach, die den Zug als höchste Vertreterin anführt.

Die Worte *Sequuntur Agnum* in der Kartusche unterhalb des zentralen Mittelfreskos können als Teil einer „Wort-Bild-Form“ gelesen werden. Der Betrachter muss die eigentliche Aussage durch einen rhetorischen Schluss selbst finden. Zweck dieser emblematischen Bildform ist es, möglichst geistreich auf tropische Weise auf etwas anderes hinzuweisen[301].

Die Lobrede Karg von Bebenburgs behandelte gemäß der Predigttheorie des Franz von Sales die Tugenden, die Leiden und Wunder, die mit dem zu Lobenden in Zusammenhang stehen. Dabei steht nicht die Person des Ordensstifters im Vordergrund, sondern seine Rolle als Führer zur ewigen Seligkeit. Der Abschnitt, in dem Karg die Salesianerinnen direkt anspricht, endet mit Worten, die die Zuhörer in eine bestimmte Seelenverfassung versetzen, wie es der Predigttheorie des Franz von Sales entspricht:

„(...) als die wir mehr durch die Lieb/ als durch die Forcht geleitet werden/ und die Liebs=Sprach *I. Joan. 4.* verstehen/ timor non est in charitate. Sed perfecta cha-

300 Sales (1616), I, S. 63.
301 Vgl. Hundemer (1997), S. 125 ff.

ritas foras mittit timorem: In der Lieb ist keine Forcht/ noch Zwang: sondern die vollkommene Lieb treibt die Forcht auß. O wohl ein hönigsüsser Lehrer/ ein liebreicher Vatter/ ein gütiger Weegweiser! von welchem die Kirch/ und alle zur Kirch gehörige Seelen nichts/ als Trost und Vergnügung/ täglich empfangen“[302].

Dieser Text beinhaltet die Hauptaussage der Schriften des Ordensstifters, die sich schon in den Titeln seiner beiden Hauptwerke artikulieren: *Philothea* (1609) bedeutet die „Gott liebende Seele“ und *Abhandlung von der Gottesliebe* (1616), die auch *Theotimus* betitelt wird.

Der von der Caritas angeblickte Betrachter des Freskos kommt schlussendlich zu der Erkenntnis, dass die Gott liebende Seele von der Gottesliebe zur ewigen Seeligkeit geleitet wird, wenn sie dem Lamm nachfolgt. Dieses erkennend, wurde der damals tiefgläubige Betrachter durch das Deckenfresko ins Gebet geführt und konnte so die im Fresko vorgezeichnete Haltung der Theresia von Avila einnehmen. Das Bild stellt klar, dass sich der Gläubige auf diesem Weg einem Seelenführer anvertrauen soll. Im höheren Leben ist dies Franz von Sales, wie im Fresko dargestellt und von Karg von Bebenburg in seiner Predigt ausgeführt. Im irdischen Leben vertrauen sich die Salesianerinnen, die die Rezipienten des neu erstandenen Bildzyklus waren, den Jesuiten an, genau so, wie es Franz von Sales in der *Philothea* fordert[303]. Diese Erkenntnis über die Sinne wurde schrittweise durch den Betrachtungsverlauf vorbereitet.

---

302 Karg von Bebenburg (1692), S. 11.

303 Die Forderung nach einem Seelenführer formuliert Franz von Sales im ersten Teil der Philothea. Er verwendet ein Zitat aus Tob 5, das wiederum Karg von Bebenburg in seiner Predigt auf den Ordensstifter selbst anwendet. Als Beispiele nennt Franz von Sales Theresia von Avila, Katharina von Siena und die Fürstin Elisabeth, die sich vollkommen der Führung und Leitung eines Seelenführers unterwarfen. Er betont die wichtige Rolle eines klugen Beichtvaters. Vgl. Sales (1609/1619), S. 38 f.
Die Salesianerinnen berichten im ersten Circulaire nach der Weihe der neuen Kirche nach Annecy, daß sie es als eine besondere Gnade sehen, schon seit 30 Jahren unter der Leitung der ehrwürdigen Väter der Jesuiten zu sein, da die Jesuiten sie gemäß des wahren Geistes ihres Herrn Gründers führen. Siehe Circulaire (1738), S. 3.
Auch 1761 betonen die Salesianerinnen, dass nach der Intention des Ordensstifters die Seelenführung durch die Jesuiten erhalten bleiben soll. Vgl. BHStAM I, KL Fasz. 468/25.

4. Altarbilder und Stuckdekoration

4.1 Altarbilder

Die Reihenfolge der Altäre wird so gewählt, wie sie im Circulaire von 1735[304] angegeben ist. Es wird mit dem linken Seitenaltar begonnen, auf dem die Heimsuchung dargestellt ist. Dieses Altarblatt stammt von dem Hofmaler George de Marées aus Schweden[305]. Auf dem rechten Seitenaltar befand sich ursprünglich der Ordensstifter Franz von Sales, von Balthasar Augustin Albrecht[306] gemalt. Ein dritter Altar, der nach den Plänen gegenüber dem Schwesternchor vorgesehen war, sollte nach der Seligsprechung bzw. der Heiligsprechung der Ordensstifterin Johanna Franziska von Chantal gewidmet sein, ist aber offenbar nie errichtet worden. Der Hauptaltar ist dem Patrozinium entsprechend der hl. Anna geweiht und wurde von Joseph Ruffini[307] angefertigt. Das Hochaltarauszugsbild stammt ebenfalls von Albrecht; dargestellt ist der hl. Augustinus.

Linker Seitenaltar – Heimsuchung von de Marées

Eine Vorkriegsaufnahme lässt das Dargestellte nur schemenhaft erkennen.
Maria ist im unteren Teil des Bildes in der Mitte dargestellt. Sie blickt nach oben zu

304 „(...) la première de nos Chapelles sera sous le vocable de la Visitation, & la seconde sous celui de nôtre saint Fondateur, nous avons encore de place pour en eriger une troisiéme (...) un jour nôtre venerable Fondatrice". Circulaire 1735, S. 4.

305 Die Familie de Marées stammte ursprünglich aus Frankreich; Zweige der Familie siedelten nach Deutschland, Holland und Schweden um. George de Marées wurde 1697 auf Österby in Schweden geboren und starb 1776 in München. Nach dem Tod seiner Eltern kam de Marées um 1700 nach Stockholm, wo er später die Malschule des Martin van Meytens, einem Verwandten seiner Mutter, besuchte. Um 1720 porträtierte er viele Mitglieder der schwedischen Aristokratie. Ab 1724 besuchte er die Zeichnungsakademie von Preißler in Nürnberg und anschließend die Malschule Piazzettas in Venedig. Kurfürst Karl Albrecht berief ihn 1730 nach München, um einige Bildnisse zu malen. Er erhielt den Titel eines kurfürstlichen Hofmalers. In München fertigte er u. a. Altarblätter für die Theatinerkirche, Hl. Geistkirche und das Angerkloster. Siehe Thieme-Becker (1930), Bd. 24, S. 81 ff.

306 Balthasar Augustin Albrecht wurde 1687 in Berg bei Starnberg geboren und starb 1765 in München. Sein Vater war Zimmerer und Wassermeister am kurfürstlichen Schloss zu Berg. Er studierte in Venedig, Rom und München und wurde Stubers Schüler. Zwischen 1727 und 1733 wurde Albrecht zum Hofmaler ernannt. Am 2. August 1746 erfolgte seine Ernennung zum Maleretinspektor. Vgl. hierzu Falk Bachter, Balthasar Augustin Albrecht 1687-1765. Ein bayerischer Hofmaler des Barock, Mittenwald 1981, S. 1 ff.

307 Joseph Ruffini wurde in Meran geboren und starb 1749 in Augsburg. In München malte er neben dem Hochaltarbild in St. Anna ein Seitenaltarblatt für die Dreifaltigkeitskirche mit dem Thema *Hl. Joseph mit Jesuskind*. Vgl. Thieme-Becker (1935), Bd. 29, S. 176.

einer Schar von Engeln. Elisabeth ist vom Betrachter aus links neben ihr zu sehen. Rechts von ihr ist ein Mann zu erkennen. Die Beschreibung von 1903 lautet folgendermaßen:

„Das Bild des linken Seitenaltars (...) stellt laut Inschrift die Mutter des Ordens dar, nannte ja doch das Volk die ersten Salesianerinnen ‚Töchter der hl. Maria'. Und zwar sehen wir Maria, wie sie ihre Base Elisabeth heimsucht; denn ‚Schwestern von der Heimsuchung Mariä' oder ‚Visitantinerinnen' sollten die Salesianerinnen ursprünglich sein und besonders Kranke und Notleidende besuchen nach dem Vorbilde der Heimsuchung Mariä. In jugendlicher Anmut blickt Maria in ihrer Magnifikatfreude zu den Engeln empor"[308].

Eine weitaus ausführlichere Beschreibung bringt Rittershausen in seiner Chronik *Die vornehmste Merkwürdigkeiten der Residenzstadt München für Liebhaber der bildenden Künste* von 1788. Der Text über den Heimsuchungsaltar nimmt Zweidrittel der Beschreibung der gesamten Kirche ein, da Rittershausen de Marées sehr schätzte[309]. Der Chronist beschrieb außer diesen Altar noch eine Verkündigung in der Theatinerkirche und die Darstellung der hl. Jungfrau von de Marées im Angerkloster. Da er für beide Bilder jeweils nur wenige Zeilen verwendet, scheint ihn das Altarblatt in St. Anna besonders begeistert zu haben.
Da die Vorkriegsaufnahme, nach der rekonstruiert wurde, sehr schlecht ist, wird der gesamte Text von Rittershausen angegeben:

„Gegenüber: Heimsuchung Mariens von Demarees. Dieses Blatt verdient vor vielen anderen eine sonderbare Betrachtung. Die Erfindung ist die würdigste Einfalt. In der Mitt über die Stuffen steht Maria, in edler Gebärd ihr Angesicht und Aug zum Himmel wendend, ihr geöffneter Mund scheint eben das Lobgesang anzustimmen: Meine Seel erhebet den Herrn, und mein Geist freuet sich in seinem Innersten Gottes seines Erlösers. Elisabeth scheint sie mit Anstand in ihre Wohnung zu weisen; Joachim und Joseph unterreden sich rückwärts. Ein Weibchen im Vordergrunde nimmt die Geräthschaft der Reise zusammen; von oben, Blumen herabstreuende Engel. Die Behandlung des Blattes ist im Tone des Corregio: breite, gros-

308 Kirchenführer (1903), S. 12.

309 Zwanzig Jahre nach seinem Tod wurde de Marées in München offenbar hoch eingestuft. „Die Dinten sind so süß, und annehmlich und milde durch einander gewebt, daß der Geist allein über den Farbenton schon in sanftem Gefühl hinschmilzt. Aber die Erhabenheit der Maria, die Größe des Stils, der Adel, mit dem alles behandelt ist, setzt dieses Blatt in die Reihe der besten Blätter Italiens; die Seele wird in dessen längeren Betrachtung von Hoheit ergriffen, erweitert, emporgeschwungen, dann mit Ehrfurcht gegen das hohe Geheimnis erfüllet. Hieraus ist zu schließen, daß Demarees nicht nur einer der besten Koloristen unseres Jahrhunderts, sondern auch in der Empfindung des Edlen, erhabenen und der verständigen Anordnung ein Mann gewesen, dessen Asche, diese Fächer betreffend, so schnell keiner wieder wecken wird". Rittershausen (1788), S. 150.

se, flache Lichter, mit entzwischen gestreuten solchen Schatten, und wieder darauf folgenden Licht und Schatten, dem Auge Ruhe zu verschaffen, die Farben sind alle gebrochen, nur die Mutter des Herrn steht allein, von allen gesondert, in vollem, aber gar nicht blendendem, Lichte: man kann das Bild immer betrachten, ohne daß das Aug nur die geringste Ueberspannung fühlt"[310].

Nur für dieses Altarblatt hat sich eine Rechnung erhalten, in der George de Marées am 11. Oktober 1734 den Erhalt von 300 Gulden durch J. Gunezrhainer quittiert[311].

Die „Heimsuchung Mariens" war im katholischen Wien bereits vor Einführung des Salesianerinnenordens ein bedeutendes Thema. Zur Geburt des Erbprinzen Leopold I., des Vaters von Joseph I., wurde in Mariazell aufgrund einer Wallfahrt der Eltern eine Predigt mit dem Thema „Maria Heimsuchung" gehalten. Auch hier wird die Sorge für den Nächsten herausgestellt: „(...) sonder dem Göttlichen Befehl zufolge/ ja auß gewaltigen Antrib so wohl angebohren/ als auch anvertrauter Mütterlicher Obsorg ihrem Nächsten zu helffen/ und vor aller Welt sich wie ein Hülff=reiche Mutter zu erweisen (...)"[312]. Durch den Besuch Mariens wird das Heim des Zacharias zu einem heiligen Haus[313].

Rechter Seitenaltar – Franz von Sales von Albrecht

Das Tafelbild des rechten Seitenaltars wurde, wie die Innenausstattung der gesamten Kirche, im Krieg völlig zerstört. Da von diesem Altarblatt nur eine sehr schlechte Vorkriegsaufnahme existiert, wurde für den Ersatz ein neues Bildthema herangezogen: Die Vision der Margareta Maria Alacoque.

Das ursprüngliche Altarblatt stammte von dem ehemaligen bayrischen Kunstgalerieinspektor Albrecht aus Berg. In dem Kirchenführer von 1903 ist es folgendermaßen beschrieben:

310 Rittershausen (1788), S. 149 f.

311 Siehe Klosterarchiv der Salesianerinnen.

312 Marianus Winger, VIsItatIo DIVae MatrIs CeLLensIs. Das ist: Höchst-aufferbäuliche Besuchung Mariä-Zell in Steyermarckt. Welche Ihro Röm. Kays. und Königl. Majestäten CAROLUS VI. und ELISABETHA CHRISTINA, nach Freudenreichister Geburt des Durchleuchtigisten Oesterreich- und Hispanischen Erb-Prinzen LEOPOLD I, in unterthänigster Auffwartung Kayserl. Hoffstatt/ und hohen Adlschafft auß Steyermarckt an den hohen Fest MARIAE-Heimsuchung mit danckbahristen Gemüthe andächtigist gepflogen, Graz 1705, S. 4.

313 „Niemalen hat die Sonne mit ihren guldenen Strahlen den Erd=Creyß so gnädig besuchet/ als Maria ihre Gnaden dem Hauß Zachariae in ihrer heutigen Heimsuchung außgespendet hat/ indeme sie nicht geruhen wolte/ noch mit Uberfluß Göttlicher Gnaden in sich selbst vergnüget seyn: Sine mensura dedit ei Deus Spiritum Sanctum, sagt der Evangelist Joannes, sondern sie verlangte

„Gegenüber ist der Altar des Ordensvaters ähnlich gebaut und bekrönt, sein Bild stammt von Albrecht. Wir sehen die bekannten Züge des hl. Franz von Sales im priesterlichen Chorrock; Bischofsstab und Ordensbuch, ebenso das Ordenskleid, weißes Brusttuch und silbernes Kreuz am Band nebst Rosenkranz halten Engel daneben. Während er in der Höhe seinen auferstandenen Heiland mit dem Kreuze und darüber den hl. Geist schaut, krönen ihn Engel mit einem Lilien= und Sternenkranz“[314].

Dazu ergänzend gibt es eine kurze Beschreibung von Rittershausen aus dem Jahr 1788:

„Franz von Sales empfängt die Krone der Seligkeit; zu dieser Verherrlichung Zierde sind noch eine Menge Dienst verrichtender Engel angebracht; unten zwey liegende Alte, welche den Irrthum vorstellen, den der selige Bischof besiegte: diese sind mit Kraft und Sicherheit, und wahren Farben entworfen. Auch einzeln betrachtet, haben die obern Figuren ihren Werth; nur der Zusammenhang des Ganzen fehlt, und die edle Einfalt. Der Maler ist Albrecht“[315].

Franz von Sales ist folglich im Deckenfresko, in der Glorie des Himmels, dargestellt, zum anderen aber auch auf dem Seitenaltar. Er ist somit auf verschiedene Weise anwesend gedacht. Indem er einmal im Kirchenraum und zugleich in seiner Glorie dargestellt wird, ist er als Irdischer und Heiliger anwesend[316].

Abb. 20 *Dritter Seitenaltar – geplant*

Im Circulaire von 1735[317] wird den Salesianerinnen in Annecy berichtet, dass noch Platz für eine dritte „Kapelle“ zu Ehren der Ordensgründerin vorhanden sei. Der eingezeichnete Altar gegenüber dem Schwesternchor in Plan II, der unter der Zuständigkeit Gunezrhainers entstanden ist, bestätigt diese Aussage.

---

auch solche Gnaden in das ganze Hauß Zachariae, welches Wort Memoria Domini verdollmätschet wird/ zu vertheilen/ so daß nichts deselbst anzutreffen wär/ welches von diser Heimsuchung nicht reichlich beglücket/ und geseegnet seyn soll; Vornehmlich/ weilen dises Hauß Memoria Domini, ein Heiliges/ und aufferbauliches Hauß/ worin die Gedächtnus GOttes Hauß=Herr/ und nach Lehr Cajetani all/ und jedes auff Göttliche Ehr/ und Augen gerichtet war: *Luc.I.* Erant justi ambo ant Deum, incedentes in omnibus mandatis, & justificationi-Domini“. Winger (1705), S. 6.

314 Kirchenführer (1903), S. 12.

315 Rittershausen (1788), S. 148.

316 Vgl. Hawel (1987), S. 345 f.

317 Vgl. Circulaire (1735), S. 4. Errichtung eines dritten Seitenaltars mit „(...) un jour nôtre venerable Fondatrice“ und Circulaire (1738), S. 3. „Nous apprenons avec joye les heûreux progrez de la Beatification de Nôtre Ven. Mere de Chantal, & les foins que pour cette S. Affaire se donnent nos tres honnorées Meres d’Annecy, & plusieurs autres Personnes de distinction, entre lesquelles le digne Prélat, Monsieur l’Abbé Cesar Benvenuti tient le premier rang“.

Die Seligsprechung erfolgte am 21. November 1751 durch Papst Benedikt XIV.; sie wurde am 16. Juli 1767 durch Papst Klemens XIII. heilig gesprochen.
Eine Salesianerin schreibt 1897 dazu, dass 1752 „(...) den Salesianerinnen die langersehnte Freude, ihre Stifterin, die hl. Johanna Franziska von Chantal, auf den Altar erhoben zu sehen (...)“[318] zu Teil wurde.
Die Feierlichkeiten aufgrund der Seligsprechung dauerten vom 30. April bis zum 2. Mai 1752. Die erste von vier gedruckten Lobreden, die in diesem Zeitraum gehalten wurden, hielt Pater Mayer, der Superior der Gesellschaft Jesu[319].

Im Kirchenraum waren vierzehn in Seide gestickte Sinnbilder aufgehängt, die heute nicht mehr erhalten sind. Die Ausschmückung des Altarbereichs wird folgendermaßen beschrieben:

> „Den Glanzpunkt des Hochaltars bildeten die mit Diamanten und Perlen reich geschmückte Monstranz und ein ebenso kostbar gefasster, von zwei silbernen Engeln getragener Kreuzpartikel. Über dem Hochaltar sah man das 6’ hohe Bild der heil. Chantal, von einem Meister trefflich ausgeführt, in einem einen Fuß breiten Rahmen aus getriebenen Silber, von Engelsköpfen und Lichterglanz umgeben“[320].

Das Vorhaben, einen eigenen Altar für Johanna Franziska von Chantal gegenüber dem Schwesternchor zu errichten, wurde offenbar nicht mehr ausgeführt.

Hochaltar – Hl. Anna von Ruffini

Der Hochaltar ist der hl. Anna gewidmet. In einer Kartusche über dem Altarblatt stand „PATRONA TEMPLI“. In der Nachkriegsrekonstruktion wurden diese Worte durch „PATR ECCL ST. ANNA“ ersetzt. Dieses Patrozinium wurde von der Vorgängerkirche übernommen. Von dem Hochaltarblatt existieren sehr gute Vorkriegsaufnahmen. Nach diesen Schwarzweißfotos wurde eine Kopie in Grisaillemalerei erstellt[321]. *Abb. 4*

---

318 Brentano (1897), S. 36.
319 Die während der Feierlichkeiten in St. Anna gehaltenen Reden wurden gedruckt.
Josepho Mayer, Vollkommen- und Starckmüthig zur Seeligkeit vollbrachter Tugends-Lauff der Seeligen JOANNAE FRANCISCAE Frey-Frauen von CHANTAL, gebohrnen von FREMIOT, München 1752. Angelico Weingartner, Harter Streitt, und Glorreicher Sieg der Seeligen JOANNAE FRANCISCAE, München 1752. Eucharium Dorffensem, Geistliches, Ehrwürdiges, Fürtreffliches GEFÄS B. JOANNA FRANCISCA Fremiot von Chantal, München 1752. Josepho Pergmayr, Die Glückseelige BRAUT JESU CHRISTI, München 1752.
320 Brentano (1897), S. 36.
321 Rekonstruktion durch den Maler Franz Marchner. 1996 wurde ein Ausschnitt des Bildes auf Veranlassung von Prälat Penger durch die Firma Wigerling versuchsweise koloriert. Das verantwort-

Im Kirchenführer von 1903 heißt es:
„St. Anna, umgeben von dienenden andächtigen Engeln, lenkt die unschuldigen Augen des jungfräulichen Mägdleins Maria zur Himmelshöhe, wo wir im Bilde des leuchtenden Auges im Dreieck die heiligste Dreifaltigkeit ahnen; Engel umgeben sie und halten eine Rosen= und Lilienkrone für Mutter und Kind bereit"[322].

Die hl. Anna und Maria sitzen erhöht wie auf einem Podest im rechten unteren Teil des Bildes. Im Zentrum des Bildes befindet sich Annas rechte Hand mit ausgestrecktem Zeigefinger in den oberen Bildteil auf das Dreieck[323] weisend, das von musizierenden Engeln umgeben ist. Ihr Blick ist nicht nach oben gerichtet, sondern sie blickt auf Maria, die der Blickrichtung ihres Fingers folgend nach oben schaut[324]. Rechts hinter ihr ist Annas Ehemann Joachim dargestellt[325]. Links von ihr sind zwei Engel zu erkennen, die auf eine Krone und Rosen weisen. Zwei Engel, die von oben herabkommen, halten Lilienkränze in den Händen. Ein kleinerer Engel am rechten unteren Bildrand, der unterhalb des Podestes steht, ist dem Betrachter zugewendet und blickt ihn an. Seine linke Hand weist direkt auf Maria.
Offenbar steht nicht die hl. Anna, sondern Maria im erzählerischen Mittelpunkt des Altarblattes.

Vergleicht man das Hauptaltarbild von St. Anna mit anderen Altären, die der hl. Anna geweiht sind, fällt auf, dass der Blick Annas himmelwärts gerichtet ist. Maria steht neben ihr und liest in einem Buch. Beispiele dafür sind die Gemälde von Balthasar Augustin Albrecht für den rechten Seitenaltar von Schönbrunn von 1724 sowie von Cosmas Damian Asam für den Hauptaltar der Klosterkirche St. Anna im Lehel von 1739.

Abb. 5 Das obere Altarblatt wurde ebenfalls von Albrecht erstellt. Das Gemälde zeigt den hl. Augustinus im fortgeschrittenen Alter mit einem langen Bart; auf seiner Brust,

---

liche kirchliche Gremium stimmte einer Kolorierung des Bildes nicht zu, worauf es in den ursprünglichen monochromen Zustand gebracht wurde.

322 Kirchenführer (1903), S. 12.

323 In der christlichen Malerei ist das Dreieck in erster Linie Symbol der Dreifaltigkeit. Seit dem 17. Jahrhundert kommt besonders an Altären das Dreieck mit dem Auge Gottes vor, das meist von einer Gloriole umstrahlt wird. Das Auge Gottes gilt als Symbol der Dreifaltigkeit in ihrer Allgegenwart und Allwissenheit. Vgl. LCI (1994), Bd. 1, S. 224 und S. 525.

324 Obwohl Albrecht bereits für Schönbrunn bei Dachau (rechter Seitenaltar) „Die Hl. Mutter Anna" 1724 dargestellt hatte, wurde hier das Thema von Ruffini ausgeführt – vermutlich, da eine Verwandte von Ruffini sich zu dieser Zeit im Kloster der Salesianerinnen befand.

325 Siehe Chronik der Salesianerinnen, o. J., S. 50; „Das Bild des Hochaltares, von Ruffin, stellt die große Heilige, mit dem hl. Joachim und dem hl. Kinde Maria vor, ein kleines Bild über demselben den hl. Augustinus".

am Übergang zwischen Mantel und Unterkleid, befindet sich ein brennendes Herz[326]. In der rechten Hand hält er eine Schreibfeder, mit der linken stützt er ein aufgeschlagenes Buch, das auf seinem linken Knie aufliegt. Er hebt sein Gesicht zu einer reich gekleideten Frau, die in der rechten Hand eine Feder und in der linken Hand ein Kreuz hält. Auf ihrer Stirn ist ein helles Licht zu erkennen und ihr Blick geht in die Ferne. Zwischen beiden ist ein Engel dargestellt, der den Betrachter ansieht und mit der rechten Hand auf die Frau deutet.
Im rechten unteren Bildteil sind zwei Engel zu erkennen. Der obere blickt zwar auf den Betrachter, doch sein Körper ist auf Augustinus ausgerichtet; ebenso wie dieser hält er ein Buch auf den Knien. Der untere Engel ist dem Betrachter frontal zugewendet und präsentiert ihm ein aufgeschlagenes Buch, über dessen linke Seite ein Schleier gelegt ist.

In den erhaltenen Beschreibungen wird nur das Buch erwähnt, das der Heilige auf seinem Schoß hält. Da der Salesianerinnenorden 1618 nachträglich von Papst Paul V. unter die Augustinerregel[327] gestellt worden war, wird dieses Buch als Ordensregelbuch angesehen.
Die Beschreibung von 1903 lautet: „Im Bischofsornat, umgeben von dienenden Engeln, auf der Brust ein brennendes Herz hält St. Augustin mit dem kunstvollen Charakterkopf sein Ordensregelbuch, das die Salesianerinnen angenommen hatten; vor sich schaut er eine purpurbekleidete Frau, auf deren Stirne das Licht göttlicher Weisheit strahlt“[328].

Falk Bachter schreibt: „Während die mächtige Figur des hl. Augustinus und die über ihm schwebende Frau, es könnte auch ein Engel sein, dessen Schwingen durch das weit nach rechts wehende Gewand verdeckt sind, den linken Schenkel eines gleichseitigen Dreiecks bilden, wird der rechte von den drei Putten gebildet, die dem Heiligen und der Frau hinzugesellt sind“[329]. Auch hier wird nicht erwähnt, dass drei Bücher abgebildet sind.
Da der rechte untere Engel ein aufgeschlagenes Buch, in dem man somit lesen kann, den Anwesenden im Kircheninneren entgegenhält und auf diesem Buch ein Schleier

326 Durch die Jahrhunderte bildete sich eine Vielfalt der Augustinus-Bilder heraus, was mit einer Vermehrung der Heiligenattribute einherging. Mit an erster Stelle bei diesen Attributen steht die Abbildung des Herzens. Dabei gibt es Darstellungen auf der Hand oder auf der Brust des Heiligen mit Durchpfeilung und Entflammung. Es ist der „Hinweis auf das tiefste Geheimnis der augustin. Persönlichkeit: auf seine Liebe“. LCI (1994), Bd. 5, S. 283.
327 Aurelius Augustinus verfasste die *Regula ad Servos Dei*, die in abgewandelter Form zahlreichen Ordensverfassungen als Grundregeln dienten.
328 Kirchenführer (1903), S. 12.
329 Bachter (1981), S. 37.

liegt, der zur Ordenstracht gehören könnte, ist davon auszugehen, dass es sich hier um das Ordensregelbuch handelt.

Augustinus ist gleichzeitig Kirchenvater und Kirchenlehrer[330]. Von seinem reichen Schrifttum sind vor allem der *Gottesstaat* und die *Bekenntnisse* durch das ganze Mittelalter abgeschrieben, illustriert und zitiert worden. In den *Confessiones*, die Aurelius Augustinus als Autobiographie in dreizehn Büchern um 400 verfasste, ist eine Stelle enthalten, die als Ausdruck seiner feurigen Gottesliebe zum Attribut des flammenden Herzens führte[331]. An den Anfang der *Bekenntnisse* stellte er als Formel seines Lebens folgende Worte: „Du schaffest, daß er mit Freuden dich preist, denn zu deinem Eigentum erschufst du uns, und ruhelos ist unser Herz, bis es ruhet in dir“[332].
De Civitate Dei entstand zwischen 413 und 426/27. Er schrieb das Buch, um den Vorwurf zu entkräften, dass das Christentum die Schuld am Verfall des römischen Staates trage. Augustinus teilt die Weltzeit in sechs Perioden ein, deren letzte, die Endzeit, von der Geburt Christi bis zum Jüngsten Gericht dauert. „Das Erscheinen Christi ist der Höhe- und Mittelpunkt der Geschichte; mit Christus ist das ‚tausendjährige Reich der Apokalypse' bereits angebrochen: in Gestalt der Kirche selbst“[333]. Im zwanzigsten Buch ist Kapitel 17 überschrieben mit: „Von der Herrlichkeit des himmlischen Jerusalems“. Hier geht Augustinus direkt auf die Apokalypse des Johannes ein:

> „Zwar ist in dem Apokalypse genannten Buche vieles dunkel gesagt, um den Geist des Lesers zu üben, und nur weniges so klar, daß daraus, wenn auch nicht ohne Mühe, der Sinn des Übrigen sich ermitteln läßt – zumal da häufig dasselbe mit anderen Worten wiederholt wird, so daß man meinen kann, es komme etwas Neues, während sich bei genauerem Zusehen ergibt, daß nur auf neue Weise das gleiche gesagt wird –, aber diese unsere Worte: ‚Er wird abwischen alle Tränen von ihren Augen, und der Tod wird nicht mehr sein, noch Leid noch Geschrei noch irgendwelcher Schmerz' sprechen mit solch zwingender Klarheit von der zukünftigen Welt, der Unsterblichkeit und dem ewigen Leben der Heiligen – denn erst dann und nur dort wird es all das nicht mehr geben -, daß wir, wollten wir auch dies für dunkel halten, überhaupt nichts Klares in den heiligen Schriften suchen dürften oder lesen könnten“[334].

---

330 Augustinus von Hippo (28. August) gilt als der bedeutendste lateinische Kirchenvater. Er wurde am 13. November 354 in Thagaste geboren und starb am 28. August in Hippo Regius.

331 Vgl. Keller (1984), S. 66.

332 Aurelius Augustinus, Confessiones, übers. von O. Bachmann, Köln 1960, (entstanden um 400), S. 5.

333 Kindlers Literatur Lexikon, München 1974, S. 2391.

334 Aurelius Augustinus, Vom Gottesstaat, übers. von Wilhelm Thimme, Bd. 2, Zürich ^{2}1978 (entstanden zwischen 413 und 427), S. 628.

Franz von Sales nennt im Vorwort zur *Philothea* Augustinus einen Lehrer. Über dem Altar von St. Anna ist er nicht nur als Verfasser der Ordensregeln der Salesianerinnen dargestellt, sondern auch als Lehrer, dessen Schriften Einfluss auf den gesamten Orden hatten.

Als Patrozinium der Gründung in Amberg von 1692 wurde St. Augustinus gewählt. Gottfried Bernhard Göz[335] stellte – entsprechend dieses Patroziniums – den Heiligen auf dem Hochaltarblatt dar.
Der kniende Heilige ist dem Betrachter frontal zugewendet. In seiner linken erhobenen Hand hält er ein brennendes Herz. Im linken unteren Bildteil kniet ein Engel, der mit seinem rechten Zeigefinger auf ein aufgeschlagenes Buch weist; auf den beiden Seiten steht: Regula/S. Augustini. Der Kopf des Engels ist nicht wie in München dem Betrachter, sondern Augustinus zugedreht. Der Heilige blickt entrückt nach oben, wo eine Frau mit einem Kreuz und einer Kirche dargestellt ist. Zu seinen Füßen hält ein Engel Mitra und Bischofsstab; rechts neben ihm befindet sich ein kleiner Engel mit einem Löffel in der Hand[336].

In diesem Altarblatt liegt das Hauptgewicht auf der Darstellung der Bischofswürde, der Ordensregel und der christlichen Kirche. Im Gegensatz dazu kann zwar in dem Münchner Bild die Frau mit den Attributen Kreuz, Feder und helles Licht auch als Ecclesia gedeutet werden; doch nicht als Ecclesia triumphans, sondern als personifizierte Weisheit[337], die dem Schriftsteller Augustinus, der eines seiner Hauptwerke auf dem Knie hält, zur Seite steht.
Im letzten Buch von *De Civitate Dei* sind in Kapitel 9 „Die Märtyrerwunder bezeugen den Auferstehungsglauben“ und in Kapitel 29 „Die geistige Gottesschau der Seligen“ Themen behandelt[338], die mit den Deckenbildern der Münchner Salesianerinnenkirche im Zusammenhang stehen, wie die folgenden Kapitel zeigen.

---

335 Eduard Isphording stellt in seinem Aufsatz von 1989 fest, dass keine Urkunden über die Auftragsvergabe und die Bezahlung erhalten sind und die Altarbilder nicht signiert und datiert sind. Vgl. Eduard Isphording, Die Fresken des Gottfried Bernhard Göz im Bistum Regensburg, in: Zwölfhundertfünfzig Jahre Kunst und Kultur im Bistum Regensburg, München 1989, S. 460.
Die letzte Restaurierung der Amberger Salesianerinnenkirche erfolgte von 1982 bis 1993, durchgeführt von Firma Preis, Kapellengasse 2, Regensburg. Im Bericht vom 30. März 1988 über geplante Restaurierungsmaßnahmen für die Leinwandbilder der drei Altäre der heutigen so genannten Schulkirche wurde festgestellt: „Das 435 x 223 cm große Hochaltargemälde mit dem Thema *Der hl. Augustinus bringt sein Herz dar* weist links unten Reste der Signatur auf. Der Name *Göz* und die beiden letzten Zahlen 59 sind noch halbwegs leserlich. Das Bild ist original aufgespannt und die Malschicht fast vollständig gut erhalten“. Aus den Akten des BLfD, München.

336 Hier wird eine seiner zahlreichen Legenden attributiv verwendet.

337 Siehe LCI (1994), Bd. 1, S. 567.

338 Vgl. Augustinus (427), Bd. 2., S. 778 f. und S. 822 ff.

4.2 Beziehung der Stuckfiguren des Hauptaltars zu den Deckenfresken

In St. Anna sind der Altaraufbau, die Stuckfiguren sowie die Stuckdekoration des Innenraums von Egid Quirin geschaffen worden; alle Deckenfresken stammen von Cosmas Damian Asam.

Egid Quirin Asam begann im Sommer 1711, mit fast neunzehn Jahren, seine Ausbildung als Bildhauer bei dem Münchner Hofbildhauer Andreas Faistenberger und erhielt 1716 seinen Meisterbrief. Zum Hofbildhauer wurde er nie ernannt und besaß auch keine Gerechtigkeit in München, wo er in der Sendlinger Straße wohnhaft war[339]. Die wirtschaftliche Lage der Bildhauer, gerade wenn sie keine Aufträge vom Hof bekamen, war zu dieser Zeit sehr schlecht. Asam scheint eine Ausnahme gewesen zu sein. Gerhard Hojer nimmt für einen eventuellen Romaufenthalt Egid Quirin Asams den Zeitraum zwischen dem Tod des Vaters Georg Asam, 1711, und der Erstellung der Stuckarbeiten in Ensdorf, die auf 1714 datiert werden, an. Ob der Künstler nach Italien reiste, lässt sich durch Quellen nicht belegen, obwohl sich in seinem Werk zahlreiche Anregungen aus der italienischen Kunst finden[340].

Bis Mitte der 1720er Jahre waren oft äußerliche ungünstige Umstände dafür verantwortlich, dass die Brüder selten zusammenarbeiten konnten. In Fürstenfeld wurde z. B. der Stuck von Appiani ausgeführt, in Rohr kam es nicht zu der geplanten Freskierung durch Cosmas Damian Asam[341]. In der Zusammenarbeit der Brüder, zumal wenn sie auch auf die Architektur Einfluss hatten, wurden Raumideen verwirklicht „die im deutschen, ja im europäischen Spätbarock ihresgleichen suchen“[342]. Als die zentralen Werke der Brüder werden die angesehen, bei denen die Planung des Bauwerks bis zur Innenausstattung in ihren Händen lag. Dazu gehören Weltenburg, die Münchner Asamkirche und die Ursulinenkirche in Straubing. Daneben zählen zu ihren großen gemeinsamen Werken Aufträge, die die Innenausstattung in vorhandener Architektur betraf; wie Freising, Einsiedeln und Osterhofen.

Das Kunstschaffen der Brüder Cosmas Damian und Egid Quirin Asam war also eng verknüpft. Zwischen beiden fand ein reger Austausch künstlerischer Ideen statt,

---

339 Siehe Volker Liedke, Die Bildhauerwerkstätten im Kurfürstentum Baiern zwischen 1715 und 1779, in: Ausst.-Kat. München (1985), S. 14 ff.

340 Vgl. Gerhard Hojer, Die frühe Figuralplastik Egid Quirin Asams, Diss. Bonn 1967, S. 135 ff. Um eine Übernahme römischer Vorbilder im Werk Egids zu untersuchen, vergleicht er Beispiele aus dem Gesamtwerk des Künstlers u. a. mit Werken von Borromini, Pietro da Cortona und Pozzo.

341 Vgl. hierzu Rupprecht (1980), S. 38 ff.

342 Rupprecht (1980), S. 30.

worauf stilistische und motivische Übereinstimmungen hinweisen[343]. Das Ineinanderspielen der Künste von Großmalerei, Altaraufbau mit Stuckfiguren, Reliefs und reichdekorierter Architektur in dem sorgfältig geplanten Lichtspiel zwischen Hell und Dunkel in St. Anna erforderte eine entsprechende Zusammenarbeit der Brüder. Am 16. Mai 1733 erfolgte die Grundsteinlegung der St. Johann Nepomuk Kirche durch den Abt von Benediktbeuren und den Kurprinzen Maximilian Josef. Am 31. Mai 1733, also nur zwei Wochen später, fand die Grundsteinlegung der Salesianerinnenkirche St. Anna in Anwesenheit des Kurfürstenpaares statt. Die Brüder Asam waren folglich zum Zeitpunkt des Baubeginns von St. Anna in München in unmittelbarer Nähe und konnten auf eine Änderung des ersten Grundrisses, der auf den Idealplan des Ordensstifters zurückgeht, Einfluss nehmen.

Das architektonische Gefüge des barocken Altars setzt sich aus drei Faktoren zusammen: Mensa, Tabernakel und Retabel[344]. Diese drei Teile bildeten nicht immer eine Einheit. Im frühen 16. Jahrhundert erscheint der Tabernakel als „Sakramentshäuschen" unabhängig vom Altar. In der Gegenreformation stellt die katholische Kirche den „Leib des Herrn" in das Zentrum ihres Kultus und überträgt sein Behältnis auf den Altar. Im barocken Altar wird auf ein Retabel niemals verzichtet. Seine Ausgestaltung wurde 1310 auf der Synode von Trier demgemäß festgelegt, dass sich in jeder Kirche hinter oder über dem Altar ein plastisches Bild oder ein Gemälde befinden soll, das klar erkennen lässt, welchen Heiligen zu Ehren der Altar errichtet wurde. In der Folgezeit gewinnt das Retabel eine immer größere Bedeutung. Im künstlerischen Sinn übertrifft es schließlich Mensa und Tabernakel.

Als Beispiel für den Stand der Entwicklung am Beginn der Schaffenszeit Egid Quirin Asams wird der Altarbau in der Münchner Dreifaltigkeitskirche herangezogen. Die Altarausstattung erfolgte vermutlich durch Faistenberger, den Lehrer Egid Quirins.
Rupprecht stellt fest, dass die Altäre der Dreifaltigkeitskirche nach Abschluss der Bauarbeiten von 1716–1718 entstanden sind. Die Architektur rechne mit einer „Verstellung der Wand durch Altarbauten. Dabei können diese trotz der Verwendung architektonischer Motive und der im Verhältnis zur Größe des Baues bedeu-

343 Siehe Trottmann (1986), S. 117.
344 Vgl. Herbert Brunner, Altar- und Raumkunst bei Egid Quirin Asam, Diss. München 1951, S. 7. Mensa: althergebrachter Opfertisch, Tabernakel: Aufbewahrungsort der Opfergeräte und der Hostie- also Wohnung des eucharistischen Heilands, Retabel: Bilderwand, die die Verbindung des Altars mit seinem Titelheiligen demonstriert.

tenden Ausdehnung kaum eine quasi-architektonische Funktion ausüben. In Material, Farbe und Proportionierung erscheint der Altarbau neben dem Säulen-Gebälk-Wandplattensystem als ein generell andersartiges Element“[345].

Das Zusammenwirken von Altar und Raum spielt im Schaffen der Brüder Asam eine bedeutende Rolle. Lieb nennt als Höhepunkt dieser Zusammenarbeit Osterhofen. Der Hochaltar entstand 1731–1732, also unmittelbar vor Baubeginn der Salesianerinnenkirche in München. Lieb beschreibt den Altar in Osterhofen folgendermaßen: „Der Hauptaltar ist ein Gemeinschaftswerk der Brüder Asam, erfunden und ausgeführt mit hoher ikonologischer Intelligenz und Phantasie – der vollkommenste aller Asam-Altäre“[346]. In Osterhofen wird, im Gegensatz zur Dreifaltigkeitskirche, die Wand Mitbestandteil des Altars.

Obwohl der Hauptaltar in der Salesianerinnenkirche St. Anna später entstand, weist er einen anderen Charakter als Osterhofen auf.
Herbert Brunner schreibt zu der Wirkung des Hauptaltars in St. Anna: „Die in der Kirchenanlage Gunetsrhainers gegebenen Altarnischen sind durch flankierende Dreiviertelsäulen so stark gegen den übrigen, hart in eckige Kompartimente gegliederten Raum (weit entfernt von der Asam'schen Raumauffassung) abgesetzt, sodaß die Idee des sich um den Betrachter ausdehnenden Altars auf Hindernisse stößt“[347]. Zudem stellt er fest, dass die Anlage des Altars ungewöhnlich ist: „Im Ganzen stellt damit der Hochaltar zu St. Anna-Damenstift ein tiefenräumlich stark reduziertes Ciborium dar, durchdrungen von den herkömmlichen Auszugsideen mit Sprenggiebel und gerahmtem Auszugsblatt“[348].

Der Hauptaltar der Salesianerinnenkirche ist in die Architektur integriert. Die gedrehten Säulen haben die gleiche Höhe wie die Säulen und Pilaster des Innenraums. Sie erfahren eine direkte Einbindung durch die Fortführung des wuchtigen Gebälks, das den ganzen Raum umschließt. Ebenso stehen die Säulen des Altars auf gleich hohen Podesten wie die Pilaster und Säulen des übrigen Raums.
Da in der Salesianerinnenkirche St. Anna die Innendekoration aufgrund fehlender Vorkriegs-Farbaufnahmen v. a. monochrom rekonstruiert wurde, lässt sich über farbige Werte heute kaum eine Aussage machen. Eine Postkarte nach einem Aquarell von Gebhard Reitz gibt bedingt Farbwerte wieder. Die gedrehten Säulen neben

---

345 Rupprecht (1959), S. 74.
346 Norbert Lieb, Barockkirchen zwischen Donau und Alpen, München [6]1992, S. 60.
347 Brunner (1951), S. 134.
348 Brunner (1951), S. 134.

dem Hochaltarblatt bestanden nach dem Aquarell aus rötlichem Stuckmarmor. Nur diese Farbigkeit trennte den Altar vom umgebenden Raum.

Der gesprengte Giebel über dem Altarblatt gibt Raum für das Hochaltarauszugsblatt. Der Altaraufbau endet mit der Rahmung des Auszugs, der bis zum Gewölbebogen reicht.

Die heutige Lichtsituation im Chorbereich dürfte der ursprünglichen entsprechen. Die Einbindung des Ostabschlusses der Kirche in die angrenzenden Klostergebäude verhinderte die Anbringung von Fenstern direkt hinter dem Altarbereich. Der Chor wird durch ein Lünettenfenster und ein rechteckiges Fenster in der nördlichen Langhauswand, sowie ein Lünettenfenster in der südlichen Langhauswand belichtet.
In der Gesamtdekoration ergibt sich ein formaler und inhaltlicher Sinn erst durch die Beziehungen zwischen den verschiedenen Gestaltungselementen, wie in St. Anna bei den Altarfiguren zu beobachten ist. Der linke Stuckengel neben dem Bild über dem Hauptaltar blickt auf den hl. Augustinus, während der rechte nach unten auf Maria schaut. Die linke Stuckfigur neben dem Hauptaltar, der hl. Johannes der Täufer, zeigt mit seinem Zeigefinger direkt auf die Deckenfresken, während der hl. Joseph mit verinnerlichtem Blick den erblühten Zweig betrachtet.
In den gedrehten Säulen[349] setzt sich die Dynamik des Innendekorations-Programms fort. Sie leiten den Blick des eintretenden Betrachters auf den Altar und, dem Zeigegestus des hl. Johannes des Täufers folgend, an die Decke. Beziehungen innerhalb des Raumes werden auch durch die Ähnlichkeit der Seitenaltäre mit dem Hauptaltar hergestellt.

Die Vorkriegs-Aufnahmen von Martin R. Hamacher zeigen die vier Hauptfiguren des Altars im Chorbereich in verschiedenen Detailaufnahmen.

Stuckfiguren links und rechts vom Hochaltar

In dem Kirchenführer von 1903 sind einige Farben des Hochaltars erwähnt: „Zwischen den blassen kannelierten Pfeilern leuchten von reichem Licht überflutet die roten Schneckensäulen mit blinkender Goldbasis und goldenen Fruchtguirlanden und Kronenreif und das wohl 7 m hohe Altarblatt von Meister Ruffin in schwerem Goldrahmen“[350].

349 Brunner nennt als Vorbild für die gedrehten Säulen das Altarziborium von Bernini in der Peterskirche in Rom.

350 Kirchenführer (1903), S. 11. Vorkriegsaufnahmen zeigen, dass ein Kronreif, wie er bei den Seitenaltären angebracht ist, nicht vorhanden war. Der Verfasser des Kirchenführers könnte einen Girlandenkranz unterhalb des Altarauszugsbildes gemeint haben.

Abb. 12 Links vom Altarblatt ist Johannes der Täufer dargestellt[351]. Er blickt nach oben an die Kirchendecke und deutet gleichzeitig mit dem rechten Zeigefinger in diese Richtung. In der linken Hand hält er eine Kreuzfahne und eine Taufmuschel. Zu seinen Füßen liegt ein Lamm. Seine Bedeutung am Hauptaltar könnte zu einem im Kontext der Heimsuchung liegen, zum anderen, da er hier offenbar den Gläubigen das Deckenfresko zeigt, als Verkündiger des Heilands.

Karg von Bebenburg stellt in seiner Predigt von 1692 einen direkten Zusammenhang zwischen Johannes dem Täufer und Franz von Sales her:

> „O GOtt/ dessen Lob die unschuldige Martyrer nicht mit Reden/ sondern durch ihren Todt bekennt haben: dahero der H. Joannes der Tauffer/ lang nach ihrer Hinrichtung/ den Ehren=Titul deß ersten Verkündigers unsers auff der Welt in menschlichen Fleisch erschinenen Heylands führt/ weilen sie selbst Christum nicht erkennt haben. Weit glückseeliger wahre der heilige Franciscus von Sales, welcher durch seine Stimb/ Bücher/ aufferbäulichen Wandel/ und Stifftung deß Loblichen Ordens der Heimbsuchung/ Christum/ und die wahre einem jeden bequeme Nachfolgung Christ gelehrt (...)“[352].

Abb. 13 Rechts vom Altarblatt steht der hl. Joseph. Er schaut auf einen langen Stab in seiner linken Hand, der am oberen Ende austreibt. In der rechten Hand hält er einen Ring; am Handgelenk hängt ein Blumenkranz. Der Salesianerinnenorden brachte ihm schon seit der Gründung eine starke Verehrung entgegen, was sich auch im Circulaire von 1735 ausdrückt: „(...) nous faisons, tour á tour une communion extraordinaire tous les Mécredis á l'honneur de saint Joseph afinque Dieu nous donne bien-tôt cette grande satisfaction“[353].

Im Widmungsgebet des Franz von Sales zum *Theotimus* vergleicht er Maria und Josef mit Lilien[354]. Im Hauptaltarblatt wird dem Kind Maria ebenso wie daneben der Stuckfigur Josef ein Lilienkranz durch Engel überreicht.

---

351 Johannes der Täufer wird in verschiedenen Zusammenhängen in den Quellen genannt; z. B. „Der Erlöser besaß den Gebrauch seiner Vernunft von dem Augenblick an, als er im Schoß seiner Mutter empfangen wurde, und konnte sich daher alle diese Gedanken machen. Das war sogar der Fall bei seinem Vorläufer, dem glorreichen hl. Johannes, vom Tag der Heimsuchung an“. Sales (1616), II, S. 158.

352 Karg von Bebenburg (1692), S. 8.

353 Circulaire (1735), S. 4.

354 „Die Lampen im Tempel zu Jerusalem ruhten auf goldenen Lilienkelchen (3. Kön 7,49). O Maria und Josef, Ihr heiligen Lilien von unvergleichlicher Schönheit (...)“. Franz von Sales (1616), I, S. 33.

Stuckengel links und rechts neben dem Hochaltarauszugsbild *Abb. 5*

Der linke Engel sitzt rittlings auf einem Teil des gesprengten Giebels, der das Hauptaltarblatt bekrönt. Er blickt auf die Szene im Altarauszugsbild. In der linken Hand hält er ein brennendes Herz und einen Pfeil. Seine rechte Hand deutet auf seine Brust.
Der rechte Engel dagegen scheint auf der Giebelbekrönung zu schweben. Sein Körper ist dem Betrachter zugewendet. Er blickt nach unten auf das Altarblatt. In seiner rechten Hand hält er einen Lilienstab, in der linken Hand, die nach oben gestreckt ist, ein brennendes Herz.

Durch die Gestik der Stuckfiguren des Hauptaltars werden Bezüge zwischen den Altarbildern und den Deckenfresken geschaffen, auf die der Eintretende direkt hingewiesen wird.

Ein Vergleich einiger Elemente des Altaraufbaus der Salesianerinnenkirche St. Anna mit Osterhofen sowie der Ursulinenkirche in Straubing soll zeigen, dass in St. Anna noch weitere Einflüsse gewirkt haben müssen.
Die Anregungen der Studienreise nach Italien sowie die Einsicht in italienische Architekturbücher waren der Ausgangspunkt für eigene künstlerische Lösungen von Egid Quirin Asam, die einerseits von der großen Zeit der italienischen Künstler in Bayern unabhängig waren und andererseits in Abgrenzung zu den römischen Vorbildern eine eigene Formensprache entwickelten.

Auftraggeber des Innendekorations-Programms von St. Anna waren, wie bereits erwähnt, die Jesuiten. Einer aus einer Serie von nicht ausgeführten Entwürfen Pozzos für den Hauptaltar der römischen Jesuitenkirche Il Gesù weist Ähnlichkeiten mit dem Hauptaltarbereich in St. Anna auf. Es handelt sich um Fig. 73 aus Andrea Pozzos Traktat *Perspectiva Pictorum et Architectorum* [355].

Die Ausführung des Hochaltars von Il Gesù verzögerte sich aufgrund von Finanzierungsschwierigkeiten. Ein Schritt zur Vervollständigung der Innenausstattung

355 Das zweibändige Traktat war 1693 und 1700 erstmals in lateinisch-italienischer Fassung in Rom erschienen. Bereits 1706 und 1709 wurde es mit einem lateinisch-deutschen Text von dem Augsburger Kunsthändler Jeremias Wolff herausgebracht und verkleinerte Nachstiche der Tafeln von Johann Boxbarth und Georg Conrad Bodeneer angefertigt. Vgl. Heinz Jürgen Sauermost, Die Asams als Architekten, München 1986, S. 10.

wurde gemacht, als die Jesuiten die Zustimmung der Farnese erhielten, die Ausführung der Fresken Gaulli[356] zu übertragen. Dieser vollendete 1683 die Halbkuppel vor dem Hauptaltar mit der *Anbetung des Lammes* (nach Apk 5). Den Hochaltar von Il Gesù schuf Antonio Sarti erst 1834–43.

Mit dem kurz vorher entstandenen Hauptaltar von Osterhofen bietet St. Anna wenig Vergleichsmöglichkeiten. In Osterhofen sind die Podeste der vier gedrehten Säulen über Eck gestellt, wodurch die Eigenständigkeit der Säulen und somit des Ziboriums herausgestellt wird; der gesamte Altaraufbau weist eine starke Tiefenräumlichkeit auf. Zu beiden Seiten der Altararchitektur stehen zwei überlebensgroße stuckplastische Figurengruppen. Der Hochaltar von St. Anna dagegen stellt ein tiefenräumlich stark reduziertes Ziborium dar. Auffällig ist die Einzelstellung der Stuckfiguren links und rechts der gedrehten Säulen; eine ähnliche Einzelstellung zeigt Fig. 73 von Pozzo.

Der später entstandene Altar der Ursulinenkirche und ihre Innenausstattung weisen auf den ersten Blick Ähnlichkeiten mit St. Anna auf [357]. Aus einem Schreiben des Egid Quirin Asam vom 1. März 1737 ist zu entnehmen, dass er mit einer Zeichnung seine Aufwartung beim Grafen Törring in München machte und ein Gutachten des Unterbaumeisters Gunezrhainer erwarb: „Mit der kleinen Zeichnung Meine auf warthung gemacht hab. alles Exbliciert auch gemelt das H. Vnder Pau Meister H. Gundlrainer schon den augenschein Ein genomen hat“[358]. In der Ursulinenkirche biegen sich über den seitlichen Sockelteilen Gebälkstücke hoch und enden in Voluten. Auf ihnen knien Heiligenfiguren in bunten Stuckgewändern, die mit ihrer Hal-

356 Giovanni Battista Baciccio, eigtl. Gaulli, wurde 1639 in Genua geboren und starb 1709 in Rom. Gaulli wurde 1662 Mitglied der Accademia di S. Luca und wurde von Giovanni Lorenzo Bernini gefördert. 1668 erhielt er den Auftrag, die Kirche Il Gesù auszumalen; er schuf für die Jesuiten in fünfzehnjähriger Arbeit sein bedeutendstes Werk: Im Langhausgewölbe vollendete er 1679 den *Triumph des Namen Jesu* und 1683 in der Apsis die *Anbetung des Lammes*. 1674 wurde er Leiter der Accademia di S. Luca.

357 Im Hauptfresko der Ursulinenkirche thront der Weltenschöpfer in der Mitte. Die hl. Ursula und ihre Gefährtinnen werden von Engeln in die ewige Seligkeit begleitet. Das Wirken des Ursulinenordens im Dienste der Mädchenerziehung bildet die Hauptaussage des Bildes. Vornehm gekleidete junge Damen, die von den Ordensfrauen geführt werden, lassen sich an einem Ufer nieder und werden in verschiedenen Fächern unterrichtet.

Diese Aussage steht im Gegensatz zum ursprünglichen Auftrag der Salesianerinnen durch den Ordensstifter. Obwohl sie von Henriette Adelaide zur Mädchenerziehung nach München geholt worden waren, war ihre ursprüngliche Aufgabe die Krankenpflege, auf die im Hauptfresko von St. Anna verwiesen wird.

358 Zit. nach Hans Utz, Sechs Asam-Briefe im Ursulinenkloster Straubing, in: Jahresbericht des historischen Vereins für Straubing und Umgebung. Jg. 68, Straubing 1966, S. 73.

tung und ihren Gebärden den Aufwärtsschwung der Sockel wiederholen. Die Engel, die sich links und rechts neben dem Hochaltarauszugsbild befinden, sitzen auf Voluten und nicht auf den Teilen eines gesprengten Giebels, wie in der Salesianerinnenkirche oder auf dem Entwurf von Pozzo. Die Bekrönung des Hauptaltars in St. Ursula bildet ein Diademreif, wie ihn die Seitenaltäre in St. Anna aufweisen.

In St. Anna stehen die Figuren ähnlich wie auf Pozzos Entwurf auf gleicher Höhe mit den beginnenden Säulen. Da sie sich durch ihre weiße Farbe stark von dem Rot der Säulen abheben, lenken sie den Blick des Eintretenden stärker auf sich. In Osterhofen dagegen, tritt die Wirkung der seitlichen Figuren stark zurück, da sie durch die Dominanz der hellen Säulen in den Hintergrund gedrängt werden.

Brunner stellt viele Gemeinsamkeiten zwischen den Altären in St. Ursula und St. Anna fest. Bei Sockel und Gebälk jedoch nennt er gravierende Unterschiede: „Schon das breit fliessende Konkav-konvex-konkav des Sockelgrundrisses zeigt dieses Streben im Gegensatz zum gedrängten, eckigen Nebeneinander des im Prinzip ähnlichen Sockels von St. Anna-Damenstift. Denselben Unterschied zeigt ein Vergleich der beiden Gebälkanlagen, der umso bemerkenswerter ist, als die beiden Schöpfungen nur etwa 4 Jahre auseinanderliegen“[359].

Ein weiterer herauszustellender Unterschied zwischen den drei genannten Altären ist, dass in Osterhofen die Wand Mitbestandteil des Altars ist. In St. Ursula findet keine Verkröpfung der Kapitelle der Altarsäulen mit einem Gebälk statt. Der Hochaltar in St. Anna ist in die Architektur integriert. Wie auf dem Entwurf von Pozzo weisen die Säulen und Pilaster des Altars die gleichen Kapitelle auf wie der gesamte Innenraum. Das umlaufende Gebälk verläuft wie in Fig. 73 ohne Unterbrechungen und weist nicht wie in Osterhofen viele Stuckverzierungen auf.

Der Altar der Salesianerinnenkirche wurde von Egid Quirin Asam offenbar unter Einbeziehung verschiedener Elemente aus Fig. 73 ausgeführt. Die Wahl dieser Vorlage, eines nicht ausgeführten Entwurfs für Il Gesù, wurde dabei sicherlich von den Auftraggebern, den Jesuiten, und nicht vom Künstler getroffen. Bei Heranziehung italienischer Voraussetzungen erfolgte eine Umsetzung durch einen einheimischen Künstler mit der eigenen Formensprache. Egid Quirin Asam nimmt Umwertungen vor, wodurch seine Lösung individuell wird.

359 Brunner (1951), S. 145.

4.3 Ornament und Rahmung

Im zweiten Weltkrieg wurden Dach, Gewölbe und die Innenausstattung weitgehend zerstört. Da die Möglichkeit einer Rekonstruktion nach Schleich außerhalb jeder Diskussion stand[360], wurde unter diesen Voraussetzungen nahezu sämtlicher an den Wänden erhalten gebliebener Stuck abgeschlagen und durch einen Rauhputz ersetzt, der für die endgültige Gestaltung gedacht war. Schleich erwähnt in diesem Zusammenhang: „Die eingehende Beschäftigung mit der Kirche hatte gezeigt, daß der ganze raumbestimmende Stuckdekor in untrennbarem Zusammenhang mit den Bildern in den Kuppeln und Gewölben steht (...)“[361].
Die Bearbeitung des Stucks erfolgte vor allem anhand von Vorkriegsaufnahmen des Fotografen Martin R. Hamacher, Konstanz, die für den Wiederaufbau verwendet worden waren[362]. Die schlecht erhaltenen Negative dieser Aufnahmen aus dem Nachlass des Fotografen gingen Ende 2001 in die Fotothek des Zentralinstitutes für Kunstgeschichte in München über.

Die illusionistische Malerei hebt die Gattungsgrenzen zwischen Architektur und Deckenmalerei auf. Damit die „einzelnen Kunstgattungen zugunsten eines höheren Systems zu einer optischen Einheit verschmelzen, war ein Medium notwendig, das einen leichten Übergang auch vom Plastischen zum Flächigen erlaubte; der Stuck erfüllte diese Aufgabe“[363]. Damit eine Einheit des Kirchenraumes entstehen kann, müssen die Einzeltteile durch Übergänge in ein Ganzes eingebunden werden. Das Ornament Egid Quirin Asams steht im engen Kontakt zu Skulptur, Großbild und Altaraufbauten.

Aufgabe des Ornamentes ist es, die Strenge der Architektur zu mildern und weiche Verbindungen zwischen den Raumteilen herzustellen.

Gabriel Hefele stellt in seiner Dissertation über die Stuckdekoration von Egid Quirin Asam in Osterhofen fest, dass dem Stuckdekor architektur- und rauminterpretierende Aufgaben obliegen können, die dem Betrachter möglicherweise erst durch sein Fehlen bewusst werden[364]. Als Beispiel nennt er die Münchner Damenstiftskir-

---

360 Vgl. hierzu Schleich (1974), S. 95 f.
361 Schleich (1974), S. 96.
362 Das Fotomaterial wurde freundlicherweise von Prälat Penger zur Verfügung gestellt.
363 Hawel (1982), S. 166.
364 Vgl. Gabriel Hefele, Osterhofen und die Stuckdekoration Egid Quirin Asams. Eine Formenanalyse, Diss. München 1983, S. 9 f.

che, deren Dekoration erst in den 1970er Jahren wieder hergestellt worden war. Ein Foto dieser Zeit zeigt die wieder hergestellte Wand ohne Ornament bzw. mit wenigen Resten an erhalten gebliebenen Mauerteilen.

Die meisten bekannten Werke des Egid Quirin Asam entstanden etwa von 1720–1740. Hefele legt in diese Zeit die Anfänge der Epoche, in der Kirchen und Dekorationen entstehen, für die Süddeutschland berühmt geworden ist. Asam gehe ihr voraus, sei aber keiner der Wegbereiter. Diese sind eher im Künstlerkreis der Wessobrunner zu suchen. Er charakterisiert Asam als singuläre Künstlerpersönlichkeit bezogen auf die Zeitspanne, auf die Art und Weise wie er arbeitet und auf die Mittel, die er bei seinen Dekorationen einsetzt. Hauptauftraggeber des Künstlers ist der Klerus und nicht der Adel. Hefele nennt als Grund dafür: „Seine Motive sowie der ganze Charakter seiner Kunst haben etwas in bestem Sinne Volkstümliches an sich“[365] und nichts Höfisches.

Bei der nachträglichen Ausgestaltung von mittelalterlichen Bauten ebenso wie bei eigenen übernimmt die Dekoration augenscheinlich die Stelle der Architektur, leistet aber nichts für das Tektonische. In Kirchenräumen, in denen die Brüder Asam nicht für die Architektur und die Ausstattung zuständig waren, sondern nur für die Innenausstattung, hat die Dekoration einen hohen Stellenwert, da ihr hier eine koordinierende Aufgabe in vielschichtiger Weise zukommt.

In der Salesianerinnenkirche findet sich im Gewölbebereich neben dem gemalten Stuckornament auch wirklich gebildetes, wie die Fotos der Wiederherstellung verdeutlichen.

Der Rahmen des Hauptfreskos vermittelt zwischen Architektur und Bild. Er hat eine fast quadratische Form und schwingt bei den angrenzenden Zwickeln und Gurtbögen ein; er wird durch einen wie eine Hohlkehle gestalteten Wandstreifen von den anderen Feldern abgesetzt. Von Stuckornament überschnitten wird der Rahmen an den vier Scheitelpunkten der Gurtbögen. Putten, Blumen- und Fruchtgirlanden sind teils gemalt, teils gestuckt und verbinden die Zonen miteinander.

365 Hefele (1983), S. 180.

Bei den drei Evangelisten neben Johannes scheint auf den ersten Blick der weiße Stuckrahmen die Begrenzung zu sein. Der eigentliche Rahmen des Freskos ist gemalt. Wie eine zusätzliche Hohlkehle erhöht er den Eindruck, dass darüber eine tiefe Kuppel ansetzt. Der abschließende, mit Blumengirlanden und Bändern verzierte Wulst stellt die eigentliche Begrenzung des gemalten Freskos dar, wodurch ein Zwischenbereich entsteht. Der weiße Stuckrahmen trennt Bildzone und Architektur; der gemalte Rahmen im Bild die irdische von der himmlischen Zone. Unterbrochen wird dieser gemalte Rahmen an den beiden Hauptstellen des Bildes: bei der Szene mit Franz von Sales, dessen Wolkendraperie den gemalten und den gestuckten Rahmen überschneidet, ebenso beim Evangelisten Johannes. Beide stellen eine Verbindung zu der unteren irdischen Ebene der Kirche dar. Durch das Aufbrechen des Stuckrahmens werden die überschneidenden Szenen in die Sphäre des Betrachters einbezogen. Durch den zweiten gemalten Rahmen wird das übrige Geschehen in eine überirdische Ebene gerückt.

Der Rahmen des Chorfreskos war in Goldtönen gehalten. Die Verwendung des Goldes im Rahmen trägt zur bedeutungsmäßigen Überhöhung des Bildinhaltes bei. Es gibt keine Überschneidungen mit den angrenzenden Zonen. Die Darstellung Gottvaters im Himmel hat keine Berührungspunkte mit der darunter liegenden irdischen Zone. Wie der Rahmen des Hauptfreskos schwingt der Rahmen ein, wo die Gurtbögen und die Zwickel angrenzen. Ein weißer Wandstreifen begleitet ihn und erhöht die Distanz zur Umgebung. Aufgelockert wird der Rahmen durch zwei Kartuschen und zwei Engelsköpfe, die aber keine Beziehungen zwischen Bild und Umfeld schaffen.

Bei dem Fresko über der Orgelempore lässt sich über die Farbigkeit des Rahmens nur aus alten Aufnahmen rückschließen. Es könnte sich um einen weißen Stuckrahmen handeln, der entsprechend der Form der Tonne eine queroblonge Form hatte. Er war vielleicht von einem gemalten goldfarbenen Dekorband hinterlegt. An der Innenseite des Bildes scheint sich ein schmales plastisches goldfarbenes Band befunden zu haben.

An der oberen Begrenzung bildet der Rahmen eine Schmuckform, die die Erscheinung des Namen Gottes umgreift. Diese Form wird an der Langseite gegenüber wiederholt. Die Schmalseiten des Rechtecks werden mit dem Stuckdekor der angrenzenden gemalten Tapetenfelder verbunden.

Es lässt sich feststellen, dass sich Gunezrhainer beim ersten Planentwurf an die Vorgaben des Ordensstifters gehalten hat. Die Vergrößerung des mittleren Jochs im zweiten und ausgeführten Plan dürfte auf die enge Zusammenarbeit zwischen Baumeister und Innenausstatter zurückgehen. Es wurde nicht weiter in den Grundriss

eingriffen, sondern versucht, den Raum durch die Innenausstattung der Zeit und dem Programm gemäß zu gestalten.
Auch beim Altar scheint eine genaue Vorstellung der Jesuiten, die die Salesianerinnen bei der Innenausstattung berieten, vorgelegen zu haben. Der Altarentwurf von Pozzo ist der Raumsituation des Baus von Gunezrhainer angepasst worden. Die Verbindung zwischen Altar und übriger Ausstattung wurde durch die Stuckfiguren und das Ornament der Brüder Asam verwirklicht.

IV. Voraussetzungen für das Programm der Innenausstattung

1. Franz von Sales

1.1 Franz von Sales als Schriftsteller

Franz von Sales lebte von 1567 bis 1622. Seine Ausbildung in Paris und die Erstveröffentlichung der *Philothea* erfolgten kurz vor bzw. kurz nach der Wende vom 16. zum 17. Jahrhundert.
Diese Zeit ist gekennzeichnet durch einen Prozess des Umbruchs in fast allen Lebensbereichen. In der Naturwissenschaft wurde experimentiert und neben der Philosophie entwickelten sich eigenständige Bereiche der Medizin, Geschichte, Astronomie und Mathematik. Die Kritik an der alten Kirche führte zu immer neu ansetzenden Reformbestrebungen. Die Glaubenskriege wurden Anlass neuer politischer Konstellationen und Interessen, die soziale und wirtschaftliche Änderungen zur Folge hatten[366].
Calvin gründete 1555 die Akademie „Jesus lux scholae Genevensis" in Genf, an der Studenten aus allen europäischen Ländern studierten[367]. In Frankreich kam es in der zweiten Hälfte des 16. Jahrhunderts zu blutigen Auseinandersetzungen zwischen Katholiken und Reformierten, wie z. B. die Bartholomäusnacht von 1572 in Paris. In dem Edikt von Nantes von 1598 zwischen dem zum katholischen Glauben übergetretenen Bourbonen Heinrich IV. und den Hugenotten wurde zwischen den streitenden Konfessionen ein Friedensvertrag geschlossen.
Als Heinrich IV. am 14. Mai 1610 ermordet wurde, war Frankreich wieder zu einer katholischen Nation geworden, die begann, das religiöse Empfinden über das nationale Denken zu stellen.

In den Jahrzehnten der Wende vom 16. zum 17. Jahrhundert gab es in Frankreich während der entscheidenden Phase der katholischen Reform verschiedene Varianten der Vermittlung religiöser Inhalte an Laien; u. a. Kontroverspredigt, Andachtsbuch und Traktat. Diese Formen wurden von Franz von Sales und seinem Schüler

---

366 Vgl. Franz Wehrl, Der politische und kirchengeschichtliche Hintergrund der Zeit des hl. Franz von Sales, in: Jahrbuch für Salesianische Studien, Bd. 5, Eichstätt 1967, S. 58.

367 Bereits 1533 hatte der Fürstbischof Pierre de Baume Genf verlassen, kurz bevor das kalvinistische Regime errichtet wurde. Siehe hierzu Wehrl (1967), S. 59 ff.

und Freund Jean-Pierre Camus (1584–1662), der zeitweilig Bischof der Nachbardiözese Belley war, angewendet[368].
Franz von Sales' „humanisme dévot"[369] erhielt starke Anregungen von der Mystikerin Mme Acarie (bis 1618), die nach dem Tod ihres Mannes Karmelitin wurde und die Unbeschuhten Karmelitinnen in Frankreich einführte. Außerdem sind die Einflüsse des Oratorianers Pierre Bérulle (1575–1629), der als Begründer der französischen Schule des geistlichen Lebens gilt, festzustellen.

Franz von Sales wurde 1877 der Rang eines Kirchenlehrers[370] verliehen. In dem Breve über die Erhebung des Heiligen zum Kirchenlehrer wird besonders seine schriftstellerische Tätigkeit hervorgehoben.
Für eine weltoffene Askese trat er ein in seinen bekannten Werken *Anleitung zum frommen Leben* von 1609, die auch *Philothea*[371] genannt wird, und *Abhandlung von der Gottesliebe* von 1616, die oft nach dem Dialogpartner *Theotimus* betitelt wird. Die deutsche Neuausgabe[372] seiner Werke umfasst 26 Bände. Von den Briefen, die er geschrieben hat, sind 1800 in 11 Bänden erfasst. Die restlichen Bände enthalten kleinere Schriften, Predigten sowie Predigtentwürfe.

---

368 Franz von Sales hielt von 1594-1597 Kontroverspredigten während des Versuchs, das an das katholische Savoyen gefallene protestantische Chablais zu rekatholisieren. In seinem Traktat *Traité de l'amour de dieu* oder *Theotimus* wird der Sachverhalt stärker als im Andachtsbuch (*Philothea*) in den Vordergrund gestellt; Franz von Sales wollte dem Leser ein verstandesmäßig nachvollziehbares System der katholischen Lehre bieten. Siehe hierzu Manfred Tietz: Religiöse Literatur für Laien. Ein Vermittlungsproblem. Kontroverspredigt, Andachtsbuch, Traktat und Roman bei Saint François de Sales und Jean-Pierre Camus, in: Jahrbuch für Salesianische Studien, Bd. 16, Eichstätt 1980, S. 49 ff.

369 Zur Diskussion des Begriffes „humanisme dévot" vgl. Manfred Tietz: Bemerkungen zu einigen Grundsatzfragen der spirituellen Literatur, in: Jahrbuch für Salesianische Studien, Bd. 10, Eichstätt 1973, S. 149–160 und Viviane Mellinghoff-Bourgerie, Monastische Theologie und Laienfrömmigkeit im Werk von Francois de Sales, in: Jahrbuch für Salesianische Studien, Bd. 25, Eichstätt 1992, S. 23-44.

370 Viele Kirchenlehrer (doctores ecclesiae) sind nicht Kirchenväter (patres ecclesiae), da ihnen deren Merkmal der *antiquitas* fehlt; ebenso sind viele Kirchenväter keine Kirchenlehrer, da die Autorität ihrer Lehre keine unbedingte Gewissheit beanspruchen kann.
Im Abendland gelten seit dem 8. Jh. die Kirchenväter Ambrosius, Hieronymus, Augustinus und Gregor der Große (bestätigt 1295 durch das Dekret von Bonifaz VIII.) als die vier großen lateinischen Kirchenlehrer. Vor Theresia von Avila wurde 1959 Laurentius von Brindisi zum 30. Kirchenlehrer erklärt.

371 Das später aufkommende Argument, die *Philothea* sei aufgrund ihres Titels nur für Frauen gedacht, widerlegt der Ordensstifter bereits im Vorwort zu diesem Werk: „Ich rede meinen Leser mit ‚Philothea' an. Was ich zuerst einer Seele schrieb, sollte nun mehreren dienen, deshalb wählte ich einen Namen, der allen gemeinsam ist, die nach Frömmigkeit streben. Philothea bedeutet ja ‚Gott liebende Seele'. Sales (1609/1619), S. 26 f.

372 Die Werke des Heiligen wurden teilweise immer wieder veröffentlicht. Von 1892 bis 1937 gab das Kloster der Heimsuchung von Annecy eine vollständige und kritische Ausgabe der Werke des Franz von Sales heraus, die der deutschen Übersetzung unter der Leitung von Franz Reisinger zugrunde liegt.

Nach dem Urteil der Sorbonne steht Franz von Sales mit dem *Theotimus* ebenbürtig neben Gregor dem Großen und Augustinus; das Traktat ist als sein theologisches Hauptwerk zu werten[373].
Ernst Robert Curtius führt an, dass Henri Bremond in Franz von Sales die vollendete Verkörperung des geistlichen Humanismus sehe und der Ordensstifter einer der einflussreichsten Kulturträger der Neuzeit sei. Der Heilige verkörpere zudem die bedeutende Tendenz der französischen Religiosität im 17. Jahrhundert, die Mystik, die u. a. von den Lehren der Theresia von Avila beeinflusst war[374].
Die erste deutsche Lebensbeschreibung des Ordensstifters mit dem Titel *Leben des heiligen Francisci von Sales* erschien 1674 in München. Dabei handelt es sich um Wolfgang Eders Übersetzung des französischen Werkes von Henry Maupas du Tour mit dem Titel *La Vie du Venerable Serviteur de Dieu François de Sales*, erschienen 1657 in Paris[375].
Von den Lebensbeschreibungen des Franz von Sales war die von Petro Hyacintho Gallitia, die 1709 in Venedig veröffentlicht worden war, mit am weitesten verbreitet[376]. Diese in München gedruckte Version wurde 1739 von dem Jesuiten Francisco Gennzinger ins Deutsche übertragen. Im Circulaire von 1738 erwähnen die Salesianerinnen diese Übersetzung[377].

Bekannt wurde Franz von Sales v. a. durch die *Philothea*, die im Gegensatz zum *Theotimus* in vielen europäischen Ländern ein Bestseller des 17. und 18. Jahrhunderts wurde.
Im Fresko hält Franz von Sales ein Buch in Händen. Bei diesem Buch handelt es sich nicht um die Ordensregel, da diese im Hochaltarauszugsbild abgebildet ist. Wie im Vierungsfresko von Weingarten werden die Ordensregeln den Gläubigen in der Kirche mit aufgeschlagenen Seiten stehend präsentiert, so dass die Seiten lesbar sind. Bei dem Buch, das Franz von Sales aufgeschlagen vor sich hält, könnte es sich um den *Theotimus* oder die *Philothea* handeln. Aus den im Folgenden ausgeführten

---

373 „Das eigentliche Thema des Werkes ist die Liebe Gottes, ihre Ursache, Absicht und Wirkweise, wie sie aus der Betrachtung der von der katholischen Kirche – zuletzt im Konzil von Trient (1545 bis 1563) – festgelegten Glaubenslehren erkennbar wird: Gott befähigt den Menschen zur »*heiligen Liebe*«, durch die er in die Vollkommenheit gelangen kann, das hieße in den Zustand der absoluten Glückseligkeit. Den Weg zu diesem Ziel zeigen die meditativ erschlossenen Weisungen, die in 12 Büchern dargelegt sind". Kindler (1974), S. 9506 f.

374 Vgl. Curtius (1960), S. 444 f.

375 Siehe Maupas (1657). Eine lateinische Übersetzung durch den Jesuiten Franciscus Creuxius der französischen Lebensbeschreibung von Henry Maupas du Tour erschien 1673 in Köln.

376 Vgl. Francisco Xaverio Gennzinger, Leben des Heiligen FRANCISCI von Sales, Bischoffen zu Genff, in Welscher Sprach beschriben von dem Hochwürdigen Herrn Petro Hyacintho Gallitia, Chorherrn des hochansehnlichen Stüffts des heil. Laurentii zu Giavenno, München 1739.

377 Vgl. Circulaire (1738), S. 3.

Gründen wird davon ausgegangen, dass es sich bei dem dargestellten Buch um die *Philothea* handelt.

In den *Betrachtungen und Erläuterungen zur Lebensregel* der Gesellschaft der Töchter des hl. Franz von Sales, die 1964 in München erschienen, wird die *Anleitung zum frommen Leben* als „Gesetzbuch“ der Salesianerinnen bezeichnet. Sie sei für die Weltleute geschrieben worden, aber scheine speziell für die Salesianerinnen bestimmt zu sein[378].

Zwei Münchner Quellen betonen den wichtigen Einfluss des bekanntesten Werkes des Franz von Sales, der *Philothea.*
Karg von Bebenburg spricht in seiner 1692 in St. Anna gehaltenen Predigt nur von diesem Werk des Heiligen und erwähnt den *Theotimus* nicht:

„Und wann der heilige Franciscus von Sales nichts anders/ als die Welt=bekandte/ auff alle und jede Ständ gerichtete/ Einführung zum andächtigen Leben/ geschriben hätte/ wäre ihm die hellglantzende Cron der Lehrer nicht abzusprechen/ wordurch so vil tausend und tausend Seelen zur Christlichen Vollkommenheit gelangt seynd: und hat Alexander dises Nahmens der sibende Römische Pabst offentlich bethäuert/ daß er disem Preyßwürdigsten Buch die bessere Einrichtung seines Christlichen Wandels zu dancken gehabt habe: welches ein jeder von uns/ der gedachtes Buch jemahlen auffmercksamblich gelesen hat/ ebener massen bejahen muß. Dahero es kein Wunder/ daß es in 17. verschidene Sprachen übersetzt/ über 50. mahl nachgedruckt/ und von dem König Jacobo in Engelland/ zu einem seiner Bischöffen gemeldet worden/ wann alle Un=Catholische Prediger in Engelland ihre Kunst und Kräfften zusammen setzten/ daß sie kein so fürtreffliches Buch ans Tagliecht hervorbringen wurden[379]“.

In einer Visitation von 1733, also im Jahr des Baubeginns der neuen St. Anna-Kirche, wird ebenfalls die *Philothea* hervorgehoben:
„Nun von diesem liebreichsten Heiligen Ordensstiffter was weniges zumelden, so ist der begriff aller Vollkommenheit enthalten in dem von ihm verfertigten guldenen

378 „Zunächst ist es wohl selbstverständlich, daß die ‚Anleitung zum frommen Leben', auch ‚Philothea' genannt, die für Weltleute geschrieben wurde und speziell für die Töchter des hl. Franz von Sales bestimmt zu sein scheint, unser ‚Gesetzbuch' sein und bleiben soll. (...) Schon ein Leser aus der Zeit unseres Heiligen sagte vom Theotimus: ‚Da muß man sich zuerst die Zähne ausbeißen, bevor man seine Süßigkeit verkosten darf' (...)“. Gesellschaft der Töchter des hl. Franz von Sales, Rue de Bourgogne, Paris, Betrachtungen und Erläuterungen zur Lebensregel, München 1964, S. 38 f.

379 Karg von Bebenburg (1692), S. 8 f.

Buch, wie es Alexander der sibente, Römische Papst, betitlet *Philothea*, das ist die Gott inniglich liebende Seel, (...)[380]".

In einer Wiener Predigt von 1719 werden beide Hauptwerke des Franz von Sales genannt, aber es wird vor allem auf die Hochschätzung und Verbreitung der *Philothea* eingegangen[381].

Die *Introduction à la vie dévote* wird übersetzt mit *Anleitung zum frommen Leben*. Dieses religionspädagogische Werk wurde und wird meist *Philothea* genannt, was „die Gott liebende Seele" bedeutet. Franz von Sales, der in der Geisteswelt der Renaissance aufgewachsen war, betrachtete die persönliche Seelenführung als den wichtigsten Teil seiner Pastoralarbeit. Wie er sich diese vorstellte, hat er in der *Philothea* festgehalten. Den Kern des Werkes bilden seine 1607 und 1608 entstandenen Briefe, die an seine Cousine Frau von Charmoisy gerichtet waren. Ein gemeinsamer Freund der beiden, P. Fourier S. J. drängte Franz von Sales, den Briefverkehr zu veröffentlichen.
Neu an dieser Veröffentlichung war, dass nicht in Latein, sondern in französischer Sprache ein weltlicher Novize zur Verinnerlichung angeleitet wird, der nicht in der Zurückgezogenheit von Klostermauern lebt.
In fünf großen Abschnitten wird dieser belehrt, wie er zunächst den Wunsch, ein frommes Leben führen zu wollen, in einen Entschluss umzuwandeln vermag; auf welche Weise er den äußeren und inneren Widerständen begegnen kann und wie er zuletzt, eingeübt in dem persönlichen Heilsweg innerer Erneuerung, eine vertiefte Meditationsfähigkeit erreicht. Eine wichtige Voraussetzung für diesen Weg ist die kritische Auswahl eines Seelenführers, dessen Anweisungen sich der Novize vertrauensvoll und gehorsam überlässt[382].

---

380 AEM, Klosterakten A 273.

381 „Der grosse Fortgang/ welchen der heilige Stiffter an seinen geistlichen Töchtern verspürete/ bewoge ihn/ das Buch von der Liebe GOttes zu schreiben. Das ist dasselbige Buch/ welches wir diesem heiligen Orden/ und bevorab der schon gemelten Frauen von Chantal schuldig seynd. Dieses ist das vornehmste Zeugnuß seiner heiligen Weißheit. Wann sonsten nichts vorhanden wäre/ als dieses einzige Buch; könten wir nicht genugsamb die Salbung des Heiligen Geistes in seinem Herzen bewundern. Ich will jetzt nichts melden von seiner Philothea, welches Buch von der ganzen Welt ist hoch=geschätzet worden. Henricus der Vierdte kunte es nicht genugsamb loben/ Maria von Medicis hat es dem König von Engelland überschicket/ der/ obwohlen von der Römischen Kirchen abgesöndert/ es allezeit bey sich getragen/ und fleissig gelesen hat. Der Ertz-Bischoff von Wienn wiese alle seine Untergebene an die Philotheam. Alle Länder haben es bald in ihre Sprache übersetzet/ und ist kein Ketzer/ oder unordentlicher Catholique anzutreffen/ der auß demselben keine Frucht gezogen habe". Georgio (1719), S. 10.

382 Siehe hierzu Kindler (1974), S. 4850 f.

Die ursprüngliche Version der *Introduction à la vie dévote* erschien im Januar 1609 in Lyon bei Pierre Rigaud. Bereits im September 1609 kam es auf Anraten des Bischofs von Montpellier, Mgr. Fenouillet, zu einer umgearbeiteten, erheblich erweiterten Fassung. In dieser Ausgabe finden sich jedoch nicht nur Druckfehler, sondern es wurden drei Kapitel der ersten Ausgabe ausgelassen. In einer dritten Ausgabe wollte Franz von Sales diese Fehler beheben. Da er sie jedoch vor dem Erscheinen 1610 nicht durchsehen konnte, enthielt auch sie wieder Mängel. Im Jahre 1619 überarbeitete Franz von Sales diese Ausgabe während eines Paris-Aufenthaltes nochmals und ließ sie drucken[383]. Erst dieser Text scheint ihn zufriedengestellt zu haben, da er ihn mit einigen geringfügigen Retouchen 1620 in Paris wieder auflegen ließ. Die Ausgabe von 1620 war die letzte vom Ordensstifter selbst durchgesehene Fassung. Daneben erschienen, wie bei erfolgreichen Büchern üblich, eine große Zahl von Raubdrucken, die ebenso wie die späteren authentischen Fassungen mehr oder weniger korrekte Versionen darstellen[384].

Die *Philothea* machte Franz von Sales in weiten Kreisen außerhalb Frankreichs bekannt. Noch zu Lebzeiten des Verfassers wurden verschiedene Übersetzungen herausgegeben. Eine englische Übersetzung erschien 1613 und wurde bis 1617 bereits vier mal aufgelegt. 1612 erschien eine lateinische und 1618 eine spanische Ausgabe. Bereits Mitte des 17. Jahrhunderts gab es Übersetzungen in 17 Sprachen und über 40 Auflagen[385].

Als erste deutsche Übersetzung wurde bisher die von Caspar Eysengrein betrachtet, die 1618 in Münster erschien[386]. In München wurde bereits 1616 eine Eysengrein-Übersetzung gedruckt[387]. Der *Theotimus* dagegen wurde später und nicht so oft ins Deutsche übertragen[388].

---

383 Die Ausgabe von 1619 weist gegenüber der ersten mehr als tausend stilistische Korrekturen auf, da Franz von Sales der Form eine hohe Bedeutung zumaß.

384 Vgl. Vorwort in André Ravier, Saint François de Sales. Oevres, Gallimard 1969, S. 3–15.

385 Siehe Erich Hehberger, Der Welterfolg eines religiösen Klassikers. 400 Jahre Philothea (unveröffentlichtes Manuskript), Dietramszell 2002.

386 Vgl. Anton Nobis, Das deutsche Echo auf Franz von Sales, in: Jahrbuch für Salesianische Studien, Bd. 9, Eichstätt 1972, S. 10.

387 Das Geistlich Jelenger jelieber/ Das ist. Ein fürtreffliches/ hochnutzliches Buch/ für alle und jede (sie sein Geistlich oder Weltlich) so ein wahres andechtiges un Gottseliges leben anstellen wollen/ oder auch andere darzu anweisen und underrichten sollen. Welches je öffter es gelesen/ je lenger je lieber es dem guetherzigen leser sein wirde. Durch den Hochwürdigen und Gottseligen Herrn/ Herrn Franciscum von Sales, Jenenensischen Bischoffen/ in Französischer Sprach beschriben und außgangen. An jetzo aber in unser allgemeine Muttersprach verteutscht/ Durch Casparn Eysengrein zu Hermelsberg, München 1616.

388 Als älteste deutsche Übersetzung gilt : „Von der Liebe Gottes/ zwölff Bücher/ Durch den Francis-

1.2 Philothea im Kontext der Entstehungszeit

Während viele französische Autoren der ersten Hälfte des 17. Jahrhunderts, die spirituelle Literatur verfassten, bereits eine Generation später vergessen waren[389], wird die *Introduction* des Franz von Sales noch heute gelesen. Die Ursache der Wirkung des Werkes formuliert Manfred Tietz folgendermaßen:

> „Der scheinbar aus dem Nichts entstandene monolithische Block, den François' äußerst erfolgreiche *Introduction à la vie dévote* darstellt, die lange Zeit als das meistgelesene Buch französischer Sprache galt, läßt vergessen, dass dieses Werk keineswegs lediglich ein spontan hervorgebrachter genialer Wurf ist, sondern das Ergebnis eines auch literarisch sehr bewußten Vorgehens"[390].

Es war das Ziel des Ordensstifters, ein ganz bestimmtes, von der damaligen theologischen Literatur vernachlässigtes Publikum anzusprechen, was formale und inhaltliche Konsequenzen hatte. „Auf der formalen, literarischen Seite galt es, Techniken zu entwickeln und zu verwenden, die zur Lektüre der spirituellen Literatur anregten und die häufig sehr schwierigen Fragestellungen auch dem einfacheren Leser unmittelbar einsichtig machten"[391]. Ein Beleg für die intensive Auseinandersetzung mit der Vermittlungsproblematik ist der 1604 entstandene „Predigerbrief" von Franz von Sales. In ihm erklärt er André Frémyot die Grundlagen eines am Publikum orientierten Predigens.

Bei der *Introduction à la vie dévote* handelt es sich um ein Andachtsbuch[392] bzw. um ein aszetisches Werk. Sie soll den Leser zu Kenntnis und Übung des Wortgebetes sowie der daraus abzuleitenden Tugenden anleiten. Neu an diesem aszetischen Werk ist, dass Franz von Sales Laien zum frommen Leben außerhalb des Klosters führen will, weshalb er nicht in Latein, sondern in Französisch schreibt.
Dazu verwendet er den „style affectif"[393]. Tietz spricht von vier Verfahren dieses Stils: das ständige Ansprechen des Lesers, der Gebrauch der gebundenen Rede, die Verwendung von Versen und die Verwendung bildhafter Vergleiche. Franz von Sales war von der Wirkung bildhafter Vergleiche, sog. similitudes, so überzeugt, dass er eine ganze Sammlung davon anlegte. Dabei werden von den Lesern als wahr ange-

---

cum de Sales, weyl. Bischoff und Fürsten zu Genff/ Frantzösisch beschrieben; anjetzo Um ihre Vortrefflichkeit willen verteutscht. Getruckt zu Cölln/ bey Wilhelm Friessen/ in der Tranckgaß im Ertzengels Gabriel/ im Jahr Christi 1666". Nobis (1972), S. 15.

389 Siehe Tietz (1973b), S. 156; z. B. Yves de Paris oder N. Caussin.

390 Tietz (1980), S. 48.

391 Tietz (1973b), S. 154.

392 Siehe hierzu Tietz (1980), S. 51 f.

393 Vgl. zu folgenden Tietz (1980), S. 52 f.

sehene naturgeschichtliche Sachverhalte mit religiösen in scheinbar nicht anzweifelbare Parallelen gesetzt. Ohne lange Dispute wird dem Laien das Gefühl von der Wahrheit des „theologischen Explikandums" gegeben, dessen logische Erklärung er vielleicht nicht begreifen könnte.
Durch diese Verfahren wird nicht allein theologisches Wissen vermittelt, sondern gefühlsmäßiges Ergriffensein. Dass diese Taktik bei einer breiten Bevölkerungsschicht wirkte, zeigt der Erfolg der *Philothea* zu Lebzeiten des Ordensstifters bis heute.

Elisabeth Watrin untersucht in ihrer Dissertation von 1935 *Die weltanschaulichen Grundlagen der Introduction à la vie dévote des hl. François de Sales und die Auswirkungen des Buches auf Werke der französischen Literatur des 17. Jahrhunderts* ebenfalls den Zeitkontext. Sie führt aus, dass der Erfolg der *Philothea* in der humanistischen Bildung des Ordensstifters begründet sei: „Franz von Sales zeigt sich vertraut mit den Schriften des Altertums und rechtfertigt so seinen Ruhm als literarischer Humanist. Hervorzuheben ist die Eleganz seines Stiles. Als reiner Humanist hat er ein ausgesprochen feines Gefühl für die Schönheit der Form und die Erlesenheit der Sprache. Er weiß um den genauen Sinn und die Bedeutung der Worte, (...)"[394].

Die Briefe, die den Kern der *Philothea* bilden, entstanden 1607 und 1608. Genau in diese Zeit fällt die Gründung der „Académie florimontane"[395]. 1597 wurde ein enger Freund des Ordensstifters, Antoine Favre, zum Ratspräsidenten in Annecy erklärt; der Stadt, in der Franz von Sales als Weihbischof von Genf residierte. Die gemeinsamen Interessen für Poesie und die Wissenschaften ließ die beiden Freunde 1607 eine Akademie der Schönen Künste gründen, deren Leiter Franz von Sales war. Der Herzog von Savoyen gewährte der Akademie verschiedene Privilegien und der Herzog von Nemours wurde ihr Schutzherr. Es sollten Theologie, Politik, Philosophie, Rhetorik, Kosmographie, Geometrie und Arithmetik gelehrt werden.

394 Elisabeth Watrin, Die weltanschaulichen Grundlagen der Introduction à la vie dévote des hl. François de Sales und die Auswirkung des Buches auf Werke der französischen Literatur des 17. Jahrhunderts, Bochum 1935, S. 51.

395 Vgl. Watrin (1935), S. 10 ff. und Lajeunie (1980), S. 388 ff. Die Gründung dieser Akademie entsprach einer Zeitströmung, die vor allem von Italien ausging. Die in Florenz gegründete platonische Akademie des Cosimo da Medici fand Nachahmung in Rom, Neapel und in Venedig durch die Aldinische Akademie. Die Académie Florimontane hatte jedoch eigene Ziele. So wie die italienischen Akademien Bildungsstätten für Griechisch und Latein waren, sollte diese Akademie eine Schule des Französischen werden. Vor allem aber hatte Franz von Sales das Ziel, dem kalvinischen Kulturzentrum von Genf durch eine Akademie mit katholischer Ausstrahlung Konkurrenz zu machen.

Franz von Sales hegte den Wunsch, aus seiner Akademie eine ideale christliche Gemeinschaft zu machen.
Zu den allgemeinen Versammlungen wurden auch Maler, Bildhauer, Tischler und Architekten eingeladen, wodurch die Akademie zu einer Pflegestätte der Volksbildung wurde.
Da die o. g. Briefe gleichzeitig entstanden, kann davon ausgegangen werden, dass sie die gleiche Intention wie die Akademie verfolgten, nämlich einer größeren Öffentlichkeit in der französischen Volkssprache den katholischen Geist näher zu bringen.

2. Predigt

2.1 Predigttheorie des Franz von Sales von 1604

Barocke Predigten haben einen ähnlichen Aufbau. Die Predigt weist einen deutschen Titel auf, der eine Charakterisierung des eigentlichen Predigtthemas darstellt. Der Vorspruch besteht meist aus einem Schriftzitat. Nach dem Titel schließt sich ein Exordium an, in dem das Predigtziel vorgestellt wird. Im Hauptteil wird das Schriftwort auf den konkreten Anlass der Predigt übertragen; er zielt auf eine Conclusio des Predigtthemas. Der Schluss beinhaltet eine Segensbitte.
Je nach Bildung des Predigers handelte es sich um einfach aufgebaute oder sehr komplexe Texte.

Es existieren vier Bände gedruckter Predigten von Franz von Sales. Die umfangreichste Darstellung erarbeitete Dom Mackey 1898, die dem vierten Band der Annecy-Ausgabe der Predigten vorausgestellt war. Diesen Ergebnissen widersprach Fortunat Strowski 1928 in fast allen wesentlichen Punkten. In neueren Arbeiten über den Ordensstifter wurden die Predigten weder von Serouet noch von Lajeunie eingehender behandelt. Eine neuere kritische Bearbeitung zur Predigttheorie und -praxis leistete Tietz[396]. Dabei untersuchte er vor allem, wie Franz von Sales seine Lehrinhalte in eine für sein zeitgenössisches, jeweils spezifisches Publikum mit ganz verschiedenen Voraussetzungen angemessene Darbietungsform brachte.

Franz von Sales hat seine eigene Predigttheorie in einem 26-seitigen Brief vom 5. Oktober 1604 an André Frémyot ausführlich erläutert[397]. Dieser Brief an Frémyot hat eine große Verbreitung gefunden und galt in der lateinischen Übersetzung als eigenständige Abhandlung der Predigttheorie, als solcher wurde er auch mehrfach ins Deutsche übersetzt. „Dabei wäre etwa eine Darstellung der Rezeption von François' Predigerbrief in der Präzeptistik nach 1650 sowohl in Frankreich als auch

---

396 Vgl. hierzu Manfred Tietz: Die Predigt bei Saint François de Sales, in: Jahrbuch für Salesianische Studien, Bd. 11, Eichstätt 1974, S. 19 ff.

397 Adressat des Predigerbriefes war der 31-jährige Jurist André Frémyot. Er wurde am 16. Juni 1603 von Papst Klemens VIII. zum Erzbischof von Bourges ernannt. Von seiner juristischen Ausbildung her waren ihm die Prinzipien der Rede sicherlich bekannt, weshalb Franz von Sales darüber hinweg gehen konnte. In dem Predigerbrief werden keine Erläuterungen zu rhetorischen Figuren gegeben, sondern Franz von Sales setzt sich mit den Eigenschaften der Predigt auseinander.

in Deutschland, Spanien und Italien eine wichtige Aufgabe, weil sie weit besser als die Einzelausgaben der Predigten erkennen ließe, welche Bedeutung diesem kleinen Werk für die Predigttheorie an sich zuzuschreiben wäre"[398]. An der Wende vom 16. zum 17. Jahrhundert entstand in relativ kurzer Zeit eine große Anzahl von zum Teil sehr umfangreichen Predigtanleitungen, so dass die Predigttheorie des Franz von Sales nicht als isoliertes Phänomen zu sehen ist[399].

Eine Auswahl an Predigten erschien 1641 zum ersten Mal; also über 30 Jahre nach der *Philothea*, mit deren ungewöhnlichem Erfolg der Autor Franz von Sales identifiziert worden war. Zwischen 1630 und 1640 hatte sich parallel zur profanen Literatur auch im religiösen Schrifttum ein Stilwandel vollzogen, der die Predigten des Franz von Sales bereits als veraltet erscheinen ließ und eine Breitenwirkung verhinderte. Die Predigt vor 1650 wurde in Frankreich durchwegs als negativ beurteilt, da sie barocke Züge zeigt und vor den Maßstäben der französischen Klassik nicht bestehen konnte. Ein weiterer Grund, warum die Predigt dieser Zeit kaum beachtet wird, ist, dass im Wesentlichen auf dogmatische Inhalte des damaligen theologischen Schrifttums Wert gelegt wird und nicht auf die Formen der Vermittlung an verschiedene Publikumsschichten.

Einige der Elemente der Predigttheorie von 1604 des Franz von Sales finden sich in einer Lobpredigt wieder, die der Geistliche Rats-Direktor Johann Friedrich Karg von Bebenburg 1692, im 70. Todesjahr des Ordensstifters, an seinem Festtag, dem 29. Januar, in der Münchner Salesianerinnenkirche St. Anna gehalten hat. Es kann angenommen werden, dass Karg von Bebenburg die Predigttheorie kannte und sie anwendete.

2.2 Predigt des Johann Friedrich Karg von Bebenburg von 1692

In München sind im Gegensatz zu Wien wenige Predigten über Franz von Sales gedruckt worden[400]. Das kann daran liegen, dass in Wien die Veröffentlichung der

---

398 Tietz (1974), S. 21.

399 Vgl. Tietz (1974), S. 28 f. Eine Scheidemarke innerhalb der verschiedenen Predigttheorien bildete z. B. die Aufnahme der durch die Renaissance wieder belebten profanen antiken Rhetorik. Von einigen Autoren wurde sie als notwendige Basis jeder Predigt gesehen, von anderen wurde sie abgelehnt. Eine anderer Streitpunkt war die rhetorische Ausgestaltung; etwa ob antike Mythen in die christliche Predigt aufgenommen werden können oder ob profane Autoren zitiert werden dürfen. Verschieden gewichtet wurden auch die drei Zielsetzungen der Predigt: docere, delectare und movere. Auch Franz von Sales setzte sich mit diesen strittigen Fragen auseinander.

400 In Wien gehaltene Predigten: z. B. 1708 von Guilielmo Vorster; 1709 von Francisco Xaverio Brean; 1710 von Jacobo Antonio Zanollo; 1714 von Gregorio Friz; 1719 Adolphus à S. Georgio;

Predigten von den Savoyarden forciert und bezahlt worden ist[401].
Eine Lobpredigt über den Ordensstifter von 1692 scheint die einzige zu sein, die von den in München gehaltenen Predigten veröffentlicht worden ist. Sie ging in Druck, da „Joh. Leopold von Croneck, Chur=Fürstl. Geistl. Rhat“, die Veröffentlichung veranlasste, wie aus dem Vorwort hervorgeht:

„Ich habe gelesen gegenwärtige Lob=
Predig/ von dem H. Francisco von Sales,
und fürnemblich über dises grossen Heili=
gen/ allerschönste/ höchste Tugenden: dann über de=
renselben/ von dem so hochgelehrten Herrn Redner
also zierlich gesetzte Vorstellung/ mich hoch verwunde=
ret. Erachte derohalben/ gantz billich zuseyn/ daß
dieselbe/ auch mit dem Liecht deß offenen Trucks/ be=
ehret werde. München den 5. Febr. Anno 1692“[402].

Die Predigt weist, wie im Barock üblich, einen deutschen Titel auf, der das Thema beinhaltet[403]. Franz von Sales starb am 28.12.1622. Vor der Liturgiereform waren die Liturgie-Lesetexte am Todestag des Ordensstifters Apk 14,1-5 und Mt 2,13-18. Die liturgisch-kirchliche Bedeutung dieses Tages ist der Festtag des Bethlehemitischen Kindermords[404]. Nach Mt 2,18 wird als typologisches Motiv eines verbreiteten Darstellungstypus des Bethlehemitischen Kindermordes Rachel häufig mit Kindern im Schoß dargestellt[405].

1726 Accursio; 1727 Fr. Lucas à S. Nicolao; 1746 Francisco Adamo Rausch.

401 Vgl. Jacobo Antonio Zanollo, Crystalliner Spiegel auß SAVOYEN, oder: scheinbahres Tugend-Leben deß glorwürdigen Bischoffen und Fürsten zu Genff/ Heil. FRANCISCI de SALES. Einer Hochlöbl. Savoyschen Nation erkiesenen Land- und Schutz-Patrons, als selbige dessen jährliche Solemnität in der Kirchen deren Wohl-Ehwürden PP. Paulanern auf der Wieden Hochfeyerlich gehalten, Wienn 1710.

402 Karg von Bebenburg (1692), S. 2.

403 „Die/ Uber den Todt der Bethlehemiti-/schen Kinder/ Weinende:/ Und durch den lang hernach an eben selbigen Tag/ erfolgten seeligsten Hintritt/ Deß Heiligen/ FRANCISCI/ von SALES/ Getröstete/ RACHEL,/ In einer Lob=Predigt von gedachtem/ Heiligen an seinem Festtag in der Kirch der Clo=/ sterfrauen U. L. Frauen Heimbsuchung/ Vorgestellt durch/ Herrn Johann Friderich Karg von Beben=/burg/ beeder Chur=Fürstlichen Durchleuchtigkeiten geheimen Rhat/ und Stiffts Dechanten/ bey U. L. F. allhier“. Karg von Bebenburg (1692), S. 1.

404 Vgl. Anselm Schott, Das vollständige Römische Messbuch, Freiburg 1958, S. 57 ff. „Fest der heiligen Unschuldigen Kinder, Martyrer, 28. Dezember“.

405 Siehe Biblia Sacra (1758), Mt 2,18; „Es ward zu Rama eine Stimm gehöret, viel Weinens und Heulens: Rachel beweinete ihre Kinder, und wolte sich nicht trösten lassen, dieweil sie nicht mehr vorhanden seynd“.
Karg von Bebenburg erklärt in der Einleitung der Predigt die Zusammenhänge: „(...) was bewögt

Im Predigtitel wird der Zusammenhang hergestellt, dass die über den Tod der Kinder weinende Rachel, bzw. die „Christliche durch die Rachel verstandene Kirch" Trost findet, als Franz von Sales in den Himmel aufgenommen wird. Indem der Tod des Ordensstifters genau an diesem Tag eintritt, lässt Gott seinen besonderen Willen erkennen, den Karg von Bebenburg in seiner Predigt auszudeuten versucht. Den Zusammenhang zwischen Franz von Sales und den unschuldigen Kindern verwendet Karg als Argumentationsstrategie mehrmals im Verlauf der Predigt, wodurch er die Vorsehung Gottes zusätzlich herausstellt. Das Predigtthema entspricht mit der Betonung der Vorsehung Gottes einer Auffassung, die im besonderen Maß in den Schriften des Franz von Sales zu finden ist[406].

Der Vorspruch ist ein Schriftzitat: „Diser wird uns trösten. Genes. am 5". Im anschließenden Exordium wird das Predigtziel vorgestellt. In den letzten Zeilen der Einleitung, bevor der Prediger die Zuhörer direkt anspricht und sie um Geduld und Aufmerksamkeit bittet, heißt es:

> „Aber sey heut getröst meine klagende Rachel, GOtt der HErr hat an eben disem Tag/ da du die Gedächtnuß der 14000. Jungfrauen ohne Willen/ Lehrer ohne Verstand/ und Martyrern ohne würckliche Liebe begehest/ im Jahr Christi 1622. mit dem seeligen Hintritt deß H. Francisci von Sales gewesenen Bischoffens zu Genff/ und Stiffters deß hochberühmbten Ordens U. L. Frauen Heimbsuchung/ allen Abgang ersetzt/ von welchem du warhafftig/ wie der Lamech von seinem Sohn Noe Genes. am 5. sagen kanst. Iste consolabitur nos, diser wird uns trösten/ als der eine Jungfrau mit Verdienst; ein Lehrer mit hocherleuchtem Verstand; und ein Martyrer voll inbrünstiger Lieb gewesen ist/ mittels dessen du mit so vil tausend Jungfrauen/ Lehrmeisterinen/ und Liebs=Martyrinen geziert worden bist (...)"[407].

Im Hauptteil der Predigt wird das Schriftwort auf den konkreten Anlass der Predigt übertragen und zielt auf eine Conclusio des Themas. Im Redeschluss wird angeführt, dass der Ordensstifter durch seine Heiligsprechung zum Fürsprecher im Himmel wird und aufgrund seiner Tugenden die Salesianerinnen ihrem Führer treulich folgen.

---

doch zur gleichmässigen Traurigkeit die Christliche durch die Rachel verstandene Kirch/ welche sonst über anderer H. H. Märtyrern sigreichen Todt sich erfreut und frolockt? der H. Kirchen=Lehrer Augustinus (...) gibt ein schöne Ursach (...)". Karg von Bebenburg (1692), S. 3 f.

406 Vgl. Sales (1616), I, 107 f.

407 Karg von Bebenburg (1692), S. 4.

Die Predigt weist mehrere Übereinstimmungen mit der Predigttheorie des Franz von Sales auf [408]. Seinen Predigerbrief gliedert der Ordensstifter nach dem Schema der vier causae der Predigt: *causa efficiens* (der Prediger), *causa finalis* (das Ziel der Predigt), *causa materialis* (der Inhalt der Predigt) und *causa formalis* (die sprachliche Gestaltung).

Der erste Gliederungspunkt, *causa efficiens*, beinhaltet die Forderung des Ordensstifters einer anspruchvollen theologischen Ausbildung des Predigers und eines hohen Maßes an sittlicher Verantwortung, der Karg von Bebenburg gerecht wird[409]. Die sittliche Verantwortung, die Franz von Sales vom Prediger verlangt, begründet sich aus der Möglichkeit, durch sprachliche Mittel den Zuhörer über die rationale Argumentation hinausgehend zu beeinflussen. Diese rhetorischen Verfahren könnten somit missbräuchlich im Sinne von Propaganda, Demagogie und Reklame eingesetzt werden.

Die Predigttheorie von 1604 spricht davon, dass es Aufgabe der Predigt ist, zu lehren und zu bewegen. Franz von Sales grenzt bewusst das Erfreuen bzw. Ergötzen aus, wie es in der antiken Rhetorik beinhaltet war und auch von zeitgenössischen Predigttheorien einbezogen wurde. Den weltlichen Rednern sei es vorbehalten, mit Ohrenkitzel und gezierten Redewendungen eine Art Ergötzung zu erreichen, womit er sich gegen die popularisierende Predigt und die Sensationspredigt wendet[410]. Er schreibt zum Ziel der Predigt:

> „Ich weiß wohl, daß da einige sagen, der Prediger müsse auch ergötzen. Doch ich für meinen Teil mache da einen Unterschied und sage: es gibt eine Ergötzung, die sich an die Lehre und an das innere Bewegen hält. Denn wo wäre eine so unempfindliche Seele, die nicht mit außerordentlicher Freude vernähme, wie sie gut und

---

408 Franz von Sales, Brief über das Predigen (1604), aus dem Französischen von E. Kopp, in: Franz von Sales-Hefte, Bd. 5, Eichstätt 1946.

409 Johann Friedrich Karg von Bebenburg wurde am 19. Dezember 1648 in Bamberg geboren. Die akademische Ausbildung Kargs auf den Gebieten der Philosophie, der Theologie und beider Rechte, der er sich in Bamberg, Rom und Prag unterzog, endete in allen drei Fächern mit dem Erwerb des Doktorgrades. Er wurde am 31. August 1683 von Kurfürst Max Emanuel zum Geistlichen Rats-Direktor ernannt und am 26. November 1683 auf das Dekanat bei U. L. F. präsentiert und 1684 installiert. Für den Kurfürsten war Karg hauptsächlich im diplomatischen Dienst auf Reisen unterwegs. Ab 1687 stand er gleichzeitig im Kurkölner Dienst von Fürstbischof Joseph Clemens. Obwohl er bereits 1686 um Entlassung aus dem Kurbayerischen Dienst bat, weigerte Karg von Bebenburg sich bis 1692, sein Münchner Dekanat zu resignieren. Vgl. hierzu Georg Schwaiger (Hrsg.), Monachium Sacrum. Festschrift zur 500-Jahr-Feier der Metropolitankirche Zu Unserer Lieben Frau in München, Bd. 1, München 1994, S. 406 f.

410 Siehe Tietz (1974), S. 35 ff.

wie sie heilig den Himmelsweg gehen kann; wo wäre eine Seele, welche die Gottesliebe nicht als unsäglichen Trost empfände“[411].

Franz von Sales lehnt Prediger ab, die den Zuhörern zu Gefallen reden.
Karg von Bebenburg verwendet in seiner Rede keine Schmeicheleien und nichts Vergnügliches. Die eher strenge Predigt entspricht den Forderungen des Ordensstifters.

Der Inhalt der Predigt kann nach Franz von Sales u. a. die Lebensbeschreibung von Heiligen sein. Als Vorgehensweise empfiehlt er: „Und alles aus dem Leben des Heiligen schön der Reihe nach berichten! Oder auch durchbetrachten, was er alles getan hat: ‚in Taten' (also seine Tugenden), ‚im Leiden', sei es im Martyrium oder in der Abtötung, ‚im Beten' (seine Wunder)“[412].
Karg stellt die Bedeutung des Ordensstifters als Seelenführer dar, die sich v. a. auf das Verfassen der *Philothea* und die Gründung des Salesianerinnenordens gründet. Chronologisch führt er Stationen seines Lebens auf. Der Höhepunkt der Predigt und auch die Mitte des Textes beinhaltet ein Wunder, das Karg von Bebenburg einer Biographie über Franz von Sales entnommen hat: Während der Pfingstmesse im Moment der Wandlung setzt sich eine Taube auf dessen Haupt. Karg interpretiert das Geschehen als Zeugnis Gottes. Die Kirchenlehrer und Kirchenväter, die Evangelisten und viele Heilige werden mit der Taube als Zeichen der Inspiration durch den Hl. Geist bei ihren Werken dargestellt[413].

Bei der sprachlichen Gestaltung legt Franz von Sales besonders Wert auf einen affektiven Stil, durch den er seinen Zuhörern theologische Sachverhalte einsichtig und anziehend darstellen will.
An zwei Stellen lässt Karg von Bebenburg Franz von Sales selbst sprechen. Die erste Stelle leitet den Höhepunkt der Predigt ein und enthält zentrale Elemente des Hauptfreskos in St. Anna. In der zweiten direkten Rede lässt Karg den Ordensstifter gemeinsam mit Tobias von Ninive versichern, dass er -so wie dieser- ein Führer auf dem Weg zur ewigen Seligkeit ist. Hierzu schreibt Franz von Sales in der Predigttheorie: „Weiter hüte man sich, die Personen der Begebenheit sprechend einzuführen; wenn nicht ihre Worte der Heiligen Schrift entnommen oder sonst durchaus verbürgt sind“[414].

411 Sales (1604), S. 9 f.
412 Sales (1604), S. 25.
413 Vgl. LCI (1994), Bd. 2, S. 227.
414 Sales (1604), S. 19.

Durch die direkte Rede wird auf die hohe Bedeutung der Aussage verwiesen. Die Stelle ist der Festschrift zur Heiligsprechung des Franz von Sales entnommen, in der ein Emblem folgendermaßen beschrieben wird: „L'Ange Raphael fert de guide au jeune Tobie, & la Dame de Chantal voit en extaze Sainct François de Sales qu'elle ne cognoissoit point encore, & qui luy auoit esté destiné de Dieu pour guide de sa vie Spirituelle"[415].

Karg von Bebenburg verwendet viele affektive Wörter. Solche affektiv geladenen Wörter haben keine unmittelbar darstellende Funktion, sondern es kommt auf die mit dem Wort verbundene Gemütslage an[416]: Er verwendet z. B. „weinende, getröstete, trostlos, erfreut und frolockt, zu Gemüth gangen, unglückseelig, schändlichen, klagende". Zudem vermittelt er eindrucksvolle Bilder wie „auffs grausambst verübten Kinder=Mord", „so häuffige Zäher vergossen" oder „speyhet ihr (...) in das verfluchte Gesicht".

Die Predigt wurde zum siebzigsten Todestag des Heiligen geschrieben. Sie scheint einem sehr hohen Anspruch genügen zu wollen. Da als Adressat der Salesianerinnenorden anzunehmen ist, kann davon ausgegangen werden, dass viele Anspielungen in der Predigt den Zuhörern bekannt waren. Die Chorschwestern waren meist adelig und verfügten über eine höhere Bildung; es ist davon auszugehen, dass sie mit den Schriften des Ordensstifters und seiner Biographie vertraut waren. Im Circulaire von 1738 wird die Belesenheit der Salesianerinnen direkt angesprochen:

> „C'est donc pour accomplir les desirs de nôtre S. Fondateur, que sur la fin de nôtre Triennal je me donne l'honneur, Très cheres Sœurs, de vous apprendre quelques nouvelles de nôtre Communauté, pour vous porter à adorer avec nous la Divine Providence sur cette Maison, dont nous experimentons les effects les plus visibles, parce sans doute, qu'elle met toute sa gloire & consolation dans l'exacte & ponctuelle pratique de nos S. Regles. La lecture des écrits de N.S. Pere & de l'Institut, fait toutes les délices de nos Cheres Sœurs, & la préférent à toute autre récreation, (...)"[417].

Folglich wäre die Forderung des Franz von Sales erfüllt, dass eine Predigt dem Niveau der Zuhörer angepasst sein soll, gemäß seinen Bedürfnissen und seiner Aufnahmefähigkeit.

415 Festschrift (1666), S. 15.
416 Vgl. Manfred Tietz: Literarische Untersuchungen zur Predigtpraxis bei François de Sales, in: Jahrbuch für Salesianische Studien, Bd. 12, Eichstätt 1975, S. 36.
417 Circulaire (1738), S. 1.

2.3 *Karg von Bebenburgs Predigt als Interpretationsgrundlage für das Deckenfresko*

Aus folgenden Gründen ist anzunehmen, dass die Predigt von Karg von Bebenburg, die eine Zusammenfassung der wichtigsten Verdienste des Heiligen beinhaltet, mit herangezogen wurde, um die Bedeutung des Ordensstifters im Deckenfresko darzustellen.

Am 4. Februar 1692, einen Tag vor seiner Abreise aus München, setzte Karg von Bebenburg ein Testament auf, in dem er dem Frauenkloster zu St. Anna in München die hohe Summe von 100 Dukaten vermachte, sonst bedachte er nur Angehörige[418]. Daraus lässt sich schließen, dass er dem Orden der Salesianerinnen sehr nahe stand. Es war für ihn sicherlich eine besondere Aufgabe, eine Lobpredigt auf Franz von Sales zu verfassen.

Im Höhepunkt der Predigt führt Karg von Bebenburg „die Worte des Franz von Sales" an:
„(...) meine wehrteste Eltern geruhen mir mit Ansinnung deß Ehestands zuverschonen/ und zugestatten/ daß ich dem himmlischen Bräutigamb meiner Seel/ der *cantic. 2.* under den Lilien weydet/ mich unaußsetzlich beygeselle/ und einmahl im ewigen Leben *Apoc. 14.* dem keuschen Lamb mit den Erstlingen folge/ wo es hingeht"[419].

Im Zentrum des mittleren Deckenfreskos wird ebenfalls Apk 14 des hl. Johannes *Die Anbetung des Lammes auf dem Berg* dargestellt, wobei im Orden der Salesianerinnen sowie bei vergleichbaren anderen Deckenfresken immer Apk 5 *Das Lamm Gottes auf dem Buch mit den sieben Siegeln* gewählt ist, wie im weiteren näher erläutert wird. Wie bereits erwähnt, war Apk 14,1–5 einer der Liturgie-Lesetexte des Todestages von Franz von Sales, weshalb Karg von Bebenburg diese ungewöhnliche Stelle wählte.
Gleich im Anschluss an die o. g. Stelle folgt: „Wie er dann den Jungfräulichen Lilien Crantz biß an sein End und unverwelcht/ und zu dessen Zeugnuß von GOtt erhalten hat (...)"[420].
Auch dieser wichtige Moment im Leben des Franz von Sales wird im Deckenfresko abgebildet. Ein Engel wendet sich Franz von Sales zu, um ihm eine Lilie zu überrei-

---

418 Vgl. Rainer Egon Blacha, Johann Friedrich Karg von Bebenburg. Ein Diplomat der Kurfürsten Joseph Clemens von Köln und Max Emanuel von Bayern 1688–1694, Diss. Bonn 1983, S. 206. Seinen Schwestern vermachte er je achtzig und fünfzig Dukaten.
419 Karg von Bebenburg (1692), S. 7.
420 Karg von Bebenburg (1692), S. 7.

chen. Eben diese Stelle wird als einzige im Entwurf für das Hauptfresko konkret ausformuliert.

Zudem wird der Apostel Johannes als Führer zum Herzen Jesu eingesetzt. Indem er mit seiner Schreibfeder auf den Ring weist, wird die Deutung des bräutlichen Geheimnisses auf Christus gewählt, wie es im Hohenlied angesprochen wird[421].

Es ist die Frage zu stellen, wer bestimmte, in welcher Weise die Predigt von Karg von Bebenburg im zentralen Deckenfresko umgesetzt werden sollte. Es musste jemand sein, der durch seine Ausbildung und durch Kenntnis der Ursprünge des Ordens dafür qualifiziert war.

Im Jahr der Entstehung des Freskos war der Jesuit P. Wilhelm Englisch der Beichtvater der Ordensfrauen[422]. Wilhelm Englisch (1682–1747) trat 1700 ins Landsberger Noviziat ein. Nach dem üblichen Philosophiestudium studierte er Theologie in Ingolstadt und erhielt 1713 die Priesterweihe in Eichstätt. 1715/16 war er Logikprofessor in München und 1716 bis 1719 gab er einen Philosophiekurs in Augsburg. In den Jahren 1734 bis 1741 war er in München zunächst Spiritual der Salesianerinnen und dann Minister[423].
Da davon auszugehen ist, dass ihm als Seelsorger der Salesianerinnen die Hauptwerke des Franz von Sales bekannt waren und sein Einfluss auf den Frauenorden als hoch zu werten ist[424], kann er als einer der einflussreichsten geistlichen Auftraggeber für St. Anna innerhalb des Jesuitenordens gelten. Im Circulaire von 1738 werden seine und die Bedeutung der Jesuiten für den Salesianerinnenorden folgendermaßen beschrieben:

> „Nous réconnoissons pour une grace singuliere du Seigr. d'être déjà 30. ans soûs la Direction des RR. PP. Jesuites. Il nous conduisent selon le veritable Esprit de Nôtre S. Fondateur, pour lequel ils ont une si grande Affection & Devotion, que pour le faire connoître & honnorer de tout le monde, ils ont traduit sa vie en la lan-

421 Bereits im 12. Jahrhundert galt der Apostel Johannes als Patron der Herz-Jesu-Verehrung. In diesem Kontext steht vermutlich die erste große Sendungsvision der Maria Margareta Alacoque, die am 27. Dezember 1673, am Fest des Evangelisten Johannes, stattfand, als die Salesianerin vor dem Allerheiligsten betete. Christus ließ sie in dieser Erscheinung wie seinen Lieblingsjünger Johannes an seiner Brust ruhen. Vgl. John Moore, Herz-Jesu-Verehrung in Deutschland. Religiöse, soziale und politische Aspekte einer Frömmigkeitsform, Diss. Bamberg 1995, Petersberg 1997, S. 19.

422 „(...), worauf durch den Beichtvater P. Wilhelm Englisch aus der Gesellschaft Jesu das Ziborium aus dem Tabernakel der alten St. Annakirche in die neue übertragen wurde". Kirchenführer (1903), S. 7.

423 Siehe hierzu Ferdinand Strobel, Der Regularklerus. Die Gesellschaft Jesu in der Schweiz, in: Albert Bruckner (Hrsg.), Helvetia Sacra, Bern 1976, S. 273.

424 Auskunft der Archivleiterin des Archivum Monacense Societatis Jesu.

gue allemande. (...) C'est aux soins & à l'adresse de ces RR. PP. que nous confions tous nos besoins, tant spirituels, que temporels, & nous experimentons que nôtre confiance n'est pas mal placèes. Le R. Pere Guilaume Englisch, nôtre trés digne Consesseur, n'épargne aucune peine pour nous faire avancer dans la sublime perfection de nôtre état, il nous conduit & instruit dans nos rétraites, & avec le même zéle infatigable il console & assiste nos Sœurs malades & moribondes. (...) Aidez-nous, trés cheres Sœurs, á prier Dieu pour l'exaltation de cette S. Societé, qui est si utile à toute l'Eglise, & particulierement à nôtre Institut"[425].

Der Orden stand 1738 bereits dreißig Jahre unter der Leitung der Jesuiten, die die Salesianerinnen im Sinne des Franz von Sales führten und dessen Leben in die deutsche Sprache übersetzt haben. Da Franz von Sales erfolgreich zur Rekatholisierung im Sinne der tridentinischen Reform beigetragen hatte, entsprach sein Wirken dem Hauptziel des Jesuitenordens. Die Quelle zeigt, dass die Ordensfrauen dem Rat der Jesuiten nicht nur bei ihren geistigen sondern auch bei ihren „zeitlichen" Bedürfnissen vertrauten.

Für das Hauptfresko existiert eine Entwurfszeichnung. Die Bedeutung von Entwürfen für Deckenfresken dieser Zeit beschreibt Hundemer folgendermaßen: „(...) also keine Entwürfe oder Skizzen im modernen Sinn, sondern konstituieren den figurativ-bildlichen Abschluß des Inventioprozesses (...)"[426].

Die skizzierten Entwürfe stehen im Planungsprozess den schriftlichen Vorlagen gegenüber. Die Zeichnungen oder Ölskizzen[427] hatten die Aufgabe, die schriftliche Invention dem Auftraggeber anschaulich zu machen. Die Freskenentwürfe für Fürstenfeld wurden z. B. in der Ausführung stark verändert, wofür u. a. Änderungswünsche des Auftraggebers oder eine Programmänderung verantwortlich sein könnten.
Bruno Bushart stellt fest, vergliche man frühe Entwürfe Cosmas Damian Asams mit späteren Arbeiten, wie die Skizzen für Sankt Emmeran in Regensburg von 1732 und die Damenstiftskirche in München von 1735, sei ein zunehmend großzügiger Umgang mit den Angaben zur Ausführung unverkennbar. Die neu entdeckte Skizze für die Salesianerinnenkirche St. Anna begnüge sich wie die Zeichnung für Regens-

425 Circulaire (1738), S. 3.
426 Hundemer (1997), S. 36.
427 Vgl. hierzu Mundorff (2000), S. 40 f.
Die einzige erhaltene Ölskizze gehört Cosmas Damian Asams früher Schaffensperiode an. Der farbige detaillierte Entwurf für das Kuppelfresko der Dreifaltigkeitskirche in München liefert den Nachweis, dass der noch relativ junge, unbekannte Freskant die figurenreiche Darstellung kompositorisch bewältigen konnte. Die Ölskizze stimmt mit dem ab 1714 erstellten ausgeführten Fresko weitgehend überein.

burg „mit einer flächigen Nebeneinanderreihung summarisch angedeuteter Figuren und Gegenstände, die nur einen allgemeinen Eindruck von dem beabsichtigten Werk zulassen“[428]. Bushart führt diese Entwicklung zum einen auf die zunehmende Virtuosität des Malers und zum anderen auf seinen wachsenden Ruhm zurück, sodass die Entwurfsarbeit eine freiere Stellung in Asams Schaffen einnehmen konnte.

Offensichtlich ist im Entwurf für den Auftraggeber für das Hauptfresko in der Salesianerinnenkirche St. Anna als einzige Szene die Überreichung der Lilie an Franz von Sales, der die *Philothea* in Händen hält, ausformuliert und zentral dargestellt. Sogar der Zug zum Lamm und das Lamm selbst sind nur schemenhaft zu erkennen. Diese detailliert dargestellte Szene scheint der Schlüssel zum Verständnis des Freskos zu sein. Wie aus der Predigt von Karg von Bebenburg hervorgeht, wurden Franz von Sales von Gott selbst Lilien überreicht, zu dessen Zeugnis sich am Pfingstfest unter der Messe eine weiße Taube auf sein Haupt setzte. Somit ist der hier dargestellte Allerheiligenhimmel zum Schauplatz eines göttlichen Aktes geworden[429].

Emanuele Tesauro aus Turin[430], der von Henriette Adelaide für ein Bildprogramm in Nymphenburg beauftragt wurde, schrieb 1653 ein Buch, in dem „von der Rhetorik als einem Instrument der Erkenntnis die Rede ist und dabei die bildende Kunst mit der verbalen Rhetorik gleichgesetzt wird. Mit anderen Worten (...), daß das Kunstwerk sprechen müsse“[431]. 1669 schrieb er das Märtyrerdrama *Hermengild*, das auf den europäischen Jesuitenbühnen aufgeführt wurde. Das Jesuitendrama hat zum Inhalt, dass sich der Mensch durch Verfolgung und Leiden im Diesseits das ewige Leben im Jenseits verdient, was nicht dem Pessimismus entspricht, der die profane italienische Tragödie des Barocks weitgehend geprägt hat[432].

An der entsprechenden Stelle bei Karg von Bebenburg wird erzählt, dass sich Franz von Sales trotz widrigster Umstände seine Reinheit erhalten habe und dadurch von Gott zum Gründer des Salesianerinnenordens bestimmt wurde.

---

428 Bruno Bushart, Asam als Zeichner, in: Ausst.-Kat. Aldersbach (1986), S. 53.

429 „Dieses Phänomen des »Aktes« – im Gegensatz zum barocken Wunder – ist eines der neuen ikonologischen Stilkriterien“. Hermann Bauer, Zum ikonologischen Stil der süddeutschen Rokokokirche, in: Münchner Jahrbuch der bildenden Kunst, Bd. 12, München 1961, S. 219.

430 Emanuele Tesauro (1592–1675) gehörte bis 1634 dem Jesuitenorden an. Er lehrte Rhetorik in Mailand und Cremona und war Prinzenerzieher beim Herzog von Savoyen.
Sein Hauptwerk ist das 1653 erschienene poetologische Traktat *Das aristotelische Fernrohr*, in dem er sich der Rhetorik des Aristoteles wie eines optischen Instruments bedient, um alle metaphorischen Erscheinungen in den Blick zu bekommen. Vgl. Kindler (1974), S. 10533.

431 Hermann Bauer, Das alte Bayern und seine Nachbarn. Kunst in Bayern aus Europas Quellen, München 1991, S. 14.

432 Vgl. Kindler (1974), S. 3210.

Dies zeigen die der Überreichung der Lilie folgenden Worte: dass Gott der Herr „(...) seinen reinesten Geist auffgenommen: zuvor aber ihn zum Stiffter deß Frauen=Ordens under dem Titul unser lieben Frauen Heimbsuchung gemacht hat/ worin vil tausend fromme Seelen mit dem Gelübd der ewigen Keuschheit glücklich gebunden leben/ und indem sie keinen anderen/ als den unbefleckten JEsum/ für den Bräutigamb ihrer Herzen erkennen (...)“[433].

Der Entwurf betont demnach, die Macht und Gnade der göttlichen Vorsehung, wie sie in der Predigt dargestellt ist, auch im Bild zu verdeutlichen. Ein Zusammenhang, der für den heutigen „unwissenden“ Betrachter nicht offensichtlich ist, aber für die Salesianerinnen, die vor allem Adressat der Predigt von Karg von Bebenburg waren, selbstverständlich erscheinen musste. In der Conclusio der Predigt wird Franz von Sales ein „Exempel“ genannt, dem man treulich folgen kann, was Gott durch viele Zeichen bezeugt hat: „(...) Jungfräulichen Francisci von Sales getröstet/ und durch ihn mit einer Anzahl so viler fürtrefflichen keuschen Closterfrauen/ Lehr=Meisterinnen/ und Liebs=Martyrern geziehret worden: dessen Exempel wir billich immer behertzigen/ demselben treulich folgen“[434]. Im Fresko stellt der Ordensstifter bildlich für „immer“ die Brücke dar, zwischen dem „irdischen“ und dem „überirdischen“ Bereich des Kirchenraums.

Die Frage nach den Adressaten der Deckenfresken in St. Anna lässt sich unschwer eingrenzen. Die Kirche diente nie als Pfarrkirche. Bei der Beschreibung der Weihe wird betont, dass der Hof anwesend war; die Salesianerinnen standen zu diesem Zeitpunkt unter dem besonderen Schutz der Kurfürstin, die mit der Lebensgeschichte und der Bedeutung des Ordensstifters durch ihre Mutter, die Kaiserin Amalia Wilhelmine, sehr vertraut war. Das neu erbaute Gotteshaus war sicherlich auch einfacheren Menschen aus der direkten Umgebung zugänglich. Doch kann davon ausgegangen werden, dass sie nicht in erster Linie die Adressaten dieser Malerei waren.

---

433 Karg von Bebenburg (1692), S. 7.
434 Karg von Bebenburg (1692), S. 14 f.

3. Herz-Jesu-Verehrung

3.1 Bedeutung für den Orden der Salesianerinnen

In der Predigt des Geistlichen Rats-Direktors Johann Friedrich Karg von Bebenburg, gehalten 1692 in der Münchner Salesianerinnenkirche St. Anna, finden sich eng mit der Herz-Jesu-Verehrung in Zusammenhang stehende Gedanken[435].
Die Gestalt des Apostel Johannes spielt in der Herz-Jesu-Frömmigkeit des Mittelalters eine wichtige Rolle. Er erscheint oft als Führer zum Herzen Jesu, an dem er selber ruhen durfte.
In der Predigt Karg von Bebenburgs wird der Apostel mehrmals erwähnt.
Die Exegese des Hohenliedes mit der Ausdeutung des bräutlichen Geheimnisses auf Christus ist für die Herz-Jesu-Verehrung sehr wichtig. Dieses Thema spielt eine zentrale Rolle in der Predigt von 1692: „(...) daß ich dem himmlischen Bräutigamb meiner Seel/ der *cantic.* 2 under den Lilien weydet/ mich unaußsetzlich beygeselle (...)“[436]. In Hl 2,16 heißt es: „Mein Geliebter ist mein, und ich bin sein, der unter den Lilien geweydet wird“[437].

Da nicht nur im Deckenfresko, sondern im gesamten Innenraum sowie am Eingangsportal der 1733 begonnenen Münchner Salesianerinnenkirche St. Anna die Herz-Jesu-Symbolik verwendet wird, wird auf diese Thematik näher eingegangen.

Die Gründungen der Herz-Jesu-Bruderschaften in den Salesianerinnenklöstern des deutschsprachigen Raumes erfolgten: München 1713, Wien 1747 und Amberg vermutlich 1752. Die 1717 begonnene und 1728 geweihte Wiener Kirche ebenso, wie die ab 1697 erstellte und 1757 umgebaute Salesianerinnenkirche St. Augustinus in Amberg weisen bedeutend weniger Hinweise auf die Herz-Jesu-Verehrung auf als die Münchner Kirche. Der Grund dafür könnte an dem Einfluss der Jesuiten bei der Innendekoration von St. Anna liegen.

Die Herz-Jesu-Verehrung ist bis in die Zeit der Kirchenväter zurückzuverfolgen[438]. Der Gedanke, dass der Evangelist Johannes, der an der Brust des Herrn ruht, aus dem Herzen des Erlösers die Ströme lebendigen Wassers trinkt, wurde bereits von Augustinus und Paulus aufgegriffen. „Verdeutlicht wird diese Feststellung durch die

---

435 Siehe zu folgenden Josef Stierli, Die Herz-Jesu-Verehrung vom Ausgang der Väterzeit bis zur hl. Margareta M. Alacoque, in: Josef Stierli (Hrsg.), Cor Salvatoris. Wege zur Herz-Jesu-Verehrung, Freiburg 1954, S. 131 ff.
436 Karg von Bebenburg (1692), S. 7.
437 Biblia Sacra (1758), Hl 2,16.
438 Vgl. zu folgenden Moore (1997), S. 14 ff.

Tatsache, daß das Wasser und Blut aus dem Herzen Jesu die Sakramente darstellen. Da die Kirche diese Gnaden spendet, erlebt sie bei der Öffnung der Seite des Herrn sozusagen ihre Geburtsstunde"[439].

Ab dem 12. Jahrhundert entstand eine große mystische Bewegung in der abendländischen Kirche, in der sich eine enge persönliche Beziehung zu Jesus Christus entwickelte. Zu den ersten großen Christusmystikern zählt Bernhard von Clairvaux (1090–1153). Er wies in seinen Kommentaren zum Hohenlied auf die liebende Beziehung zwischen Christus und seiner Braut hin, mit der die glaubende Seele gemeint ist.
Die Herz-Jesu-Verehrung entstand als eine besondere Form der Christusfrömmigkeit. In den ersten deutschen Herz-Jesu-Gebeten, z. B. von Abt Gottfried von Admont (bis 1165) und Eckbert von Schönau (bis 1184), wird der Evangelist Johannes als Mittler zum heiligsten Herzen Jesu gedeutet. In diesem Kontext wurde der Apostel zum Patron der Herz-Jesu-Verehrung. Das 1246 für Lüttich und 1265 für das ganze Reich approbierte Fronleichnamsfest festigte die Verehrung, da die Eucharistie als Gegenwärtigkeit des heiligsten Herzens angesehen wurde.

Im Mittelalter trugen die neu entstandenen Bettelorden, wie die Franziskaner, Dominikaner und Zisterzienser zur Verbreitung des Herz-Jesu-Gedankens bei. Das Zisterzienserkloster Helfta bei Eisleben wurde eines der bedeutendsten Zentren der Verehrung. Unter den Schwestern waren Mechtild von Magdeburg, Mechtild von Hackeborn (1241–1299) und Gertrud die Große (1256–1302), die alle drei Herz-Jesu-Gebete verfassten.
In der Reformation wurde diese Andacht in der Kölner Kartause gepflegt und für ihre weitere Verbreitung gesorgt. Die Mönche sammelten viele mittelalterliche Mystikertexte, übersetzten sie und gaben Neuausgaben heraus, wodurch die deutsche Herz-Jesu-Verehrung in ganz Europa bekannt wurde.

In Deutschland verhalf die Gesellschaft Jesu der Verehrung zum Durchbruch. Petrus Canisius erlebte 1544, am Morgen seiner Ordensprofess am Sakramentsaltar der Peterskirche in Rom eine Herz-Jesu-Vision. Er trat von da an für die Verbreitung der Andacht ein. Das erste Buch eines Jesuiten, das ausschließlich der Herz-Jesu-Verehrung gewidmet war, erschien 1629.

Die Verehrung blieb bis ins späte 17. Jahrhundert trotz dieser Entwicklung eine Frömmigkeitsbewegung, die von einzelnen getragen wurde.

---

439 Moore (1997), S. 14.

Ausschlaggebend für die starke Ausbreitung der Herz-Jesu-Verehrung im 18. Jahrhundert war die Nonne eines Frauenordens in Burgund, eines Salesianerinnenordens. Die Visionen der Salesianerin Margareta Maria Alacoque, geboren am 22. Juli 1647 in Lhautecour, machten die Andacht zu einer öffentlichen Verehrungsform[440].
Margareta Maria Alacoque war 1671 in das Kloster der Heimsuchung zu Paray-le-Monial eingetreten. In einer Erscheinung am 16. Juni 1675 wurde sie von Christus aufgefordert, für die Einführung des Herz-Jesu-Festes tätig zu werden[441]. Obwohl sie 1685 Novizenmeisterin wurde, konnte sie in ihrem Kloster die Herz-Jesu-Verehrung nicht verbreiten.
Am 2. Juli 1688 erschien ihr der Ordensgründer Franz von Sales in einer Vision und forderte sie ausdrücklich auf, die Verehrung im Heimsuchungsorden durchzusetzen[442]. Als sie am 17. Oktober 1690 starb, hatten sich bereits die Klöster in Dijon, Semur-en-Auxois und Molins der Herz-Jesu-Andacht angeschlossen. Ab 1691 breitete sich die Verehrung in kürzester Zeit im gesamten Salesianerinnenorden aus[443]. 1920 wurde Margareta Maria Alacoque kanonisiert.

Der Jesuit Claude de la Colombière war im Kloster Paray-le-Monial der Spiritual von Margareta Maria Alacoque. Er weihte sich am 21.6.1675 durch ein Gelübde der Verkündung der Herz-Jesu-Verehrung und sorgte durch Veröffentlichungen für ihre Verbreitung in Frankreich und England[444].

Ein weiterer Jesuitenpater, Jean Croiset, unterhielt einen regen Briefverkehr mit Margareta Maria Alacoque. Sein Werk *La dévotion au Sacré Coeur de notre Seigneur Jésus-Christ* erweiterte er nach ihrem Tod mit einer Darstellung ihres Lebens und ihrer Visionen.

Dabei ging es um die von der altdeutschen Mystik deutlich geschiedene neue Herz-Jesu-Andacht mit dem Herz-Jesu-Fest nach der Fronleichnamsoktav, der „Heiligen Stunde“ am Donnerstag und den Monatsfreitagen.
Für die Liturgie ist vor allem die vierte Vision in der Fronleichnamsoktav des Jahres 1675 von Margareta Maria Alacoque von Bedeutung, in der Jesus von ihr verlangt,

---

440 Pius IX. sprach sie am 24. April 1864 selig.
441 Siehe Heimbucher (1933), S. 645.
442 Vgl. Anton Nobis, Herz-Jesu-Verehrung in der salesianischen Tradition, in: Jahrbuch für Salesianische Studien, Bd. 17, Eichstätt 1981, S. 154.
443 Vgl. Marie-Ange Duvignacq-Glessgen, L'ordre de la Visitation à Paris aux XVIIe et XVIIIe siècles, Paris 1994, S. 281 f.
444 Siehe hierzu Werner Dötterl, Herz-Jesu-Verehrung im Jesuitenorden, in: Jahrbuch für Salesianische Studien, Bd. 17, Eichstätt 1981, S. 84.

„daß am ersten Freitag nach der Fronleichnamsoktav ein besonderes Fest zur Verehrung meines heiligsten Herzens eingesetzt werde. Man soll an diesem Tag die heilige Kommunion empfangen und mir durch feierliche Abbitte Ehrenersatz leisten, um die Verunehrung zu sühnen, die dem allerheiligsten Sakrament während der Aussetzung auf den Altären zugefügt werden. Ich verspreche dies, daß mein Herz jene mit dem Strom meiner göttlichen Liebe überschütten wird, die ihm diese Ehre erweisen und sich dafür einsetzen, daß auch andere es tun“[445].

Der Papst stand der Herz-Jesu-Verehrung anfänglich ablehnend gegenüber. „Rom war jedoch prinzipiell nicht gegen die Verehrung des heiligsten Herzens an sich, sondern gegen die konkrete Form der Andacht, wie sie der heiligen Marguerite-Marie Alacoque zuteil wurde. Die Kurie war nicht von der übernatürlichen Qualität der Erscheinungen überzeugt, und sie hielt es für eine ‚neue Andacht', die zudem theologisch zweifelhaft erschien. Am 30. März 1697 legte der Stuhl daher sein Veto gegen die Gewährung des Herz-Jesu-Festes ein (...)“[446]. Diese Einstellung änderte sich auch nicht unter Papst Benedikt XIII., da die Gesuche an die Kurie, die der Jesuit Joseph de Gallifet zwischen 1726 und 1729 stellte, erfolglos blieben. Trotz dieser ablehnenden Haltung wurde zwischen 1690 und 1740 von Rom die Gründung von etwa 700 Herz-Jesu-Bruderschaften erlaubt und mit Ablässen und Privilegien ausgestattet. Erst 1765 genehmigte Papst Clemens XIII., der selbst Mitglied einer Herz-Jesu-Bruderschaft war, der römischen Erzbruderschaft des Herzens Jesu eine eigene Messe und ein Offizium vom heiligsten Herzen Jesu. Papst Pius IX. erhob 1856 den Herz-Jesu-Tag zum Fest für die ganze Kirche.

In Wien wurde um 1690 die erste Herz-Jesu-Bruderschaft im deutschsprachigen Raum am Kloster der Ursulinen errichtet. In Paray-le-Monial folgte 1693 eine solche Bruderschaft, und am 11. Mai 1713 wurde eine Bruderschaft zu Ehren des göttlichen Herzens Jesu in der alten St. Annakirche zu München von dem Freisinger Bischof Johann Franz Eder von Kapfing und Lichteneck (1695–1727) auf dem Altar der Heimsuchung Mariä oberhirtlich errichtet und von Papst Clemens XI. mit vielen Ablässen versehen[447].
Die 1735 geweihte, neu erbaute Salesianerinnenkirche St. Anna war die erste in der Diözese Freising mit einer Herz-Jesu-Symbolik[448]. St. Ursula in Straubing wurde ab 1738 von den Brüdern Asam ausgestattet. Im Deckenfresko des Altarraumes sind

---

445 Josef Stierli, Die Entfaltung der kirchlichen Herz-Jesu-Verehrung in der Neuzeit, in: Josef Stierli (Hrsg.), Cor Salvatoris. Wege zur Herz-Jesu-Verehrung, Freiburg 1954, S. 150 f.
446 Moore (1997), S. 22.
447 Siehe Kirchenführer (1903), S. 5 f.
448 Vgl. Benno Hubensteiner, Vom Geist des Barock. Kultur und Frömmigkeit im alten Bayern, München 1978, S. 103.

zentral die Herzen von Jesus und Maria dargestellt; der rechte Seitenaltar stellt die *Glorie des Herzens Jesu* dar[449].

Anna Coreth gibt an, dass bei den Salesianerinnen in Wien erst relativ spät eine Initiative in diese Richtung begann. Marie Charlotte von Leyen[450], die 1745 zur Oberin gewählt wurde, setzte sich ab diesem Zeitpunkt für die feierliche Festgestaltung und für die Verbreitung der Andacht ein. Aufgrund ihrer Bemühungen wurde am 13. Februar 1747 durch das Breve des Papstes Benedikt XIV. die Errichtung einer Herz-Jesu-Bruderschaft bewilligt.
Die Klostergeschichte zeigt, dass in Wien das Interesse der Salesianerinnen an der Herz-Jesu-Verehrung bereits um 1720 ebenso hoch war wie in München: „Als die Obersthofmeisterin Esterhazy bemerkte, dass die Schwestern gerne eine kleine Kapelle zu Ehren des allerheiligsten Herzens Jesu einrichten würden, spendete sie [Kaiserin Amalia Wilhelmine] das Bild für diesen Altar (...)“[451]. Der Textzusammenhang lässt schließen, dass der Altar um 1720 errichtet wurde.

In Amberg wurde die Andacht offensichtlich später eingeführt; obwohl dies noch vor dem Umbau der Kirche geschah, spielt die Herz-Jesu-Verehrung im Innenausstattungs-Programm eine untergeordnete Rolle.
Johann Kaspar von Wiltmaister erwähnt in seiner Amberger Chronik unter dem Kapitel „Kirch und Kloster der Frauen bei Mariä Heimsuchung“ ein im Jahr 1752 gedrucktes Buch, in dem das Ziel der in der Kirche der Klosterfrauen eingeführten Bruderschaft vom Herzen Jesu nachzulesen sei[452].
Aus dem Titelblatt ist das Jahr 1752 für die Errichtung der Bruderschaft anzunehmen:

Die Kirche von Iffeldorf in der Diözese Augsburg war seit 1707 Sitz einer Herz-Jesu-Bruderschaft. Bei der Neuausstattung von 1755 wurde im Deckenbild im Chorbereich die Verehrung des Herzens Jesu dargestellt. Siehe hierzu Corpus (1987), S. 415 ff.
Die Kollegienkirche Herz Jesu zu Ehingen, freskiert 1719, zeigt im Kuppelfresko das Herz Jesu in der Himmelsglorie. Es ist von den Mauern des himmlischen Jerusalems umgeben. In der ehemaligen Klosterkirche Herz Jesu zu Eichstätt, freskiert 1721, wird das Herz Jesu von den Personifikationen der vier Erdteile verehrt; das Herzopfer der Menschen wird durch eine Schale mit brennenden Herzen verdeutlicht. Vgl. LCI (1994), Bd. 2, S. 253.

449 Die Zusammenhänge zwischen der von der Salesianerin Margarete Maria Alacoque gegründeten Herz-Jesu-Verehrung und dem Orden der Ursulinen in Österreich stellt ausführlich dar: Coreth (1994), S. 87 ff.

450 Vgl. hierzu Coreth (1994), S. 126 ff.; Vermutlich ging der Einsatz für die Herz-Jesu-Verehrung auf den Einfluß von Marie Louise Croiset zurück, die die Schwester des Jesuiten Jean Croiset war. Marie Louise Croiset war Oberin in dem Straßburger Kloster, in das Charlotte von Leyen 1706 als Kandidatin eingetreten war.

451 Wolfsgruber (o. J.), S. 131.

452 Vgl. Johann Kaspar von Wiltmaister, Churpfälzische Kronik oder Beschreibung vom Ursprunge des jetzigen Nordgau und obern Pfalz, derselben Pfalzgrafen, Churfürsten und andern Regenten

„Vollkommene Liebs-Vereinigung mit dem allerheiligsten Herzen JESUS in dem Gottes-Hauß des Heiligen Augustini deren Closter-Frauen von MARIAE Heimsuchung zu Amberg. Mit Bewilligung des Hochwürdigsten Ordinariat aufgerichtet, Freysing 1752“[453].
In der Vorrede wird die Bedeutung der Vision der Margareta Maria Alacoque für die Ordensgeschichte der Salesianerinnen herausgestellt:

> „Gleichwie die offentliche Verehrung des Göttlichen Herzen JESU/ in dem heiligen Orden von MARIAE Heimsuchung/ durch die bewährte Offenbahrung/ so der gottseeligen Margaritae Mariae Alacoque geschehen/ ihren Ursprung genommen: Also ist solche auch bißhero von daraus mit besonderem geistlichen Nutzen fast aller Orthen in der Christenheit ausgebreitet worden/ und wird auch durch gegenwärtige Versamlung/ in ferneren Aufnahm gebracht zu werden/ verhoffet“ [454].

Es wird auch erklärt, warum das Herz Jesu bildlich dargestellt wird: „Weilen aber die Menschen zur Betrachtung unsichtbarer Sachen/ durch etwas sichtbares wollen angetriben werden; so will der liebreichiste Erlöser/ daß die sichtbare Bildnuß seines Herzen als ein emfindliches/ und bekanntes Sinn=Bild der Liebe solle vorgestellet werden/ um dardurch seine unsichtbare Liebe zu erkennen zu geben“[455].

Das Wappen oder Sinnbild des Ordens Mariä Heimsuchung wird in einer Lebensbeschreibung des Franz von Sales[456] in dem Kapitel „Von der Andacht zu dem allerheiligisten Herzen JEsu Christi“ folgendermaßen beschrieben: „Weilen der heilige Stüffter seinen Closter-Frauen das innerliche Leben eyfrig anbefohlen hat, gabe er dem Orden für ein Wappen das mit zwey Pfeilen durchstochne Herz deß Heylands, dardurch dessen Lieb zu seinem himmlischen Vatter, und gegen die Menschen angezeiget wird. Dises Herz ist mit einer dörneren Cron umgeben, und stehet auf demselben ein Creutz“[457].
Auch der Jesuitenorden widmete 1683 sein Wappen der Herz-Jesu-Verehrung: das Herz Jesu, zusammen mit drei Nägeln als Zeichen der Leiden Christi[458].

---

nebst den vorgefallenen besonderen Merkwürdigkeiten der churfürstlichen oberpfälzischen Haupt- und Regierungsstadt Amberg, Sulzbach 1783, S. 111.
453 Das einzig bekannte Exemplar befindet sich im Klosterarchiv der Salesianerinnen.
454 Herz-Jesu-Bruderschaft Amberg (1752), S. 3.
455 Herz-Jesu-Bruderschaft Amberg (1752), S. 7.
456 Eine Lebensbeschreibung des Ordensstifters von 1709 in italienischer Sprache ist in verschiedenen Auflagen in München vorhanden gewesen: Pier Giacinto Gallizia, Vita die San Francesco di Sales. Vescovo e principe di Ginevra, Venedig 1709.
Sie wurde 1739 in deutscher Sprache in München gedruckt. Vgl. Gennzinger (1739).
457 Gennzinger (1739), S. 274.
458 Vgl. Ausst.-Kat. München (1991): Die Jesuiten in Bayern 1549–1773, München 1991, S. 19.

In der 1709 in Venedig verfassten Lebensbeschreibung von Gallitia, der kein Jesuit war (1739 von dem Jesuiten Gennzinger ins Deutsche übersetzt), wird auf die Vision einer Salesianerin eingegangen.
In dem Kapitel über die „Andacht zu dem Allerheiligsten Herzen Jesu" wird zuerst herausgestellt, dass Franz von Sales die Herz-Jesu-Verehrung bereits zu seinen Lebzeiten in seinem Orden eingeführt habe[459]. Im Anschluss daran bringt Gallitia eine Beschreibung der Vision der Schwester „Anna Margareta Clement"[460]:

„Dises wird noch mehrers erhellen/ wann man dasjenige zu Gemüth führet/ was von dem Diener GOttes eine mit Gnaden hoch angesehne Closter-Frau seines Ordens/ mit Nahmen Schwester Anna Margareta Clement gesagt hat: „GOtt hat mir zu erkennen gegeben/ schreibt sie/ daß der heilige Franciscus von Sales/ bey seiner Lebens-Zeit in dem heiligisten Hertzen JEsu Christi sich aufgehalten habe/ allwo sein Ruhe auch die gröste Geschäffte nit zerstörten; und gleichwie Moyses durch die vertreuliche Handlung mit GOtt der sanfftmüthigiste Mann auf Erden worden ist/ also ist der seelige Stüffter durch die Vertreulichkeit mit Christo zu der Vollkommenheit der zwey vornehmsten Tugenden deß Göttlichen Herzens nehmlich der Sanfftmuth und Demuth gelanget. Dahero hat er aus Göttlicher Einsprechung einen Orden in der Kirchen zu Ehren deß anbettungs würdigen Hertzen JEsu Christi/ und zu Ubung gemelter zweyer tugenden gestüfftet, welche der Grund der Satzungen des Ordens von Mariä Heimsuchung seynd"[461].

Der Name Margareta Maria Alacoque und ihre Visionen werden von Gallitia nicht erwähnt. Da Anna Margareta Clement offenbar nur bei Gallitia eine wichtige Rolle für die Einführung der Herz-Jesu-Verehrung spielt, in der weiteren Literatur aber unberücksichtigt bleibt, wird der Schwerpunkt der Bearbeitung auf Margareta Maria Alacoque gelegt.

In einer Vision von Margareta Maria Alacoque im Jahre 1688 erhalten die Patres der Gesellschaft Jesu den Auftrag, die Verehrung zu verbreiten. Diese Botschaft an den Jesuitenorden wird als »munus suavissimum« (liebenswerter Auftrag) bezeichnet[462].

---

459 Franz von Sales starb 1622. Schon bald nach seinem Tod wird er mit der Herz-Jesu-Symbolik in Verbindung gebracht. Bühren erwähnt zwei Embleme mit flammenden Herzen Albert Flamens von 1664 aus der Serie *La vie symbolique*, die die Barmherzigkeit des Franz von Sales beschreiben. Vgl. Bühren (1998), S. 219.

460 Vgl. Devos (1973), S. 95; Marguerite und Gabrielle Clément traten in das erste Kloster der Salesianerinnen am 5. August 1617 ein. Devos nennt ein eigenständiges Werk über die Visionen der Anna Margarita Clemente von Gallitia: P. Gallice, Idea Divinae Benignitatis in Serva sua Anna Margarita Clemente, Lyon 1689. Der Name dieser Salesianerin wird nur von Gallitia in den Zusammenhang mit der Herz-Jesu-Verehrung gebracht. Weder in Quellen, Biographien oder weiteren Studien wird der Name erwähnt.

461 Gennzinger (1739), S. 277.

462 Zit. nach Moore (1997), S. 21. „Wenn es den Töchtern von der Heimsuchung gegeben ist, ihn zu erkennen und anderen auszuteilen, so ist es den Vätern deiner Gesellschaft vorbehalten, seinen

Der Jesuit Bernhard von Sonnenberg[463] hielt 1695 in „der Kirchen der Wol-Ehrwürdigen Closter-Frawen von der Heimbsuchung MARIAE“[464] eine Predigt mit dem Titel: *Newe vom Himmel gesandte Andacht gegen dem Göttlichen Herzen JEsu Christi*. Sie wurde auf Wunsch der Salesianerinnen mit einem Zusatz viermal aufgelegt und hatte einen Umfang von 179 Seiten.
Bis 1700 haben nach Stierli[465] mindestens 25 deutsche Jesuiten in ihren Andachten, Predigten und Dichtungen das Herz Christi zum Thema gemacht.

In dem Kapitel *Ursprung der Andacht gegen dem Göttlichen Hertzen Jesu* geht Sonnenberg direkt auf die Herz-Jesu-Verehrung in dem von Franz von Sales gegründeten Orden ein. In diesem Text handelt es sich eindeutig um Margareta Maria Alacoque.

„Die Bildnuß deß heiligen Herzen JEsu wurde von einigen gemahlet/ von anderen getrucket/ und häuffig außgetheilet: dise richteten ihm zu Ehren Altär auf/ jene ganze Capellen : alle rechtmeynende lobeten solche Andacht. Under disen die sich gelobter Andacht vor anderen und eiferiger annamen/ waren freylich die Ordens-Persohnen deß heiligen FRANCISCI von SALES, welche theils von den Worten/ theils von dem Exempel ihrer gottseeligesten Mitschwester MARGARITA, als vornemsten Werckzeugs diser vom Himel empfangnen Gutthat bewegt/ nichts unterlassen/ die Andacht gegen dem H. Herzen JEsu/ so vil ihr einsames Leben zuliesse/ zubefürderen (...)“[466].

Im weiteren Text geht er auf die Wirkung der Andacht in Bayern ein.

„(...) INNOCENTIO dem XII. jetzo regierenden Pabst (...) gnädigest begabt hat mit einem vollkommenen Ablaß/ für alle die jenige/ welche am Freytag nach der Octav deß heiligen Fronleichnams/ nach von Christo begehrter Niessung gemelten heiligen Sacraments/ in einer Ordens=Kirchen deß heiligen FRANCISCI von

Nutzen und Wert einsehen und erkennen zu lehren, damit man Vorteil daraus zieht und ihn mit der Wertschätzung und Dankbarkeit empfange, die einer so großen Wohltat gebührt. Und in dem Maße, als sie ihm diese Freude machen, wird dieses göttliche Herz, die Quelle des Segens und der Gnaden, diese reichlich über die Ausübung ihres Amtes ausgießen, dass sie Früchte trage, die über ihre Arbeiten und Hoffnungen hinausgehen, und selbst für das Heil und die Vollkommenheit eines jeden einzelnen von ihnen im besondern“.

463 Jost Bernhard von Sonnenberg (1643–1702) studierte Philosophie und Theologie in Ingolstadt und Innsbruck. Von 1683–1686 hatte er an der Universität Ingolstadt den Lehrstuhl für Moraltheologie inne. Ab 1690 wurde er an die französische Universität Freiburg i. Br. als Theologieprofessor und Präfekt der höheren Studien berufen. In München las er 1694/95 Casuistik und ging 1695-1698 als Tertiatinstruktor nach Ebersberg. Seine letzten Lebensjahre verbrachte er in München. Siehe hierzu Strobel (1976), S. 190.

464 Sonnenberg (1695), S. 1.

465 Siehe Stierli (1954), S. 128.

466 Sonnenberg (1696), S. 48 (Die Ausgabe von 1696 befand sich im Besitz der Münchner Salesianerinnen).

SALES, ihr Gebett in der bey anderen Ablassen gebräuchlicher Meinung/ andächtig verrichten wurden. (...) und auch endlich auf liebreiche Einladung der gegenwärtigen GOtt geheiligten Töchter deß heiligen FRANCISCI von SALES, allhier sich zum größten Nutz deß ganzen Bayrlands wohnhafft nidergelassen hat"[467].

Coreth sieht in Sonnenberg einen der wesentlichsten Propagatoren dieser Spiritualität im deutschen Raum, wofür er auch angegriffen wurde: „An der Schrift Sonnenbergs, der übrigens in den theologischen Auseinandersetzungen seiner Zeit kein Unbekannter war, zeigt sich aber auch die damalige Zurückhaltung höchster kirchlicher Instanzen gegenüber der Fundierung eines Kultes auf einer Privatoffenbarung"[468]. 1698 wurde Sonnenberg zu einer Titeländerung seiner gedruckten Andacht veranlasst; zu: *Andacht zu dem Herzen Jesu* statt *Newe vom Himmel gesandte Andacht gegen dem Göttlichen Herzen JEsu Christi.*

Franz von Sales war, um einer ungesunden mystizistischen Strömung in Frankreich entgegenzuwirken, bei der Empfehlung mystischer Schriften sehr zurückhaltend. Johanna von Chantal empfiehlt er die *Geistlichen Übungen* von Tauler und *Das Leben Jesu* von Ludolf dem Kartäuser. In seinen Predigten zitiert er öfters Rupert von Deutz.
Der Ordensstifter kannte die Schriften der deutschen Mystiker, soweit sie ihm in Übersetzungen zugänglich waren. Der Grad dieses Einflusses auf seine Schriften ist jedoch nicht gesichert. Er wurde stark von den spanischen Mystikern beeinflußt, deren Schriften zu dieser Zeit in Übersetzungen erschienen, sowie von Italien her von Scupoli und Katharina von Siena[469].

In einem Visitationsprotokoll wird auf die Herz-Jesu-Verehrung eingegangen. Hier findet sich der Hinweis auf den Lieblingsjünger Johannes in Zusammenhang mit der Andacht zum Herzen-Jesu in dem Salesianerinnenorden.

„Nämlich die ausserordentliche Lieb Christi JESU gegen den preiswürdigsten Salesianischen Orden zu erzeigen auf dem Vorzug einer von dem schon glorreichen Christo JESU ertheilter Schankung seines Göttlichen Herzen, damit durch die Salesianische Ordensgenossen fürnemlich erhalten, und fortgesetzt werde die auferlegte Andacht gegen annoch in dem Himel verbleibente Wunden des Herzen JESU, und seye schon der liebe Jünger Joannes auf dem Herz JESU geruhet, so verlange entgegen das Herz JESU bis zu End der Welt zu ruhen ober den eyfrig brennenten Herzen seiner Salesianischen Gesponsen"[470].

---

467 Sonnenberg (1696), S. 49 f.
468 Coreth (1994), S. 32.
469 Vgl. Nobis (1981), S. 132.
470 AEM, Klosterakten A 273, Visitationsprotokolle 1733 ff.

In Österreich verbot Kaiser Joseph II. 1781, Herz-Jesu-Andachtsbücher zu drucken; zudem wurde die Abhaltung von Herz-Jesu-Andachten bestraft[471].
In einer Verordnung des Kurfürsten Max III. Joseph vom April 1769 werden auch die Amberger Salesianerinnen aufgefordert, einen detaillierten Bericht über ihre Herz-Jesu-Bruderschaft abzuliefern. Da das Frauenkloster nicht reagierte, drohte die Regierung mit einer Geldstrafe. Am 9. August 1769 schickte die Oberin ein Protokoll mit dreizehn Punkten über die Organisation der Bruderschaft ab[472].
Bereits Ende der Siebzigerjahre durfte ohne Wissen des Kurfürsten keine Bruderschaft mehr errichtet werden und bestehende mussten ihre Organisation offen legen sowie die Bewilligung des Landesherrn einholen. Diese einschränkende Anordnung kann bereits als eines der ersten Anzeichen der Säkularisation und der im Jahr 1804 erfolgten Aufhebung des Amberger Klosters gewertet werden.

Zusammenfassend lässt sich feststellen, dass die im 18. Jahrhundert in Europa neu aufblühende Herz-Jesu-Verehrung zwar in Burgund durch die Salesianerin Margareta Maria Alacoque ausgelöst wurde, dass aber durch den Auftrag an die Gesellschaft Jesu in ihrer Vision von 1688 der Jesuitenorden es als seine Aufgabe sah, für die Verbreitung der Herz-Jesu-Verehrung zu sorgen. Da in München zum Zeitpunkt des Neubaus die Salesianerinnen unter der geistigen Führung der Jesuiten standen, ist damit die auffällige Verwendung des Herz-Jesu-Motivs zu erklären.

In Wien und Amberg ist die Herz-Jesu-Symbolik zwar auffällig, aber nicht so ausgeprägt wie in der Innenausstattung der Münchner Salesianerinnenkirche.
Die Wiener Salesianerinnenkirche weist an der Kirchenfassade über dem großen oberen Fenster das Wappen der Salesianerinnen auf. „Die Cartouche trägt das vergoldete, weithin leuchtende Ordenswappen, ein von zwei Pfeilen durchbohrtes, mit einem Dornenkranz eingerahmtes und von einem Kreuz überragtes Herz"[473]. Links vom Hauptaltar auf der Rückseite der Kanzel befindet sich ebenfalls das Wappen der Salesianerinnen.

In Amberg befindet sich das Wappen in der Mitte des heutigen Abschlussgitters des Langhauses. Es handelt sich um das ehemalige Chorgitter des Dientzenhoferbaus (ab 1697). Die Funktion des Gitters lässt sich anhand eines Spaltzettels vom 7.3.1699 nachweisen, in dem die Bedingungen für die Anfertigung vereinbart wurden: „(...) ein eisernes Gütter auf der vorgewisenen Formb, und Manier, sauber und

471 Vgl. Moore (1997), S. 23.
472 Siehe StAA, Salesianerinnen Kloster Amberg 797.
473 Das Kloster der Salesianerinnen in Wien und seine geschichtlichen Denkwürdigkeiten (=maschinenschriftliches Manuskript im Klosterarchiv der Wiener Salesianerinnen, o. N., o. J.), S. 115.

neth zu verferttigen, und in der Closter Frauen neu erpaueten Kürchen vor den Hoch Altar aufzusezen, (...)“[474].
Im Konzil von Trient (1545–1563) war die Entfernung aller Lettner angeordnet worden, da diese eine unüberwindliche Barriere zwischen dem Altar- und dem Gemeinderaum bildeten. Für die Trennung waren nur noch durchsichtige Schranken, so genannte Chorgitter, erlaubt[475]. Beim Umbau ab 1757 wurde das Chorgitter links und rechts erweitert und als Abschlussgitter des Langhauses verwendet.
Eine weitere Darstellung des Herzen Jesu im Dientzenhoferbau ist nicht bekannt. Die Bruderschaft wurde offenbar erst 1752 gegründet, also im gleichen Jahr, in dem die Ordensstifterin selig gesprochen wurde.

In den Deckenfresken, die 1758 beim Umbau von St. Augustinus entstanden, findet die Herz-Jesu-Symbolik nur im Zusammenhang mit der Lebensgeschichte der Ordensstifterin einen Platz. Im Vertrag mit Gottfried Bernhard Göz ist für das Fresko über der Orgelempore folgendes festgelegt: „(...) die seelige von Chantal, wie ihr die göttliche liebe den nahmen Jesu auf die brust brennet, neben ihr kommen glaub und hoffnung, selbige umfangend, oben aber in der glori das brennende Herz Jesu“[476].
Das Thema des vorderen Wandfreskos auf der linken Seite vom Eingang her gesehen, ist die Herz-Jesu-Verehrung. Das Herz Jesu schwebt über dem auf dem Buch mit den sieben Siegeln ruhenden Lamm. Es ist entsprechend dem Wappen der Salesianerinnen mit einem Strahlenkranz umgeben. Herz und Lamm wirken wie auf einem Thron erhöht, da sie von den Flügeln der Evangelistensymbole und einem blauen Baldachin eingerahmt werden. Unter dem Lamm kniet ein Engel, der ein Rauchfass schwenkt. *Abb. 35*

In der Münchener Salesianerinnenkirche St. Anna bildet die Darstellung des Herzen Jesu einen Spannungsbogen für die gesamte Dekoration.

Das Eingangsportal weist bereits auf den Innenraum hin. Dargestellt sind in einem Strahlenkranz zwei Herzen. Auf dem Originalentwurf ist in einem Strahlenkranz links das Wappen der Salesianerinnen und rechts ein Herz zu sehen, das von einem Dolch durchstoßen ist. Auf der Rückseite des Originalentwurfs sind acht Punkte aufgelistet, wie der Steinmetz das Kirchenportal fertigen sollte. Unterschrieben ist diese Liste von dem Baumeister Gunezrhainer und dem Steinmetzmeister. In Punkt G wird das zweite Herz als Herz von Maria bezeichnet. *Abb. 16*

474 StAA, Salesianerinnen Kloster Amberg 747, Quittung 417.
475 Vgl. Hawel (1982), S. 172 f.
476 StAA, Salesianerinnen Kloster Amberg 792.

Abb. 5 Auch am Hauptaltar fällt die häufige Verwendung des Herzens auf. Links neben dem Hochaltarauszugsbild sitzt ein Stuckengel auf dem gesprengten Giebel, der ein brennendes Herz und einen Pfeil in der linken Hand hält, während seine rechte Hand auf eine Seitenwunde in der Brust deutet. Der ihm gegenüber sitzende Engel hält in einer Hand ein brennendes Herz und in der anderen eine Lilie. Auf dem Altarblatt zwischen ihnen ist der hl. Augustinus abgebildet, auf dessen Brust sich ebenfalls ein brennendes Herz befindet.

Abb. 11 Der Blick des Kirchenlehrers ist nach oben gerichtet. Im Chorfresko darüber wird Gottvater von einem Engel eine Schale mit brennenden Herzen entgegengereicht, die die Erhebung der liebenden Herzen bedeutet. Im zentralen Mittelfresko spielt die Herz-Jesu-Verehrung eine wichtige Rolle. Auch hier hält eine Nonne eine Schale mit brennenden Herzen; zudem ist das Herz Jesu auf dem Thron abgebildet, wie es Margareta Maria Alacoque in ihrer Vision gesehen hat und in der Predigt von Sonnenberg beschrieben wird. Die Ordensstifterin Johanna Franziska von Chantal, die neben dem Bauplan steht, trägt als ihr Attribut ein brennendes Herz in der rechten Hand.

Zusätzlich weisen die Kapitelle der Säulen und Pilaster fast im gesamten Innenraum brennende Herzen auf, die mit Flügeln versehen sind. Auch auf dem Tabernakel befindet sich eine Abbildung des Wappens der Salesianerinnen. Am dominantesten wirkt das Wappen der Salesianerinnen oberhalb der Kanzel. Zwischen den Kapitellen der über Eck gestellten Säulen ist das Herz Jesu von einem großen Strahlenkranz umgeben dargestellt. Zwei Putti, die auf der Kanzel stehen, scheinen mit dem Betrachter zu kommunizieren. Der linke Engel hält ein brennendes Herz in den Händen, während der rechte mit einer Hand nach oben deutet und mit der anderen an seine Brust greift.

Stuckreliefs

Linke Supraporte

In einem Stuckmedaillon oberhalb der Tür links neben dem Altar ist ein Pelikan abgebildet, der seine toten Jungen zum Leben erweckt[477]. Dieses Bild des Pelikans steht überwiegend als Symbol für Christi Todesopfer und Auferstehung und somit für seine aufopfernde Liebe.

Im *Theotimus* überschreibt Franz von Sales ein Kapitel, in dem er einen Vergleich mit dem Pelikan anführt, mit den Worten: „Andere Weisen der heiligen Liebe, die Herzen zu verwunden"[478]. Er stellt dabei den Pelikan in den Kontext der Herz-Jesu-Verehrung.
Das religiöse Sinnbild des Pelikans findet sich auf einem Gemälde, das heute im Kloster der Salesianerinnen in Wien in einem der Besucherzimmer aufbewahrt wird. Auf einem Schriftband stehen die Worte: „O Jesu Herz ich Liebe dich, weil du zu vor geliebt hast mich". Das Bild und das Relief könnten etwa gleichzeitig entstanden sein.

Da auf dem Gemälde der Pelikan zusammen mit dem Herzen Jesu, ähnlich dem Wappen der Salesianerinnen, dargestellt ist, kann geschlossen werden, dass seine Darstellung in St. Anna auch auf die Herz-Jesu-Verehrung verweisen soll.

---

477 „Der Physiologus hat von dem Pelikan gesagt, er gehe völlig auf in der Liebe zu seinen Kindern. Wenn er die Jungen hervorgebracht hat, dann picken diese, sobald sie nur ein wenig zunehmen, ihren Eltern ins Gesicht. Die Eltern aber hacken zurück und töten sie. Nachher jedoch tut es ihnen leid. Drei Tage lang trauern sie dann um die Kinder, die sie getötet haben. Nach dem dritten Tag aber geht ihre Mutter hin und reißt sich selber die Flanke auf, und ihr Blut tropft auf die toten Leiber der Jungen und erweckt sie". Der Physiologus. Tiere und ihre Symbolik, übertragen und erläutert von Otto Seel, Düsseldorf 2000, S. 10 f.

478 Sales (1616), I, S. 311; „Der Pelikan baut sein Nest auf der Erde; daher kommt es oft vor, daß seine Jungen von Schlangen gebissen werden. Wenn dies geschehen ist, dann bringt der Pelikan, wie ein richtiger Arzt, seinen armen Jungen mit dem Schnabel überall Wunden bei, um mit dem Blut das Gift ausströmen zu lassen, das der Biß der Schlange in ihrem Körper verbreitet hat. Um so das ganze Gift auszuscheiden, läßt er das ganze Blut herausfließen und die kleine Schar der Pelikane muß sterben. Sieht er sie aber tot daliegen, dann bringt er sich selbst eine Wunde bei und läßt aus ihr sein Blut über sie verströmen, um sie mit einem neuen und reineren Leben zu beleben. Seine Liebe hat sie verwundet und gleich darauf verwundet er sich selbst durch die gleiche Liebe. Nie verwunden wir ein Herz mit einer Liebeswunde, ohne sogleich selber verwundet zu werden. Sieht die Seele, daß Gott aus Liebe zu ihr verwundet ist, so schlägt das auch ihr sofort eine Wunde".

Rechte Supraporte

Ebenfalls in einem Stuckmedaillon, rechts neben dem Altar, ist ein Vogel zu erkennen, der aus den Flammen emporsteigt[479]. Der Ordensstifter vergleicht den Phönix mit der Gott liebenden Seele; zudem sei er nur in den Lüften zu sehen[480].

In den beiden Bildern wird folglich die Liebe zu Gott und seine Liebe zu den Menschen dargestellt.

In der Münchner Salesianerinnenkirche St. Anna nimmt die Herz-Jesu-Verehrung in der Innenausstattung einen höheren Stellenwert ein, als in der kurz vorher entstandenen Wiener Kirche oder der etwa zwei Jahrzehnte später entstandenen Amberger Kirche. Der grundlegende Umstand, der dafür ausschlaggebend sein könnte, ist die Beratung durch die Jesuiten für das Programm des Innenraums, die sich für die Verbreitung der Herz-Jesu-Verehrung besonders Anfang des 18. Jahrhunderts einsetzten. Der besondere Einfluss durch die Jesuiten auf den Münchner Orden und v. a. durch den Beichtvater der Salesianerinnen, des Logikprofessors Wilhelm Englisch, ist in dem Circulaire von 1738[481] dokumentiert.

Beide Motive der Supraporten sind der Emblematik entnommen, wobei hier das Bild ohne Schriftergänzung auskommt, da beide Medaillons Bezüge zum Deckenbild aufweisen. „Wort-Bild-Formen“ werden in dem erst im Barock gegründeten Salesianerinnenorden eingesetzt, wenn wichtige Ereignisse einer Öffentlichkeit präsentiert werden sollen.

3.2 Emblematik

Neben der Buchemblematik wurde das Emblem auch in vielen anderen Lebensbereichen zur Verständigung und Autorisierung von Aussagen eingesetzt. Embleme

479 „Der Vogel aber kommt zur Sonnenstadt, vollbeladen mit Wohlgerüchen, und stellt sich oben auf den Altar, und das Feuer erfaßt ihn, und er verbrennt sich selbst. Und der Priester, wenn er am folgenden Tage den Altar durchsucht, findet er einen Wurm in der Asche. Und am zweiten Tage wachsen ihm Flügel, und man findet ihn als ein Vogel-Junges. Am dritten Tage aber findet man, daß er wieder so geworden ist wie ehedem. Und er grüßt feierlich den Priester, und fliegt hoch, und ziehet von dannen nach seiner alten Stätte“. Physiologus (2000), S. 14 f.

480 Sales (1616), II, S. 179; „Nun gibt es aber auch *Seelen, die weder Überflüssiges lieben, noch mit Übermaß lieben*, sondern *nur das lieben, was Gott will und so wie Gott es will.* Es sind glückliche Seelen, denn sie lieben Gott (...). Sie gleichen dem vollkommen verjüngten und zu neuer Lebenskraft zurückgekehrten Phönix, den man nur in den Lüften und auf den Berggipfeln hoch in der Luft sieht“.

481 Vgl. Circulaire (1738), S. 3.

konnten sich u. a. an Innen- und Außenwänden von Gebäuden, Medaillen, auf Fahnen oder auf Schießscheiben befinden. In seinem Werk *Emblematum liber*, das 1531 in Augsburg erschien, legte Andrea Alciati die Form des Emblems fest. Aus der Kombination von Text und Bild wird ein dreiteiliger Aufbau entwickelt. Das Emblem besteht aus Überschrift bzw. Lemma, einem Bild sowie einem darunter angeordneten Epigramm, das die Darstellung erläutert und seine Symbolik erklärt[482].

„Einen ersten spezifischen Ausdruck fand das topisch geprägte ‚Wort-Bild'-Verständnis der Humanisten in der Entwicklung der ‚Emblematik' des 16. Jahrhunderts"[483]. Die Multifunktionalität der Emblematik zeigt sich durch ihren Einsatz auf Medaillen und Münzen, in Büchern, ebenso wie in Festdekorationen oder dauerhaften Raumausstattungen.

Bereits die ersten Emblemzyklen in Süddeutschland waren von komplexer Thematik. Die Zusammenhänge zwischen Emblemen und Allegorien der *Iconologia* von Cesare Ripa, die 1593 zuerst in Rom erschien, sind äußerst kompliziert. Ripa lieferte mit seinem illustrierten Wörterbuch der Allegorien die Grundlage für eine Bildersprache, die in ganz Europa von den Künstlern angewendet und von gebildeten Betrachtern verstanden wurde.

Ein Beispiel dafür ist das 1664 in Paris gedruckte „La vie symbolique du bienheureux François de Sales, evesque et prince de Geneve. Comprise sous le voile de 52. Emblemes, qui marquent le caractere de ses principales vertus (...)"[484], das Embleme zum Leben des Ordensstifters und zu seinen Tugenden, von Geburt bis zum Tod, enthält. Von den 52 Emblemen des Emblemzyklus' enthalten viele Themen, die auch im zentralen Deckenfresko der Münchner Salesianerinnenkirche angesprochen werden. Allein auf fünf Emblemen sind Herzen dargestellt.

Emblem X hat als Überschrift „La blancheur de sa Pureté" („Der Glanz seiner Reinheit") und Emblem XIII „Son ajmable & gratieuse affabilité" („Seine liebenswürdige und graziöse Freundlichkeit"). Über dem Emblem XXVI stehen die Worte „Son esprit de conduite & de direction" („Sein Geist des Führens und Leitens").

---

482 Vgl. Cornelia Kemp, Angewandte Emblematik in süddeutschen Barockkirchen, (=Kunstwissenschaftliche Studien, Bd. 53), München 1981, S. 9 ff.

483 Hundemer (1997), S. 125.

484 M. Adrien Gambart, La vie symbolique du bienheureux François de Sales, evesque et prince de Geneve. Comprise sous le voile de 52. Emblemes, qui marquent le caractere de ses principales vertus, avec autant de Meditations, ou Reflexions pieuses, pour exciter les ames Chrestiennes & Religieuses, à l'amour & à la pratique des mesmes vertus, Paris 1664.

Hier ist ein Schiff dargestellt, das von einem Engel in einen sicheren Hafen gesteuert wird.
In fünf Emblemen wird auf seine Lehre und seine Schriften Bezug genommen. Emblem XXIII z. B. hat als Überschrift „La lumiere de sa Doctrine & de ses écrits“ („Das Licht seiner Lehre und Schriften“) und als Lemma „SIC ILLE EFFULSIT IN ORBE“ („So leuchtet er auf der Welt“). Dargestellt ist eine Weltkugel, auf der eine Sonne ihre Strahlen ausbreitet. Im anschließendem „ECLAIRCISSEMENT“ wird in diesem Zusammenhang die *Philothea* und nicht der *Theotimus* genannt: „Il ne faut que voir les divins enseignemens de sa Philothée, & remarquer les attraits qu'il a voit pour gagner le coeurs par la douceur de sa conversation“[485].

In weiteren Quellen, die unmittelbar mit den Ordensgründern zusammenhängen, werden Embleme zur Verdeutlichung von Sinnzusammenhängen eingesetzt.
Wie bereits erwähnt, sind in der Festschrift von 1666 zur Heiligsprechung des Ordensstifters Embleme beschrieben, deren Inhalt Eingang in die Predigt von Karg von Bebenburg sowie in den Deckenfreskenzyklus in der Münchner Salesianerinnenkirche gefunden hat. In dieser Quelle wird auf die Feierlichkeiten in Turin Bezug genommen. Wie die Dekoration der Fassade und des Innenraums mit Emblemen ausgesehen haben könnte, zeigen zwei zeitgenössische Stiche der Salesianerinnenkirche St. Marie in Annecy[486].

Zur Seligsprechung der Ordensstifterin wurde in dem Dientzenhoferbau der Amberger Salesianerinnen ein Emblemzyklus aufgehängt, der aus acht Bildern bestand. Zwar sind sie nicht mehr erhalten, aber es existiert eine Festschrift der Feierlichkeiten in St. Augustinus in Amberg, die die Embleme detailliert beschreibt und deutet. Die Themen der Embleme wurden als Grundlage für den Deckenfreskenzyklus verwendet.

Hier liegt also der Fall vor, dass zwar die originalen Bilder der Embleme nicht mehr erhalten sind, aber die Deckenfresken in Verbindung mit den durch die Festschrift überlieferten Beschreibungen und Sinnsprüchen vermitteln, wie sie ausgesehen haben. Für die Deutung der Embleme sind nicht alleine Lemma, Bild und Epigramm ausschlaggebend, sondern die Festschrift beschreibt, wie die Embleme 1752 zu verstehen waren. Die Quelle besteht aus drei unterschiedlich langen Teilen. Auf zehn Seiten wird die Ausschmückung der Kirche während der Feierlichkeiten beschrieben; Teile dieser Festausstattung wurden in die feste Kirchendekoration übernommen.

---

485 Gambart (1664), S. 90.
486 Siehe Burns (2002), S. 226 f.

Im Hauptteil, auf den ersten sechsunddreißig Seiten des Heftes, werden acht symbolische Bildnisse beschrieben, die in der Salesianerinnenkirche am 23. Juli 1752 aufgehängt wurden. Aus der Quelle ist zu ersehen, dass in dem Amberger Emblemzyklus versucht wird, durch typologische Gleichnisse eine historische Legitimation des Ordens aufzuzeigen, wobei durch die häufige Einflechtung von Visionen und Wundern die Beweisführung irrational wird.
Die Seligsprechung der Johanna Franziska von Chantal wurde auch in St. Anna in München gefeiert. Die Lobreden für die dreitägige Feierlichkeit wurden zwischen dem 30. April und dem 2. Mai 1752 gehalten. Embleme wurden offenbar nicht aufgehängt.

Die Heiligsprechung der Ordensstifterin wurde vom 20. bis 28. August 1768 gefeiert. Zu diesem Anlass wurden in St. Anna elf Lob- und Ehrenreden gehalten. Zudem waren vierzehn Embleme, von Ignaz Schilling auf Leinwand gemalt, mit einer Höhe von sieben Schuh, in der Kirche vorhanden. Von diesen Emblemen wurden Kupferstiche angefertigt, die den 1769 gedruckten Reden beigefügt wurden[487]. Das erste Bild zeigt die Apotheose der Heiligen mit dem Epigramm: „Ehrenkranz. Aus den herrlichen Tugenden der H. Joannae Franciscae Fremiot von Chantal Stifterin des Ordens von der Heimsuchung Mariae geflochten, und derselben bey dem feyerlichen Fest ihrer Heiligsprechung verehret“[488]. Einige der Embleme weisen Stationen des Lebens der Heiligen auf, die auch auf den Emblemen bei den Seligsprechungsfeierlichkeiten in Amberg zu sehen waren.

Dreiteilige Emblemformen wurden nicht direkt in die feste Dekoration der Kirchenräume in Wien, München und Amberg einbezogen, die alle nach dem ersten Viertel des 18. Jahrhunderts entstanden. Aber Emblemzyklen, die eingesetzt worden waren, um die Tugenden der Ordensstifter zu vermitteln, dienten als Grundlage für einzelne Sinnzusammenhänge in der Münchner Kirche und für große Bereiche der Deckenfresken in der Amberger Kirche.

---

487 Vgl. Jürgen Donien, Ehrenkranz, in: Ausst.-Kat. München (1999), S. 32. Franz Xaver Jungwirth (1720–1790) und der bei ihm ausgebildete Johann Michael Söckler (1744–1781) fertigten nach den Vorlagen von Ignaz Schilling die Kupferstiche an.
Es handelt sich nicht, wie Donien anführt, um einen auf Holz gemalten emblematischen Bilderzyklus, sondern um Leinwandbilder. Eines dieser Leinwandbilder befindet sich heute noch im Kloster Dietramszell.

488 Die Kupferstiche befinden sich in einem Buch, in dem die Reden zur Heiligsprechung veröffentlicht worden sind und das dem Kurfürsten Maximilian Joseph gewidmet ist:
Elf Lob- und Ehrenreden, welche bei der achttägigen Feierlichkeit der Heiligsprechung der Dienerin Gottes und Stifterin des löblichen Salesianerinnenordens von der Heimsuchung Mariä, der hl. Johanna Franziska Fremiot von Chantal, von denen berühmtesten Wohlrednern in der salesianischen Klosterkirche auf dem Kreuz in München seind gehalten worden, Freising 1769.

V. Vergleich mit den Salesianerinnenkirchen in Wien und Amberg

1. Witwensitz der Kaiserin Amalia Wilhelmine in Wien 1717–1727

1.1 Kirche und Kloster

Wie bereits angeführt, befindet sich in Wien das einzige barocke Salesianerinnenkloster in ganz Österreich; es liegt am Rennweg. Die Anlage gehörte zur Zeit ihrer Entstehung der Vorstadt an und besaß eine fast freie Lage. Als südliche Grenze des Bauareals bestand bereits die abgeschrägte Mauer des Belvedere. Der Grundriss der gesamten architektonischen Anlage wurde durch die Form des Grundes vorgegeben, der in südlicher Richtung immer schmäler und durch den schrägen Verlauf des Rennweges bestimmt wird. Hinter der repräsentativen Schauseite verbirgt sich ein komplizierter asymmetrischer Grundriss[489].

Abb. 26 Die Fassade der Kirche, die der Muttergottes unter dem Titel „Maria Heimsuchung" geweiht ist, dominiert die gesamte Anlage, wie eine Radierung der Klosteranlage zeigt[490]. Sie besteht aus zwei übereinanderliegenden Zonen. Bei dem unteren Teil spricht Géza Hajós von dem Typus „Portal-Fenster-Gruppe". Diese untere Zone erreicht die Höhe des Klostertraktes, der sich beiderseits anschließt. Je ein Pilaster mit korinthischem Kapitell begrenzt den risalitartig vorspringenden Baukörper der Kirche in diesem unteren Teil. Die beiden Fensterreihen des Klosters greifen auf die Kirchenfassade mit je einer Achse über, wodurch der Eindruck einer größeren Geschlossenheit der Anlage erreicht wird.

Der Mittelteil der Fassade wird noch einmal hervorgehoben, indem er um die Breite eines halben Pilasters rechtwinkelig hervorspringt. Dieser Teil wird von Doppelpilastern ebenfalls in voller Höhe des Klostertraktes eingerahmt.

Das sich darüber anschließende Chorfenster ist in gleicher Weise gerahmt. Links und rechts davon schwingt die Fassade in Voluten aus. Der bekrönende Architrav wird von der dahinterliegenden Kuppel weit überragt, wodurch die Kirche gegenüber der übrigen Anlage noch mehr an Dominanz gewinnt.

---

489 Vgl. hierzu Hajós (1974), S. 220 ff.

490 Die Radierung befindet sich im Besitz des Wiener Salesianerinnenklosters. Ein identisches Bild, das im Katalog 120/2001 bei Nebehay in Wien zum Verkauf angeboten wurde, weist zusätzlich den Text auf: „Das Adeliche Frauenkloster der Salesianerinnen am Rennweg".
Lt. Katalog stammt die Radierung aus: Ignaz Schwarz, Wiener Straßenbilder im Zeitalter des Rokoko. Wiener Ansichten von Schütz, Ziegler, Janscha, Wien 1779–1798 und wurde um 1783 von Johann Ziegler erstellt.

Im Inneren der Kirche wird der ovale Zentralraum durch die Kuppel dominiert. Das Oval der Kirche ist in der Längsrichtung durch den Vorraum mit der Orgelempore und den Chor erweitert. Der Innenraum wird von sechs Pfeilern gegliedert, denen Pilaster vorgelegt sind. Zwischen den Pfeilern sind je zwei Seitenaltäre angebracht. In der Längsrichtung erweitert sich das Oval zu Chor und Vorraum, die in ihrer Tiefe über das Oval hinausreichen.

Elisabeth Mahl[491] spricht von einem außergewöhnlichen Verhältnis von Haupt- und Nebenräumen, wodurch die Grundrissform der Salesianerinnenkirche eine Sonderstellung einnähme: „Die Bogenöffnungen von Vorhalle, Chor und Seitenkapellen sind gleich hoch, das gedrückte Oval des Hauptraumes scheint also von einem Kranz gleichwertiger Nebenräume umgeben zu sein. Dieser Zug zur Zentralisierung wird jedoch durch die Betonung der schon durch die ovale Form des Kuppelraumes hervorgehobenen Längsachse etwas unterdrückt (...)“[492].
Hierzu steht in der Klostergeschichte: „Die Kirche hat eine Kuppel, ist ein Zentralbau mit elliptischer Grundfläche. Das Vorhaus, sowie der Orgelchor lagen ursprünglich nicht im Plan, da sie die Reinheit des Baustiels störten“[493].

In Wien wurde offenbar von vornherein nicht auf eine dreiachsige Kirche nach dem Idealplan des Franz von Sales Wert gelegt. Das Kloster selbst entspricht weitgehend den Vorschriften des Ordensstifters.
In der Klostergeschichte von Cölestin Wolfsgruber heißt es hierzu: „Die Kaiserin Stifterin wünschte, daß in Kirche und Sakristei alles kaiserlich ausgestattet sei. Im Kloster aber hielt sie sich ganz an die Vorschrift der Einfachheit. Das gilt schon vom Oratorium. Dieses hat nur ein schönes Kruzifix über dem Gitter“[494].
Henriette Peters schreibt: „Mehrere Male nahm die Kaiserin Mère Marie Julienne, die Assistentin, Schwester Marie Claire Ciremans, und die Ökonomin, Schwester Marie Florence de Broide, zur Besichtigung des Klosterbaues mit und erkundigte sich bei ihnen, ob das Kloster auch wohl den Satzungen der Ordensregel entsprechen würde“[495].

Eine weiterer Hinweis, dass die Schwestern vor allem auf die Einhaltung der Vorschriften beim Klosterbau achteten, geht aus dem Circulaire vom 27. Juli 1720

491 Vgl. Elisabeth Mahl, Donato Felice d'Allio, Beiträge zu einer Monographie, ungedr. Diss der Universität Wien, 1961. Der Auszug, die Baugeschichte der Salesianerinnenkirche in Wien betreffend, gedruckt in: Hildegard Waach, Die Salesianerinnen in Wien. 1717–1976, Wien 1967, S. 71–111.
492 Mahl (1967), S. 94.
493 Wolfsgruber (o. J.), S. 118.
494 Wolfsgruber (o. J.), S. 129.
495 Peters (1967), S. 52.

hervor, in dem die Oberin Marie Julienne detaillierte Angaben zum Kloster und nicht zur Kirche macht:

„(...) nôtre choeur a 47. Pieds de longueur, & 25. de largeur. Il y a un beau Crucifix au dessus de la grille. Le Tableau de la Sainte Vierge, qui est au dessus de la chaise de la Superieure, est d'un des meilleurs Peintres, & quoi que ce ne soit qu'une assez petite piece, elle coute 200. florins d'Allemagne. Le Refectoire a 57. Pieds de longeur & 22. de largeur (...)“[496].

Das erste bekannte Hauptwerk von Donato Felice Allio[497] war die Klosteranlage der Salesianerinnen am Rennweg, bei der er in den Quellen als Baumeister genannt wird[498]. Der viel umstrittene Baumeister ist nach Hajós „noch immer ein ziemlich offenes und ungelöstes Problem“[499]. An der ungedruckten Dissertation von Elisabeth Mahl über Donato Felice d'Allio kritisiert er, dass Mahl keine neue, bis dahin unbekannte Quellenangabe bringt, obwohl sie im Vorwort schreibt, dass das Ziel der Arbeit sei, eine Charakteristik der künstlerischen Individualität des Architekten zu versuchen.
Im Gegensatz zu Mahl versucht Hajós bei der Bearbeitung des Salesianerinnenklosters eine andere Vorgehensweise: „Wenn wir uns daher jetzt dem Bauwerk unter einem monographischen Gesichtspunkt zuwenden, können vielleicht das Bild der Epoche und die Einsicht in das Werk des Baumeisters bereichert werden“[500].

Hajós betont zu Beginn seiner Untersuchung, dass der wichtigste Faktor in der Entstehungsgeschichte des Klosters und der Kirche die Persönlichkeit der Kaiserinwitwe Amalia Wilhelmine ist.
Als wichtigstes Quellenmaterial nennt er den Briefwechsel der Kaiserin, der zum Teil im Klosterarchiv der Salesianerinnen aufbewahrt wird, da er Amalia Wilhelmine nicht nur als Schöpferin der Idee, sondern gleichzeitig als Leiterin ihrer Verwirklichung bezeichnet.

---

496 Circulaire (1720), S. 23 f.

497 Allio legte 1704 in Wien sein Meisterstück als Maurer ab. 1711 wurde er als Fortifikationsmaurer in den Hofkriegsrat aufgenommen und 1723 erfolgte die Beförderung zum Fortifikationsunteringenieur. In dieser Tätigkeit entstand ein von ihm 1715 signierter Augenscheinbericht über den projektierten Standort der Karlskirche. Warum gerade er als Baumeister für das Salesianerinnenkloster ausgewählt wurde, ist nicht zu klären, da über seine Tätigkeit fast nichts bekannt ist. In der Gründungsurkunde zur Grundsteinlegung am 13. Mai 1717 wird er als Baumeister für die Kirche genannt. Von den im Klosterarchiv der Wiener Salesianerinnen vorhandenen Originalplänen tragen zwei seine Signatur.
Allio quittierte 1747 den Dienst beim Hofkriegsrat und starb 1761 in Wien.

498 Vgl. Géza Hajós, Beiträge zur Baugeschichte des Salesianerinnenklosters in Wien, in: Wiener Jahrbuch für Kunstgeschichte, Bd. 21, Wien 1968, S. 218 f.

499 Hajós (1968), S. 217.

500 Hajós (1968), S. 217.

Als zweite wichtige Quelle dienen die Originalentwürfe und spätere Bauaufnahmen, die allerdings mit der endgültigen Ausführung nur teilweise übereinstimmen[501]. Hajós zieht als weiteres Quellenmaterial die später entstandenen Annalen des Klosters mit der Begründung heran, dass sie auf klösterlicher Tradition und auf Kenntnis der verlorengegangenen Quellen fußen.

Der Kloster- und Kirchenbau für den Salesianerinnenorden in Wien stellte dem Baumeister eine schwierige Bauaufgabe. Zum ersten Mal in Österreich sollte eine Klosteranlage entstehen, die gleichzeitig Residenz eines Mitglieds des Kaiserhauses war. Es mussten sowohl die Bedürfnisse des Ordens, als auch die Forderungen der Kaiserin und die ungewöhnliche Form des Grundstückes[502] berücksichtigt werden.
Im Klosterarchiv der Salesianerinnen sind mehrer Planvarianten erhalten.
„Nach der klösterlichen Überlieferung war die Ursache dieser Planänderung der Wunsch des Ordens nach einfacherer Ausführung des Klosterkomplexes, entsprechend den Klosterregeln“[503]. Trotz mehrerer nachweisbarer Planänderungen ist aufgrund der Signatur Allios auf dem zweiten Grundriss der Planfolge und einer Fassadenzeichnung „eindeutig bewiesen, daß Allio tatsächlich der ‚Erfinder' der Klosteranlage gewesen ist“[504].

In der Klostergeschichte wird in Zusammenhang mit der vorläufigen Weihe im Mai 1719 auf die Bauleitung verwiesen: „Am folgenden Tage besuchte uns Frau Wirtz, Gemahlin des Schloßhauptmanns von Schönbrunn. Ihr Gemahl leitete den Bau unseres Hauses unter der obersten Leitung des Generalpostmeisters Grafen von Paar“[505]. Folglich waren zumindest mit der Bauleitung neben Allio noch weitere Personen aus dem engsten Kreis der Kaiserin betraut.

Die Baugeschichte wird von Hajós anhand der vorhandenen Quellen detailliert erläutert. Eine ausführliche Baubeschreibung von Kloster und Kirche leistet Mahl in ihrer ein Jahr vorher entstandenen Arbeit. Allerdings betont Hajós, dass als erste Quelle für Mahls Untersuchung nicht das heute stehende Bauwerk, sondern die nur zum Teil verwirklichten Pläne herangezogen wurden.

501 Abgebildet bei: Hajós (1974), S. 201 ff.
502 Im Januar 1717 kaufte Amalia Wilhelmine ein Grundstück auf dem Rennweg. Als der Grundstein im Mai 1717 zum Bau des Klosters gelegt wurde, bestand als südliche Grenze des Bauareals bereits die stark abgeschrägte Mauer des Belvedere.
503 Hajós (1968), S. 223.
504 Hajós (1968), S. 220.
505 Wolfsgruber (o. J.), S. 118.

Sein Aufsatz setzt bei der Analyse einer bis dahin unbekannten Quelle aus dem späten 18. Jahrhundert an. Die Salesianerinnen erbaten 1782 von Kaiser Joseph II. die Genehmigung zur Errichtung eines Gebäudes vor der Klosterfassade. Der Kaiser lehnte dieses Vorhaben ab; in der Begründung erwähnt er, dass die Fassade vom Architekten Fischer errichtet worden war[506].
Hajós kommt zu dem Schluss, dass die Analyse der Fassade diese Aussage des Kaisers bestätigt, wonach der jüngere Fischer von Erlach an der Umgestaltung der Fassade der Salesianerinnenkirche einen wesentlichen Anteil hatte. Für die eventuelle Zusammenarbeit von Joseph Emanuel Fischer von Erlach mit Donato Felice Allio gäbe es bei dem wenige Jahre später begonnenen Bau von Klosterneuburg Parallelen.

Zusammenfassend lässt sich sagen, dass Hajós bei seiner gründlichen Auswertung der Quellen zu dem Ergebnis kommt, dass der Grundriss des Klosters und der Kirche von Allio stammen und zumindest bei der Fassade der Kirche eine Zusammenarbeit mit dem jüngeren Fischer vermutet werden kann.

An dieser Stelle soll noch einmal auf die Funktion der Anlage eingegangen werden. Mahl betont in ihrer Arbeit, dass der im Auftrag der Kaiserin Amalia Wilhelmine entworfene Neubau am Rennweg mehr als eine Funktion haben sollte. In einem Gebäude sollte Kloster, Kirche und Palast vereinigt werden.
Als Vorbild nennt sie Val de Grâce in Paris, wo sich Anna von Österreich 1645 einen Wohnsitz innerhalb der Klosteranlage hatte errichten lassen. Weiter führt sie aus, dass auch in der Gesamtkonzeption des Grundrisses das Salesianerinnenkloster Ähnlichkeiten mit Val de Grâce aufweist.

Zu dieser These schreibt Hans Sedlmayr: „Für die Anlage des Salesianerinnenklosters samt Kirche und Palast mit ihrem Cour d'honneur gegen den Rennweg könnte wirklich, wie Elisabeth Mahl vermutet hat, das Pariser Kloster Val de Grâce, der Witwensitz der Königin Frankreichs, Anna von Österreich, das Vorbild abgegeben haben. Wenn das der Fall ist, so hat d' Allio das Vorbild in einen trockenen und flächigen Stil übertragen"[507].
George Knox vertritt eine ähnliche Auffassung:

„This was an extremely important commission, for the convent of the nuns of St Francis of Sales was a grandiose imperial project, a Viennese Val-de-Grace, one might say, though on a more modest scale. Together with the Karlskirche, it was

506 Siehe Hajós (1968), S. 224.
507 Hans Sedlmayr, Johann Bernhard Fischer von Erlach, Stuttgart 1997, S. 275.

one of the two great religious undertakings of the age in Vienna. This is not immediately apparent when one sees the rather neglected and quite inaccessible buildings today, but a contemporary plan and elevation gives a better idea of the scale and magnificence of the scheme“[508].

Val de Grâce wurde anlässlich der Geburt des Thronfolgers, des späteren Ludwig XIV., gestiftet und ab 1645 erbaut. Der Architekt war François Mansart. Hinter der Fassade im Jesuitenstil erhebt sich über einem quadratischen Block die Kuppel, die massiv und ganz römisch wirkt. Der Innenraum ist von Il Gesù und St. Peter beeinflusst[509].

Es ist kaum anzunehmen, dass Allio in der Tätigkeit als Fortifikationsmaurer die Erfahrung gesammelt hatte, das Salesianerinnenkloster am Rennweg eigenständig zu planen. Da bei dieser Anlage die Doppelfunktion Palast und Kloster mit Kirche im Vordergrund stand, ist es möglich, dass die Kaiserin selbst Val de Grâce als Vorbild nannte.
Damit wäre erklärbar, warum die Kirche nur in wenigen Punkten dem Idealplan des Ordensstifters Franz von Sales entspricht, obwohl sicherlich die französische Version der „Ordensgebräuche“ bereits in Wien zur Verfügung stand.

In den Annalen wird betont, dass die Wiener Salesianerinnenkirche vorläufig geweiht wurde, obwohl sie noch nicht fertiggestellt war: „Als nun der glückliche Tag unseres Einzugs endlich erschien, der 13. Mai 1719, wurde vorläufig unsere Kirche eingeweiht, obwohl sie noch nicht ganz vollendt war, und die erste heilige Messe ward gefeiert“[510].
Erst 1727, also acht Jahre nach dieser ersten Weihe, kam es zur Ausführung des Deckenbildes. Dieser lange Zeitraum könnte verschiedene Gründe haben. Die Nonnen waren bereits im Juli 1717 in Wien angekommen und bewohnten bis Mai 1719 das zweite Stockwerk des Sommerhauses des Grafen Karl Josef Paar[511]. Wichtiger als die Fertigstellung der Kirche war zu diesem Zeitpunkt der Einzug in das neue Kloster.
Die Finanzierung der großen Anlage aus den Privatmitteln der Kaiserin erfolgte Schritt für Schritt. Im Jahr 1723 ließ Amalia Wilhelmine den Nonnen die Wahl zwischen der Erbauung einer Klausurmauer, die noch fehlte, und der Vollendung der

---

508 George Knox, Antonio Pellegrini 1675–1741, Oxford 1995, S. 194.
509 Vgl. Michel Fleury, Alain Erlande-Brandenburg und Jean-Pierre Babelon, Paris, München 1974, S. 204.
510 Wolfsgruber (o J.), S. 115.
511 Siehe Peters (1967), S. 45.

Kirche, worauf sich die Salesianerinnen für die Fertigstellung der Klausurmauer entschieden[512].

Da die Kaiserin Rücksicht auf die Wünsche der Nonnen nahm, zuerst das Kloster fertig zu stellen, ist anzunehmen, dass eine große Summe zur Anfertigung eines dem Repräsentationsbau entsprechenden Deckenbildes noch nicht vorhanden war.

Das Salesianerinnenkloster in München hatte von Anfang an nicht die Funktion eines Herrscherwohnsitzes zu erfüllen, wodurch die Nonnen stärker auf die Einhaltung der Anweisungen des Stifters dringen konnten.

1.2 Innenausstattung

Die Wiener Kirchenfassade zeigt weithin sichtbar drei wichtige Personen des Salesianerinnenordens. Auf dem Giebel steht die Muttergottes, recht und links neben ihr die beiden heiligen Bischöfe Augustinus und Franz von Sales. Auch in St. Augustinus in Amberg befinden sich die beiden Bischöfe auf dem Eingangsportal, während der Deckenfreskenzyklus das Leben der inzwischen selig gesprochenen Ordensstifterin beinhaltet.

Eine bisher nicht bekannte Predigt von 1727, die bei St. Peter in Wien von P. Fr. Lucas à S. Nicolao gehalten wurde, also in dem Jahr, in dem das Deckenbild in der Wiener Salesianerinnenkirche erstellt wurde, stellt die Zusammenhänge, auf die die Figuren der Kirchenfassade und das Deckenfresko hinweisen, nochmals heraus.

Die Vor-Schrift der Rede lautet: „Marianisch=Salesische Bundes=Zeichen", indem Maria und Franz von Sales als Vorbilder genannt werden:

> „Das erste Vor=Bild ist eine unter denen Weibern allergebenedeyteste Gnaden=Mutter/ die herrschende Königin des Himmels/ und groß=gewaltige Frau der Erden MARIA. Das andere ein glorreicher Schutz=Herr Savoyens Bischof/ und Fürst zu Genf Heil. FRANCISCUS von SALES. Allem Ansehen nach haben sie ihren Bund mit dem rechten Nagel befestiget/ dann es hat der Vertrag jenen Ausgang genommen/ daß sich die gantze Christliche Welt ingleichen Bund einlassen will"[513].

Zu dem Kirchenvater und Kirchenlehrer Augustinus schreibt Nicolao folgendermaßen:

---

512 Vgl. Wolfsgruber (o. J.), S. 121.
513 Nicolao (1727), S. 2 f.

„Worüber er mit dem Heiligen Hiponensischen Bischof Augustino eine trefliche Lehre sich selbst gesetzet: Sicut oves meas pasce, non sicut tuas. Gloriam meam in eis quaere. Non tuum Dominum, meum non tuum, lucra mea, non tua; (o) weide sie als meine Schaffe/ nicht deine/ nicht deine/ sondern suche in ihnen meine Ehre. Meine Herrschaft nicht deine. Mein Gewinn nicht deinen. Mit beyden Augen hat Salesius nach dieser Lehre geschauet"[514].

Zu der Einführung des Ordens in Wien heißt es:

„Und was seine denen Jungfrauen von der Heimsuchung MARIAE vorgeschriebene Satzungen/ darein sich so viel tausend gebenedeyte Seelen verliebet haben. Selbst der glorreiche Anfänger hat bey seinen Leb=Zeiten dergleichen Stifte dreyzehen angesehen; im Jahr seiner Verheiligung als 1660. seynd allbereit über hundert und zwantzig gerechnet worden. Und damit diese edele Himmels=Kost weder denen Wienern ermangele/ hat die von Josepho dem Ersten schmerzlichen Andenkens hinterlassene Durchleuchtigste Römische Kaiserin Amalia Wilhelmina, durch Einführung deren Visitatinerin eine Salesianische Speis=Cammer vor der Stadt eröfnet/ darinnen die nach himmlischen Erquickungen zielende Seelen (...) zugleich von seinen goldenen Lehr=Schriften den Heiligen Franciscum von Sales loben werden"[515].

Die Briefe der Kaiserin an die Salesianerinnen sind erhalten. In einem Schreiben vom 17. Oktober 1718 fragt Amalia Wilhelmine die Oberin nach ihren Wünschen, wie die Seitenaltarbilder angeordnet werden sollen: „(...) ainsi ie vous prie de me dire sincerement dequel coté vous voules l'autel de st. françois de sales, (...)"[516].

Kuppel, Chor und Emporengewölbe der Wiener Salesianerinnenkirche sind mit Deckenbildern versehen. Über dem Hochaltar befindet sich ein kleines Fresko mit Maria in der Engelsglorie. In einem Manuskript im Klosterarchiv der Salesianerinnen ist festgehalten, dass dieses Fresko von Jakob von Schuppen stammt[517].
Über der Orgelempore erscheinen die drei göttlichen Tugenden Glaube, Liebe und Hoffnung auf Wolken. Die mittlere Figur, der Glaube, ist in Gelb und Lila gekleidet und trägt ein Buch sowie einen Kelch mit einer Hostie. Links daneben hält die Hoffnung in einem grünen Gewand ein offenes Buch auf den Knien. Die weiß gekleidete Liebe auf der rechten Seite trägt eine Lilie. Zwischen Glaube und Liebe befindet sich ein kleines Lamm als Symbol der Unschuld. Es ist nicht geklärt, wer dieses Bild ausgeführt hat.

514 Nicolao (1727), S. 10.
515 Nicolao (1727), S. 9.
516 Brief der Kaiserin Amalia Wilhelmine an die Salesianerinnen vom 17. Oktober 1718, Klosterarchiv der Wiener Salesianerinnen.
517 Klostergeschichte (o. J.), S. 122.

Die Kuppelbilder wurden nachweislich von Giovanni Antonio Pellegrini angefertigt.
Im Circulaire der Wiener Salesianerinnen vom 7. Januar 1727 wird als früheste Quelle auf den Maler des Deckenbildes eingegangen: „(...) la voute du Dome sera peinte par un excellent Peintre, qui est maintenant à Rome(...)“[518].

Die Entscheidung für Antonio Pellegrini traf die Kaiserin, die die Kirche, die zu ihrem Witwensitz gehörte, von einem der berühmtesten Maler der Zeit ausstatten lassen wollte. Das geht aus einer Wiener Chronik hervor. Am 24. April 1727 wird Pellegrini erwähnt: „Vor einigen Tagen langete allhier an der berümte Mahler Herr Anton Pellegrini, ein Venetianer welcher auf ihrer Majestät ... Amalia ... Befehl die Cupul in derer Salesianerinen Closter-Kirchen zu mahlen ausdrucklich beruffen worden“[519].

In der gleichen Chronik steht unter dem 25. Oktober 1727 eine Nachricht über die Enthüllung der Kuppelfresken: „Verwichenen Montag ist die von dem berühmten Herrn Anton Pellegrini, von Geburt ein Venetianer verfertigte und nunmehr völlig in Stand gebrachte sehr herrliche Kuppel in der Kirchen deren Closter-Frauen Salesianerinen eröfnet und also zum Ersten Mal denen Augen zur Bewunderung des kunstreichen Pensels entdecket worden“[520].

Knox wertet die Deckenbilder folgendermaßen: „This is the only surviving painted dome of Pellegrini, since the loss of Castle Howard and Bensberg, and the later one in S. Tommaso in Padua. With a little cleaning and restoration it would look superb“[521].

Bis vor kurzem wurde angenommen, dass es sich wie bei den Deckenbildern des Chores und über der Orgelempore um Fresken handelt[522]. Bei Probearbeiten im Jahr 1996 an einem kleinen Ausschnitt des Kuppelbildes folgten chemische Analysen,

518 Vive Jesus. De nôtre Monastere de Vienne en Autriche, le 7. de Janvier, 1727, Wien 1727 (Klosterarchiv der Wiener Salesianerinnen), S. 3.

519 Wienerisches Diarium, 1727, Nr.34; zit. nach Hajós (1974), S. 218.

520 Wienerisches Diarium, 1727, Nr.86; zit. nach Hajós (1974), S. 218.

521 Knox (1995), S. 195.

522 „Nicht nur die Kuppel, sondern auch die Chor- und Emporengewölbe sind mit figuralem oder ornamentalem Freskenschmuck ausgestattet“. Hajós (1974), S. 228.
„The fresco represents *The Triumph of Faith*, and looks rather dingy today. But it appears to have been greatly admired, and brought the artist 8,000 florins (about £ 800). Pellegrini evidently found the decoration of a high dome an awkward task, and the final work has little of the brilliance and movement of the *modello* at Stuttgart, which shows the Trinity and the Virgin very much as in the final arrangement“. Knox (1995), S. 194.

aufgrund deren festgestellt wurde, dass es sich nicht um ein Fresko handelt, sondern um eine „für diese in diesem großen Umfang selten zu findende Technik der Ölmalerei“[523].

In Süddeutschland kommen neben der Freskomalerei in der ersten Hälfte des 18. Jahrhunderts Öl-Tempera-Wandmalereien vor. In den vier Räumen der Sommerprälatur von Benediktbeuren wurden z. B. 1730 Deckenbilder angebracht, die aus der Werkstatt Zimmermanns stammen. Dabei handelt es sich um ein Fresko, ein Ölbild auf Leinwand und zwei auf Putz mit Öl bemalte Decken[524].

Aufgrund des bisherigen schlechten Zustands schlichen sich Zweifel über das Thema des Wiener Deckenbildes ein. Knox schreib hierzu: „This is certainly not an ‘Assumption of the Virgin’, nor yet a, ‘Coronation of the Virgin’ but more a ‘Triumph of Faith’, as with Tiepolo ceiling of the Pietà in Venice“[525].

In einem im Klosterarchiv befindlichen Manuskript mit dem Titel „Das Kloster der Salesianerinnen, Wien und seine geschichtlichen Denkwürdigkeiten“ wird in dem Kapitel „Kirchen- und Klosterbau“ das Deckenbild beschrieben:

„Das virtuose Deckenfresko des Meisters Antonio Pellegrini ist eine Darstellung der Himmelfahrt Mariens. Auf einer von Engeln emporgehobenen Wolke schwebt Maria mit erhobenen Armen und einem unaussprechlich seligen Gesichtsausdruck aufwärts. *Abb. 27–30* Links von ihr ist der verklärte Christus, dessen eine ausgestreckte Hand die Geste der geöffneten Arme Mariens fortsetzt und mit der anderen auf das Kreuz hinweist, welches Engel hinter ihm tragen. In der Verlängerung des anderen Armes der Gottesmutter gelangen wir zu Gottvater, der viel ruhiger und in der Farbe bedeutend kühler gegeben ist als Christus. Er weist mit einer schwungvollen, grossartigen Geste auf den als Taube dargestellten Heiligen Geist an

523 Vgl. zu folgenden: Video Erna Sterneck, Maria Heimsuchung. Restaurierung der Salesianerinnenkirche Wien III, Rennweg. Aufnahmen: September – Dezember 2000, Wien 2001.

524 Vgl. Manfred Koller, Wandmalerei der Neuzeit, in: Albert Knoepfli, Oskar Emmenegger, Manfred Koller und André Meyer, Reclams Handbuch der künstlerischen Techniken, Bd. 2, Stuttgart 1997, S. 337 ff.
Koller schreibt in seinem Aufsatz über Wandmalerei, dass Ölmalerei und ölproteinhaltige Tempera mangels Befunden in ihrer Verbreitung und ihrer Anwendung gemeinsam behandelt werden müssen. Im Seicento Italiens entstanden u. a. Ölwandmalereien von Caravaggio, indem vermutlich auf eine Leim-Knoblauch-Lösche zwei Gips-Leimlagen folgten und zum Ausgleichen mit einer Fischhaut abgeschliffen wurde. Nach dem Trocknen wurde eine rötlichgraue Imprimitur aus heißem Leinöl mit Sikkativfarben gerieben, zweifach aufgetragen und nach mehrtägigem Trocknen mit rauhen Tüchern frottiert. Allgemein wurde ab etwa 1700 in Deutschland für Wandmalereien und Deckenbilder in Öl auf die Rotockergrundierung der italienischen „Schnellmaler-Manier“ zurückgegriffen.

525 Knox (1995), S. 195.

der Decke der Laterne, der sich lichtumflutet in die Tiefe stürzt. Die auf die zwei ersten göttlichen Personen hinweisenden Arme Mariens bilden das Mitteldreieck der Komposition“[526].

Das Hochaltarbild ist mit Antonio Belluccius signiert. Die Darstellung der Heimsuchung wird in dem Manuskript über die geschichtlichen Denkwürdigkeiten des Klosters folgendermaßen beschrieben: „Der ganze Altaraufbau bildet einen prächtigen Rahmen für das Hochaltarbild, das sinnvoller Weise das Titelgeheimnis des Ordens zum Gegenstand hat“[527]. Diese Aussage zeigt, dass es für den Salesianerinnenorden am wichtigsten war, in dieser ersten selbst erbauten Kirche im deutschsprachigen Raum ihre bedeutendste Beschützerin zu ehren.

Im Circulaire vom 2. Januar 1729 wird die Weihe der Kirche am 6. Juni 1728 erwähnt:

> „Cette Auguste ceremonie se fit le sizieme de Juin, jour de Saint Claude, que Sa Majesté choisit expressément, parce que c'est celui de l'Etablissement de nôtre Saint Ordre. Comme il n'est point d'occasion, où Elle ne signale la generosité de son cœur Imperial, Elle donna par reconnoissance à Monseigneur le sudit Cardinal, une bague de diamans parfaitement belle“[528].

In der Klostergeschichte von Wolfsgruber heißt es hierzu:

> „Feierlich konsekrieren ließ die Kaiserin ihre Kirche erst am 6. Juni 1728. Der Tag war sinnig gewählt. Am 6. Juni 1610 war der Orden von der Heimsuchung Mariä gestiftet worden. Am Vorabende entsendete Kardinal Kollonitz seinen Zeremonier, um die heiligen Reliquien zu überbringen, die für die 3 Altäre bestimmt waren. (...) Klosterfrauen hielten die ganze Nacht Wache vor den heiligen Reliquien. Die Kaiserin begann mit dieser Andacht und verweilte im Gebete von 7 bis ½ 9 Uhr abends“[529].

Beide Quellen belegen, wie sehr der tief religiösen Kaiserin der Bau der Salesianerinnenkirche als zentraler Bestandteil ihres Witwensitzes am Herzen lag.

Die Kirche des Heimsuchungsklosters der Salesianerinnen in Wien wird seit 1994 von Mitarbeitern der Firma Brandtner und der Firma Campidell restauriert. Anläss-

---

526 Klostergeschichte (o. J.), S. 118.
527 Klostergeschichte (o. J.), S. 121.
528 Circulaire: Vive Jesus. De Nôtre Monastere de Vienne en Autriche, le 2. de Janvier, 1729, Wien 1729, S. 3.
529 Wolfsgruber (o. J.), S. 122.

lich der Wiederherstellung des Kuppelgemäldes von Giovanni Antonio Pellegrini entstand ein Dokumentarvideo, das Aufnahmen der Restaurierungsarbeiten in dem Zeitraum zwischen September und Dezember 2000 zeigt. Das Video dokumentiert die erstmalige Restaurierung des ca. 500 m² großen Kuppelbildes von Pellegrini, das zwischen April und Oktober 1727 entstanden war. Der Film zeigt aufgenommene Schadensbilder und die Arbeitsabläufe der Restauratoren an dieser Ölmalerei auf geglättetem Kalkputz.

Im Krieg traf eine Bombe das nahe gelegene Untere Belvedere. Durch die Druckwelle und Granatsplittereinschläge wurde die kupferne Dachhaut der Kuppel beschädigt; sie wurde im Krieg nur notdürftig repariert. Der Dachstuhl besteht aus Eichenholz, das gegen Wasser besonders widerstandsfähig ist; trotzdem konnte durch die Fugen Wasser in die gemauerte Kuppelschale eindringen und bis zur Malschicht gelangen. Zudem waren durch den Bombeneinschlag die Fenster in der Laterne zu Bruch gegangen. Das eindringende Wasser beschädigte den Stuckmarmor in der Laterne und die Malerei der Kuppel. Vor der Innenrestaurierung wurde deshalb 1994 zuerst die Kuppel neu eingedeckt und die Fassade wiederhergestellt; dann folgten die Innenhöfe des Klosters und das Presbyterium.

Im Frühjahr 2000 begann man mit der Bearbeitung der Kuppel. In der Tambourzone wurden die Malereien und Vergoldungen der Fensterleibungen sowie die Stuckmarmorflächen restauriert. Durch eindringendes Wasser war besonders der westliche Teil des Deckenbildes stark beschädigt worden. Das aufgenommene Schadensbild zeigt, dass an den Potaten, an den Grenzen des Verputzsystems, Schnittstellen entstanden, an denen Wasser eindringen konnte.
Die Analyse des Deckenbildes ergibt, dass der Maler, bevor er die Grundierung auftrug, den Putz mit heißem Knochenleim eingelassen hat. Er hat die Leimlösche direkt auf den Putz aufgetragen, um das Saugverhalten des Putzes zu gewährleisten. Der Leim blieb immer wasserlöslich und wasserquellbar, so dass das eingesickerte Wasser nach der Beschädigung der Dachhaut großen Schaden anrichten konnte. Der Leim trat an Putzschwachstellen an die Oberfläche, ergoss sich wie „Tränen über die Malerei" und erstarrte an der Oberfläche. Zudem macht bei der Alterung von Ölfarben vor allem der Harzbestandteil Probleme, der versprödet und verbräunt.

Wie eine alte Aufnahme zeigt, war von dem Wasserschaden am stärksten die Figurengruppe gegenüber der Himmelfahrt Mariens betroffen, sie wies größere Fehlstellen auf.

Augrund dieser Schäden und der seltenen Technik, in der das Gemälde ausgeführt worden war, mussten die Restaurierungsschritte besonders vorsichtig erfolgen. Vor

der Reinigung musste die Malschicht durch Thermoplast fixiert werden; dabei wurde auch Oberflächenschmutz und Tiefenschmutz mit gefestigt. Erst dann konnte eine mehrmalige Gel-Reinigung durchgeführt und die Leimtränen mit einem Micro-Sandstrahlgebläse entfernt werden.
Bei der folgenden Retusche mussten neue Methoden angewendet werden, die bei der Freskomalerei nicht notwendig sind. Die zweischichtige Art der Retusche umfasste zuerst eine Untermalung mit kräftigen sehr hellen Tönen in der Farbigkeit der originalen Grundierung des Künstlers: ein sehr helles, aber deckendes Graugrün. Auf diese Grundierung wurde mit Harzlasur-Farben, die wenig Deckkraft, aber eine gute Leuchtkraft haben, die Retusche der Umgebung angepasst.

Fehlstellen bestanden vor allem im westlichen Teil des Freskos. Judith und Holofernes wurden nach intensiver Vorbereitung rekonstruiert.
Die Farbigkeit und Malweise der noch erhaltenen Stellen des Kuppelfreskos wurde zu diesem Zweck genau analysiert. Die Primamalerei war großzügig und ohne Details angebracht worden. Da Begrenzungslinien fehlen, wirkt die Malerei konturlos. Auch Gesichter und Köpfe sind mit breiten, großen Pinseln gemalt, was auf die große Sicherheit Pellegrinis schließen lässt und kaum nachzuahmen ist.

In den Schattenbereichen herrscht immer ein ganz bestimmter Brauntyp vor. Die Restauratoren verwendeten das heutige Kasseler Braun. Es handelt sich um eine Licht-Schatten-Malerei, bei der die Übergänge zwischen den einzelnen Farbtönen ganz weich sind. Bei der Behebung der Fehlstellen, ging man davon aus, dass Pellegrini im Schatten zu malen begonnen hat und sich zu den Lichtern vorgearbeitet hat, die sehr pastos aufgetragen sind.

2. St. Augustinus in Amberg 1757–1760

2.1 Umbau der Kirche von 1699

Die erste Kirche der Salesianerinnen in Amberg wurde von 1697–99 von Wolfgang Dientzenhofer[530] erbaut. Dieser Bau wurde 1757 umgestaltet. Ein Schreiben des Kaplans des Amberger Klosters an den Regensburger Bischof vom 14. Juni 1757 beinhaltet einen möglichen Grund für den Umbau:

„(...) die 2 Säulen in der hiesigen Closter frauen Kirchen einen rechten unform machen und sonderbar den Hochaltar ser verfünsteren. Weswegen die frau Superiorin und alle Conventualinnen sehr begirig seint, die 2 Säulen ehisten niederzureissen und das darauf ruhende gewelb abzutragen, um also dem Gotts haus eine bessere Zirth und mehreres liecht beyzubringen (...) massen sonst das Closter die üble nachred leiden muß, daß es zwar schöne und ser kostbare Paramenta, dabey aber eine fünstere und vast die schlechtiste Kirch alhier habe“[531].

Zudem hatte bereits am 25. Juli 1756 eine Baubesichtigung zur Untersuchung eines drei Finger breiten Spaltes im Gewölbe stattgefunden. „(...) dem spalten auf 3 finger breith, wär interabl, id est nach der längs des gewölbs, absondern aber über den zirkhl=scheind es noch so gefährlich nicht, (...) und seyn die seiden mauern für spaltung genugsam an denen widerlagen verschändet“[532].

In der Bewerbung Dientzenhofers um den Kirchenneubau auf dem Eixlberg bei Preimd vom 3.4.1700 nennt er selbst Bauwerke, die er ausgeführt hat:

„Zumahlen ich aber, ohne ruem zumelden, nicht allein das alhiesige collegium soc: nit weniger das Salesianische jungfrau closter und kirchen, dan der PP. Paulinern, sonder auch closter Spainshardt, Schönthall, Schwarzhoffen, Michlfeldt, und Weissenoe, maist von grundt: geschweigens anderer privat gebeu, glickhlich under das tach gebracht, (...)“[533].

---

530 Wolfgang Dientzenhofer wurde 1648 in Au bei Aibling getauft. Im Jahr 1683 wird er als Bürger der Kleinseite in Prag erwähnt. Spätestens 1689 muss er nach Amberg übersiedelt sein, da er als Polier beim Bau des Jesuitenkollegiengebäudes genannt wird. Am 22.6.1695 erhält er das Bürgerrecht. Im Jahr 1706 verstarb er und wurde in Amberg beerdigt. Vgl. hierzu Ausst.-Kat. Rosenheim (1991).

531 BZAR, KL 125/15.

532 StAA, Salesianerinnenkloster Sulzbach 13, Schreiben vom 23. Juli 1756. Registriert bei Reinhard H. Seitz, Die Salesianerinnenkirche zu Amberg, in: Heinz K. Rademacher (Hrsg.), Beiträge zur Oberpfalzforschung, Bd. 2, Kallmünz 1966, S. 117.

533 StAA, Leuchtenberger Lehen- und Gerichtsakten, Fasz. 14/9. Registriert bei Reinhard H. Seitz, Zum Werk von Wolfgang Dientzenhofer d. Ä. und zu seiner Stellung im oberpfälzischen Bauwesen um das Jahr 1700, in: Verhandlungen des Historischen Vereins für Oberpfalz und Regensburg, Bd. 113, Regensburg 1973, S. 180.

Bei der Bewerbung für den Kirchenbau auf dem Mariahilfberg in Amberg von 1697 wurde er vom Stadtrat mit der Begründung abgelehnt, dass er zu viele Bauten gleichzeitig übernommen habe, weswegen durch mangelnde Aufsicht über seine Paliere kostspielige Bauschäden entstanden seien: „(...) in specie zu Michelfeld und Weissenhoe, solcher schaden und paumängel gefundten wordten, daß man gezwungen sein wirdt, das ganze werkh fasst widerumb abzutragen (...)“[534].

Bei dem Kirchen- und Klosterbau der Salesianerinnen sind fast alle Rechnungsbelege von 1694 bis 1699 zwischen April und November von Wolfgang Dientzenhofer quittiert, woraus zu schließen ist, dass er den Bau zum großen Teil vor Ort selbst betreut hat[535].

Abb. 31 Über den Dientzenhoferbau existieren verschiedene, sich widersprechende Meinungen. Die früheste bekannte Aussage zur Form des Baus ist in der 1783 gedruckten, aber bereits 1767 fertiggestellten Chronik von Wiltmaister erschienen: „Anno 1738. ist sothanes, vorhin kleine in einem Rundell gestandene Kirchlein nicht allein um ein merkliches vergrössert, sondern auch (...) A. 1757. noch zwey bürgerliche Häuser gegen dem Franciscanercloster erkaufet, und statt dieser ein grosser Hofraith zu einer Holzläge mit einer 20 Schuh hohen Mauer, und einem darunter neugegrabenen Keller umgeben worden“[536].

Die Interpretation dieser Stelle, dass der Dientzenhoferbau ein Rundell bzw. ein Zentralbau war, findet sich zum ersten Mal 1909 bei Felix Mader und wird seitdem so übernommen[537].
Aus kunsthistorischer Sicht beschäftigte sich Alcuin Heribert Gürth 1959 in seiner Dissertation über Wolfgang Dientzenhofer mit dem ersten Kirchenbau der Amberger Salesianerinnen. Auch er übernimmt die Interpretation Maders zur Form des Baus und eine falsche Jahresangabe zum Beginn des Umbaus[538]. Zuletzt nahm Sixtus Lampl einen Zentralraum mit einem fast quadratischen Grundriss an und stell-

---

534 StAA, Geistliche Sachen 853, Protokoll vom 29. März 1697. Registriert bei Georg Hager, Die Kunstdenkmäler von Oberpfalz und Regensburg. Bezirksamt Eschenbach, München 1909, S. 66.

535 Vgl. StAA, Salesianerinnen Kloster Amberg 747.

536 Wiltmaister (1783), S. 108.
Bei der Jahresangabe 1738 handelt es sich um einen Druckfehler, wie Seitz nachgewiesen hat. Vgl. Seitz (1966), S. 111.

537 Vgl. Felix Mader, Die Kunstdenkmäler von Oberpfalz und Regensburg. Stadt Amberg, München 1909, S. 106.

538 „Die Vergrößerung der Kirche erfolgte 1738 durch Anfügen des Schiffes und Westvorraumes, die bestehenden Bauteile wurden vor allem im Wandaufbau, verändert. (...) Die alte Kirche, ein Zentralbau (=Rundell), ist also vergrößert, in ihrem ursprünglichen Grundrißbestande aber doch vielleicht nicht vollständig verändert worden“. Alcuin Heribert Gürth, Über Wolfgang Dientzenhofer, Kallmünz 1959, S. 44.

te die These auf, dass der Dientzenhoferbau entgegen der heutigen Ostausrichtung gewestet war[539].

Aufgrund der Analyse der Bausubstanz, der Baugenehmigungs-Protokolle und der erhaltenen Baurechnungen ist zu vermuten, dass es sich um einen geosteten Langhausbau gehandelt hat, der bei dem Umbau 1757 nach Osten um den heutigen Chor in den damals bestehenden Westflügel des Klosters hinein und nach Westen in das bestehende Schulgebäude verlängert wurde.

In der Festschrift, die 1752 zu den Feierlichkeiten aufgrund der Seligsprechung der Ordensstifterin erstellt wurde, wird nach der Beschreibung der in der Kirche aufgehängten Embleme, auf die Auszierung der Kirche, den Schmuck des Hauptaltars, der dem hl. Augustinus geweiht ist, und die Stellung des Franz von Sales-Altars sowie des Heimsuchungs-Altars eingegangen. Dabei wird die Abfolge von Chor, Presbyterium, Langhaus und Musikantenchor genannt[540]. Daraus ist nachweisbar, dass der erste Kirchenbau ein Langhaus besessen hat.

Der einfache Kirchenbau, mit zwei Säulen vor dem Hochaltar, könnte in seiner Anlage auf das Werk *Coutumier et Directoire pour les Soeurs Religieuses de la Visitation de Saincte Marie* von 1637 des Franz von Sales zurückgehen. Da zu wenige Angaben über den ersten Bau vorliegen, ist eine Verwendung des Idealplans des Ordensstifters nicht endgültig nachzuweisen.

2.2 Deckenfresken

Der Dientzenhoferbau wurde vergrößert und ein neues Gewölbe eingezogen. Gründe für den Umbau waren die Unzufriedenheit über den Innenraum der Kirche, eventuelle Bauschäden und der Wunsch der Salesianerinnen, in einer inzwischen gesicherten finanziellen Situation einen neuen Kirchenbau mit einem Freskenzyklus zu Ehren der Ende 1751 selig gesprochenen Ordensstifterin Johanna Franziska von Chantal zu errichten. *Abb. 38*

Das bei dem Umbau neu eingezogene Deckengewölbe diente v. a. als Träger der Großmalerei. Im Chorbereich und über der Orgelempore befindet sich jeweils eine böhmische Kappe und im Langhaus diente Göz ein Flachtonnengewölbe als Malgrund. Das Langhausfresko hat er an der Westseite signiert: „G. B. Göz Invenit et Pinxit 1758".

539 Siehe Sixtus Lampl, Amberger Sakralräume des Barock und Rokoko. Die ehemalige Klosterkirche der Salesianerinnen (Schulkirche), in: Ausst.-Kat. Amberg (1984), S. 386 ff.

540 Vgl. Festschrift (1752), S. 43.

Abb. 33, 34 Die Fresken über der Orgelempore und im Chorbereich sind gerahmt von Stuckprofilen, die an einigen Stellen von Rocailleornamentik überspielt werden. Das Hauptfresko im Langhaus weist einen ornamentierten Stuckprofilrahmen auf, der in der Szene im Ostteil von Malerei überlappt wird. Alle Fresken in der Kirche sind polychrom ausgeführt. Ihre Größe wird im Vertrag mit Göz erwähnt. Die Maße des Hauptfreskos werden mit einer Länge von 46 Schuh und einer Breite von 23 Schuh angegeben; für die anderen beiden Fresken ein Durchmesser von 19 Schuh[541].

Die letzte Gesamtrestaurierung der Kirche fand von 1982 bis 1993 statt. Nach dem Restaurierungsbericht war bei den Fresken über der Orgelempore etwa ein Viertel der Fläche nicht mehr im Originalzustand, da nach einem Brand von 1815 der Dachstuhl lange Zeit offen stand. Aus früheren Restaurierungen lagen bei allen Deckenfresken Übermalungen in Ölfarbe von 1883 und zusätzlich Malschichten von wasserlöslicher Farbe von 1949 vor[542].

Die Deckenfresken stammen von Gottfried Bernhard Göz[543]. Thema des Freskenzyklus ist das Leben der Ordensstifterin Johanna Franziska von Chantal. Damit erfüllten die Heimsuchungsschwestern ihr bereits im Circulaire von 1735 formuliertes Ziel, ihre Ordensstifterin zu ehren:

> „(...); nous esperons que les peines qu'on se donne, & les voeux qui se sont dans tout nôtre ordre y placeront un jour nôtre venerable Fondatrice, nous faisons tour á tour une communion extraordinaire tous les Mécredis a l'honneur de saint Joseph afinque Dieu nous donne bien-tôt cette grande satisfaction“[544].

Die Ausführung der Deckenfresken erfolgte in dem kurzen Zeitraum von etwa vier Monaten, da der Kontrakt dafür am 7. April 1758 geschlossen wurde und der Maler am 30. Juli 1758 eine Quittung über den Erhalt von 1.500 fl. für die Freskierung von drei großen Plafonds oder Gewölbestücken unterzeichnete[545]. Der Vertrag ist von der Superiorin Angela Victoria von Orban (1755–1761) unterschrieben. Neben der Bezahlung der 1.500 fl. wurde darin festgehalten, dass „(...) auch vor

---

541 Vgl. StAA, Salesianerinnen Kloster Amberg 792; Vertrag mit Gottfried Bernhard Göz vom 17. April 1758

542 Vgl. Akten des BLfD zur Restaurierung der ehemaligen Salesianerinnenkirche in Amberg.

543 Gottfried Bernhard Göz hielt sich ab 1730 gleichzeitig mit Holzer drei Jahre in der Werkstatt von Bergmüller in Augsburg auf. Das Bürgerrecht von Augsburg wurde ihm 1733 gewährt. Elf Jahre später hatte sich seine Stellung bereits so gefestigt, dass Kaiser Karl VII. ihm, auf sein Ansuchen hin, den Titel eines kaiserlichen Hofmalers und Kupferstechers verlieh. Mit diesem Titel unterzeichnete Göz auch die Schriftstücke mit dem Amberger Kloster. Vgl. hierzu Eduard Isphording, Gottfried Bernhard Göz 1708–1774, Diss. Heidelberg 1968, Weißenhorn 1982, S. 29 f.

544 Circulaire (1735), S. 4.

545 Vgl. StAA, Geistliche Sachen 512.

ihme und seine mitbringende zwey scholaren alle hierunter erlauffende verflegungs: und rais cösten (...)"[546] übernommen werden würden.
Im Kontrakt werden vier Szenen aus der Gründungsgeschichte des Salesianerinnenordens bereits festgelegt; nämlich der Inhalt der Fresken über Chor und Orgel sowie der beiden Hauptszenen des Langhausfreskos. Die Auswahl weiterer Themen für dieses Fresko wird dem Maler übertragen: „Und zumahlen mehrbesagter herr Göz die histori von dem heiligen Francisco Salesio und der seeligen von Chantal noch nit völlig durchlesen hat, sonderen in derselben noch weiterer durchgehung begriffen ist, so verspricht selber, im fahl noch ain: so anderes aus besagter geschicht schicklich nach der kunst (...) angebracht werden kan, (...)"[547].

Der Vertrag mit Göz enthält den Hinweis auf die Historie der Seligen von Chantal. Damit ist ein Begleitheft gemeint, das zu den dreitägigen Feierlichkeiten in Amberg zur Seligsprechung der Johanna Franziska von Chantal im Juli 1752, also fünf Jahre vor dem Umbau der Dientzenhoferkirche, handschriftlich verfasst worden war. Diese ungewöhnlich ausführliche Quelle wurde bisher zur Untersuchung der Bedeutung des Bildprogramms der Amberger Salesianerinnenkirche nicht herangezogen. Die Schrift baut sich aus drei unterschiedlich langen Teilen auf. Von Seite 37 bis Seite 44 wird die Ausschmückung der Kirche während der Feierlichkeiten beschrieben. Im Anschluss daran folgt auf zwei Seiten eine Aufzählung, von wem die Hochämter gehalten wurden. Im Hauptteil werden auf den ersten sechsunddreißig Seiten des Heftes acht symbolische Bildnisse beschrieben, die in St. Augustinus am 23. Juli 1752 aufgehängt waren.

Das erste Bild hing in der Mitte der Kirche und stellte die Seligsprechung der Johanna Franziska von Chantal in Rom dar. Das letzte Bild hatte die Funktion, den Eingang zur Kirche zu einer Triumphpforte zu gestalten, indem darauf zu sehen war, wie die Selige, unter den neun Chören der Engel schwebend, die Heilige Dreifaltigkeit anbetet. Von den übrigen Bildern bzw. Bildprogrammen waren jeweils drei rechts und links im Langhaus aufgestellt. Sie hatten die Lebensgeschichte der Ordensstifterin zum Inhalt. Die acht heute nicht mehr vorhandenen Bilder, die bei den Festlichkeiten zur Seligsprechung der Johanna Franziska von Chantal in der Amberger Salesianerinnenkirche aufgehängt waren, hatten den Aufbau von Emblemen. Sie bestanden aus Lemma, Bild, Zuschrift und Haupttitel. Die Einfassungen waren mit Symbolen versehen. Im Heft wird zuerst jeweils ausführlich beschrieben, was bei der einzelnen Bildstation zu sehen und zu lesen ist. Im Anschluss daran wird der Sinn erklärt.

546 Vertrag mit G. B. Göz vom 17. April 1758.
547 Vertrag mit G. B. Göz vom 17. April 1758.

Der Deckenfreskenzyklus in der Amberger Salesianerinnenkirche St. Augustinus beinhaltet die Lebensgeschichte der Johanna Franziska von Chantal. Ihr Lebensweg ist eng mit der Geschichte des Franz von Sales verbunden. In der folgenden Auflistung wird innerhalb des Hauptfreskos im Langhaus eine chronologische Reihenfolge gewählt.

A	Johanna Franziska von Chantal wird der Name „Jesu" auf die Brust gebrannt
B1	Die Göttliche Vorsehung
B2	Visionen des Franz von Sales und der Johanna Franziska von Chantal
B3	Eintritt der Johanna Franziska von Chantal ins Kloster
B4	Überreichung der Ordensregel
B5	Wunder bei der Übergabe des Freibriefs
C1-C4	Kirchenlehrer: Gregor der Große, Ambrosius, Hieronymus, Augustinus
D	Heilige Dreifaltigkeit
E1-4	Evangelisten: Johannes, Markus, Matthäus, Lukas

Im Folgenden soll auf die einzelnen Szenen, ihr Bezug zueinander und ihre Bedeutung für den Kirchenbau eingegangen werden. An dieser Stelle sei auf den Aufsatz *Fresken des Gottfried Bernhard Göz im Bistum Regensburg* von Isphording verwiesen, in dem er die Amberger Fresken ikonographisch detailliert beschreibt[548].

Abb. 33 A Fresko über der Orgelempore

Im Vertrag mit Göz ist für dieses Fresko festgelegt: „(...) die seelige von Chantal, wie ihr die göttliche liebe den nahmen Jesu auf die brust brennet, neben ihr kommen glaub und hoffnung, selbige umfangend, oben aber in der glori das brennende herz Jesu"[549]. Die Szene, wie Johanna Franziska von Chantal der Name „Jesu" auf die Brust gebrannt wird, ist in der Quelle von 1752 bei den Erläuterungen zum dritten Bild auf der rechten Seite (Emblem 6) behandelt[550]. Dieses Emblem besteht aus

548 Siehe Isphording (1989), S. 452–460.
549 Vertrag mit G. B. Göz vom 17. April 1758.
550 Die acht im Juli 1752 aufgehängten Embleme in der Amberger Salesianerinnenkirche hatten im Hauptbild folgende Themen:
1 (aufgehängt in der Mitte der Kirche): Seligsprechung der Johanna Franziska von Chantal
2 (Erstes Bild rechts): Sieg der wahren Religion
3 (Erstes Bild links): Wunder bei Übergabe des Freibriefs
4 (Zweites Bild rechts): Wunder der Kornvermehrung durch Johanna Franziska von Chantal
5 (Zweites Bild links): Löschung einer Feuerbrunst durch die Fürbitte der Ordensstifterin
6 (Drittes Bild rechts): Johanna Franziska von Chantal wir der Name „Jesu" auf die Brust gebrannt

drei Bildern mit dem Lemma „Ardor formavit“, was in der Quelle mit „Die hiz gibt die gestalt“ übersetzt wird. Die für das Hauptbild von Emblem 6 beschriebene Darstellung entspricht dem Entwurf und der Ausführung von Göz:

„(...) ist gemahlen ein oratorium und in diesen ein altar, vor welchen Joanna knyet in den aufzug einer wittib haltent an der handt ein kliendes eisen, gleich als wärr sie in einer verzuckhung, werffent ihre augen auf den heiligsten nahmen Jesu, welcher in denen wolckhen ober den altar schwebet, umgeben mit villen englen. Hinter Joannam stehet ein engel und haltet sie deittent mit den finger auf den nahmen Jesu. Auf der brust Joannae ist ebenfahls diser heiligste nahmen eingepräget mit kleinen strahlen umgeben“[551].

Diese Beschreibung zeigt, dass im Vertrag nur die vom Konvent gewünschten Änderungen zum Text der Quelle festgehalten sind. Statt der sie umgebenden Engel sollte Göz die theologischen Tugenden „Glaube“ und „Hoffnung“ malen. Für die dritte Tugend „Liebe“ wird die Darstellung des brennenden Herzen Jesu vereinbart, dessen Ausführung der Beschreibung des Wappens der Salesianerinnen entspricht.

Die Forderung, die Tugenden darzustellen, hat ihren Ursprung in dem im Konzept beschriebenen Bild, das in der Mitte der Kirche aufgehängt war: „(...) in beyseyn mehrerer cardinälen und einer menge volckhs, die bildtnus der seeligen mutter auf den altar sezet, ober welchem altar die drej theologische dugenten glaub, hoffnung und lieb, gleichsam in den lufft auf wolckhen schwebend gemahlen waren, als wollten sie die bildtnus von denen händten des pabsts empfangen“[552].

Das Hauptbild von Emblem 6 wird in dem Teil „Erklärung“ interpretiert:

„(...), ja noch grössere hiz der lieb hatte Joannam dahin gebracht, das sie durch eine fast unerhörte thatt ihr den nahmen Jesu, ihres geliebten, mit einen glüenden eisen auf die brust gebrennet, damit in ihren herzen das liebes feuer gegen Jesum niemahls verlöschte, wie jenes bey der archem des bundts, wie dieses zeigt das erste neben symbolum in der einfassung. Und sie als ihr lieb gegen Jesum mit verwundeter brust zeigete, wie der pellican gegen seinen jungen, welches in den anderen neben symbolo der einfassung zu sehen“[553].

---

7 (Drittes Bild links): Tod der Johanna Franziska von Chantal.
8 (aufgehängt an der Klosterpforte): Anbetung der Heiligen Dreifaltigkeit durch die Ordensstifterin.

551 Festschrift (1752), S. 26.
552 Festschrift (1752), S. 1 f.
553 Festschrift (1752), S. 28.

Diese wahre Liebe der Johanna Franziska von Chantal begründet in der weiteren Argumentation des Konzeptes sowie des ausgeführten Freskenzyklus' den Sieg über die Ketzerei. Im Gang der Lebensgeschichte der Ordensstifterin werden die Hauptstationen typologisch mit dem Alten Testament in Bezug gesetzt. Im Lauf des Zyklus steigert sich die Bedeutung der Gleichnisse von ante legem und sub lege bis hin zur Überzeugung, dass der Heilsplan bereits vollendet ist.

Die in der Quelle zu Emblem 6 beschriebenen Nebenbilder stellen eine Personifikation der heiligen Dreifaltigkeit sowie eine Vision der Johanna Franziska von Chantal dar. Beide Themen bilden auch in dem ausgeführten Deckenprogramm die Überleitung zum anschließenden Hauptfresko (Szenen B1/B2).

Abb. 32 *B Hauptfresko*

Das Hauptfresko weist eine Scheinarchitektur auf. Über vier im Geviert stehenden Arkaden schließt sich eine Himmelsöffnung an. Die Form des Ausschnitts, ein Rechteck mit abgerundeten Ecken, lässt die Illusion nicht zu, dass es sich um eine abgeschnittene Kalotte handelt, also um die Öffnung eines real möglichen Kirchenraumes. Ebenso bilden die Pfeiler der Arkaden nicht eine Verlängerung des realen Raumes. Sie setzen erst am goldenen Stuckrahmen des Freskos an, wodurch kein Bezug zum Standpunkt des Betrachters möglich wird. Die Verwendung des Goldes im Rahmen trägt zur bedeutungsmäßigen Überhöhung des Bildes bei.

Die vier Arkaden bilden eine Scheinarchitektur, die nur die Funktion hat, Raum für die Inszenierung wichtiger Momente aus dem Leben der Seligen zu schaffen. Die Architektur ist der historischen Handlung völlig untergeordnet. Durch sie erhalten die dargestellten Szenen eine bildhafte Eigenständigkeit. Die handelnden Figuren sind nicht an die perspektivisch richtig aufgebaute Scheinarchitektur gebunden. Sie scheinen aus der Architektur herauszukippen. Besonders auffällig ist der gemalte Stuhl in B4, auf dem Franz von Sales sitzt, während er die Augustinerregel überreicht. Er würde ohne die Figuren schräg im Raum schweben. Die Ebene, auf der die Figuren agieren, hat keine Tiefe. Sie stehen auf der Kante des Podestes, der jeweils den unteren Raumabschluss der Arkaden bildet.

Wichtig ist nicht mehr die Erzielung einer illusionistischen Wirkung, wie es für Pozzo noch die Hauptforderung war. Eine perspektivische Untersicht der Figuren, wie in dessen siebzig Jahre früher entstandenem Deckenfresko von St. Ignazio in Rom, wird nicht angestrebt. Auch die Simultandarstellungen verhindern die Wirkung eines illusionistischen Raums. Nicht die Architektur oder die Figuren sollen herausgestellt werden, sondern das Hauptfresko wird zum Schauplatz der historischen

Handlung[554], die in einer Zwischenebene angesiedelt ist. Es sind drei Ebenen angelegt. Der reale Raum des Betrachters ist mit dem Deckenfresko nur durch Stuckübergänge, sowie an der Westseite des Freskos durch überlappende Malerei verbunden. Die Ebene der historischen Handlung im Deckenfresko wird mit der Region des Himmels in der Mitte durch mehrere Mittlerfiguren der Göttlichen Vorsehung in Bezug gebracht, deren Status jeweils durch braune Wolkenbänke unterstrichen wird (B1). Emblem 5 der Quelle hat zum Inhalt, dass Johanna Franziska von Chantal „(...) alles Gott, und seiner vorsichtigkeit heimbstellete“[555]. Dieses Vertrauen in Gott bewirkt, dass dieser durch Wunder zeigt, „(...) wie mächtig bey ihm die vorbitt seiner dienerin annoch in leben sey und wie billich auf sie die menschen ihr vertrauen sezeten“[556].

B2 Szene im Nordteil

Hier ist nicht abgebildet, wie im Kirchenführer von 1960 vermerkt ist: „Franz v. Sales erklärt die Ordensregel. Im Hintergrund die verklärte Gestalt des Heiligen als Fürbitter seines Ordens im Himmel“[557]. Dargestellt sind Visionen der beiden Ordensstifter. *Abb. 32, rechts*
Die verwitwete Johanna Franziska von Chantal lernte Franz von Sales 1604 in Dijon kennen. Bereits vorher soll sie ihn in einer Vision erblickt haben. Das Konzept erklärt das zweite Nebenbild von Emblem 6 folgendermaßen: „Der andere schildt zeiget, wie Joanna einstens den heiligen Salesium, obwohlen noch unbekannt, gesehen auf einen hügel und erkennet innerlich, das diser einstens ihr lehrmaister in der liebe Gottes seyn solte“[558]. Diese Szene wird unter der Arkade dargestellt. Durch die Verwendung von lichten Farben erhält die Vision den Charakter des Überhöhten. Das Geschehen wird mit einer zweiten Szene verschränkt, nämlich mit einer Vision des Franz von Sales, die in seiner Lebensgeschichte beschrieben ist: „(...) wurde er verzuckt, sahe in dem Geist den neuen Orden, welchen er stüfften wurde, die Weiß, wie solcher einzurichten seye, desselben wunderbahrlichen Auffnahm, und die Persohn, welche ihm zu solchem Werck verhülfflich seyn sollte; (...).“ Auch wird darauf hingewiesen, dass „(...) dises Gesicht in das Gemüth Francisci tieff eingetrungen (...)“[559] war.

Dargestellt ist der an einem Tisch sitzende Franz von Sales, der zu einem Medaillon mit dem Brustbild der Johanna Franziska von Chantal emporblickt, das von zwei

554 Siehe Bauer (1961), S. 222.
555 Festschrift (1752), S. 24.
556 Festschrift (1752), S. 23.
557 Heribert Batzl, Amberg, Schulkirche, München 1960, S. 9 f.
558 Festschrift (1752), S. 29.
559 Gennzinger (1739), S. 174.

Engeln getragen wird und fast den Architekturabschluss der historischen Ebene überschneidet. Engel und Bild sind von bräunlichen Wolken umgeben. Die Bedeutung des Tisches mit dem herabhängenden Zettel ist in der Literatur bisher nicht angesprochen worden. Im Konzept ist im Hauptbild vom Emblem 3 „Wunder bei Überreichung des Freibriefes" ein neben Franz von Sales stehender Tisch beschrieben, auf dem eine Landkarte liegt. Auf ihr sind 82 Orte verzeichnet, wo noch zu Lebenszeit der Johanna Franziska von Chantal Klöster ihres Ordens errichtet wurden. In der Erklärung wird wiederum auf eine Vision verwiesen: „(...), also wurdte der nun aufgerichtete ordten Franciscae zwar villfältig angefochten und bestritten, doch breitete er sich in kürze so sehr aus, das auch Joanna die stüffterin noch lebend 82 stüfftungen zehlete: Diese vermehrung hatte Gott selbst dem h: Salesio gezeiget (...)"[560]. Die drei Visionen dieser Szene im Hauptfresko bilden ein wichtiges Glied in der Argumentationskette, dass die Ordensgründung gottgewollt ist.

B3 Szene im Südteil

Abb. 32, links Im Konzept wird unmittelbar im Anschluss an die o. a. Stelle weitergeführt, dass die Vermehrung des Ordens die Belohnung für Vertrauen sei. Nach dieser Argumentationsschleife wird fortgefahren: „Damit aber Joanna Francisca ihre treu und ihren glauben Gott beweisete, liesse sie sich von fleisch= und blueth keines wegen zurückhalten, das sie der ruffendten stimm Gottes wieder gehorchete, derowegen sie auch heldtenmüthig ihren eigenen sohn mit füssen getretten, da sich selber unter die closter porthen legte, in welche Joanna wollte eingehen, damit er sie zurückhalten möchte"[561]. Bei der Interpretation von Isphording handelt es sich hier um den Abschied der Johanna Franziska von Chantal von ihrer Familie in Dijon. Dieser Inhalt allein würde der Dramatik der Szene nicht gerecht werden. Die Ordensstifterin wendet sich von „fleisch = und blueth" ab und kehrt dem früheren weltlichen Leben den Rücken zu. Fast die gleichen Worte, nämlich „Fleisch und Welt" werden in einer weiteren Stelle des Konzeptes verwendet, die sich auf den Inhalt der folgenden Szene, die Regelübergabe bezieht.

B4 Szene im Ostteil

Abb. 32, oben Die Darstellung der „Überreichung der Ordensregel" im Langhausfresko wurde im Vertrag mit Göz vereinbart. Die Szene wurde der Lebensbeschreibung des Franz von Sales entnommen. Am 6. Juni 1610, dem Fest der Heiligen Dreifaltigkeit traten

560 Festschrift (1752), S. 12.
561 Festschrift (1752), S. 12.

Johanna Franziska von Chantal und zwei weitere Frauen in den neu gegründeten Orden ein. Hierzu heißt es: „(...) begaben sie sich zu dem heiligen Bischoff, von ihm den Seegen zu empfangen, welcher ihnen denselben im Nahmen der Allheiligisten Dreyfaltigkeit ertheilte, über dises Fest unterschidliche geistliche Beobachtungen machte, und darauf der Frauen von Chantal etliche mit eigner Hand geschribne Satzungen einlieferte, (...)“[562].
Die besondere Stellung des Franz von Sales als Ordensgründer und Heiliger wird durch den blauen Vorhang betont, der von den bischöflichen Insignien tragenden Engeln gehalten wird. Dieser Thronbaldachin dient zur äußeren Kennzeichnung seiner Heiligkeit. Zusätzlich wird seine Isoliertheit von den übrigen Personen durch die braune Wolkenbank hervorgehoben. Im Himmelsausschnitt über dieser Szene ist das Datum der Regelübergabe vermerkt. Der rote Krebs mit der Zahl 6 ist oberhalb von Chronos gemalt, der auf der Stirn die Jahreszahl 1610 trägt. Der Gott der Zeit steht an dieser Stelle für die Erhabenheit der Göttlichen Vorsehung über Raum und Zeit. Auf die Bedeutung dieses Tages als Fest der Heiligen Dreifaltigkeit weist das darüber angebrachte Doppelgesicht mit der Taube hin.

In der Lebensgeschichte des Franz von Sales wird ausgeführt, dass Johanna Franziska von Chantal in der Nacht vor der Regelübergabe vom Satan versucht wurde[563]. Im Konzept wird die Bedeutung der Symbole der Einfassung von Emblem 6 „Johanna von Chantal wird der Name Jesu auf die Brust gebrannt“ erklärt: „Die seell stellet vor Joannam, wie sie zwar von den Sathan hefftig versuchet und bestritten wordten, doch alle anfäll überwundten, da sie durch heldtenmüthige thatt den h. Jesus nahmen ihr ins herz gebrennet, dessentwegen gleichwie die seell von diesen heil: nahmen bestrahlet wirdt, also schlagen die donnerkeyl, welche von eben diesen nahmen ausgehen, den Sathan in die flucht“[564].
Die Argumentation, dass die katholische Kirche über die Ungläubigkeit durch die Liebe siegt, zieht sich durch das gesamte Konzept.

Im Vertrag mit Gottfried Bernhard Göz wird als erstes Thema für das Deckenfresko im Langhaus verlangt: „(...) in das grosse stuck des langhauses, so 46. schuhe lang und 23. schuhe brait ist, solle kommen, wie der heilige Franciscus Salesius der seeligen Johanna von Chantal mit noch zweyen closterfrauen die heilige regl überraichet, wobey unten die gestürzte welt und fleisch zu füssen angebracht, (...)“[565]. Diese Szene im Ostteil des Hauptfreskos wird als erstes vom Betrachter, der das Langhaus von Westen her betritt, erfasst.
In der Einfassung von Emblem 3 liegen unter den Kennzeichen des christlichen

562 Gennzinger (1739), S. 207.
563 Vgl. Gennzinger (1739), S. 206.
564 Festschrift (1752), S. 29 f.
565 Vertrag mit G. B. Göz vom 17. April 1758.

Erdenstandes „die welt eine larven haltent“ und „Cupido mit schwarzer aber erloschener fackhel“[566]. In der Erklärung hierzu heißt es: „Die kennzeichen des ordtenstandts zeigen an, durch was eine ordtens persohn die welt und das fleisch als ihre gröste feindt besigen miesse, welche feindt zu bodten ligen unter disen instrumenten und kennzeichen“[567].

Eduard Rüber schreibt in seiner Dissertation von 1923, dass die im Vertrag erwähnte Darstellung von Fleisch und Welt weggelassen wurde[568]. Tatsächlich befand sich bis zur Restaurierung ab 1982 an dieser Stelle ein Vorhang. Eine Aufnahme der Restaurierungsfirma während der Freilegung der beiden Figuren zeigt, dass vom ursprünglichen Zustand nicht viel übrig geblieben war. Die Rekonstruktion erfolgte ohne Kenntnis des Konzeptes, weshalb die linke Figur statt einer Fackel ein Musikinstrument in der Hand hält.

Die neben Johanna Franziska von Chantal kniende Nonne ist dem Betrachter frontal zugewendet. Sie hält als Stellvertreterin des Ordens der Salesianerinnen in Amberg in der rechten Hand den Grundriss von St. Augustinus und weist mit dem Stab in der linken Hand den Betrachter darauf hin. Durch die Präsentation des neuen, durch den Umbau entstandenen Kirchengrundrisses an dieser exponierten Stelle wird die Kirche selbst zum Ort des Triumphs der Seligen von Chantal bzw. des von ihr gegründeten Ordens.

B5 Szene im Westteil

Abb. 32, unten

Im Vertrag mit Göz wird als zweites Thema für das Langhausfresko genannt: „(...), wie die seelige von Chantal den königlichen freybrief oder bullam von der Heimsuchung Mariae in gegenward des heiligen Salesij empfanget, oben aber in einer glori wird die göttliche vorsichtigkeit mit herum schwebenden englen vorgestellet, durch welche der heilige orden ausersehen und angeordnet worden ist“[569]. Diese Szene kann vom Betrachter erst erfasst werden, wenn er sich vor dem Chorbogen stehend nach Westen umdreht.
Durch diese Programmvorgabe wird die Szene „Übergabe des Freibriefes“ in Bezug zu der Darstellung der Göttlichen Vorsehung gebracht. Hier ist jedoch kein Hinweis auf die besondere Bedeutung dieser Handlung gegeben.

566 Festschrift (1752), S. 11.
567 Festschrift (1752), S. 14.
568 Vgl. Eduard Rüber, Der Augsburger Maler und Kupferstecher Gottfried Bernhard Göz (1708–1774), Diss. Würzburg 1923, S. 111.
569 Vertrag mit G. B. Göz vom 17. April 1758.

Im Konzept wird in Emblem 3 ausführlich auf das Wunder eingegangen, das gleichzeitig mit der Übergabe geschieht. Die Beschreibung in der Quelle entspricht der fünf Jahre später gemalten Szene fast völlig:

> „Ein saall, in dessen mitte Joanna Francisca stehet, schon als eine klosterfrau gekleydet, haltet in der handt einen fligenten brieff, auf dem diese worth stundten: Von Maria Heimbsuchung, zu linckhen stehet der französische königliche gesandte mit noch anderen cavalieren ganz der verwunderung voll. Zur rechten stehet der h. Salsius in seiner gewöhnlichen kleydtung (...)"[570].

Die Bedeutung dieser Szene wird im Anschluss erklärt:

> „Damit aber Gott noch mehr an den tag legte, wie lieb ihm dieser ordten seye, welcher unter den schuz seiner göttlichen Mutter aufgerichtet warr, wollte er dessen bestättigung auch mit einen wunder bekräfftigen. Dann da Joanna einen königlichen freyheits brieff nach gewohnheit verlangte und in denselben zu vor geschriben waren die worth Von Maria Opferung, also nennete sich die zu vor von Joanna errichtete congregation, bis sie in einen ordten verändert wurde: Wurdten bey dessen eröffnung mit aller erstaunung gelesen die worth Von Maria Heimbsuchung, welchen nahmen Joanna allzeit gewunschen ihren ordten zu geben"[571].

In der Erklärung zu dem ersten Nebenbild vom Emblem 3 wird erwähnt, dass die Frauen und Kinder, die rechts im Fresko dargestellt sind, einen Hinweis auf die Aufgabe des Ordens bedeuten, sich um Bedürftige zu kümmern. Bei dieser Szene wird vor allem durch die starke Betonung der Gebärden, der Hände und der Blicke das Wundergeschehen als solches dargestellt. Auf die Wiedergabe äußerer historischer Umstände wird wenig Wert gelegt.
Weder im Vertrag noch im Konzept werden die beiden Sendboten erwähnt, die auf die Übergabe des Freibriefes bezogen sind. Eine Mittlerfigur im Himmelsausschnitt deutet mit einer Hand auf das Symbol der Dreieinigkeit, das sich hinter dem Kopf der Divina Providentia befindet und blickt gleichzeitig auf die Übergabe des Briefes. Die Hauptbetonung liegt darauf, dass dieses Wunder in dem Moment des Betrachtens vorgeführt wird. Der Sendbote, der mit seinem Zeigefinger der rechten Hand direkt den entrollten Brief berührt, hält in seiner linken Hand, die er nach oben hält, einen Zettel mit den Worten „AB ASSUM".
An dieser wichtigsten Stelle des Freskos konnte bei der Umsetzung des Konzeptes nicht auf Worte verzichtet werden, die darauf hinweisen, dass das Wunder gegenwärtig, durch die Anwesenheit der Göttlichen Vorsehung stattfindet. Dargestellt wird nicht das Wunder an sich, sondern der göttliche Akt, der den Orden legiti-

570 Festschrift (1752), S. 9.
571 Festschrift (1752), S. 13.

miert[572]. Die Realität der Szene wird zusätzlich durch die Landschaft im Hintergrund betont.

Wie in der zentralen Szene in München, ebenfalls auf der Westseite des Deckenfreskos, dem Chorfresko zugewendet, befindet sich eine Szene, in der ein Wunder dargestellt ist, das unmittelbar mit dem Ordensstifter bzw. mit der Ordensstifterin in Zusammenhang steht.
Bei beiden Szenen wäre heute, ohne die Kenntnis der entsprechenden Quellen, nicht mehr die eigentliche Aussage zu erkennen, dass es sich um ein Wunder handelt.

Johanna Franziska von Chantal erscheint nicht wie Franz von Sales in einem Allerheiligenhimmel, da sie noch nicht heilig gesprochen ist. Diese Szene wurde bei den Feierlichkeiten von 1752 in einem Bild an der Kirchenpforte dargestellt: „Die Triumph Porten vor der Kirchen stellte zu obrist vor die Heiligiste Dreyfaltigkeit in der Glori; unter welcher das allerheiligste Herz Jesu warr mit glanz umbgeben, welche die unter denen 9. Chören der englen auf wolckhen kniendt, oder schwebendte seelige Joanna Francisca anbettete“[573].

Abb. 34 *D Fresko über dem Chor*

Für das Chorfresko wurde im Vertrag mit Göz gefordert, dass „(...) durch freso mahlerey entworffen werden [solle] die Allerheiligiste Dreyfaltigkeit mit denen anbettenden heiligen englen“[574]. Die Ausführung entspricht dieser Anweisung. Eine im Berliner Kupferstichkabinett aufbewahrte Skizze weist jedoch eine andere Figurenkonstellation auf. Vor Gottvater und Christus schwebt eine weibliche Gestalt mit ausgebreiteten Armen, die den Blick nach oben wendet. Isphording interpretiert sie als Maria, die in den Kreis der Dreifaltigkeit einbezogen wurde[575].

C1-4 Vier Freskenfelder im Langhaus und
E1-4 vier Zwickelbilder im Chor

In vier Feldern im Langhaus sind Kirchenlehrer abgebildet. Sie stehen in Bezug zu den zwölf freskierten Apostelköpfen, die sich an den Längswänden unterhalb der Fenster befinden. Die zwölf Apostel sind durch ihre Attribute gekennzeichnet, die zusammen mit Putten oberhalb der hochovalen Medaillons in Stuck ausgeführt

572 Siehe hierzu Bauer (1961), S. 219.
573 Festschrift (1752), S. 35.
574 Vertrag mit G. B. Göz vom 17. April 1758.
575 Vgl. Isphording (1989), Anm. 33.

sind. Als erste Apostel an den beiden Seiten des Langhauses nach dem Chorbereich sind Fresken von Petrus und Paulus angebracht. In der Quelle heißt es bei der Erklärung des zweiten Nebenbildes von Emblem 2: „Ein anderes mahl befandte sie sich in einen zimmer mit ihren herrn vatter und den gemeldten Calvinisten, dem sie sagte: wan der herr unseren könig einer lug bestraffete, wurdte ihn mein herr vatter als praesident lassen hinrichten: da er Gott selbst eine lug aufburdtet, werdten im also zwey himmels praesidenten das leben nemmen. Worbey sie auf die bildtnussen der h. h. Petri und Pauli deuttete"[576].

Die Kirchenlehrer, die Apostel und die vier Evangelisten der Zwickelbilder im Chor[577] sind in ihrer Gesamtheit als Zeugen des wahren Glaubens anwesend. Im Konzept ist der Sieg des wahren Glaubens über die Ketzerei das Thema des gesamten zweiten Emblems. Als Instrumente der wahren katholischen Religion werden die Insignien der Kirchenvertreter aufgezählt, die die Einfassung des Emblems bilden. Jeweils im Bogenfeld über den mittleren Fenstern des Langhauses sind diese Insignien in Stuck ausgeführt.

Dem Stuck in der Amberger Salesianerinnenkirche kommt eine verbindende Funktion zu. Er stammt von dem Wessobrunner Franz Xaver Höpflmayr, der bei seiner Bewerbung für die Stuckierung des Langhauses der Pfarrkirche Trautmannshofen als rühmliches Probestück seine Arbeit in der Amberger Klosterkirche St. Augustinus nennt[578].

Das Deckenfresko des Langhauses wird von ornamental durchgebildetem Stuck gerahmt. Das Fresko bildet eine eigene Welt, die nicht den realen Kirchenraum verlängert, sondern Ort eines historischen Schauplatzes ist. Eine Verbindung zur Architektur der Kirche besteht allein in den Stuckrocaillen, die zwischen der Rahmung des Freskos, der Stuckverzierung der Stichkappen des Tonnengewölbes sowie den Stuckrahmen der Kirchenlehrer eine Brücke bilden.

---

576 Festschrift (1752), S. 7.

577 Gegen Ende des 19. Jahrhunderts wurden die Zwickelfresken mit Papierbildern im Nazarenerstil überklebt. Bei der Restaurierung von 1948 wurden vermutlich diese Bilder wieder abgenommen und dafür eine Brokatmalerei aufgetragen. Diese wurde 1983 entfernt und die ursprüngliche Malerei von Göz freigelegt, die in einem sehr schlechten Zustand war. Vgl. Restaurierungsbericht der Firma Preis.

578 Höpflmar ergänzt seine Unterschrift des Vertrages mit dem Hinweis auf die Amberger Salesianerinnenkirche. Vgl. StAA, Oberpfälzer Kirchenakten 6868, Vertrag vom 13. November 1759. Registriert bei Reinhard H. Seitz, Unbekannte Stukkaturen des Wessobrunner Zimmermann-Neffen Anton Landes in der Oberpfalz, in: Verhandlungen des Historischen Vereins für Oberpfalz und Regensburg, Bd. 116, Regensburg 1976, S. 216.
Der Stuck stammt nicht wie bisher angenommen von Anton Landes. Eine Theorie von Seitz wird durch den Vergleich der Quellen im Stiftsarchiv der Alten Kapelle, die seit 1991 zugänglich sind, widerlegt.

Epilog

In der zweiten Hälfte des 17. Jahrhunderts bis weit ins 18. Jahrhundert hinein wurden in Süddeutschland und in den österreichischen Ländern mit einem großen Aufwand an Kosten und Kreativität viele Sakralbauten neu errichtet oder zumindest neu ausgestattet[579]. Diese Bau- und Ausstattungswelle in den katholischen Gebieten kann in unmittelbarem Zusammenhang mit der Langzeitwirkung des Tridentiner Konzils gesehen werden.
Bei der Münchner Salesianerinnenkirche war diese zeitgemäße Bautätigkeit einer der Faktoren, die zu dem bereits in der Gründungsbulle von Kurfürstin Henriette Adelaide versprochenen Kirchenneubau für die in München angesiedelten Salesianerinnen führte. Der ausschlaggebende Faktor aber ist, wie in Wien, in der Person einer Herrscherin zu sehen. So wie in Wien Kaiserin Amalia Wilhelmine ein großes persönliches Interesse hatte, eine Kirche für die dort angesiedelten Salesianerinnen zu erbauen, so realisierte in München ihre Tochter Amalia Maria als Kurfürstin von Bayern den Wunsch Henriette Adelaides, eine neue Kirche für den Salesianerinnenorden zu errichten.

Im Gegensatz zu Wien, wo vor allem die Kaiserin Form und Ausstattung der Kirche als Repräsentationsbau bestimmte, waren in München, wie die Quellen eindeutig belegen, die Jesuiten die Berater der Salesianerinnen für das Innenausstattungsprogramm. Bei dem Neubau in München bildeten mehrere Faktoren eine Konstellation, wie sie weder in Wien zuvor noch danach in Amberg auftrat.
Franz von Sales' Wirken, die Verbreitung seiner Schriften, seine Selig- und Heiligsprechung fielen in das 17. Jahrhundert. Selbst in seiner Erziehung von den Jesuiten beeinflusst, verfolgte er ähnliche Ziele: vor allem den Protestantismus zu überwinden und geistig zurückzudrängen. So wie Franz von Sales in seinen Schriften eine Führung der Gläubigen durch einen Seelenführer forderte und die wichtige Rolle des Beichtvaters betonte, erfüllten die Jesuiten, besonders der Beichtvater Wilhelm Englisch diese Funktion für die Salesianerinnen zum Zeitpunkt des Neubaus. Zur Kenntnis der Schriften des Ordensstifters, wie *Philothea*, *Theotimus* oder seiner Predigttheorie kam bei den Jesuiten die Auswertung des Schriftmaterials über Franz von Sales, wie z. B. die Biographie von Maupas von 1664, die Festschrift zur Heiligsprechung 1666, verschiedene Emblemzyklen und die Predigt von Karg von Bebenburg zum 70. Todestag aus dem Jahre 1692.

579 Vgl. Hundemer (2000), S. 54 ff.

Ein weiterer Faktor ist die Vision der Salesianerin Maria Margareta Alacoque im Jahre 1688, in der die Jesuiten den Auftrag erhalten, die Herz-Jesu-Verehrung zu verbreiten. Dieses Bestreben ist in der Innenausstattung der Salesianerinnenkirche deutlich zu erkennen. Die in St. Anna von dem Jesuiten Bernhard von Sonnenberg 1695 gehaltene Herz-Jesu Predigt stellt die Bedeutung der Herz-Verehrung für die Salesianerinnen und die Jesuiten zu dieser Zeit in Bayern heraus.
Die Schwierigkeit, die Intention des Ordensstifters, die in seinen Hauptwerken *Philothea* und *Theotimus* greifbar wird und die Aussage, die die Jesuiten erreichen wollten, in ein schlüssiges Bildprogramm umzusetzen, gelang Cosmas Damian Asam offensichtlich vollkommen.

Zu der Aussage, die die Jesuiten anstrebten, gehören die Mittel, mit denen es ihnen gelang, den Rezipienten zu einer Erkenntnis zu führen. Krump bezeichnet das Vorgehen im Jesuitentheater als sinnenhafte Seelenführung. Die Jesuiten bezogen von ihrem aristotelisch-scholastischen Vorbild die Legitimation, das Verhältnis zwischen Diesseits und Jenseits rational fassen und messen zu dürfen[580]. Das Diesseits wurde als vorausweisendes Abbild so wie als Vorstufe zum Jenseits angesehen, weshalb das göttliche Wirken von oben und das menschliche Mitwirken von unten eine unauflösliche Verbindung bildeten, auf der das Heil der Menschen beruhte. „Die Abbildhaftigkeit der sinnlichen Erscheinungen aber ließ die Sinne zu Instrumenten der Erkenntnis werden und machte die sinnliche Erfahrung zur notwendigen Voraussetzung für das menschliche Heil“[581]. Aus dieser Überzeugung wurde versucht, die dramatische Tätigkeit des Ordens zu erklären. Dabei wurde von theaterwissenschaftlichen und literarhistorisch-geistesgeschichtlichen Perspektiven ausgegangen. Das Jesuitentheater ist stark vom Rhetorischen geprägt und bedient sich auch außersprachlicher Mittel.
Bei der Münchner Salesianerinnenkirche konnte anhand der herangezogenen Quellen erarbeitet werden, wie die Jesuiten Rhetorik in einem Deckenfreskenzyklus eingesetzt haben, wobei eine Verflechtung u. a. zwischen der Predigttheorie des Ordensstifters von 1604, der Lobrede über den Ordensstifter von Karg von Bebenburg von 1692 und dem ausgeführten Deckenfresko festgestellt werden konnte.

Die erstmals bearbeiteten Pläne der Münchner Salesianerinnenkirche, die nachweislich unter der Zuständigkeit Gunezrhainers entstanden, werfen Fragen auf, da eine Planänderung der Kirche festzustellen ist. Plan I liegt offensichtlich dem zweiten, schließlich ausgeführten Grundriss zugrunde. Dieser Plan I nimmt eine Sonder-

580 Vgl. Ruprecht Wimmer, Jesuitentheater. Didaktik und Fest, Frankfurt 1982, S. 18.
581 Wimmer (1982), S. 19.

stellung in der bayrischen Barockarchitektur ein, da seine Ursprünge südlich der Alpen liegen.
Die Grundlage dafür bildet, wie in der vorliegenden Arbeit erörtert wurde, ein Idealplan, der von Franz von Sales vor 1622 beauftragt und posthum veröffentlicht worden war. Zu diesem Plan wurde ein Devis herausgeben, das detailliert auf die Ausführung von Kirche und Kloster der Salesianerinnen eingeht.
Die Ordensstifterin Johanna Franziska von Chantal gab 1624 ein Direktorium für ihre Mitschwestern heraus, das die wichtigsten Punkte für das klösterliche Zusammenleben sowie die Neuanlage eines Klosters enthält und auf die Schriften des Ordensstifters zurückgeht. Der Idealplan von Erdgeschoss und Parterre ist ihm beigebunden. Dieses Werk wurde 1727 in Wien übersetzt. Ein Exemplar befand sich nachweislich im Besitz der Münchner Salesianerinnen[582].
Die Bedeutung des Devis für die Salesianerinnenklöster stellt Marquis in seiner Analyse der italienischen Klöster heraus. Da die Klöster den jeweiligen Bischöfen untergeordnet waren, bildete die Einhaltung des Devis eine innere Verbindung zwischen den Häusern. Allerdings stellt er auch fest, dass die zwingende Einhaltung vor allem die Klausur betraf.

Ein Beispiel dafür, dass sich die Salesianerinnen beim Kirchenbau nicht immer strikt an die Vorschriften des Ordensgründers hielten, ist in Frankreich zu finden. Bei der Salesianerinnenkirche an der Rue St. Antoine in Paris kam es zu einer Planänderung, die an den erhaltenen Plänen nachzuvollziehen ist. Grund dafür war, dass die Ordensgründerin Johanna Franziska von Chantal als Finanzier Brûlart de Sillery gewinnen konnte, der François Mansart Anfang 1632 als Baumeister vorschlug.

Bei der Planänderung des Idealplans für die Münchener Salesianerinnenkirche unter der Leitung von Johann Baptist Gunezrhainer erfolgte kein Wechsel des Baumeisters, sondern Änderungen ergaben sich aufgrund des Zusammenwirkens der Künstler und der Auftraggeber zur Verwirklichung eines im Detail geplanten Innenausstattungsprogramms.

Obwohl die Salesianerinnenkirche St. Anna heute wegen der fehlenden originalen Farbigkeit und des Verlusts der Originalfresken von Cosmas Damian Asam nicht mehr den Eindruck ihrer Pracht des 18. Jahrhunderts vermittelt, ist durch den Wiederaufbau zumindest der Raumeindruck und vor allem das theologische Programm erhalten, das ja ursprünglich durch die Künstler vermittelt werden sollte. Bauer stellt zu St. Anna fest: „Die Ausstattung der Brüder Asam – Stuck und Altäre von Egid Quirin, Fresken von Cosmas Damian – wurde im Krieg vollkommen zerstört.

582 Klosterarchiv der Salesianerinnen.

Ab 1952 wurde der Innenraum rekonstruiert. Bei Altären und Stuck ist das gut gelungen. Sehr problematisch ist die monochrome Wiederherstellung der Fresken, die den farblichen Gesamteindruck des Raumes verfälschen, wenngleich sie dankenswerterweise den ikonographischen Gesamtzusammenhang bewahren“[583]. Bisher war dieser Gesamtzusammenhang noch nicht untersucht worden. Um den Inhalt der Innendekoration heute richtig verstehen zu können, war es nötig, die zeitgenössische Rezeption so weit wie möglich zu rekonstruieren und somit der Kirche wieder zu ihrer verdient hohen Wertschätzung zu verhelfen.

583 Hermann und Anna Bauer, Klöster in Bayern. Eine Kunst- und Kulturgeschichte, München [2]1993, S. 135.

Literaturverzeichnis

1. *Quellen*

Alberti (1525): Leon Battista Alberti, De Pictura II., in: Cecil Grayson (Hrsg.), Opere volgari, Bd. 3, Bari 1973, (Erstausgabe 1525)

Alciati (1531): Andrea Alciati, Emblemata cum commentariis, Padua 1621, Reprint New York und London 1976, (Erstausgabe 1531)

Augustinus (400): Aurelius Augustinus, Confessiones, übers. von O. Bachmann, Köln 1960, (Erstausgabe um 400)

Augustinus (427): Aurelius Augustinus, Vom Gottesstaat, übers. von Wilhelm Thimme, Bd. 1, 2, Zürich ²1978 (Entstanden zwischen 413 und 427)

Biblia Sacra (1758): Biblia Sacra oder die ganze Heil. Schrifft des Alten und Neuen Testaments, Nürnberg 1758

Ceremonien (1874): Ceremonien bei der jährlichen Visitation für die Ordensfrauen der Heimsuchung Mariä, Regensburg 1874

Circulaire (1720): Vive Jesus. De nôtre Monastere de Vienne, en Autriche, ce 27. Juillet, 1720, Wien 1720

Circulaire (1727): Vive Jesus. De nôtre Monastere de Vienne en Autriche, le 7. de Janvier, 1727, Wien 1727

Circulaire (1729): Vive Jesus. De Nôtre Monastere de Vienne en Autriche, le 2. de Janvier, 1729, Wien 1729

Circulaire (1735): Vive + Jesus. De nôtre Monastere de la Visitation Ste. Marie de Munich ce 6. Mars 1735, München 1735

Circulaire (1738): Vive + Jesus. De nôtre Monastere de la Visitation S. Marie de Munic ce 8. de Mars 1738, München 1738

Direktorium (1727): Lebe JESU. Buch deren Ordens-Gebräuchen/ und DIRECTORIUM, oder Unterrichtungen für die Geistliche Schwestern von der Heimsuchung Maria, Wien 1727 (Aus der Französischen in die Teutsche Sprach übersetzet: Franz von Sales, Devis de l'ordre de la grandeur, disposition & commoditez des lieux & Offices du Plan, (posthum) 1637)

Festschrift (1666): Relation de ce quis est passe a Turin a la Ceremonie de la Feste de St. François de Sales le 29. Januier 1666 & pendant l'Octave dans l'Eglise des Religieuses de la Visitation, Turin 1666

Festschrift (1752): Vivat Jesus: Simbolische Bildnußen, So bey der Seeligsprechungs Solennitaet JOANNAE FRANCISCAE FREMIOT DE CHANTAL Stüffterin des Ordens vom Maria Heimbsuchung. Aufgehängt worden in der Kürchen des

H: Augustin gemeldten Ordens in Amberg. Den 23. Julii, des Jahrs 1752, (handschriftlich)
Festschrift (1769): Elf Lob- und Ehrenreden, welche bei der achttägigen Feierlichkeit der Heiligsprechung der Dienerin Gottes und Stifterin des löblichen Salesianerinnenordens von der Heimsuchung Mariä, der hl. Johanna Franziska Fremiot von Chantal, von denen berühmtesten Wohlrednern in der salesianischen Klosterkirche auf dem Kreuz seind gehalten worden, Freising 1769
Francisci (1738): Joannis Francisci (à Stauffenberg), Sacrosancta Theologia universa sacris bibliorum figuris illustrata, symbolis adumbrata, assertis scholasticis, dogmaticis, moralibus elucidata, iconismis aeneis exhibita, Augsburg 1738
Friz (1714): Gregorio Friz, Ein Mann der Salz hat. Der Heilige FRANCISCUS von Sales/ Bischoff und Fürst zu Genff, Wienn 1714
Gambart (1664): M. Adrien Gambart, La vie symbolique du bienheureux François de Sales, evesque et prince de Geneve. Comprise sous le voile de 52. Emblemes, qui marquent le caractere de ses principales vertus, avec autant de Meditations, ou Reflexions pieuses, pour exciter les ames Chrestiennes & Religieuses, à l'amour & à la pratique des mesmes vertus, Paris 1664
Gennzinger (1739): Francisco Xaverio Gennzinger, Leben des Heiligen FRANCISCI von Sales, Bischoffen zu Genff, in Welscher Sprach beschriben von dem Hochwürdigen Herrn Petro Hyacintho Gallitia, Chorherrn des hochansehnlichen Stüffts des heil. Laurentii zu Giavenno (Venedig 1709), München 1739
Georgio (1719): Adolphus à S. Georgio, Predig von dem Heiligen FRANCISCO DE SALES, Bischoffen und Fürsten zu Genff/ deß Dritten Ordens S. FRANCISCI DE PAULA, Wienn 1719
Herz-Jesu-Bruderschaft Amberg (1752): Vollkommene Liebs-Vereinigung mit dem allerheiligsten Herzen JESUS in dem Gottes-Hauß des Heiligen Augustini deren Closter-Frauen von MARIAE Heimsuchung zu Amberg. Mit Bewilligung des Hochwürdigsten Ordinariat aufgerichtet, Freysing 1752
Karg von Bebenburg (1692): Johann Friderich Karg von Bebenburg, Die uber den Todt der Bethlehemitischen Kinder weinende: und durch den lang hernach an eben selbigen Tag erfolgten seeligsten Hintritt deß Heiligen FRANCISCI von SALES getröstete RACHEL, München 1692
Klostergeschichte (o. J.): Das Kloster der Salesianerinnen in Wien und seine geschichtlichen Denkwürdigkeiten, o. J. (= maschinenschriftliches Manuskript im Klosterarchiv der Wiener Salesianerinnen, o. N., o. J.)
Kurze Nachricht (1784): Kurze Nachricht von dem Kloster deren Frauen Salesianerinen in München, und deroselben Translation nach Inderstorf anno 1784
Maupas (1644): Henricus Maupas du Tour, Leben der Gottseligen Mutter JOANNAE FRANCISCAE von Chantal. Stiffterin deß Ordens von der Heimsuchung MARIAE, Paris 1644, übers. von Joanne Meyer, Lucern 1731
Maupas (1657): Henricus Maupas du Tour, Leben deß Heyligen Francisci von

Sales/ Bischoff- unnd Fürsten zu Genff, Paris 1657, übers. von Wolfgangus Eder, München 1674
Nicolao (1727): Fr. Lucas à S. Nicolao, Marianisch-Salesische Bundes-Zeichen/ Das ist: MARIA, am Tag ihrer Reinigung erscheinend im Tempel GOttes/ und Heil. FRANCISCUS von SALES, Wien 1727
Paleotti (1582): Gabriele Paleotti, Discorso intorno alle imagine sacre e profane, Bologna 1582, in: Trattati d'arte del cinquecento. Fra Manierismo e Controriforma, herausgegeben und kommentiert von Paola Barocchi, Bd. 2, Bari 1961
Pastoralblatt (1863): Erzbischöfliches Ordinariat München-Freising (Hrsg.), Die Einführung des Ordens der Salesianerinnen in Bayern, in: Pastoralblatt für die Erzdiöcese München-Freysing, Jg. 4, München 1863
Physiologus (2000): Der Physiologus. Tiere und ihre Symbolik, übertragen und erläutert von Otto Seel, Düsseldorf 2000 (Entstanden um 200)
Pozzo (1693): Andrea Pozzo, Perspectiva pictorum er architectorum Andreae Putei e Societate Jesu in quâ docetur modus expeditissimus delineandi opticè omnia quae pertinent ad Architecturam/Prospettiva de' pittori e architetti(...), Teil I: Rom 1693, Teil II: Rom 1698. Deutsche Ausgabe unter dem Titel: Der Mahler und Baumeister Perspectiv, 1708 (Teil I) bzw. 1711 in Augsburg, verlegt von Jeremias Wolff
Sales (1604): Franz von Sales, Brief über das Predigen, aus dem Französischen von E. Kopp, in: Franz von Sales-Hefte, Bd. 5, Eichstätt 1946
Sales (1609/1619): Franz von Sales, Introduction à la vie dévote, Paris 1619, in: Deutsche Ausgabe der Werke des hl. Franz von Sales, Bd. 1, Eichstätt 1959
Sales (1616): Franz von Sales, Traité de l'amour de dieu, Lyon 1616, in: Deutsche Ausgabe der Werke des hl. Franz von Sales, Bd. 2, 3, Eichstätt 1960
Sales (1637): Franz von Sales, Devis de l'ordre de la grandeur, disposition & commoditez des lieux & Offices du Plan, 1637 (posthum)
Sonnenberg (1695): Bernardo Sonnenberg, Newe vom Himmel gesandte Andacht gegen dem Göttlichen Herzen JEsu Christi an dem ersten Freytag nach der Octav deß H. Fronleichnambs als an seinem verordneten Festtag in der Kirchen der Wol-Ehrwürdigen Closter-Frawen von der Heimbsuchung MARIAE zu München Anno 1695. in einer Predig vorgetragen unnd auff derselben Anhalten mit einem Zusatz hervor gegeben, München 1695
Winger (1705): Marianus Winger, VIsItatIo DIVae MatrIs CeLLensIs. Das ist: Höchst-aufferbäuliche Besuchung Mariä-Zell in Steyermarckt. Welche Ihro Röm. Kays. und Königl. Majestäten CAROLUS VI. und ELISABETHA CHRISTINA, nach Freudenreichister Geburt des Durchleuchtigisten Oesterreich- und Hispanischen Erb-Prinzen LEOPOLD I, in unterthänigster Auffwartung Kayserl. Hoffstatt/ und hohen Adlschafft auß Steyermarckt an den hohen Fest MARIAE-Heimsuchung mit danckbahristen Gemüthe andächtigist gepflogen, Graz 1705

Wolfsgruber (o. J.): Cölestin Wolfsgruber, Klostergeschichte, Wien o. J. (unveröffentlichtes Manuskript im Klosterarchiv der Wiener Salesianerinnen)

Zanollo (1710): Jacobo Antonio Zanollo, Crystalliner Spiegel auß SAVOYEN, oder: scheinbahres Tugend-Leben deß glorwürdigen Bischoffen und Fürsten zu Genff/ Heil. FRANCISCI de SALES. Einer Hochlöbl. Savoyschen Nation erkiesenen Land- und Schutz-Patrons, als selbige dessen jährliche Solemnität in der Kirchen deren Wohl-Ehwürden PP. Paulanern auf der Wieden Hochfeyerlich gehalten, Wienn 1710

2. *Forschungsliteratur*

Anders (1828): Matthias Anders, Geschichte sämtlicher Kirchen, Klöster und Klosterhäuser s. a. in und um München, München 1828

Babelon (1998): Jean-Pierre Babelon und Claude Mignot, François Mansart. Le génie de l'architecture, Paris 1998

Bachter (1981): Falk Bachter, Balthasar Augustin Albrecht 1687–1765. Ein bayerischer Hofmaler des Barock, Mittenwald 1981

Backmund (1973): Norbert Backmund, Die Kollegiat- und Kanonissenstifte in Bayern, Windberg 1973

Backmund (1974): Norbert Backmund, Die kleinen Orden in Bayern und ihre Klöster bis zur Säkularisation, Windberg 1974

Barner (1970): Wilfried Barner, Barockrhetorik. Untersuchungen zu ihren geschichtlichen Grundlagen, Tübingen 1970

Barré (1976): Luc Barré, Passages. Recherche des significations de deux espaces architecturaux, Nanterre 1976

Bary (1980): Roswitha von Bary, Henriette Adelaide von Savoyen. Kurfürstin von Bayern, München 1980

Batzl (1960): Heribert Batzl, Amberg. Schulkirche, München 1960

Bauer B. (1986): Barbara Bauer, Jesuitische «ars rhetorica» im Zeitalter der Glaubenskämpfe, Diss. Frankfurt am Main 1986

Bauer (1961): Hermann Bauer, Zum ikonologischen Stil der süddeutschen Rokokokirche, in: Münchner Jahrbuch der bildenden Kunst, Bd. 12, München 1961, S. 218–240

Bauer (1965): Hermann Bauer, Der Himmel im Rokoko, Regensburg 1965

Bauer (1984): Hermann Bauer, Über einige Gründungs- und Stiftungsbilder des 18. Jahrhunderts in bayerischen Klöstern, in: Land und Reich – Stamm und Nation. Probleme und Perspektiven bayerischer Geschichte, Bd. 2 (= Schriftenreihe zur bayerischen Landesgeschichte, Bd. 79), München 1984, S. 259–272

Bauer H. u. A. (1985): Hermann und Anna Bauer, Klöster in Bayern. Eine Kunst-

und Kulturgeschichte, München ²1993
Bauer (1991a): Hermann Bauer, Die Bildprogramme des 18. Jahrhunderts in bayerischen Klöstern. Eine Selbstbestätigung vor dem drohenden Ende, in: Glanz und Ende der alten Klöster, in: Ausst.-Kat. Benediktbeuren (1991), S. 36–42
Bauer (1991b): Hermann Bauer, Das alte Bayern und seine Nachbarn. Kunst in Bayern aus Europas Quellen, München 1991
Bauer (1992): Hermann Bauer, Barock. Kunst einer Epoche, Berlin 1992
Bauer (2000): Hermann Bauer, Barocke Deckenmalerei in Süddeutschland, München 2000
Bauerreiss (1977): Romuald Bauerreiss, Kirchengeschichte Bayerns, Bd. 7, Ottilien 1977
Baumgärtner (1983): Wilhelm Baumgärtner, Die Klosterkirche: kunstvolles religiöses Denkmal, in: Sulzbach-Rosenberger Stadtnachrichten, 30.09.1983
Bettagno (1998): Alessandro Bettagno, Antonio Pellegrini. Il maestro veneto del Rococò alle corti d'Europa, Marsilio 1998
Bezold (1902): Gustav von Bezold, Berthold Riehl und Georg Hager, Die Kunstdenkmale des Regierungsbezirks Oberbayern, Bd. 4, München 1902 (Nachdruck 1982)
Blacha (1983): Rainer Egon Blacha, Johann Friedrich Karg von Bebenburg. Ein Diplomat der Kurfürsten Joseph Clemens von Köln und Max Emanuel von Bayern 1688–1694, Diss. Bonn 1983
Blößner (1913): Georg Blößner, Geschichte des Salesianerinnenklosters in Amberg, in: Verhandlungen des historischen Vereines von Oberpfalz und Regensburg, Jg. 1912, Regensburg 1913, S. 61–225
Blößner (1934): Georg Blößner, Die ehemalige Salesianerinnenkirche (Schulkirche) zu Amberg in Geschichte und Kunst, Amberg 1934
Bossle (1985): Lothar Bossle, Versuch einer Soziologie des Barock, in: Frank Büttner und Christian Lenz (Hrsg.), Intuition und Darstellung. Erich Hubala zum 24. März 1985, München 1985, S. 275–277
Brentano (1897): Seraphica von Brentano, Kurze Geschichte des Ordens von der Heimsuchung Mariä - genannt Salesianerinnen - in Bayern, von seiner ersten Niederlassung in München bis heute, Regensburg 1897
Brunner (1951): Herbert Brunner, Altar- und Raumkunst bei Egid Quirin Asam, Diss. München 1951
Bühren (1998): Ralf van Bühren, Die Werke der Barmherzigkeit in der Kunst des 12.–18. Jahrhunderts. Zum Wandel eines Bildmotivs vor dem Hintergrund neuzeitlicher Rhetorikrezeption, Hildesheim 1998
Büttner (1989): Frank Büttner, Rhetorik und barocke Deckenmalerei. Überlegungen am Beispiel der Fresken Johann Zicks in Bruchsal, in: Zeitschrift des deutschen Vereins für Kunstwissenschaft, Bd. 43, Heft 1, Berlin1989, S. 49–72
Büttner (1994): Frank Büttner, »Argumentatio« in Bildern der Reformationszeit.

Ein Beitrag zu Bestimmung argumentativer Strukturen in der Bildkunst, in: Zeitschrift für Kunstgeschichte, Bd. 57, 1994, S. 23–44

Büttner (1996): Frank Büttner, Ikonographie, Rhetorik und Zeremoniell in Tiepolos Fresken der Würzburger Residenz, in: Ausst.-Kat. Würzburg (1996), S. 54–62

Büttner (1998): Frank Büttner, Abschied von Pracht und Rhetorik. Überlegungen zu den geistesgeschichtlichen Voraussetzungen des Stilwandels in der Sakraldekoration des ausgehenden 18. Jahrhunderts in Süddeutschland, in: Andreas Tacke (Hrsg.), Herbst des Barock. Studien zum Stilwandel, München 1998, S. 165–173

Büttner (2001): Frank Büttner, Die ästhetische Illusion und ihre Ziele. Überlegungen zur historischen Rezeption barocker Deckenmalerei in Deutschland, in: Das Münster, Jg. 54, Heft 2, 2001, S. 108–127

Büttner/Ramisch (1997): Frank Büttner und Hans Ramisch, Geleitwort in: Markus Hundemer, Rhetorische Kunsttheorie und barocke Deckenmalerei. Zur Theorie der sinnlichen Erkenntnis im Barock, Regensburg 1997

Burns (1994): Marie-Patricia Burns, Aux origines de la visitation: La vraie pensée de Saint François de Sales, in: Nicole Bouter (Hrsg.), Les religieuses dans le cloître et dans le monde des origines à nos jours, Saint-Etienne 1994

Burns (2002): Marie-Patricia Burns, Françoise-Madeleine de Chaugy. Dans l'ombre et la lumière de la canonisation de François de Sales, Annecy 2002

Bushart (1986): Bruno Bushart, Asam als Zeichner, in: Ausst.-Kat. Aldersbach (1986), S. 51–61

Corpus (1987): Hermann Bauer und Bernhard Rupprecht, Corpus der barocken Deckenmalerei in Deutschland, Bd. 3: Freistaat Bayern, Regierungsbezirk Oberbayern, Stadt und Landkreis München, Teil I, Sakralbauten, München 1987

Corpus (1998): Hermann Bauer, Frank Büttner und Bernhard Rupprecht, Corpus der barocken Deckenmalerei in Deutschland, Bd. 6: Freistaat Bayern, Regierungsbezirk Oberbayern, Stadt und Landkreis Freising, München 1998

Chauleur (1998): Andrée Chauleur et Pierre-Yves Louis, François Mansart les bâtiments. Marchés de travaux (1623–1665), Paris 1998

Chevallier (1992): André Chevallier, Jugend und Ausbildung eines humanistischen Schriftstellers, in: Jahrbuch für Salesianische Studien, Bd. 25, Eichstätt 1992, S. 134–154

Coreth (1994): Anna Coreth, Liebe ohne Mass. Geschichte der Herz-Jesu-Verehrung in Österreich im 18. Jahrhundert, Diss. Maria Roggendorf 1994

Crammer (1784): Anton Crammer, Teutsches Rom, München 1784

Curtius (1960): Ernst Robert Curtius, Französischer Geist im zwanzigsten Jahrhundert, München 1960

Dalchow (1928): Ilse Dalchow, Italienische Stukkatoren und ihre Ornamentik in

der bayerischen Architektur um 1700, Diss. Bad Wörishofen 1928
Dassmann (1993): Ernst Dassmann, Augustinus. Heiliger und Kirchenlehrer, Stuttgart 1993
Deml (1928): Josef Deml, Über Amberger Geschichtsquellen, in: Das Bayerland, Jg. 39, 1928, S. 42–45
Destouches (1809): Joseph von Destouches, Statistische Beschreibung der Oberpfalz, vor und nach der neuesten Organisation; nebst einem chronologischen Überblick der oberpfälzischen Geschichte und der statistischen Beschreibung der Stadt Amberg, Sulzbach 1809
Devos (1973): Roger Devos, Vie religieuse féminine et société. L'origine sociale des Visitandines d'Annecy aux XVIIe et XVIIIe siècles, in: Mémoires et documents publiés par l'Académie Salésienne, Tome 84, Annecy 1973
Dinkelacker (1987): Susanne Dinkelacker, Böhmische Barockarchitektur in Bayern. Berbling, Frauenzell und die Pläne für St. Elisabeth in München, Diss. München 1987
Dischinger (1980): Gabriele Dischinger, Zu Leben und Werk der Künstlerfamilie Asam, Quellen aus den Jahren 1727–1738, in: Volker Liedke (Hrsg.), Ars Bavarica, Bd. 19/20, München 1980, S. 23–46
Dischinger/Peter (1995): Gabriele Dischinger und Franz Peter (Hrsg.), Johann Michael Fischer 1692–1766, Bd. 1, Tübingen 1995
Dötterl (1981): Werner Dötterl, Herz-Jesu-Verehrung im Jesuitenorden, in: Jahrbuch für Salesianische Studien, Bd. 17, Eichstätt 1981, S. 83–108
Dompnier (2001): Bernard Dompnier et Dominique Julia, Visitation et Visitandines aux XVIIe et XVIIIe siècles, Saint-Étienne 2001
Donien (1999): Jürgen Donien, Ehrenkranz, in: Ausst.-Kat. München (1999), S. 32
Duvignacq-Glessgen (1994): Marie-Ange Duvignacq-Glessgen, L'ordre de la Visitation à Paris aux XVIIe et XVIIIe siècles, Paris 1994
Eckardt (1976): M. Donatilla von Eckardt, Vom Bau der Institutskirche München-Nymphenburg bis zu ihrer Zerstörung, in: Oberbayerisches Archiv, Bd. 100, München 1976, S. 383–385
Enggass (1964): Robert Enggass, The painting of Baciccio. Giovanni Battista Gaulli 1639-1709, Pennsylvania 1964
Feulner (1918): Adolf Feulner, Süddeutsche Freskomalerei, in: Münchner Jahrbuch der bildenden Kunst, Bd. 10, München 1918, S. 64–101
Feulner (1923): Adolf Feulner, Bayerisches Rokoko, München 1923
Feulner (1929): Adolf Feulner, Skulptur und Malerei des 18. Jahrhunderts in Deutschland (Handbuch der Kunstwissenschaft), Potsdam 1929
Fiess (1997): Peggy Fiess, Die Anfänge der barocken Deckenmalerei in süddeutschen Kirchenräumen. Prinzipien der Illusion, Karlsruhe 1997
Fleury (1974): Michel Fleury, Alain Erlande-Brandenburg und Jean-Pierre Babelon, Paris, München 1974

Forster (1895): Joseph Martin Forster, Das gottselige München, München 1895
Franz (1991): Heinrich Gerhard Franz, Die Dientzenhofer. Ein bayerisches Baumeistergeschlecht in Böhmen und Franken (=Hefte zur bayerischen Geschichte und Kultur, Bd. 12), München 1991
Fuchs (1999): Friedrich Fuchs, Die Kirchen von Sulzbach-Rosenberg, in: Eisenerz und Morgenglanz. Geschichte der Stadt Sulzbach-Rosenberg, Bd. 2, Amberg 1999
Gaik (1978): Kurt Gaik, Die christliche Pädagogik der Kirchenväter und ihre erziehungsphilosophischen Grundlagen. Versuch eines geschichtlichen Überblicks, Diss. Rheinland 1978
Gebele (1896): Joseph Gebele, Das Schulwesen der königl. bayer. Haupt- und Residenzstadt München in seiner geschichtlichen Entwicklung und unter Berücksichtigung der älteren bayerischen Schulzustände, München 1896
Gegenfurtner (1977): Wilhelm Gegenfurtner, Jesuiten in der Oberpfalz. Ihr Wirken und ihr Beitrag zur Rekatholisierung in den oberpfälzischen Landen (1621–1650), Regensburg 1977
Geiger (1953): Hans Geiger, Perspektivprobleme süddeutscher Deckenmalerei des Spätbarock, Diss. Freiburg i. Br. 1953
Geiß (1868): Ernest Geiß, Geschichte der Stadtpfarrei St. Peter in München, München 1868
Gesellschaft der Töchter des heiligen Franz von Sales (1964): Gesellschaft der Töchter des heiligen Franz von Sales, Rue de Bourgogne, Paris, Betrachtungen und Erläuterungen zur Lebensregel, München 1964
Giesen (1997): Heinz Giesen, Die Offenbarung des Johannes, in: Jost Eckert (Hrsg.), Regensburger Neues Testament, Regensburg 1997
Gnilka (1994): Joachim Gnilka, Theologie des Neuen Testaments (= Herders theologischer Kommentar zum Neuen Testament), Freiburg i. Br. 1994
Gottschalk (1980): Joseph Gottschalk, Hedwigskloster und Hedwigskirche in Sulzbach/Oberpfalz, in: Archiv für schlesische Kirchengeschichte, Bd. 38, Hildesheim 1980
Greiselmayer (1987): Volkmar Greiselmayer, Zur Ikonographie von Andrea Pozzos Altar des heiligen Ignatius von Loyola in Ss. Nome die Gesù in Rom, Erlangen 1987
Gruber (1966): Max Gruber, Die Hofmarkkirche von Schönbrunn, in: Amperland, Jg. 2, Dachau 1966
Groër (1991): Hans Hermann Groër, Die Rufe von Loreto, Maria Roggendorf ^{2}1991
Gürth (1959): Alcuin Heribert Gürth, Über Wolfgang Dientzenhofer, Kallmünz 1959
Guldan (1964): Ernst Guldan, Quellen zu Leben und Werk italienischer Stukkatoren des Spätbarock in Bayern, in: Il Arte e Artisti dei Laghi Lombardi, Como 1964

Hager (1942): Werner Hager, Die Bauten des deutschen Barocks 1690–1770, Leipzig 1942
Hajós (1968): Géza Hajós, Beiträge zur Baugeschichte des Salesianerinnenklosters in Wien, in: Wiener Jahrbuch für Kunstgeschichte, Bd. 21, Wien 1968, S. 216–231
Hajós (1974): Géza Hajós, Kloster und Kirche der Salesianerinnen, in: Die Kunstdenkmäler Wiens. Die Kirchen des III. Bezirks, Wien 1974, S. 201–284
Hamacher (1986): Bärbel Hamacher, Werkverzeichnis Zeichnungen, in: Ausst.-Kat. Aldersbach (1986), S. 310–325
Hamacher (1987): Bärbel Hamacher, Entwurf und Ausführung in der süddeutschen Freskomalerei des 18. Jahrhunderts, Diss. München 1987
Hamacher (1988): Bärbel Hamacher, Die Entwurfsarbeit bei Matthäus Günther, in: Ausst.-Kat. Augsburg (1988), S. 97–113
Hamacher/Paschke (1986): Bärbel Hamacher und Ralph Paschke, Werkverzeichnis Verlorene Fresken, in: Ausst.-Kat. Aldersbach (1986), S. 277–299
Hanfstaengl (1955): Erika Hanfstaengl, Die Brüder Cosmas Damian und Egid Quirin Asam, München 1955
Hauttmann (1913): Max Hauttmann, Der Kurbayerische Hofbaumeister Joseph Effner, Straßburg 1913
Hauttmann (1921): Max Hauttmann, Geschichte der kirchlichen Baukunst in Bayern, Schwaben und Franken 1550–1780, München 1921
Hawel (1982): Peter Hawel, Klöster. Wie sie wurden, wie sie aussahen und wie man in ihnen lebte, Ulm 1982
Hawel (1987): Peter Hawel, Der spätbarocke Kirchenbau und seine theologische Bedeutung. Ein Beitrag zur Ikonologie der christlichen Sakralarchitektur, Würzburg 1987
Hefele (1983): Gabriel Hefele, Osterhofen und die Stuckdekoration Egid Quirin Asams. Eine Formenanalyse, Diss. München 1983
Hehberger (2002): Erich Hehberger, Der Welterfolg eines religiösen Klassikers. 400 Jahre Philothea (unveröffentlichtes Manuskript), Dietramszell 2002
Heimbucher (1933): Max Heimbucher, Die Orden und Kongregationen der katholischen Kirche, Bd. 1, Paderborn 1933
Henne/Wauters (1845): Alexander Henne und Alphonse Wauters, Histoire de la Ville de Bruxelles, Bruxelles 1845
Henkel/Schöne (1996): Arthur Henkel und Albrecht Schöne, Emblemata. Handbuch zur Sinnbildkunst des XVI. und XVII. Jahrhunderts, Stuttgart 1996
Hergenröther/Kaulen (1886): Joseph Hergenröther und Franz Kaulen (Hrsg.), Wetzer und Welte's Kirchenlexikon, Freiburg i. Br. 1886
Hofmann/Treffer (1986): Siegfried Hofmann und Gerd Treffer, Cosmas Damian Asam. Maria de Victoria. Ingolstadt, Ingolstadt 1986

Hojer (1967): Gerhard Hojer, Die frühe Figuralplastik Egid Quirin Asams, Diss. Bonn 1967
Holzer (1998): Beatrix Holzer, Bilder der Apokalypse im Kirchenraum des 18. Jahrhunderts, Diss. Salzburg 1998
Horn (1995): Christoph Horn, Augustinus, München 1995
Hoster (1964): Joseph Hoster, Die »Anbetung des Lammes« in Gent und das »Letzte Abendmahl« in Löwen als Altarbilder, in: Joseph Hoster und Albrecht Mann, Vom Bauen, Bilden und Bewahren, Köln 1964
Hotz (1980): Joachim Hotz, die Künstlerfamilie Asam – Versuch einer Werkliste, in: Volker Liedke (Hrsg.), Ars Bavarica, Bd. 19/20, München 1980, S. 1–13
Hubensteiner (1978): Benno Hubensteiner, Vom Geist des Barock. Kultur und Frömmigkeit im alten Bayern, München 1978
Hübner (1803): Lorenz Hübner, Beschreibung der kurbaierischen Haupt- und Residenzstadt München, und ihrer Umgebungen, verbunden mit ihrer Geschichte, Erste Abtheilung. Topographie, München 1803
Hundemer (1997): Markus Hundemer, Rhetorische Kunsttheorie und barocke Deckenmalerei. Zur Theorie der sinnlichen Erkenntnis im Barock (= Studien zur christlichen Kunst, Bd. 1), Diss. Regensburg 1997
Hundemer (2000): Markus Hundemer, Barocke Bilderpracht und sinnliche Erkenntnis – Zur rhetorischen Struktur einiger Kirchenausstattungen im Fürstenfelder Land, in: Angelika Mundorff und Eva von Seckendorff (Hrsg.), Inszenierte Pracht. Barocke Kunst im Fürstenfelder Land, Regensburg 2000, S. 54–65
Isphording (1982): Eduard Isphording, Gottfried Bernhard Göz 1708–1774, Diss. Heidelberg 1968, Weißenhorn 1982
Isphording (1989): Eduard Isphording, Die Fresken des Gottfried Bernhard Göz im Bistum Regensburg, in: Zwölfhundertfünfzig Jahre Kunst und Kultur im Bistum Regensburg, Regensburg1989, S. 445–463
Isphording (1997): Eduard Isphording, Gottfried Bernhard Göz 1708–1774, Ein Augsburger Historienmaler des Rokoko und seine Fresken, Weißenhorn 1997
KDB (1902): Gustav von Bezold, Berthold Riehl und Georg Hager, Die Kunstdenkmale des Regierungsbezirkes Oberbayern, Stadt München, Nachdruck München 1982
KDB II OP, 11 (1909): Georg Hager, Die Kunstdenkmäler von Oberpfalz und Regensburg. Bezirksamt Eschenbach, München 1909
KDB II OP, 16 (1909): Felix Mader, Die Kunstdenkmäler von Oberpfalz und Regensburg. Stadt Amberg, München 1909
Keller (1984): Hiltgart L. Keller, Reclams Lexikon der Heiligen und der biblischen Gestalten. Legende und Darstellung in der bildenden Kunst, Stuttgart [5]1984
Kemp (1981): Cornelia Kemp, Angewandte Emblematik in süddeutschen Barockkirchen (=Kunstwissenschaftliche Studien, Bd. 53), München 1981

Kemp (1982): Cornelia Kemp, Religiöse Sinnbilder, Freilassing 1982
Kindler (1974): Kindlers Literatur Lexikon, München 1974
Kirchenführer (1903): Kleine Geschichte und kurze Beschreibung der St. Anna-Damenstiftskirche in München anlässlich der Restaurierung derselben im Jahre 1903 (o. V.), München 1903
Klein (2000): Peter K. Klein, Stellung und Bedeutung des Bamberger Apokalypse-Zyklus, in: Ausst.-Kat. Bamberg (2000), S. 105–136
Knox (1995): George Knox, Antonio Pellegrini 1675–1741, Oxford 1995
Koller (1997): Manfred Koller, Wandmalerei der Neuzeit, in: Albert Knoepfli, Oskar Emmenegger, Manfred Koller und André Meyer, Reclams Handbuch der künstlerischen Techniken, Bd. 2, Stuttgart 1997
Kovács (1986): Elisabeth Kovács, Österreich im Zeitalter des Barock 1648–1740, in: Ausst.-Kat. St. Florian (1986), S. 49–54
Kraft (1991): Heinrich Kraft, Einführung in die Patrologie, Darmstadt 1991
Kraft (1994): Heinrich Kraft, Die Bilder der Offenbarung des Johannes, Frankfurt am Main 1994
Krauss/Uthemann (1988): Heinrich Krauss und Eva Uthemann, Was Bilder erzählen. Die klassischen Geschichten aus Antike und Christentum in der abendländischen Malerei, München ^{2}1988
Krebs (1931): Franz Krebs, Das deutsche Schulwesen Ambergs von den Anfängen im 15. Jahrhundert bis zum Ausgang des 17. Jahrhunderts, Diss. Kallmünz 1931
Kreuzer (1995): Johann Kreuzer, Augustinus, Frankfurt am Main 1995
Krump (2000): Sandra Krump, Sinnenhafte Seelenführung. Das Theater der Jesuiten im Spannungsfeld von Rhetorik, Pädagogik und ignatianischer Spiritualität, in: Hartmut Laufhütte (Hrsg.), Künste und Natur in Diskursen der Frühen Neuzeit, II, (Wolfenbütteler Arbeiten zur Barockforschung, Bd. 35), Wiesbaden 2000
Lajeunie (1980): Etienne-Jean Lajeunie, Franz von Sales. Leben – Lehre – Werk, Eichstätt ^{2}1980
Lamb (1935): Carl Lamb, Zur Entwicklung der malerischen Architektur in Südbayern in der ersten Hälfte des 18. Jahrhunderts, Diss. Würzburg 1935
Lampl (1984): Sixtus Lampl, Amberger Sakralräume des Barock und Rokoko. Die ehemalige Klosterkirche der Salesianerinnen (Schulkirche), in: Ausst.-Kat. Amberg (1984), S. 386–390
Lausberg (1973): Heinrich Lausberg, Handbuch der literarischen Rhetorik. Eine Grundlegung der Literaturwissenschaft, München ^{2}1973
LCI (1994): Engelbert Kirschbaum (Hrsg.), Lexikon der christlichen Ikonographie, 8 Bde., Freiburg i. Br. 1994 (Nachdruck von 1968)
Lieb (1941): Norbert Lieb, Münchner Barockbaumeister, München 1941
Lieb (1982): Norbert Lieb, Johann Michael Fischer. Baumeister und Raumschöpfer im späten Barock Süddeutschlands, Regensburg 1982

Lieb (1988): Norbert Lieb, München. Die Geschichte seiner Kunst, München [4]1988
Lieb (1992): Norbert Lieb, Barockkirchen zwischen Donau und Alpen, München [6]1992
Lieb/Sauermost (1973), Norbert Lieb und Jürgen Sauermost (Hrsg.), Münchens Kirchen, München 1973
Liedke (1985): Volker Liedke, Die Bildhauerwerkstätten im Kurfürstentum Baiern zwischen 1715 und 1779, in: Ausst.-Kat. München (1985), S. 14–26
Lipowsky (1818): Felix Joseph Lipowsky und Michael Schwaiger, Chronica oder kurze Beschreibung der churfürstl. Stadt Amberg in der obern Pfalz, München 1818
Lipowsky (1825): Felix Joseph Lipowsky, Geschichte der Schulen in Bayern, München 1825
Lippert (1969): Karl-Ludwig Lippert, Giovanni Antonio Viscardi 1645–1713. Studien zur Entwicklung der barocken Kirchenbaukunst in Bayern, München 1969
Lohmeier (1961): Georg Lohmeier (Hrsg.), Bayerische Barockprediger, München 1961
Mahl (1967): Elisabeth Mahl, Die Baugeschichte, in: Hildegard Waach, Die Salesianerinnen in Wien 1717–1967, Wien 1967, S. 71–110
Maillinger (1876): Josef Maillinger, Bilder-Chronik der königlichen Haupt- und Residenzstadt München, München 1876
Marquis (1984): Jean-Marie Marquis, L'Ordre de la Visitation en Italie aux XVIIe et XVIIIe siècles. Les avatars d'un plan-type et la fortune de quelques thèmes salésiens, in: Gilles Chomer et Marie-Félicie Pérez, Lyon et L'Italie, Paris 1984
Mattes (1977): Anton Mattes, Franz von Sales – 100 Jahre Kirchenlehrer, in: Jahrbuch für Salesianische Studien, Bd. 14, Eichstätt 1977, S. 5–12
Mayer-Himmelheber (1984): Susanne Mayer-Himmelheber, Bischöfliche Kunstpolitik nach dem Tridentinum. Der Secunda-Roma-Anspruch Carlo Borromeos und die mailändischen Verordnungen zu Bau und Ausstattung von Kirchen (= tuduv-Studien: Reihe Kunstgeschichte, Bd. 11), München 1984
Mayer/Westermayer (1880): Anton Mayer und Georg Westermayer, Statistische Beschreibung des Erzbisthums München-Freising, Bd. 2, Regensburg 1880
Meer (1978): Frits van der Meer, Apokalypse. Die Visionen des Johannes in der europäischen Kunst, Antwerpen 1978
Mellinghoff-Bourgerie (1992): Viviane Mellinghoff-Bourgerie, Monastische Theologie und Laienfrömmigkeit im Werk von François de Sales, in: Jahrbuch für Salesianische Studien, Bd. 25, Eichstätt 1992, S. 23–44
Möhring (1992): Harald H.-F. G. Möhring, Johann Michael Fischers Kirchenbauten, Stuttgart 1992
Mörtl (1989): Adolf Mörtl, Zum Verhältnis von Dekoration und Architektur bei

nordoberpfälzischen Kirchenbauten um 1700, in: Peter Morsbach (Hrsg.), Zwölfhundertfünfzig Jahre Kunst und Kultur im Bistum Regensburg, Regensburg 1989, S. 411–430

Möseneder (1986): Karl Möseneder, Zur Ikonologie und Topologie der Fresken, in: Ausst.-Kat. Aldersbach (1986), S. 28–42

Moffitt (1992): John F. Moffitt, The meaning of "Christ after the flagellation" in Siglo de Oro Sevillian painting, in: Wallraf-Richartz-Jahrbuch, Bd. 53, Köln 1992, S. 139–154

Moore (1997): John Moore, Herz-Jesu-Verehrung in Deutschland. Religiöse, soziale und politische Aspekte einer Frömmigkeitsform, Diss. Bamberg 1995, Petersberg 1997

Mrazek (1953): Wilhelm Mrazek, Ikonologie der barocken Deckenmalerei, in: Sitzungsbericht der Österreichischen Akademie der Wissenschaften, Phil.-Hist. Klasse, CCXXVIII, Nr. 3, Wien 1953

Mrazek (1964): Wilhelm Mrazek, Metaphorische Denkform und ikonologische Stilform. Zur Grammatik und Syntax bildlicher Formelemente der Barockkunst, in: Alte und moderne Kunst, Jg. 9, Nr. 73, Wien1964, S. 15–23

Mrazek (1965): Wilhelm Mrazek, Metaphorische Denkform und ikonologische Bildform, in Kunstchronik, IX, 1965, S. 304–305

Münch. Pastbl. (1863): Pastoralblatt für die Erzdiözese München-Freising, Bd. 4, München 1863, S. 3–12

Muggenthaler (1894): Ludwig Muggenthaler, Der Schulorden der Salesianerinnen in Bayern von 1667 bis 1831, in: Jahrbuch für Münchener Geschichte, Jg. 5, Bamberg 1894, S. 61–236

Mundorff (2000): Angelika Mundorff, Werkprozesse barocker Kunst, in: Angelika Mundorff und Eva von Seckendorff (Hrsg.), Inszenierte Pracht. Barocke Kunst im Fürstenfelder Land, Regensburg 2000, S. 34–49

Mutter (1986): Gustav Mutter, Genealogische Übersichten, in: Ausst.-Kat. Aldersbach (1986), S. 101–104

Naab (1973): Friedrich Naab, Damenstiftskirche St. Anna, in: Norbert Lieb und Jürgen Sauermost (Hrsg.), Münchens Kirchen, München 1973, S. 151–156

Neumayr (1937): Maximilian Neumayr, Die Schriftpredigt im Barock. Auf Grund der Theorie der katholischen Barockhomiletik, Paderborn 1937

Nobis (1972): Anton Nobis, Das deutsche Echo auf Franz von Sales, in: Jahrbuch für Salesianische Studien, Bd. 9, Eichstätt 1972, S. 5–41

Nobis (1981): Anton Nobis, Herz-Jesu-Verehrung in der salesianischen Tradition, in: Jahrbuch für Salesianische Studien, Bd. 17, Eichstätt 1981, S. 127–181

Nobis (1984): Anton Nobis, Die Abhandlung über die Gottesliebe. Ihre Geschichte und Bedeutung, in: Jahrbuch für Salesianische Studien, Bd. 18, Eichstätt 1984, S. 5–80

Patzak (1979): Rosemarie J. Patzak, Der hl. Franz von Sales in der Wiener Barock-

tradition, in: Jahrbuch für Salesianische Studien, Bd. 15, Eichstätt 1979, S. 181–198
Penzlin (1983): Rita Eleonore Penzlin, Stil- und Motivquellen in Werken des Cosmas Damian Asam. Studien zum Dekorationssystem und dessen Vorbildern im Werk Cosmas Damian Asam, Bonn 1983
Pest (1937): Die Finanzierung des süddeutschen Kirchen- und Klosterbaues in der Barockzeit, Diss. München 1937
Peters (1967): Henriette Peters, Gründungsgeschichte, in: Hildegrad Waach, Die Salesianerinnen in Wien 1717–1967, Wien 1967, S. 9–69
Poscharsky (1990): Peter Poscharsky, Die Kirchen der Fränkischen Schweiz, Erlangen 1990
Prohaska (2002): Wolfgang Prohaska, Das geistliche Stillleben – Blumenkränze und Girlanden, in: Ausst.-Kat. Wien (2002), S. 320–355
Rall (2000): Hans und Marga Rall, Die Wittelsbacher in Lebensbildern, Kreuzlingen 2000
Ramisch (1994): Hans Ramisch, Dreifaltigkeitskirche München, Regensburg 1994
Ravier (1969): André Ravier, Saint François de Sales. Oeuvres, Gallimard 1969
Reifenscheid (2000): Richard Reifenscheid, Die Habsburger in Lebensbildern. Von Rudolf I. bis Karl I., Kreuzlingen 2000
Reisinger (1959–1983): Franz Reisinger (Hrsg.), Deutsche Ausgabe der Werke des hl. Franz von Sales, Eichstätt 1959–1983
Reisinger (1984): Franz Reisinger, Die Theologie der „Abhandlung", in: Jahrbuch für Salesianische Studien, Bd. 18, Eichstätt 1984, S. 112–127
Ridolfini (1997): Cecilia Pericoli Ridolfini, Roma. Chiesa del Gesù, Rom 1997
Rittershausen (1788): J. S. von Rittershausen, Die vornehmsten Merkwürdigkeiten der Residenzstadt München für Liebhaber der bildenden Künste, München 1788
Rombach (1986): Heinrich Rombach, Die Welt des Barock. Versuch einer Strukturanalyse, in: Ausst.-Kat. St. Florian (1986), S. 9–23
Rüber (1923): Eduard Rüber, Der Augsburger Maler und Kupferstecher Gottfried Bernhard Göz (1708–1774), Diss. Würzburg 1923
Rupprecht (1959): Bernhard Rupprecht, Die bayerische Rokokokirche, Kallmünz 1959
Rupprecht (1979): Bernhard Rupprecht, Gedanken zum Bild an der Decke im Barock, in: Kunstspiegel, Nr. 1, Nürnberg 1979, S. 5–17
Rupprecht (1980): Bernhard Rupprecht, Die Brüder Asam. Sinn und Sinnlichkeit im bayerischen Barock, Regensburg 1980
Rupprecht (1986): Bernhard Rupprecht, Der Deckenmaler Cosmas Damian Asam, in: Ausst.-Kat. Aldersbach (1986), S. 11–27
Sauermost (1986): Heinz Jürgen Sauermost, Die Asams als Architekten, München 1986

Schenkl (1817): Johann Baptist Schenkl, Neue Chronik der Stadt Amberg, Amberg 1817

Schiller (1990): Gertrud Schiller, Die Apokalypse des Johannes, in: Ikonographie der christlichen Kunst, Bd. 5, Mohn 1990

Schindler(1989): Herbert Schindler (Hrsg.), Bayern im Rokoko, Aspekte einer Epoche im Umbruch, München 1989

Schleich (1974): Erwin Schleich, Zur Rekonstruktion von Werken der Baukunst, in: Jahrbuch des Vereins für christliche Kunst, Bd. 8, München 1974, S. 92–102

Schmid (1922): Joseph Schmid, Die Geschichte des Kollegiatstiftes U. L. Frau zur Alten Kapelle in Regensburg, Regensburg 1922

Schneider (1997): Norbert Schneider, Jan van Eyck. Der Genter Altar, Stuttgart 1997

Schott (1958): Anselm Schott, Das vollständige Römische Messbuch, Freiburg 1958

Schütz (2000): Bernhard Schütz, Die kirchliche Barockarchitektur in Bayern und Oberschwaben 1580-1780, München 2000

Schwaiger (1994): Georg Schwaiger (Hrsg.), Monachium Sacrum. Festschrift zur 500-Jahr-Feier der Metropolitankirche Zu Unserer Lieben Frau in München, Bd. 1, München 1994

Sedlmayr (1958): Hans Sedlmayr, Das Gesamtkunstwerk, in: Ausst.-Kat. München (1958), S. 26–29

Sedlmayr (1997): Hans Sedlmayr, Johann Bernhard Fischer von Erlach, Stuttgart 1997 (Neuausgabe des Buches von 1976)

Seitz (1966): Reinhard H. Seitz, Die Salesianerinnenkirche zu Amberg, in: Heinz K. Rademacher (Hrsg.), Beiträge zur Oberpfalzforschung, Bd. 2, Kallmünz 1966, S. 111–117

Seitz (1973): Reinhard H. Seitz, Zum Werk von Wolfgang Dientzenhofer d. Ä. und zu seiner Stellung im oberpfälzischen Bauwesen um das Jahr 1700, in: Verhandlungen des Historischen Vereins für Oberpfalz und Regensburg, Bd. 113, Regensburg 1973, S. 177–190

Seitz (1976): Reinhard H. Seitz, Unbekannte Stukkaturen des Wessobrunner Zimmermann-Neffen Anton Landes in der Oberpfalz, in: Verhandlungen des Historischen Vereins für Oberpfalz und Regensburg, Bd. 116, Regensburg 1976, S. 207–216

Serouet (1958): Pierre Serouet, De la vie dévote à la vie mystique. Sainte Thérèse d'Avila. Saint François de Sales, Paris 1958

Sitzmann (1983): Karl Sitzmann, Künstler und Kunsthandwerker in Ostfranken, Kulmbach 1983

Spahr (1974): Gebhard Spahr, Die Basilika Weingarten. Ein Barockjuwel in Oberschwaben, Sigmaringen 1974

Spamer (1930): Adolf Spamer, Das kleine Andachtsbild vom XIV. bis zum XX. Jahrhundert, München 1930

Stadtarchiv München (1962): Stadtarchiv München (Hrsg.), Häuserbuch der Stadt München, Bd. 3, München 1962
Sterneck (2001): Video Erna Sterneck, Maria Heimsuchung. Restaurierung der Salesianerinnenkirche Wien III, Rennweg. Aufnahmen: September – Dezember 2000, Wien 2001
Stierli (1954): Josef Stierli, Die Herz-Jesu-Verehrung vom Ausgang der Väterzeit bis zur hl. Margareta M. Alacoque, in: Josef Stierli (Hrsg.), Cor Salvatoris. Wege zur Herz-Jesu-Verehrung, Freiburg 1954, S. 73–136
Stierli (1954): Josef Stierli, Die Entfaltung der kirchlichen Herz-Jesu-Verehrung in der Neuzeit, in: Josef Stierli (Hrsg.), Cor Salvatoris. Wege zur Herz-Jesu-Verehrung, Freiburg 1954, S. 137–165
Strobel (1976): Ferdinand Strobel, Der Regularklerus. Die Gesellschaft Jesu in der Schweiz, in: Albert Bruckner (Hrsg.), Helvetia Sacra, Bern 1976
Suckale-Redlefsen (2000): Gude Suckale-Redlefsen, Beschreibung der Miniaturen, in: Ausst.-Kat. Bamberg (2000), S. 61–74
Telesko (1997): Werner Telesko, Das Bild als Predigt in der Augsburger Druckgraphik. Untersuchungen zum argumentativen Charakter der barocken Bildsprache am Beispiel des Thesenblattes, in: Jahrbuch des Vereins für Augsburger Bistumsgeschichte e.V., Jg. 31, Augsburg 1997
Thieme-Becker (1907-1950): begründet von Ulrich Thieme und Felix Becker, vollendet von Hans Vollmer, Allgemeines Lexikon der Bildenden Künstler von der Antike bis zur Gegenwart, Bd. 1–37, Leipzig 1907–1950
Thoma (1956): Annette Thoma, Die Salesianerinnen in Bayern, in: Der Zwiebelturm. Monatsschrift für das bayerische Volk und seine Freunde, Bd. 1, 1956, S. 3–6
Thoma (1956): Annette Thoma, Die Salesianerinnen in Bayern, in: Der Zwiebelturm. Monatsschrift für das bayerische Volk und seine Freunde, Bd. 2, 1956, S. 31–35
Tietz (1973a): Manfred Tietz, Saint François de Sales' »Traité de l'amour de Dieu« (1616) und seine spanischen Vorläufer: Cristóbal de Fonseca, Diego de Estella, Luis de Granada, Santa Teresa de Jesús und Juan de Jesús Maria, Diss. Mainz 1971, in: W. Theodor Elwert und Edmund Schramm (Hrsg.), Mainzer Romanistische Arbeiten, Bd. 10, Wiesbaden 1973
Tietz (1973b): Manfred Tietz, Bemerkungen zu einigen Grundsatzfragen der spirituellen Literatur, in: Jahrbuch für Salesianische Studien, Bd. 10, Eichstätt 1973, S. 149–160
Tietz (1974): Manfred Tietz, Die Predigt bei saint François de Sales, in: Jahrbuch für Salesianische Studien, Bd. 11, Eichstätt 1974, S. 19–84
Tietz (1975): Manfred Tietz, Literarische Untersuchungen zur Predigtpraxis bei François de Sales, in: Jahrbuch für Salesianische Studien, Bd. 12, Eichstätt 1975, S. 28–60
Tietz (1976): Manfred Tietz, Jean Brignon S. J. und seine stilistische Überarbeitung

der „Introduction á la vie dévote", in: Jahrbuch für Salesianische Studien, Bd. 13, Eichstätt 1976, S. 114–144
Tietz (1980): Manfred Tietz, Religiöse Literatur für Laien. Ein Vermittlungsproblem. Kontroverspredigt, Andachtsbuch, Traktat und Roman bei Saint François de Sales und Jean-Pierre Camus, in: Jahrbuch für Salesianische Studien, Bd. 16, Eichstätt 1980, S. 47–64
Tintelnot (1951): Hans Tintelnot, Die barocke Freskomalerei in Deutschland. Ihre Entwicklung und europäische Wirkung, München 1951
Tritsch (1990): Walther Tritsch (Hrsg.), Die Kirchenväter. In Quellen und Zeugnissen, Augsburg 1990
Trottmann (1986): Helene Trottmann, Cosmas Damian Asam 1686-1739. Tradition und Invention im malerischen Werk, Diss. Nürnberg 1986
Ueding/Steinbrink (1986): Gert Ueding und Bernd Steinbrink, Grundriß der Rhetorik. Geschichte. Technik. Methode, Stuttgart [2]1986
Ueding (1992): Gert Ueding (Hrsg.), Historisches Wörterbuch der Rhetorik, Bd. 1, Tübingen 1992
Utz (1966): Hans Utz, Sechs Asam-Briefe im Ursulinenkloster Straubing, in: Jahres-Bericht des historischen Vereins für Straubing und Umgebung. Jg. 68, Straubing 1966
Vermeylen (1993): A. Vermeylen, Die hl. Theresia von Avila und der hl. Franz von Sales, in: Jahrbuch für Salesianische Studien, Bd. 26, Eichstätt 1993, S. 71–85
Voelcker (1923): Helene Voelcker, Die Baumeister Gunezrhainer, München 1923
Volk (1986): Peter Volk (Hrsg.), Entwurf und Ausführung in der europäischen Barockplastik, München 1986
Waach (1954): Hildegard Waach, Franz von Sales. Das Leben eines Heiligen, Eichstätt 1954
Waach (1967): Hildegard Waach, Die Salesianerinnen in Wien 1717–1967, Wien 1967
Watrin (1935): Elisabeth Watrin, Die weltanschaulichen Grundlagen der Introduction à la vie dévote des hl. François de Sales und die Auswirkung des Buches auf Werke der französischen Literatur des 17. Jahrhunderts, Bochum 1935
Weber (1997): Georg Weber, St. Ursula Straubing, Regensburg 1997
Wehrl (1967): Franz Wehrl, Der politische und kirchengeschichtliche Hintergrund der Zeit des hl. Franz von Sales, in: Jahrbuch für Salesianische Studien, Bd. 5, Eichstätt 1967, S. 58–79
Wehrl (1970): Franz Wehrl, Wieweit ist Franz von Sales Humanist?, in: Jahrbuch für Salesianische Studien, Bd. 8, Eichstätt 1970, S. 5–19
Westenrieder (1782): Lorenz Westenrieder, Beschreibung der Haupt- und Residenzstadt München, München 1782
Wildmoser (1984): Rudolf Wildmoser, Gottfried Bernhard Göz (1708–1774) als ausführender Kupferstecher. Untersuchung und Katalog der Werke, Teil I, in:

Jahrbuch des Vereins für Augsburger Bistumsgeschichte e.V., Bd. 18, Augsburg 1984, S. 257–340

Wildmoser (1985): Rudolf Wildmoser, Gottfried Bernhard Göz (1708–1774) als ausführender Kupferstecher. Untersuchung und Katalog der Werke, Teil II, in: Jahrbuch des Vereins für Augsburger Bistumsgeschichte e. V., Bd. 19, Augsburg 1985, S. 140–296

Wiltmaister (1783): Johann Kaspar von Wiltmaister, Churpfälzische Kronik oder Beschreibung vom Ursprunge des jetzigen Nordgau und obern Pfalz, derselben Pfalzgrafen, Churfürsten und andern Regenten nebst den vorgefallenen besonderen Merkwürdigkeiten der churfürstlichen oberpfälzischen Haupt- und Regierungsstadt Amberg, Sulzbach 1783

Wimmer (1982): Ruprecht Wimmer, Jesuitentheater. Didaktik und Fest, Frankfurt 1982

Wollenberg (2000): Klaus Wollenberg, Wirtschaftliche und machtpolitische Voraussetzungen des Barock, in: Angelika Mundorff und Eva von Seckendorff (Hrsg.), Inszenierte Pracht. Barocke Kunst im Fürstenfelder Land, Regensburg 2000, S. 79–91

Zauner (1914): F. P. Zauner, München in Kunst und Geschichte, München 1914

3. Kataloge

Ausst.-Kat. Aldersbach (1986): Cosmas Damian Asam 1686-1739. Leben und Werk. Hrsg. von Bruno Bushart und Bernhard Rupprecht, München 1986

Ausst.-Kat. Amberg (1984): Amberg 1034–1984. Aus tausend Jahren Stadtgeschichte, Amberg 1984

Ausst.-Kat. Augsburg (1988): Matthäus Günther 1705–1788, Festliches Rokoko für Kirchen, Klöster, Residenzen, München 1988

Ausst.-Kat. Bamberg (2000): Das Buch mit 7 Siegeln. Die Bamberger Apokalypse. Hrsg. von Gude Suckale-Redlefsen und Bernhard Schemmel, Luzern 2000

Ausst.-Kat. Benediktbeuern (1991): Glanz und Ende der alten Klöster. Säkularisation im bayerischen Oberland 1803. Hrsg. von Josef Kirmeier und Manfred Treml unter Mitarbeit von Evamaria Brockhoff, (Veröffentlichungen zur Bayerischen Geschichte und Kultur Nr. 21/91. Hrsg. vom Haus der Bayerischen Geschichte), München 1991

Ausst.-Kat. St. Florian (1986): Welt des Barock. Hrsg. von Rupert Feuchtmüller und Elisabeth Kovács, (Oberösterreichische Landesausstellung 1986 im Augustiner Chorherrenstift St. Florian), Wien 1986

Ausst.-Kat. München (1958): Europäisches Rokoko. Kunst und Kultur des 18. Jahrhunderts, München 1958

Ausst.-Kat. München (1985): Bayerische Rokokoplastik. Vom Entwurf zur Ausführung, München 1985

Ausst.-Kat. München (1991): Die Jesuiten in Bayern 1549–1773, München 1991

Ausst.-Kat. München (1999): SinnBilderWelten. Emblematische Medien in der Frühen Neuzeit. Hrsg. von Wolfgag Harms, Gilbert Heß und Dietmar Peil in Verbindung mit Jürgen Donien, München 1999

Ausst.-Kat. Rom (1990): Saint site and sacred strategy. Ignatius Rome and Jesuit Urbanism. Hrsg. von Thomas M. Lucas, Rom 1990

Ausst.-Kat. Rosenheim (1991): Die Dientzenhofer. Barocke Baukunst in Bayern und Böhmen, Rosenheim 1991

Ausst.-Kat. Wien (1967): Kunstschätze aus dem Kloster der Heimsuchung Mariae, Wien 1967

Ausst.-Kat. Wien (2002): Das flämische Stillleben 1550–1680, Wien 2002

Ausst.-Kat. Würzburg (1996): Der Himmel auf Erden. Tiepolo in Würzburg. Hrsg. von Peter O. Krückmann, München 1996

4. Archive

BHStAM = Bayerisches Hauptstaatsarchiv, München

Bestände

GL Fasz. 2691/429,431
KL Fasz. 466/1 – KL Fasz. 468/26
KU Amberg-Salesianerinnen
KU München-Salesianerinnen
Kurbayern U 1751

BSB = Bayerische StaatsBibliothek, München

Bestände

Handschriftenabteilung, RAR 558
Handschriftenabteilung, Xiana 17d
Cuvilliés et autres Ecole de l'Architecture Bavaroise, München 1769–1776

AEM = Archiv des Erzbistums München und Freising, München

Bestände

Klosterakten A 268–273
Klosterakten A 667

GHAM = Bayerisches Hauptstaatsarchiv, Abt. III: Geheimes Hausarchiv

Bestände

Korr.-Akten 765 XIX a

BZAR = Bischöfliches Zentralarchiv, Regensburg

Bestände

KL 125/9
KL 125/15
Stiftsarchiv Alte Kapelle, Amts-Rechnung
Stiftsarchiv Alte Kapelle, Kapitularprotokolle

StAA = Staatsarchiv, Amberg

Bestände

Geistliche Sachen 512/845/853
Leuchtenberger Lehen- und Gerichtsakten 14/9
Oberpfälzer Kirchenakten 6863
Salesianerinnen Kloster Amberg 747/792/797/798
(747 = Rechnungsbuch und Quittungen)
Salesianerinnen Kloster Sulzbach 13

StadtAA = Stadtarchiv, Amberg

Bestände

Bd. 352
Kirchen- und Religionssachen 25

BLf D = Bayerisches Landesamt für Denkmalpflege

Bestände

Akte Damenstiftskirche

Aliud.

Sanctus THOMAS àNova Villa Archi-EpiscopusValentiæ.
Hâc Virtute, pacis hostes copula, animos uni, sana, alleva.
*Marti nu*quam alias *Vix jus* putoGallia *fecit*,
SiTHOMAS *hostes copulat*, annè facit?

Aliud.

Sanctus THOMAS, à NovaVilla Archi-EpiscopusValentiæ.
Nota Charitas salvat homines, à nocuis lupis, culpâ Euæ.
Si solus, Te *salvat Amor*, dulcissime THOMA;
Qui feci hæc, *salvet*, me quoque *amore* Tui.

FINIS.

O. A. M. D. G. S. THOMÆ, & S. AVGVSTINI honorem.

OLOMVCII, Typis Viti Henrici Ettelij, 1659.

Die
Uber den Todt der Bethlehemitischen Kinder
Weinende:
Und durch den lang hernach an eben selbigen Tag erfolgten seeligsten Hintritt
Deß Heiligen
FRANCISCI von SALES
Getröstete
RACHEL,
In einer Lob-Predigt von gedachtem Heiligen an seinem Festtag in der Kirch der Closterfrauen U. L. Frauen Heimbsuchung
Vorgestellt durch
Herrn Johann Friderich Karg von Bebenburg/ beeder Chur-Fürstlichen Durchleuchtigkeiten geheimen Rhat/ und Stiffts Dechanten bey U. L. F. allhier.

PERMISSU SUPERIORUM.

München/
In Verlegung Johann Hermann von Gelder seel. Wittib/ und Erben/ Chur-Fürstl. Hof-Buchhandleren.
Gedruckt bey Sebastian Rauch/ Anno 1692.

ICh habe gelesen gegenwärtige Lob-Predig/ von dem H. Francisco von Sales, vnd fürnemblich über dises grossen Heiligen/ allerschönste/ höchste Tugenden: dann über derenselben/ von dem so hochgelehrten Herrn Redner also zierlich gesetzte Vorstellung/ mich hoch verwunderet. Erachte derohalben/ gantz billich zuseyn/ daß dieselbe/ auch mit dem Liecht deß offenen Trucks/ beehret werde. München den 5. Febr. Anno 1692.

Joh. Leopold von Croneck rc.
Can.cus Capitularis zu München/vnd Chur-Fürstl. Geistl. Rhat/ rc.

Iste consolabitur nos. *Genes.* 5.
Diser wird vns trösten. *Genes.* am 5.

ES scheint ein seltzame Sach zu seyn/ daß die Christliche Kirch an dem Tag der gnadenreichen Geburt Christi auß dem heiligen Evangelisten Luca am 2. Capitel den jenigen Engel vns vorstelt/ welcher allem Volck ein grosse Freud verkündet: vnnd gleich drey Täg darauff auß dem H. Evangelisten Matthæo am 2. Capitel den vom König Herode auffs grausambst verübten Kinder-Mord einführt/ worüber ein solches Weinen vnd Heulen entstanden/ daß die Stimb der Klagenden/ über 2. teutsche Meihlen von Bethlehem, zu Rama gehört/ vnd die Rachel gantz Tröstloß worden. Damit wir aber nicht etwann glauben/ daß nur die Jüdische Rachel, eine Mutter deß Joseph vnd Beniamin, den Todt so viler vmb Christi willen vmbgebrachten kleinen Kinder bedaure: so laßt vnser allgemeine H. Mutter die Kirch/ zum Zeichen jhrer selbst eigner Betrübnuß/ an dem Fest der vnschuldigen Kinder/ beym offentlichen Gottes-Dienst weder roth/ wie bey den HH. Martyrern/ noch weiß/ wie bey den HH. Lehrern vnd Jungfrauen/ sondern nur die violblaue dunckle Farb brauchen/ vnd weder das Gloria in excelsis, noch das Alleluja erschallen.

Wann an der vom Engel verkündeten Freud jedermann einen Theil hat genüssen sollen: Evangelizo vobis gaudium magnum, quod erit omni populo, ich verkündige Euch grosse Freud/ die allem Volck widerfahren wird: warumb ist den vnschuldigen Kindern solche versagt worden? oder so fern dise auch (wie nicht daran zuzweifeln ist) an statt deß zeitlich verlohrnen das ewige Leben erworben haben/ wo her kombt es/ daß sich die Rachel nicht trösten laßt? vnd obschon endlich die zur Synagog gehörige Rachel jhres weinens kein End macht/ was bewögt doch zur gleichmässigen Traurigkeit die Christliche durch die Rachel verstandene Kirch/ welche sonst über anderer HH. Märtyrern sigreichen Todt sich erfreut vnd frolockt? der H. Kirchen-Lehrer Augustinus, oder vilmehr Hilarius Sardus der Römi-

Römischen Kirch Diaconus *to. 4. operum S. Augustin in qq. ex utroque testamento p. 2.* gibt ein schöne Ursach / warumb die Rachel keines Trosts fähig gewesen / weilen jhr nemblich zu Gemüth gangen / wie vnglückseelig die auß jhrem Sohn Beniamin entsprossene Kinder / biß auff 600. *Judic.* am 19. vnd 20. wegen der wider eines Leviten von Ephrata Weib vngezimment verübten schändlichen Mord-That / von den übrigen eylff Israëlitischen Geschlechtern vmbs zeitlich / vnd villeicht gar vmbs ewige Leben gebracht worden: vnd wie glorwürdig hingegen jhrer Schwester Liæ vom Geschlecht Juda zu Bethlehem vnd in selbiger Gegend gebohrne Nachkömblingen / vmb Christi willen / den seeligsten Todt überstanden / vnd deßhalben von GOtt dem HErren mit dem ewigen Leben belohnt worden.

Allein ist die Frag / wann die fromme Rachel auß erwehnter Ursach so häuffige Zäher vergossen / warumb die Christliche Kirch für die vnschuldige Kinder gleichsamb ein offentliche Klag anstellet? welche der scharpffsinnige Origenes *homil. 3. in diversos* also beantwortet: Ploravit Filios, quasi nihil passos pro adventu Domini, & quasi non essent existimavit intuitu eorum, qui pro Domino mortui sunt, & Martyrij coronam habuerunt: die Christliche Kirch beweynet auff ein gewise Weiß die vnwissend zum Todt hingerissene Bethlehemitische Kinder / vnd achtet sie / als wann sie nicht wahren / oder haltet sie weder für vollkommene Martyrer / noch für vollkommene Lehrer vnd Jungfrauen / in Ansehung der andern / welche mit Vernunfft vnd Willen die himmlische Glori errungen haben.

Aber sey heut getröst meine klagende Rachel, GOtt der HErr hat an eben disem Tag / da du die Gedächtnuß der 14000. Jungfrauen ohne Willen / Lehrer ohne Verstand / vnd Martyrern ohne würckliche Lieb begehest / im Jahr Christi 1622. mit dem seeligen Hintritt deß H. Francisci von Sales gewesenen Bischoffens zu Genff / vnd Stiffters deß hochberühmbten Ordens U. L. Frauen Heimbsuchung / allen Abgang ersetzt / von welchem du warhafftig / wie der Lamech von seinem Sohn Noë *Genes.* am 5. sagen kanst. Iste consolabitur nos, diser wird vns trösten / als der eine Jungfrau mit Verdienst; ein Lehrer mit hocherleuchtem Verstand; vnd ein Martyrer voll inbrünstiger Lieb gewesen ist / mittels dessen du mit so vil tausend Jungfrauen / Lehrmeisterinen / vnd Liebs-Martyrinen geziert worden bist: wie ich nun kürtzlich vorstellen werde / wann meine in Christo geliebte Zuhörer mich mit Gedult vnd Auffmerck-

merckfambkeit / worumb ich sie inständigst bitte / vernehmen wollen.

Daß man die vnschuldige Kinder Jungfrauen ohne Verdienst heissen könne / ist vnlaugbahr / weilen sie in jhrer Vnmündigkeit / wegen Ermanglung deß Verstands vnd Willens / alles eignen Verdiensts vnfähig gewesen / vnd dahero von dem H. Augustino *serm. 60.* de diversis, Beati nunquam tentati, nunquam luctati, solche Heilige / die nichts von der Versuchung / noch von dem Kampff wissen / genennt werden. Mit vnserem H. Francisco von Sales; welcher zu Pariß in seinen jungen Jahren in der S. Stephans-Kirch bey den Grichen GOtt dem HErren die ewige Keuschheit verlobt / vnd sothanes Gelübd hernach zu Loreto verneuert hat / ist es gantz anders beschaffen / der nemblich mit seinen in- vnd äusserlichen Feinden manchen Streit / doch allzeit sigreich / durch die Göttliche Gnad überstanden hat: vnd ob er schon von Natur holdseelig gegen jedermann / vnd so wohl in der Gestalt / als in seinen Gebärden sehr liebreich gewesen / vnd durch seine Sanfftmuth vnd Freundlichkeit alle ehrliche Gemüther leicht an sich gezogen: so wuste er doch in Gelegenheiten / wo man jhn durch Liebkosen vnd verführliche Reitzungen zum Bösen ableiten wollen / sich also ernsthafft vnd tapffer zubezeugen / daß jhm der Teuffel / vnd alles was der Reinigkeit zuwider / wehr- vnd krafftloß weichen müssen / vnd fürnehmlich einmahl zu Padua, wo jhm in seiner blühenden Jugend ein freche Weibs-Person nachgesetzt / vnd durch Zuthuung böser Leuthen es so weit gebracht hatte / daß man vnseren keuschen Franciscum, vnder dem Fürwand / als gienge man mit jhm zu einem berühmten Rechts-Gelehrten / zu jhr ins Hauß geführt: welche so gleich mit süssen Worten / vnd Vorstellungen jhres gegen jhm entzündeten Hertzens / dem Englischen bey jhr gantz allein gelassenen Francisco solche Ding zugemuthet / worauß er jhren bösen Willen wahrgenommen / vnd bey sich selbst innerlich also gesprochen: die mir / wie vor Zeiten *Genes. 3.* vnserer Mutter Evæ der Teuffel im Paradeyß / die verbottene Frucht einschwätzen will / die kenne ich schon / daß sie von der höllischen Schlangen-Arth sey / vnd weiß nach Erinnerung deß H. Geists *Ecclesiastici* am 21. à facie colubri fuge, daß man von jhrem Angesicht entfliehen müsse. Was thut Franciscus? er rufft GOtt vmb Hülff vnd Stärck an / gebraucht darauff ohne Verzug deß von dem Natur-Erkündiger *Plinio l. 28. histor. natural. c. 4.* wider die Schlan-

A 3

Schlangen angerühmte Mittel / jejuna Saliva contra serpentes præsidio est, so der nüchtere Speychel ist / speyhet ihr / als einer verächtlichen Creatur / in daß von den närrischen Buhlern angebettete / von GOtt aber vnd den heiligen Engeln verfluchte Gesicht / vnd entrinnet. Wie mein Francisce, wo bleibt die Sanfftmuth vnd Höfflichkeit? wann dir mit der Sünd nicht gedient wahre / hättest du ja dise Person mit freundlichen Worten abweisen / vnd villeicht jhre Seel noch darzu gewinnen können? gleich wie 1. *Reg.* 16 wir von dem David lesen / wann der böse Geist den Saul angegriffen / daß David nicht mit Donner-Keihlen / sondern mit Schlagung der Harpffen denselben von jhm abgetriben. Nein / antwortet Franciscus, mit der Schlangen muß man nicht höfflich seyn / damit wir nicht mit dem Harpffenschlager David in gleiche Gefahr gerathen / von welchem 1. *Reg.* 18. zu vnserem Vorhaben angemerckt wird / als deß andern Tags der leydige Geist den König Saul widerumb überfallen / vnd David durch den anmütigen Harpffenklang solchen von jhm verjagen wollen / daß Saul einen Spieß nach dem vnschuldigen David geworffen / in Meynung jhn an die Wand zuhefften / vnd zu tödten. A facie colubri fuge, von dem Angesicht der Schlangen muß man vnverzüglich fliehen. Hätte David nach empfundener Versuchung sich mit Bethsabea nicht gemein gemacht / so wäre er eben so wenig dem Laster deß Ehe-Bruchs / als dem Risen Goliath vnd anderen seinen Feinden vnderlegen: hätte Eva die Schmeichlende Schlang gleich verlassen / vnd jhre betrügliche Reden nicht angehört / so wäre das gantze Menschliche Geschlecht vom Fall frey gebliben: Welches die Sara *Genes* 21. besser beobachtet / indeme / so bald sie den Sohn der Ægyptierin mit jhrem wehrtesten Sohn Isaac schertzen gesehen / sie vnverlängt jhren Ehegemahlen Abraham dahin beredt / daß er die Magd Agar vnd jhr Kind in die Wüsten hinziehen lassen / vnd dardurch erhalten / daß GOtt in allem mit jhm gewesen / wie der König Abimelec selbst erkennt hat: Deus tecum est in universis, quæ agis, GOtt ist mit dir in allem / was du thuest.

Als hernach den H. Franciscum in allen Ehren seine liebe Eltern mit einer fürnehmen Dame vermählen wollen / hat er / vmb dem allerreinesten Bräutigamb seiner Seelen desto gleichförmiger zuseyn / solche Zumuthung standhafftig außgeschlagen / vnd mit dem Uria, welchen der König David 2. *Reg.* 11. zur Zeit / da die Arch Gottes

Gottes vnd das Volck Israël im Feld gestanden / zum essen / trincken / vnd anderem Lust anfrischen wollen / außgeruffen: Arca Dei, & Israël habitant in papilionibus, & Dominus meus Joab super faciem terræ manet: & ego ingrediar in Domum, ut comedam, & bibam, & dormiam cum uxore? non faciam rem hanc. Die Arch Gottes vnd das Volck Israël halten auff freyen Feld vnder den Zelten / mein HErr Joab ligt auff dem Erd-Boden / vnd ich sollte ins Hauß gehen / essen / trincken / meinem Weib ehelich beywohnen? non faciam rem hanc, ich will vnd kans nicht thuen. Gleichermassen sagt der H. Franciscus mit höchster Ehrerbietsambkeit zu seinen lieben Eltern: Christus ist ein liebhaber der Jungfräulichen Reinigkeit / vnd ob er schon den Ehestand 1. *Corin.* 7. zum Mittel wider die Unlauterkeit deren / die sich nicht einhalten wollen / heylsamblich eingesetzt: So hat er doch die Jungfrauen den Eheleuthen weit vorgezogen / ein vnberührte Jungfrau zur Mutter erwehlt / vnd selbe vnder dem Creutz dem Jungfräulichen H. Joanni anbefolhen: non faciam rem hanc; meine wehrteste Eltern geruhen mir mit Ansinnung deß Ehestands zuverschonen / vnd zugestatten / daß ich dem himmlischen Bräutigamb meiner Seel / der *cantic.* 2. vnder den Lilien weydet / mich vnaußsetzlich beygeselle / vnd einmahl im ewigen Leben *Apoc.* 14. dem keuschen Lamb mit den Erstlingen folge / wo es hingeht. Wie er dann den Jungfräulichen Lilien Crantz biß an sein End vnd vnverwelcht / vnd zu dessen Zeugnuß von GOtt erhalten hat / daß sich am heiligen Pfingst-Fest vnder der Meß ein weisse Tauben auff sein Haubt gesetzt / vnd GOtt der HErr am Fest der vnschuldigen Kindern / da man auß der Litaney die Wort gelesen: Omnes Sancti Innocentes orate pro eo, alle Heilige Unschuldige bittet für jhn / seinen reinesten Geist auffgenommen: zuvor aber jhn zum Stiffter deß Frauen-Ordens vnder dem Titul vnser lieben Frauen Heimbsuchung gemacht hat / worin vil tausend fromme Seelen mit dem Gelübd der ewigen Keuschheit glücklich gebunden leben / vnd indem sie keinen andern / als den vnbefleckten JEsum / für den Bräutigamb jhrer Hertzen erkennen / gleich wie gewisse den 3. Novembris vnder dem Spanischen Landpfleger Daciano zu Cæsaraugusta vmb Christi willen hingerichtete Martyrer / verdienen Massa candida, der schneeweisse Hauffen / das ist / vollkommene Jungfrauen mit dem Leib vnd mit dem Willen / wie jhr heiligster Vatter / genent zuwerden. Fehrner / daß die vnschuldige Kinder Lehrer

ver ohne Verstand gewesen seyen/ sagt vns die H. Kirch in der Collect an ihrem Fest mit den Worten: Deus, cujus præconium Innocentes Martyres non loquendo, sed moriendo confessi sunt: O GOtt/ dessen Lob die vnschuldige Martyrer nicht mit Reden/ sondern durch jhren Todt bekennt haben: dahero der H. Joannes der Tauffer/ lang nach jhrer Hinrichtung/ den Ehren-Titul deß ersten Verkündigers vnsers auff der Welt in menschlichen Fleisch erschinenen Heylands führt/ weilen sie selbst Christum nicht erkennt haben. Weit glückseeliger wahre der heilige Franciscus von Sales, welcher durch seine Stimb/ Bücher/ aufferbäulichen Wandel/ vnd Stifftung deß Löblichen Ordens der Heimbsuchung/ Christum/ vnd die wahre einem jeden bequeme Nachfolgung Christi gelehrt/ durch die Beicht so vil Sünder; Durch die Außlegung deß Glaubens so vil tausend Irrige; durch seine Predigen so vil vnbußfertige Personen zu GOtt bekehrt/ daß der hocherleuchtete Cardinal Peronnius nicht vnbillich von jhm gerühmt hat/ obwohlen auch andere von GOtt die Gnad wohl zureden vnd zu lehran hätten/ so wäre doch der H. Franciscus von Sales, mit der absonderlichen himmlischen Gaab die Leuth zubereden vnd zubekehren begnadet/ wie auß disem vnwidersprechlich erhellet/ daß er über sibentzigtausend Menschen/ worunder vil hohe Stands-Personen/ vnd ein grosse Anzahl von Calvinischen Predigern/ zum Catholischen Glauben in die Schooß der heiligen Kirchen gebracht/ vnd als jhm der Commendant zu Alinges Mannschafft vnd Waffen zur Bezwingung der Halßstärrigen angetragen/ jhme voll heroischen Vertrauens vnd Apostolischen Eyffers geantwortet hat: Non opus est machinis, ubi verbum suum Deus audiri permittit, es ist kein Kriegs-Zwang nothwendig/ wo GOtt der HErr die Anhörung seines Worts zulast. Vnd wann der heilige Franciscus von Sales nichts anders/ als die Welt-bekandte/ auff alle vnd jede Stand gerichtete/ Einführung zum andächtigen Leben/ geschriben hätte/ wäre jhm die hellglantzende Cron der Lehrer nicht abzusprechen/ wordurch so vil tausend vnd tausend Seelen zur Christlichen Vollkommenheit gelangt seynd: vnd hat Alexander dises Nahmens der sibende Römische Pabst offentlich bethäuert/ daß er disem Preyßwürdigisten Buch die bessere Einrichtung seines Christlichen Wandels zu dancken gehabt habe: welches ein jeder von vns/ der gedachtes Buch jemahlen auffmercksamblich gelesen hat/ ebe-
ner

ner massen besahen muß. Dahero es kein Wunder/ daß es in 17. verschidene Sprachen übersetzt/ über 50. mahl nachgedruckt/ vnd von dem König Jacobo in Engelland/ zu einem seiner Bischöffen gemeldet worden/ wann alle Un-Catholische Prediger in Engelland jhre Kunst vnd Kräfften zusammen setzten/ daß sie kein so fürtreffliches Buch ans Tagliecht hervorbringen wurden. Nemblich qui de terra est, de terra loquitur *Joan.* 3. wer von der Erden/ vnd im Geist nicht geübt ist/ der redet von der Erden/ vnd ergehet es einem solchen/ wie vor Zeiten den Japonesern/ welche auß Vnerfahrnheit der Schiffahrt/ weilen sie nicht weiter von jhrem Land/ als biß nach China geschiffet/ nur von Japon vnd China zuerzehlen gewust: Dahingegen der H. Franciscus von Sales de virtute in virtutem alle Tugenden durchwandert/ vnd mit dem Engel Gottes/ so *Tob.* am 5. den jungen Tobiam von Ninive nach Rages begleiten sollen/ versichern können: novi, & omnia itinera ejus frequenter ambulavi: nehmet mich keck zu einem Führer oder Gleits-Mann auff dem Weeg der ewigen Seeligkeit an/ dann ich weiß alle Strassen dahin/ vnd bin auff denselben gar offt gewandert: Welches der Pabst Clemens dises Nahmens der Achte/ in dessen/ vnd viler Cardinälen/ Bischöffen/ vnd Prælaten Gegenwart der heilige Franciscus von Sales auff 35. Theologische Fragen höchstverständig geantwortet/ gleichsamb durch Prophetischen Geist mit den Worten *Proverb.* am 5. vorgesagt: Deriventur fontes tui foràs, Lasse deine Bronen zum allgemeinen Nutzen hinauß fliessen: wie er auch in der That nach jedermanns Wunsch erfüllt hat/ sintemahlen so einigem die Tugend-Straß hoch vorkombt/ so tragt Franciscus in seinen Schrifften alle Berg vnd Bichl ab/ *Isa.* 40. omnis mons, & collis humiliabitur, alle Berg vnd Bichl sollen ernidrigt werden: bedunckt jhn der Weeg zu schmahl zuseyn/ so führt jhn Franciscus auff die breite/ doch sichere Strassen *Ps.* 30. posuisti in loco spatioso pedes meos; meine Füß hast du auff einen weiten Raumb gesetzt: fürchtet sich jemand vor der tieffe/ so halte er sich an Franciscum, der jhm alles wird einebnen *Luc* 3. omnis vallis implebitur, alle Thäl sollen angefüllt werden: wolte er nicht gern irgend wo anstossen/ so ist Franciscus der jenige/ der zu seiner Vergnügung *Isa.* 57. aufert offendiculum de via populi, die Anstöß auß dem Weeg deß Volcks schafft: verlangt er zureitten oder zufahren/ so ist jhm Franciscus zu diensten/ vnd einer auß denen/
B
von

von welchen der erstgemeldte H. Prophet *Isaias c. 66.* geweissagt hat: Adducent omnes Fratres vestros in equis, & in quadrigis, & in lecticis, sie werden alle eure Brüder auff Rossen/ Waagen/ vnd Senfften führen: ist jhm auch dises zu beschwärlich/ so tröstet er jhn mit der Güte deß Obristen Hirten vnserer Seelen/ von welchem *Luc.* 15. geschriben steht: Posuit ovem super humeros suos, daß er das müde Schaaf auff seine Achseln lege/ vnd mit Freuden in den Schaaf-Stall überbringe: vnd damit sich niemand/ wie der faule *Proverb.* 26. außreden möge/ leo est in via, es ist ein Lew auff dem Weeg/ so leitet Franciscus einen jeden durch solche Strassen *Isa.* 35. non erit ibi leo, & mala bestia non ascendet per eam, wo kein Lew seye/ noch ein anders böses Thier dieselbe betretten wird: also zwar/ daß jederman vnder der Anführung vnsers heiligen Lehrers Francisci von Sales sich der Wort *Jeremiæ* am 17. wie solche von den 70. Tolmetschen gelesen werden/ gebrauchen kan: Non laboravi sequens post te, in allem/ wo ich dir gefolgt bin/ hab ich keine Müh empfunden. Vnd wann ich seine liebste Geistliche Töchter frage/ wie sie bey jhrem Clösterlichen Wandel sich betragen/ antworten sie mir gantz vergnüglich/ damit vns/ als der Lateinischen Sprach vnerfahrenen Personen/ die Absingung der grossen Lateinischen Tagzeiten nicht zu schwär falle/ ist vns von vnserem Heiligen Stiffter das kleine Officium vnser lieben Frauen vorgeschriben/ vnd heist es also *Isa.* 65. electi mei non laborabunt, meine Außerwöhlte werden mit leichter Müh durchkommen. Die wegen Blödigkeit deß Haubts kein gantze Stund in der Geistlichen Betrachtung zubringen können/ denen ist erlaubt/ mit Vorwissen der Oberin/ ein halbe Stund sich darin zu üben/ wann sie nur sonst den Tag durch all jhr Thuen vnd Lassen nach dem Göttlichen Willen richten/ wordurch sie/ nach Anmerckung der Schrifftgelehrten über den 118. *Psalm.* vollbringen/ was der König David mitten vnder seinen Königlichen Geschäfften von sich gesprochen. Totâ die meditatio mea est, ich betrachte das Gesatz deß HErren den gantzen Tag. Vnsere nächtliche Ruh ist vnunderbrochen: da vil andere Closterfrauen zu Mitternacht auffstehen müssen/ sagt Franciscus mit dem himmlischen Bräutigamb *Cantic.* 2. ne suscitetis, neque evigilare faciatis Dilectas, wecket meine Geliebte nicht auff/ vnd macht sie nicht auffwachen/ als deren Hertz/ wann der Leib schon schlafft/ dannoch immer zu GOtt

wacht/

wacht/ *Cant.* 5. Ego dormio, & cor meum vigilat: Ich schlaffe/ aber mein Hertz wachet: das Fasten/ vnd alle freywillige Leibs-Casteyungen finden in solcher Maaß bey vns Platz/ daß der Leib doch nicht zu sehr dardurch geschwächt wird/ vnd zu dem übrigen Verrichtungen tauglich bleibt/ welche Lehr der heilige Franciscus *Num.* 22. von dem Engel Gottes hergenommen hat/ der es so gar dem Balaam verwisen/ daß er seine vnvernünfftige Eselin zum drittenmahl geschlagen hatte. Wir leben in der grösten Armuth/ ohne daß geringste eygenthumb/ also daß wir auch jährlich vnsere Kleyder vnd Creutz verändern/ wir haben über nichts nach vnserm Willen zuschaffen/ vnd seynd doch mit allem nach Nothdurfft versehen 2. *Corinth.* 6. nihil habentes, & omnia possidentes, als die nichts haben/ vnd alles besitzen. Vnser Gehorsamb ist streng/ aber die Obrigkeit so bescheiden/ daß wir jhre Befelch/ die nicht schwär seynd/ mandata ejus gravia non sunt 1. *Joan.* 5. mit Freuden erfüllen: vnd ob schon vnsere Constitutiones vnder keiner Sünd vns verbünden/ so leben wir doch denenselben vnverbrechlich nach/ als die wir mehr durch die Lieb/ als durch die Forcht geleitet werden/ vnd die Liebs-Sprach 1. *Joan.* 4. verstehen/ timor non est in charitate. Sed perfecta charitas foràs mittit timorem: In der Lieb ist keine Forcht/ noch Zwang: sondern die vollkommene Lieb treibt die Forcht auß. O wohl ein hönigsüsser Lehrer/ ein liebreicher Vatter/ ein gütiger Weegweiser! von welchem die Kirch/ vnd alle zur Kirch gehörige Seelen nichts/ als Trost vnd Vergnügung/ täglich empfangen.

Endlich auff die Marter-Cron der vnschuldigen Kinder zukommen/ merckt der gelehrte Bischoff Durandus in seinem Rationali Divinorum officiorum *Lib.* 7. *c.* 42. daß die Christliche Kirch nicht ohne Geheimbnuß/ nach der hochfeyerlichen Begängnuß der Geburt Christi/ die drey nachfolgende Täg den heiligen Martyrern Stephanum, den heiligen Evangelisten Joannem, vnd die vnschuldige Kinder vnd Rechtglaubigen zur öffentlichen Verehr- vnd Anruffung vorstelle: nemblich darbey die dreyerley Ständ der Martyrer anzuzeigen/ den gantz vollkommenen in dem heiligen Stephano, der mit dem Willen/ vnd in der That ein Martyrer gewesen ist; so dann den zweyten deren/ die in immerwehrender Begürd zur Marter/ wie der heilige Evangelist Joannes, Leben/ vnd auß inbrünstiger Lieb zu GOtt 1. *Corin.* 16. quotidie morior,

B 2 rion,

rior, täglich dem Wunsch nachstreben / vnd doch im Frieden hinscheiden: letztlich den dritten der jenen / die ohne Beywürckung ihres freyen Willens / wie die vnschuldige Kinder / vmb Christi wegen / von der Hand der Tyrannen den Todt leyden / vnd als Martyrer in der That / aber nicht in dem Willen seynd / denen das fürnembste Stuck / das ist / die würckliche Lieb abgeht / die der Marter den Glantz der Vollkommenheit zueignet: worbey dises auß den commentarijs Euthymij super Evang: zu erwegen ist / fortassis hi pueri probi futuri non erant, daß dise vnschuldige Martyrer ohne Lieb / wann sie groß erwachsen währen / villeicht nicht münder / als die mehreste auß dem Judenthumb / tolle, crucifige, hinweck mit jhm / creutziget jhn / wider den Heyland geschrien / vnd an statt deß für Christum auß jhren Adern vergossenen Bluts / sein Angesicht mit vnsauberen Speichel / vnnd seine Ohren mit groben Lästerungen vnd Mord-Geschrey verunehrt hätten.

Nicht also der heilige Franciscus von Sales, welcher im 18. Jahr seines Alters ein erschröckliche Versuchung / als ob er von den Augen Gottes verworffen währe: darauff allerhand üble Nachreden / grobe Bezüchtigungen / stäte Vngelegenheit für deß nächsten Heyl / manche Todts-Gefahr / vnd in seiner letzten Kranckheit grausame Tyraneyen der Artzten durch brennen vnd schneiden gedultigst vmb Christi willen außgestanden / vnd zu Rom an dem Orth / wo vnzahlbare Gebeiner der Heiligen Blut-Zeugen Christi ruhen / vnseren HErren dergestalt angeflehet hat / wann er nicht entschlossen jhn zur würcklichen Marter gelangen zu lassen / daß er jhm wenigstens mit Zusendung viler Creutzen vnd Betrangnussen nicht verschonen wolte / wie jhm in der That auch widerfahren / vnd von der Göttlichen Lieb eben so grosse Qual / als den würcklichen Martyrern von den Tyranen / zugefügt worden ist / wie der H. Laurentius Justinianus, *in encom.* S. Hieronymi von dem heiligen Kirchen-Lehrer Hieronymo schreibt: Quod carnificis mucrone non pertulit, hoc Divinus amor in ipso confla vit. Was er von dem Schwerd der Verfolger deß wahren Glaubens nicht übertragen hat / dessen ist er von der Göttlichen Lieb theilhafftig gemacht worden: Sintemahlen von der ersten Qual etwas zumelden / wie köndte die vnblutige Liebs-Marter an einem Menschen besser / als an vnserem heiligen Francisco von Sales vollzogen werden? welcher in vorerwehnter Versuchung / ob währe er ewig verdambt / nicht nur

nur von GOtt dem HErren sich auff kein Augenblick verzweyfelter Weiß abgewendet; sondern denselben inbrünstig ersucht hat / im fahl er ja in der Ewigkeit jhn nicht klar anschauen / noch lieben sollte / daß er jhn nichts desto münder in disem zeitlichen Leben mit seiner vnauffhörlichen Lieb Vätterlich begnaden möchte: worin er den Jacob, den Job, vnd vil heilige Martyrer in der Lieb weit übertroffen hat: inmassen / daß *Genes.* 29. den Patriarchen Jacob die lange Zeit / so er in Diensten vmb die schöne Rachel mühseeligst zugebracht / sehr gering / vnd die auff sich genommene Müh ein lauthere Kurtzweil bedunckt / hat die Begürd zur Uberkommung der jhme versprochnen Rachel verursacht: vnnd da der fromme Job c. 13. von GOtt gesprochen / etiamsi occiderit me, in eum sperabo, & ipse erit Salvator meus, wann er mich auch vmbbrächte / so wolte ich dannoch auff jhn hoffen / als auff meinen Erlöser / hat er gnugsamb gezeigt / daß jhm die Hoffnung zu was bessers / nach disen zeitlichen Plagen / nemblich zur ewigen Seeligkeit / überbleibe: vnd ist von den heiligen Martyrern bekant / daß sie vnder jhren grösten Plagen von der Lieb Gottes nicht abgestanden / weilen sie ein End der Peynen / vnd die himmlische Cron zur Belohnung erwartet / wie die Mutter der Mahabæischen Kinder 2. *Machab.* 7. jhrem Sohn zugeruffen / vnd jhn mit deme angefrischt hat / daß er den Himmel anschauen / den Hencker nicht förchten / sondern sich würdig machen sollte / mit seinen Brüdern einen Theil im ewigen Leben zuerhalten: Dahingegen vnser heiliger Franciscus von Sales von der Lieb alle Hoffnung deß künfftigen Wohlstands abgesöndert / vnd mit heroischem Gemüth außrufft: wann mich GOtt auch aller Hoffnung zum Himmel berauben sollte / so wurde ich doch nicht vnderlassen / so lang ich hier auff Erden lebe / gehrn für Jhn alles Vngemach zuleyden / vnd Jhn beständigst auß gantzem Hertzen zu lieben.

Von den überstandenen Verleumbdungen ist seine Lebens-Beschreibung voll / vnd bekant / wie fälschlich er beym Päbstlichen Stuhl angegeben worden / ob hätte er seinen Bischöfflichen Gewalt gegen einige Clöster / so der Reformation höchstbedürfftig wahren / mißbraucht: so dann bey der Cron Franckreich / ob währe er mit dem Hertzog von Biron in der treulosen Zusammenschwörung begriffen: bey dem Hertzog von Savoyen / als wann er in Statts-Sachen / zur Gefahr seines natürlichen Lands-Fürstens / sich

B 3 sich

sich heimblich mit Franckreich verstände: von andern harten Bezüchtigungen vnd Schmachen/ ob wahre er ein Auffwickler/ verführer deß Volcks/ Zauberer ꝛc. zuschweigen: wider dergleichen vngerechte boßhaffte Verleumbder er nichts anders in seinem hönigsüssen Mund geführt/ als was er von seinem am Creutz hangenden JEsu tröstlich erlehrnet hatte: Pater, dimitte illis, non enim sciunt, quid faciunt, himmlischer Vatter/ verzeyhe es jhnen/ dann sie wissen nicht/ was sie thuen: vnd solcher gestalt widerumb die vnschuldige Kinder übertroffen hat/ welchen die H. Kirch im grossen Officio die noch zum Geist der rachgierigen Synagog gehörige Wort zueignet: vindica, Domine, sanguinem nostrum, qui effusus est, HErr nehme Raach über vnser vergossenes Blut. Wormit der H. Franciscus so vil gewonnen/ daß jhm der Römische Pabst/ zur Beschmähung seiner vngewissenhafften Ankläger/ noch mehr andere Reformationes, vnd hochwichtige Geschäfften anvertraut/ die er mit grossem Eyffer vnd Nutzen vollzogen: daß jhm der König Henricus IV. neben der Pariser Insul/ den Purpur-Hut anerbotten/ so er aber großmüthig außgeschlagen/ vnd einen seiner Freunden versichert hat/ wann man den Cardinal-Hut vor jhm niderlegte/ wolte er nicht ein Fuß zu dessen Abholung rihren/ sondern lieber in dem Gebirg zur Hülff der Seelen fehrner herumb lauffen/ vnd für die Bekehrung der Statt Genff sein Blut dargeben/ wann sie nur daß wahre Leben der Seelen dardurch empfangete. Der Hertzog von Savoyen aber hat seine Widersacher/ deren etliche schon Kärcker vnd Ketten für jhn zubereitet hatten/ mit Vngnaden abgewisen/ vnd vnserem heiligen Francisco von Sales sich völlig vertrauet.

Was er endlich bey Einrichtung seines währtesten Ordens der Heimbsuchung/ bey Außbreitung deß Catholischen Glaubens/ in Bedien- vnd Stärckung der Neu-bekehrten/ vnd sonst biß an sein End für Mühe/ Sorg/ Gefahren/ vnd Plagen außgestanden habe/ erforderte vil Täg zur Erzehlung: breche dahero ab/ vnd wünsche der wahren Rachel, vnserer allgemeinen Mutter der Christlichen Kirch Glück/ daß sie durch den glorwürdigsten Todt deß vollkommenen Liebs-Martyrers/ Lehrers/ vnd Jungfräulichen Francisci von Sales getröstet/ vnd durch jhn mit einer Anzahl so viler fürtrefflichen keuschen Closterfrauen/ Lehr-Meisterinen/ vnd Liebs-Martyrern geziehret worden: dessen Exempel wir billich immer behertzigen/

behertzigen/ demselben treulich folgen. Mithin die Freud vnserer liebreichsten Mutter vermehren/ vnnd vns hüten sollen von deme/ was mit dem Jüdischen Volck *Exodi* 32. sich zugetragen/ welches in Abwesenheit seines Führers Moysis, den Aaron, vermessentlich angefallen/ vnd von jhm begehrt hat/ fac nobis Deos, qui nos præcedant: Moysi enim huic, qui nos eduxit de terra Ægypti, ignoramus quid acciderit: Mache vns Götzen/ die vor vns herziehen; dann wir wissen nicht/ was dem Moysi widerfahren ist/ der vns auß Ægypten geführt hat. Nicht also/ meine außerwöhlte Zuhörer: die nach dem tödtlichen Hintritt Francisci in gröster Anzahl erfolgte Wunderwerck/ worunder die Erweckung zweyer Todten/ Erleuchtung eines gebohrnen Blinden/ Heylung viler Krumben vnd Preßthafften/ vnd deßwegen vom Pabst Alexandro dem sibenden im Jahr 1665. vorgenommene Canonization, oder Heiligsprechung/ versichern vns genugsamb/ daß er bey GOtt im Himmel ein mächtiger Fürsprecher aller deren sey/ die jhn andächtig anruffen/ vnd verehren: vnd ob er schon von vns der Seel nach abgesöndert ist/ so ist vnd bleibt er doch bey vns vnd tröstet vns mit seinen heylsamen Büchern/ worauß wir täglich vil gutes lesen vnd schöpffen können: Er ist vnd bleibt bey vns durch seine Geistliche Töchter/ die vns/ wie die Königin von Mittag *Matth.* 12. am letzten Gericht werden zuschanden machen/ indem sie als schwache Weibs-Personen jhrem glorwürdigsten Führer so tapffer folgen/ wann wir auch die gemächlichste von S. Francisco vns vorgezeigte Mitteln zur Seeligkeit außschlagen: Er ist/ vnd bleibt bey vns/ vnd tröstet vns mit seiner kräfftigen Fürbitt/ wordurch er vns zeitlich- vnd ewige Wohlfahrt erhaltet: Ich aber muß fort/ vnd falle nun auff meine Knye nider/ vnd ruffe zu GOtt/ daß er mit seinem Seegen/ durch die Fürsprechung deß heiligen Francisci von Sales, bey dem Durchleuchtigisten Chur-Hauß/ disem Loblichen Closter/ der Statt/ vnd dem gantzen Land allezeit verbleiben/ meine wehrteste Zuhörer hier zeitlich trösten/ vnd dort in Ewigkeit erfreyen möge.

Amen.

E N D E.

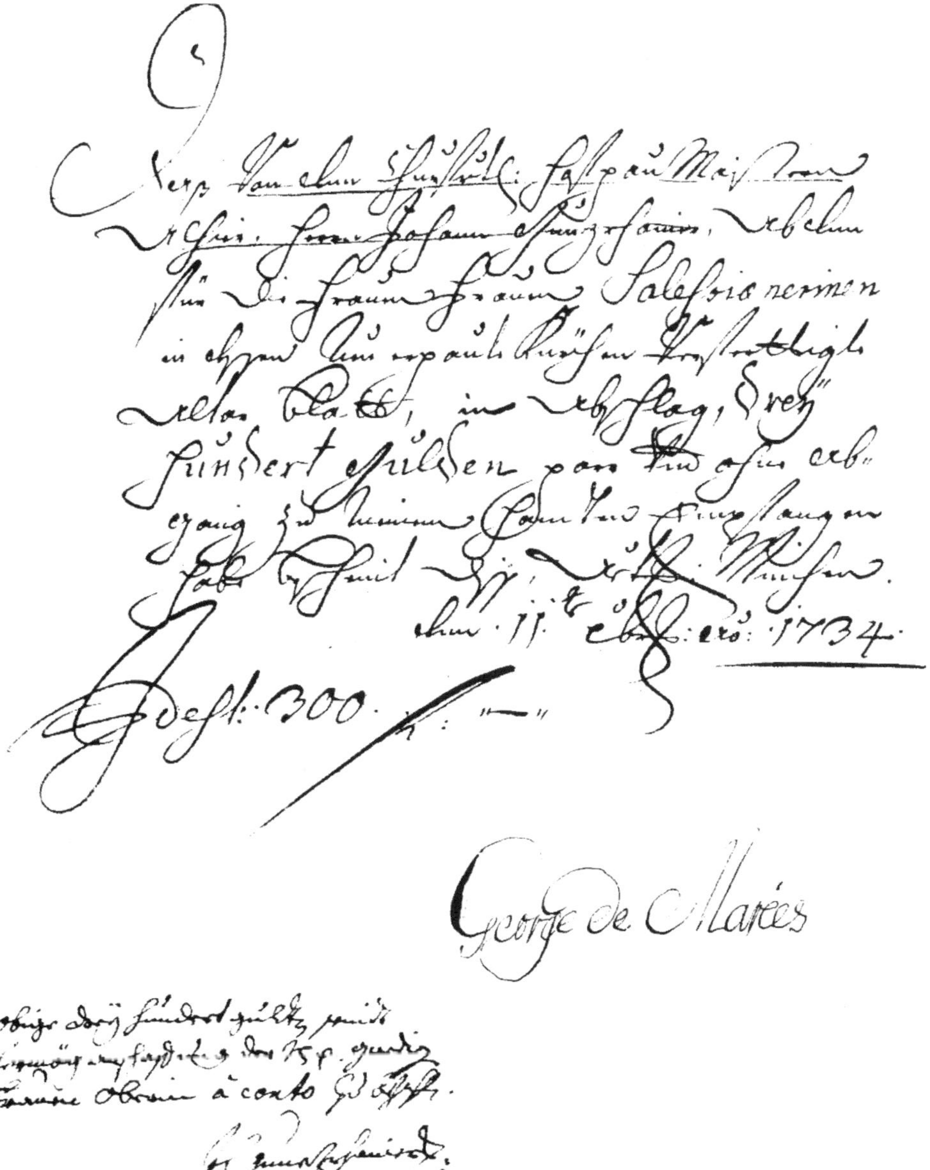

Daß von dem Churfürstl: Hofbau Meister
Archi: Herrn Johann Gunezrhainer, welcher
für die frauen frauen Salesianerinnen
in ihrem neu erpauten Kirchen hochalttar
altar blatt, im Anschlag drey
hundert Gulden par und ohne ab-
gang zu meinen Handen empfangen
habe bescheint hiemit. München
den 11ten Octobris ao: 1734.

Id est fl: 300 —

George de Marées

obige drey hundert gulden seindt
[illegible] [illegible] des 15 [illegible]
Frauen Oberin à conto geschrieben.

J. Gunezrhainer

Von Gottes genaden Wir
Johann Theodor Bischoff zu
Freysing und Regenspurg, in Ober- und
Nidern Bayrn, auch der obern Pfalz Herzog,
Pfalzgraf bey Rhein, des heil: Röm: Reichs
fürst, Landtgraf zu Leuchtenberg. Geben
hiemit gnädigst zuvernemmen, demnach
der würdig unser Hofcaplan und Bene-
ficiat in unser lieben frauen Collegiat Stifft
und Pfarrkirchen zu München Petrus La-
dislaus Josephus Eggerer von [illegible]
zu grössern Ehr Gottes, und seiner gebe-
nedeitest jungfräulichen Mutter und Himmels-
königin Maria, absonderlich aber zu Hilf
und Trost der armen Seellen im Fegfeuer,
bewegt worden eine obligirliche, in das
löbliche Closter Gottshaus S. Francisci von
Sales Ordens, bey S: Anna in München
auf den Choraltar zwey ewig heilige Messen
wochentlich mit einwilligung der iezigen
Superiorin und Convents [illegible]
[illegible] zwaytausent Gulden bey der
Landtschaft in München bereits anligenden
Capital, dessen interesse mit ainhundert
Gulden zu der Zinszeit den ersten Januarij
iedes iahrs verfallet, gestifftet habe, [illegible]

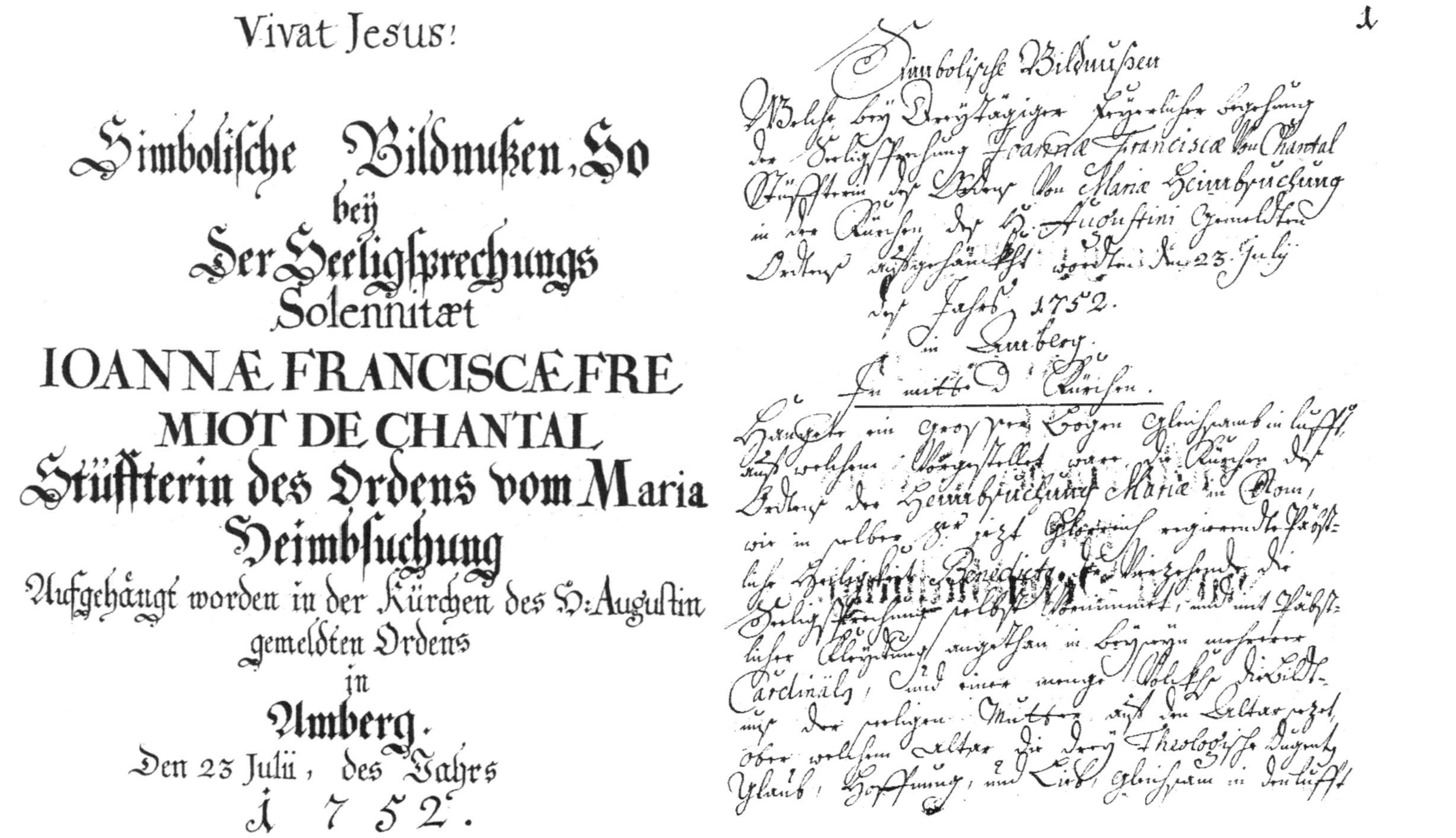

Vivat Jesus!

Simbolische Bildnußen, So
beÿ
Der Heeligsprechungs
Solennitæt
IOANNÆ FRANCISCÆ FRE
MIOT DE CHANTAL
Stüffterin des Ordens vom Maria
Heimbsuchung
Aufgehängt worden in der Kürchen des H: Augustin
gemeldten Ordens
in
Amberg.
Den 23 Julii, des Jahrs
1752.

1

Simbolische Bildnußen
Welche bey Dreytägiger feyerlicher begehung
der Heiligsprechung Joannæ Franciscæ von Chantal
Stüffterin des Ordens von Maria Heimbsuchung
in der Kürchen des H: Augustini gemeldten
Ordens aufgehänckt worden den 23. July
des Jahrs 1752.
in Amberg.
In mitte der Kürchen.
Hangete ein gross[er] Bogen gleichsamb in lufft
auf welchem vorgestellet ware, die Kürchen des
Ordens der Heimbsuchung Mariæ in Rom,
wie in selber der jezt glorreich regierende Päbst-
liche Heiligkeit Benedictus [illegible] die
Heiligsprechung selbst vorgenommen, und mit Päbst-
licher Kleydung angethan in beyseyn mehrerer
Cardinäls, und einer menge Volckhs die Bild-
nus der heiligen Mutter auf den Altar sezet,
ober welchem Altar die drey Theologische Tugenten
Glaub, Hoffnung, und Lieb gleichsam in den lufft

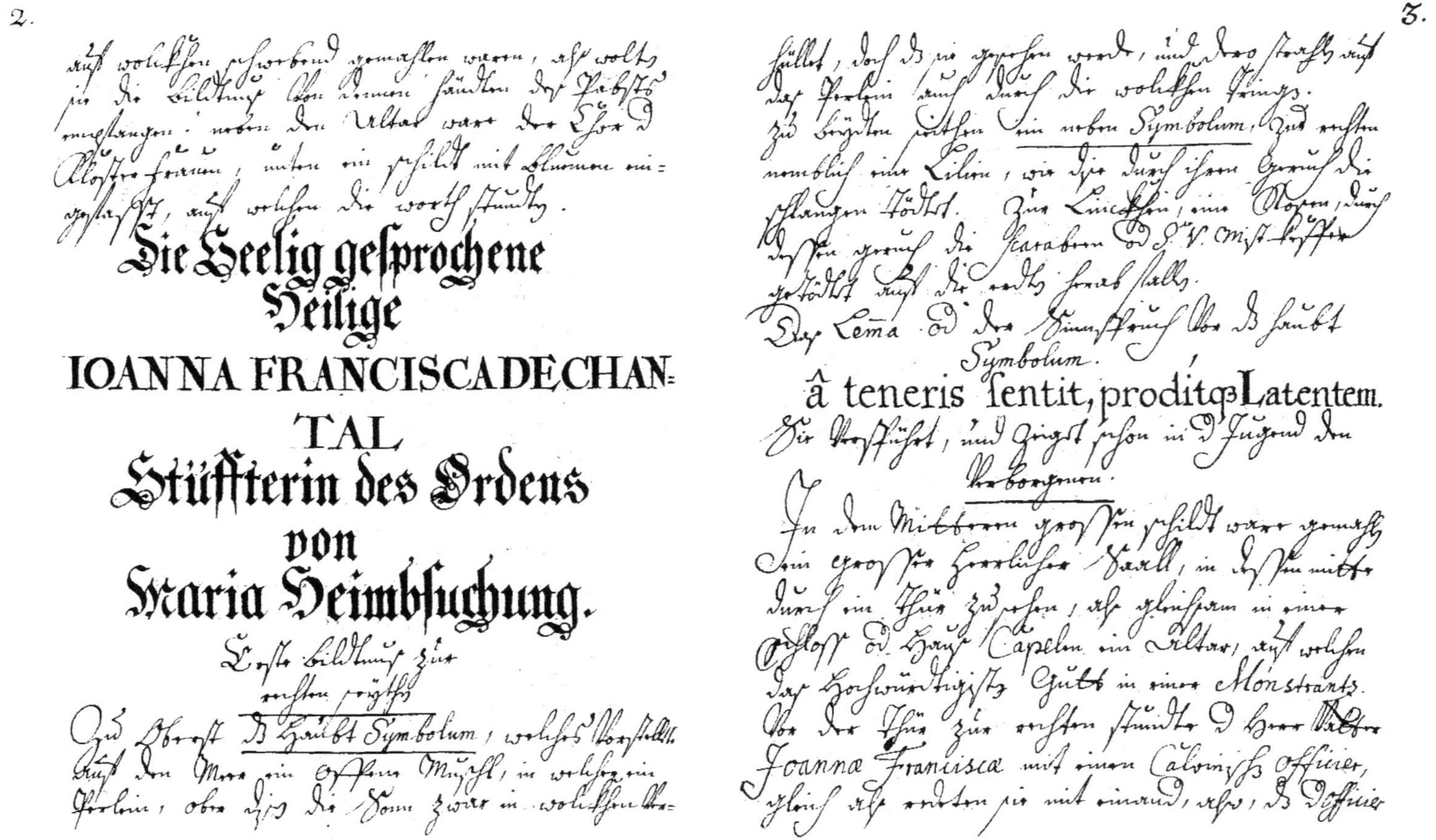
2.
Die Seelig gesprochene
Heilige
IOANNA FRANCISCA DE CHAN=
TAL
Stüffterin des Ordens
von
Maria Heimbsuchung.
3.
Symbolum.
â teneris sentit, proditq Latentem.

4.

seine augen würfft auf die kleine 5 jährige Joannam
Franciscam, welche zur linckhen seithen stehet neben
ihrer Hoffmaisterin, und mit der rechten handt auf
die Monstrantz deutet.
Unter disem grossen schildt waren noch drey kleine,
auf dem ersten, worinnen ein perll mit einer weissen
Camiz, bey welchem die kleine Joanna Francisca
stunde, und in selbe jenes zuckherwerckh hinein warff,
welches ihr gemeldter Calvinist gegeben, welcher
sambt dem Herrn Vatter gleichsamb voll der ver=
wunderung bey einem tisch in perll sitzete.
Auf dem andern schildt ein Zimmer, in welchem die
zwey bildnussen der H. Petri und Pauli hangeten,
auf welche die kleine Joanna deutet, und sie dem
gemeldten Calvinischen Officier zeiget, welcher
sie sihet.
Der mittlere schildt bestunde erstens oberhalb in zwey
Symbolis; auf dem ersten wurde vorgestellet
die sündtfluß, und in mitte der gewässer die arch
Noe. auf dem andern ein schiff im Meer, welches
schiff geleittet wirdt durch die liecht einem Thurn auf-
geschenckhte Latern Pharos genannt.
Von einem Symbolo zu dem andern war der Regenbogen.

5.

auf denen zwey seithen herab waren zu sehen unter=
schiedliche Instrument und Kreuzeichen der wahren Catho=
lischen Religion, als die Päbstliche Dreyfache Crön
sambt dem Kreuz, Cardinal Hueth, sambt dem Kreuz,
Bischöffliche Infel mit dem stab, Priesterliches Pirett,
Kelch, Altar kändlein.
unter disen Kreuzeichen ligete zur rechten seithen der Ketzer
Calvinus mit einem buch in der handt, zur linckhen
Jansenius in gleicher gestalt, beyde als gleichsamb
überwunden.
Der unterste schildt war auf einer seithen mit weitzähren,
auf der andern mit weintrauben eingeflochten. auf
dem schildt die zuschrifft.

Obwohlen die Sonn unter wolckhen verhüllet,
der erden die strahlen mißgönnt;
Das Perlein doch gschwind ihre wirckung fühlet,
und das Sie zugegen, bekennt.
Die weisse gestalt setzt die sinnen in sorgen,
das gheimnuß all witz übersteigt;
FRANCISCA ein Kind, das ein Mensch-Gott verborgen,
und glaubt, und dem Ketzer bezeigt.

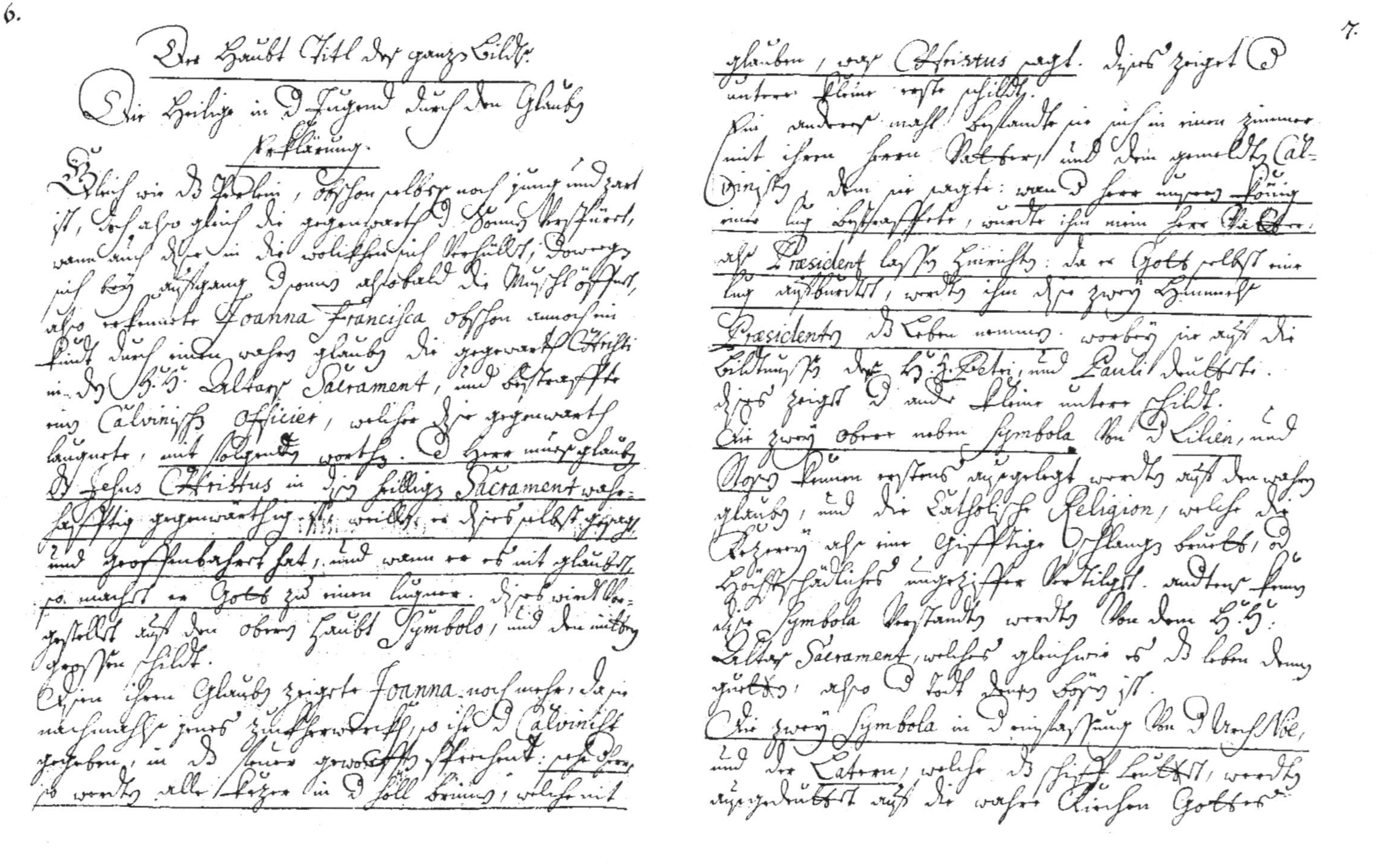

6.

Der Haubt Titl der ganzen Bilder.

Die Heilige in der Jugend durch den Glauben

Erklärung.

Gleich wie die Perlen, obschon selbige noch jung und zart ist, dennoch gleich die gegenwarth der Sonnen verspüret, wann auch dise in die wolckhen sich verhüllet, darumb sich bey aufgang derselben alsobald die Muschl öffnet, also erkennete Joanna Francisca obschon annoch ein Kind durch einen wahren glauben die gegenwart Christi in dem H. H. Altars Sacrament, und bestraffte einen Calvinischen Officier, welcher dise gegenwarth laugnete, mit folgenden worten: O herr man muß glauben, daß Jesus Christus in disem heilligen Sacrament wesentlich gegenwärthig ist, weillen er dises selbst gesagt und versprochen hat, und wann er es nit glaubet, so machet er Gott zu einem lügner. Dises wird vorgestellt auf den obern Haubt Symbolo, und dem mittleren grossen Schildt.

[illegible] ihren Glauben zeigte Joanna noch mehr, da sie [illegible] jener [illegible], so ist der Calvinist [illegible], in der [illegible] gewalt [illegible]: [illegible] so werden alle Ketzer in die höll kommen, welche nit

7.

glauben, was Christus sagt. dises zeiget der untere kleine rechte schildt.

Ein anderes mahl befande sie sich in einem Zimmer mit ihrem herrn Vatter, und dem gemeldten Calvinisten, dem sie sagte: wann der herr unser König eine lug bestraffete, würde ihn mein herr Vatter als President lassen hinrichten: da er Gott selbst eine lug aufbürdet, werden ihm dise zwey himmels Presidenten das leben nemmen. worbey sie auf die bildnussen der H. H. Petri, und Pauli deutete. dises zeigt der andere kleine untere schildt.

Die zwey obere neben Symbola von der Lilien, und Rosen können erstens ausgelegt werden auf den wahren glauben, und die Catholische Religion, welche die Ketzerey als eine gifftige Schlangen [illegible], oder höchst schädliches ungezifer vertilget. andertens können dise Symbola verstanden werden von dem H. H. Altar Sacrament, welches gleichwie es das leben denen guten, also der todt denen bösen ist.

Die zwey Symbola in der einfassung von der arch Noe, und der Latern, welche das schifflein leuchtet, werden ausgedeutet auf die wahre Kirchen Gottes

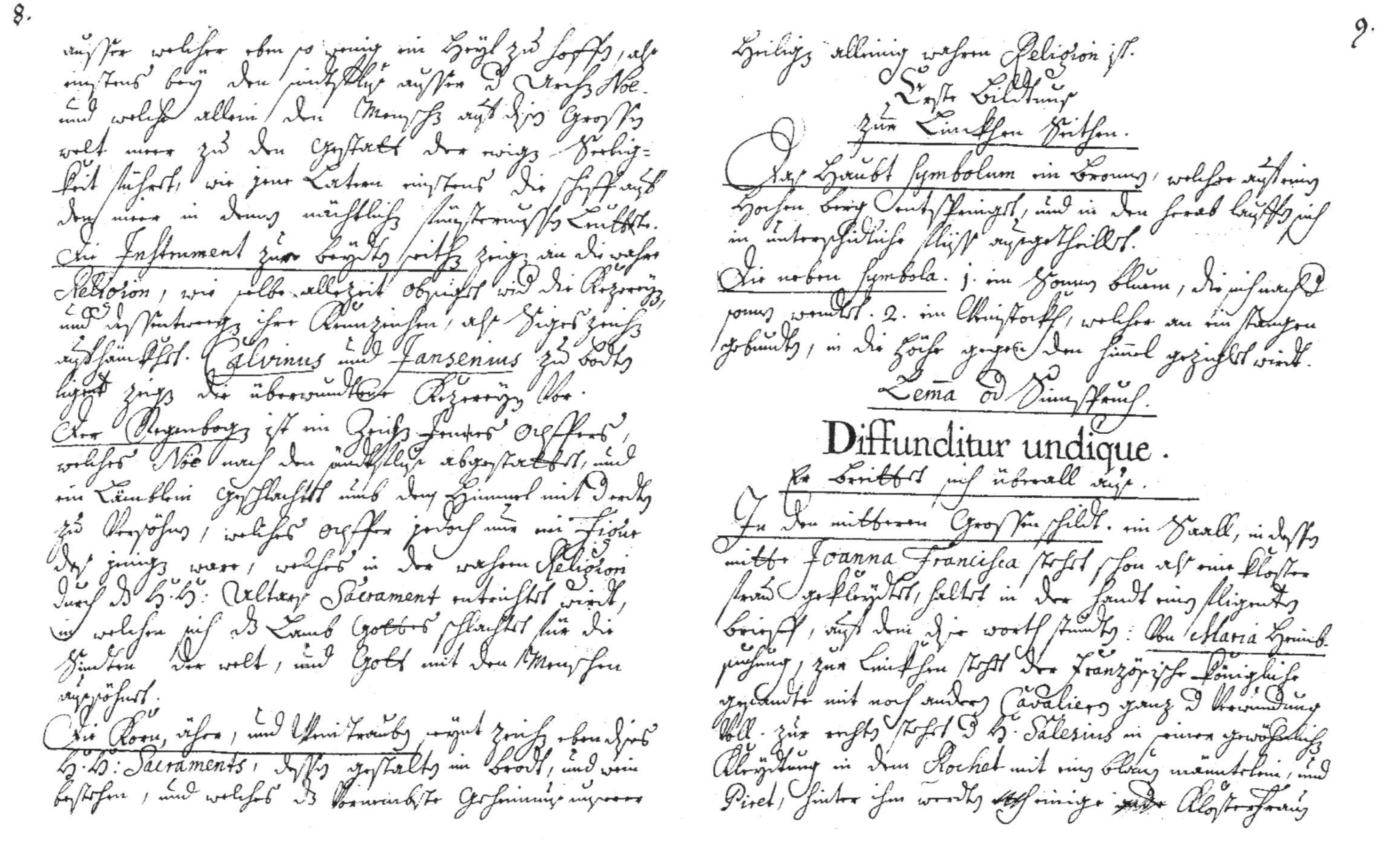

8.

außer welcher eben so wenig ein Heyl zu hoffen, als einstens bey der Sündflut außer der Arche Noe. und welche allein den Menschen aus dieser Großen welt mehr zu der Gestalt der ewigen Seelig=keit führet, wie jene Latern einstens die schiffende auf dem meer in denen nächtlichen finsternussen leuchtete.

Die Instrument zur beyden seithen zeigen an die wahre Religion, wie selbe allzeit obsieget wider die Ketzereyen, und verstöret ihre Anmassungen, als Siegszeichen aufstellet. Calvinus und Jansenus zu beeden ligend zeigen die überwundene Ketzereyen an.

Der Regenbogen ist ein Zeichen jenes Opfers, welches Noe nach der Sündflut abgestattet, und ein Lämblein geschlachtet und den Himmel mit Danck zu verehren, welches Opfer jedoch nur ein Figur des jenigen ware, welches in der wahren Religion durch das H. H. Altars Sacrament entrichtet wird, in welchem sich das Lamb Gottes schlachtet für die Sünden der welt, und Gott mit den Menschen ausgesöhnet.

Die Korn, ähre, und Weintrauben zeigen ebenfahls das H. H. Sacraments, dessen gestalten in brodt, und wein bestehen, und welches das verwunderte Geheimnus unseres

9.

Heiligen allein wahren Religion ist.

Die Erste Bildnus
zur linckhen Seithen.

Das Haubt symbolum ein Bronnen, welcher aus einem hohen berg entspringet, und in der Ebne laufft sich in unterschidliche flüss ausgetheillet.

Die neben symbola. 1. ein Sonnen bluem, die sich nach der Sonnen wendet. 2. ein Weinstockh, welcher an ein Stangen gebunden, in die Höhe gegen den Himel gezihlet wird.

Lema oder Sinnspruch.

Diffunditur undique.

Er breitet sich überall aus.

In der mittleren Grossen schildt. ein Saall, in dessen mitte Joanna Francisca stehet, schon als eine Kloster frau gekleydet, haltet in der Handt einen fliegenden brieff, auf dem diese worth stunden: Ave Maria Heimbsuchung, zur linckhen steht der Französische Königliche gesandte mit noch andern Cavaliers ganz der verwunderung voll. zur rechten steht der H. Salesius in seiner gewöhnlichen Kleydung in dem Rochet mit einem blauen mäntelein, und Piret, hinter ihm werden einige Klosterfrauen

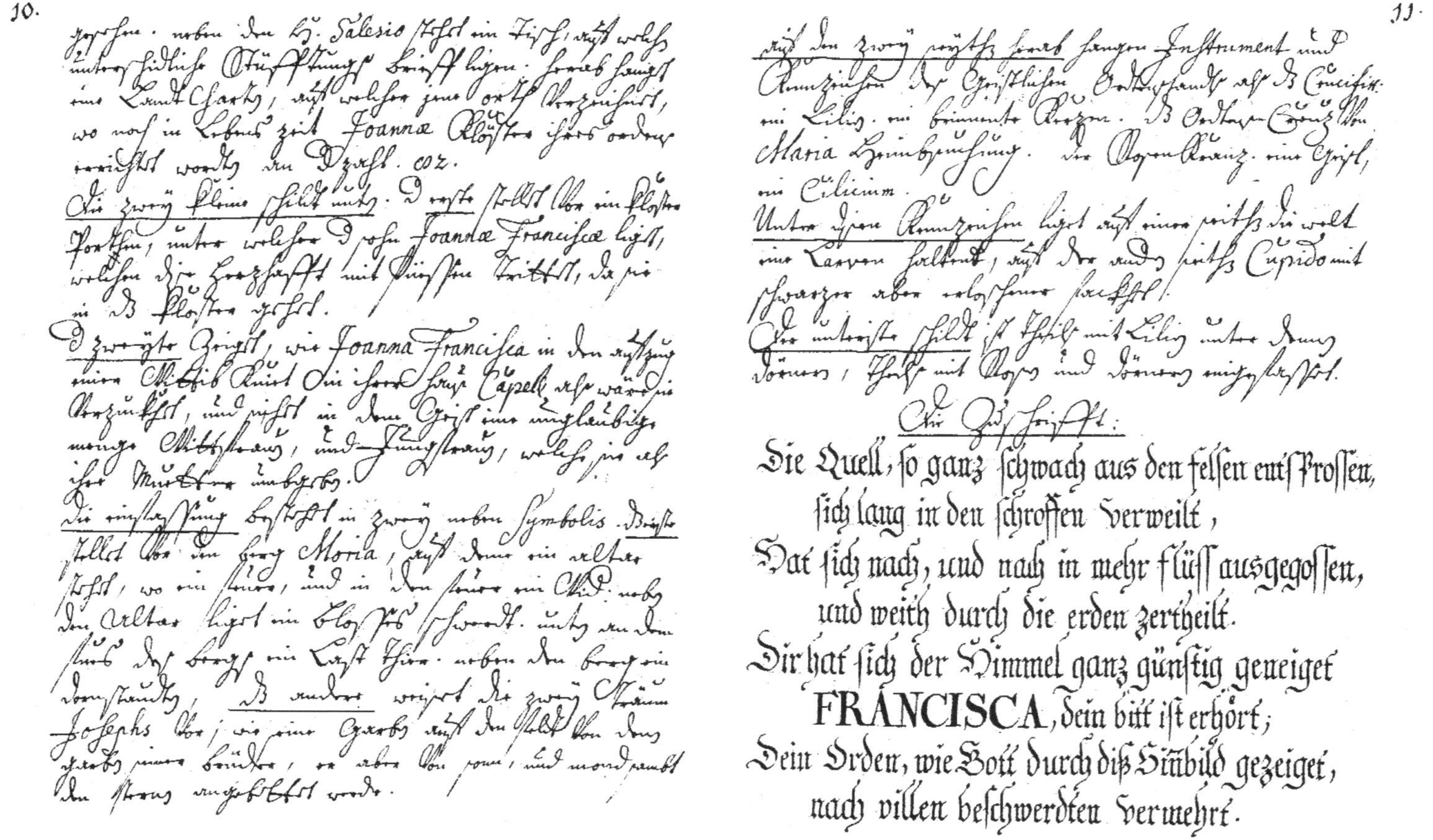
10.

11.

Die Quell, so ganz schwach aus den felsen entsprossen,
sich lang in den schroffen verweilt,
Hat sich nach, und nach in mehr flüss ausgegossen,
und weith durch die erden zertheilt.
Dir hat sich der Himmel ganz günstig geneiget
FRANCISCA, dein bitt ist erhört;
Dein Orden, wie Gott durch diß Sinnbild gezeiget,
nach villen beschwerdten vermehrt.

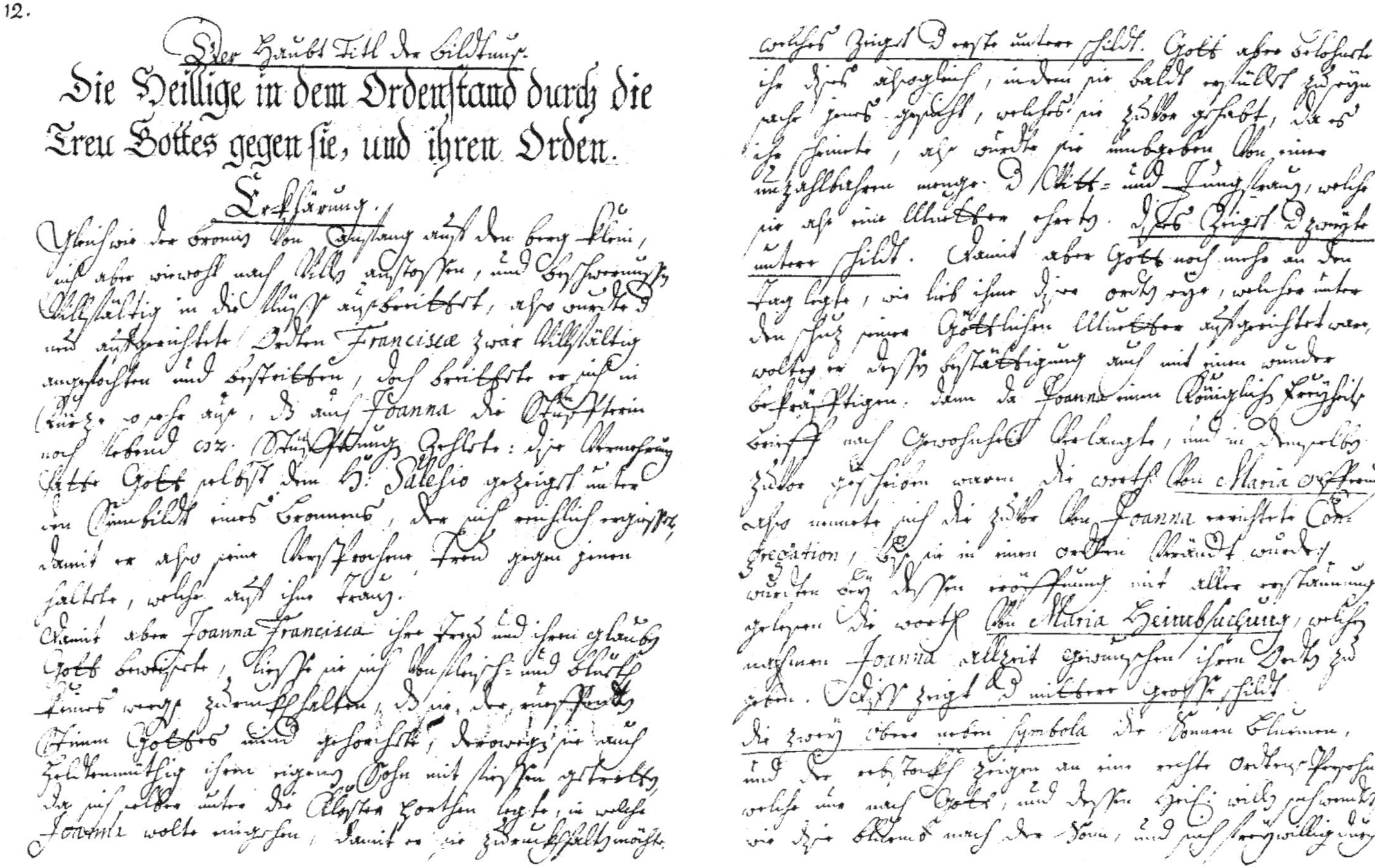
12.

Der Haubt Titl der Bildtung.

Die Heillige in dem Ordenstand durch die Treu Gottes gegen sie, und ihren Orden.

Erklärung.

[illegible]

13.

[illegible]

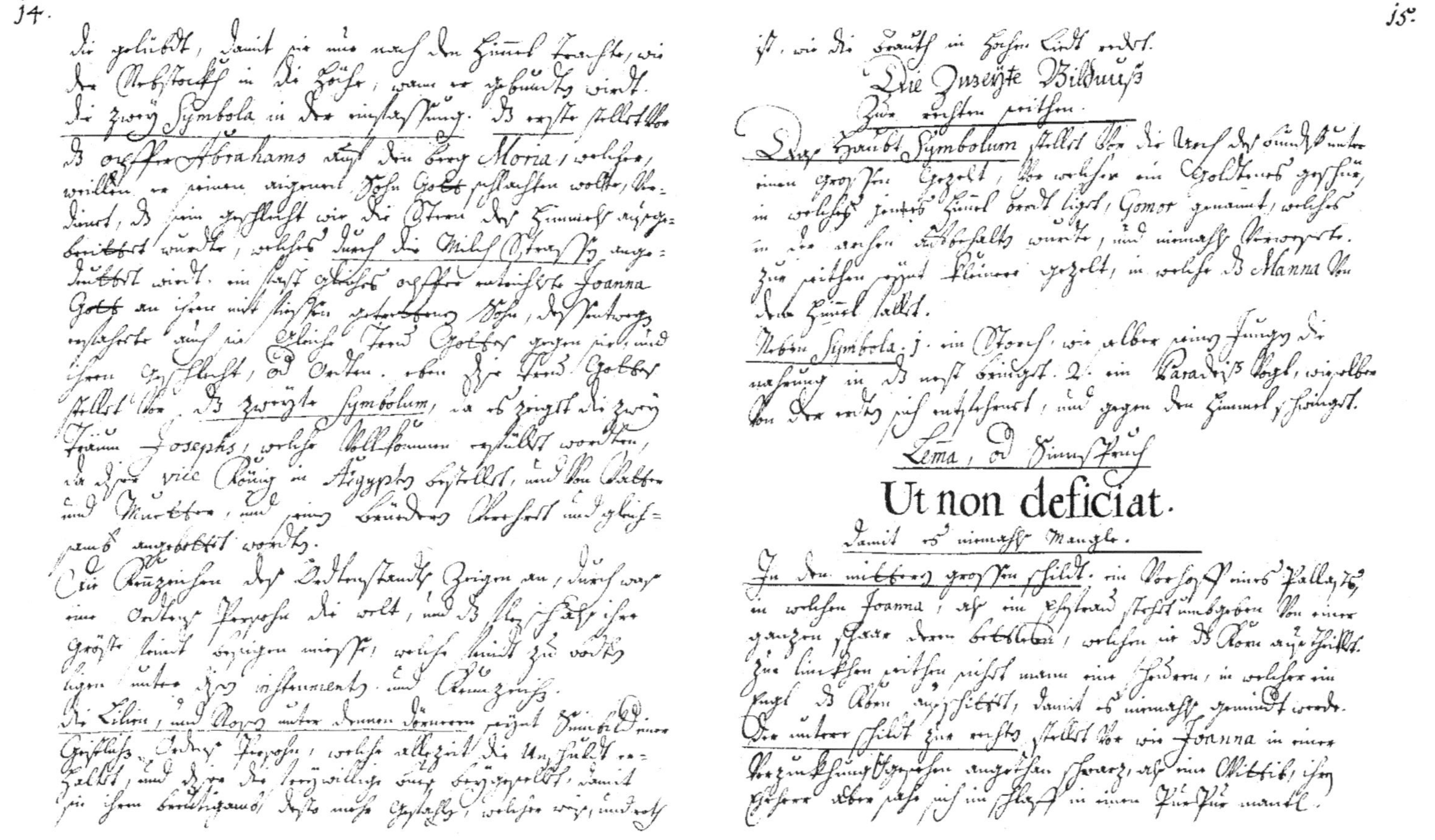

14.

die gelübdt, damit sie nur nach den Himmel trachte, wie
der Weihrauch in die Höhe, wann er angezündet wird.
Die zwey Symbola in der einfassung. Das erste stellet vor
das opffer Abrahams auf den berg Moria, welcher,
willens er seinen eigenen Sohn Gott zu schlachten wolte, ver-
dienet, daß sein geschlecht wie die Stern des Himmels ausge-
breitet wurde, welches durch die Milch Strassen ange-
deutet wird. ein gleiches opffer verrichtete Joanna
Gott an ihren [illegible] Sohn, [illegible]
[illegible] auch sie gleiche Ehre Gottes gegen sich und
ihren Geschlecht, dem Orden. oben die Ehre Gottes
stellet vor. Das zweyte symbolum, da es zeigt die zwey
Träum Josephs, welche vollkommen erfüllet worden,
da ihn viee König in Ägypten bestellet, und von Vatter
und Mutter, und seinen brüdern Verehret und gleich-
samb angebettet worden.
Die Kennzeichen des Ordensstandts Zeigen an, durch was
eine Ordens Person die welt, und das fleisch [illegible] ihre
größte feind besiegen müsse, welche feindt zu [illegible]
[illegible] unter [illegible] und Creutz.
Die Lilien, und Rosen unter denen dörnern zeiget [illegible] einer
Geistlichen Ordens Person, welche allezeit die Unschuld er-
haltet, und durch die freywillige [illegible], damit
sie ihrem bräutigam desto mehr gefallig, welcher weiß, und roth

15.

ist. wie die braut in hohen Lied redet.
Die Zweyte Bildnuß
Zur rechten seithen.
Das Haubt Symbolum stellet vor die Arch des bundts unter
einem grossen Gezelt, vor welcher ein Goldenes geschirr,
in welches [illegible] Himmel brodt ligt, Gomor genannt, welches
in der arche aufbehalten wurde, und niemahls [illegible].
zur seithen [illegible] kleineres gezelt, in welches das Manna von
dem Himmel fallet.
Neben Symbola. 1. ein Storch, wie selber seinen Jungen die
nahrung in das nest bringet. 2. ein Paradiß Vogel, wie selber
von der erden sich entfernet, und gegen den Himmel schwinget.
Lema, oder Sinnspruch
Ut non deficiat.
Damit es niemahls Mangle.
In dem mittern grossen schildt. ein Vorhof eines Pallasts,
in welchen Joanna, als eine [illegible] stehet umbgeben von einer
ganzen Schaar [illegible], welchen sie das Brod austheilet.
Zur linckhen seithen siehet mann eine Scheuren, in welcher ein
Engel das Korn aufschüttet, damit es niemahls gemindert werde.
Der untere schildt zur rechten stellet vor wie Joanna in einer
[illegible] einen Schmerz, als eine Wittib, ihren
[illegible] aber [illegible] in einem Purpur mantel.

16.

Der andere zur Lincken, stellet vor den sterbenden Eheherrn Joannæ, bey deßen sterbbeth sie großmüthig stehet.

Die einfaßung hat 2 andere symbola. Daß erste stellet vor die 7 fette Küh Pharaonis, welche von dem fluß aufgestiegen, und die 7. fette Kohrn ähre.

Daß andere einen öhlbaum, an welchem, wenn die äst gestuzet oder abgebrochen werden, wegen schwere der früchten, stoßen sie gleich widerumb frische zweig heraus.

Auf der seithen seynd 4. Cornu Copien; in den obern zeiget sich einer seithen Kohrn ähre, in dem anderen früchten; aus denen unteren zweyen fallen unterschiedliche schäz heraus, als ring, goldene Ketten, Kronen, goldene denckpfennig etc.

unten her ist erstlich daß Element der erden; lincker daß Element des lufft. die erden gekleidet wie die alten heiden verdichtete Göttin Cybele, haltend in der hand unterschiedliche erdtfrüchten: der lufft, wie der fabelhaffte Gott Æolus von welchem unterschiedliche blaßende wind gesehen werden.

Der Untere schild hat zu beyden seithen eine säule, welche durch ein Ketten zusamm gebunden seynd, in der unteren Ketten ist ein ring mit einem Diamanth.

Die Zueschrifft.

Gott hat sein volckh auf neue art
durchs Himel brodt ernährt;

17.

Ein theill doch bey der Arch verwahrt,
wird niemahl aufgezehrt.
Ohn zweifl hätt der arme sich
des Hungers nit erwehrt,
Wan nit **FRANCISCA** wunderlich
hätt das getraÿd vermehrt.
Sie theillet ihre gaben aus: die bittre noth entweicht,
nichts mangelt doch dem kornhaus; Gott selbste es bereicht.

Der Haubt Titl.

Die Heillige in dem Ehestand durch
die Hoffnung.

Erklärung.

Gleichwie daß Manna einstens, welches bey der arch des bundes aufbehalten wurde, niemahls verzehret wurde, noch ermangelte, sie deßentwegen in die arch gelegt wurde, damit es nit ermangelte; also gienge Joannæ Franciscæ niemahls daß getraid ab, weilen sie selbes Gott in den armen gabe, und also gleichsamb in eine vätterliche schazkasten legte, als dessen gwisser erb sie war; also daß selbe getraid auch durch ein wunder von Gott lange zeit vermehret

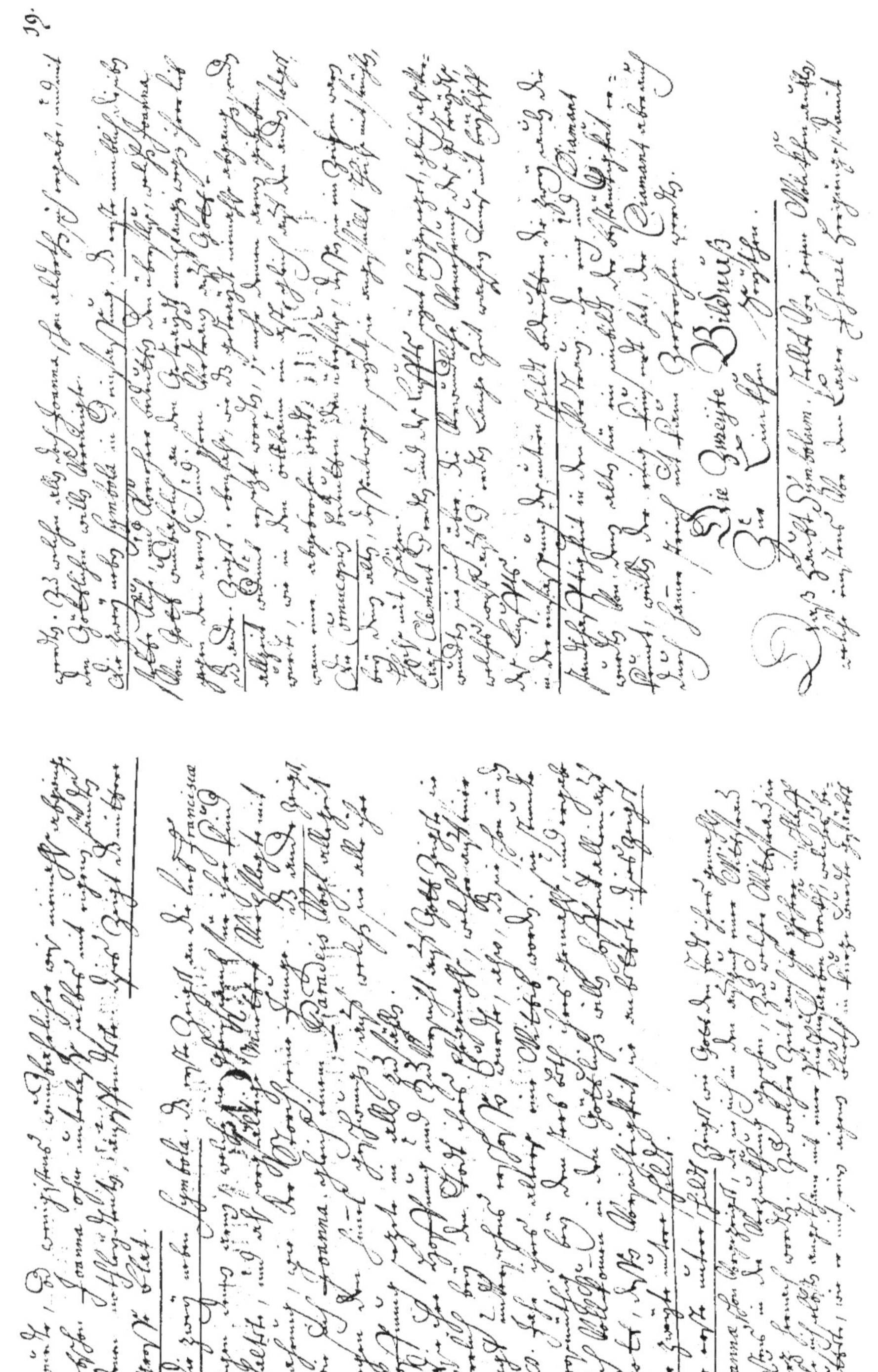

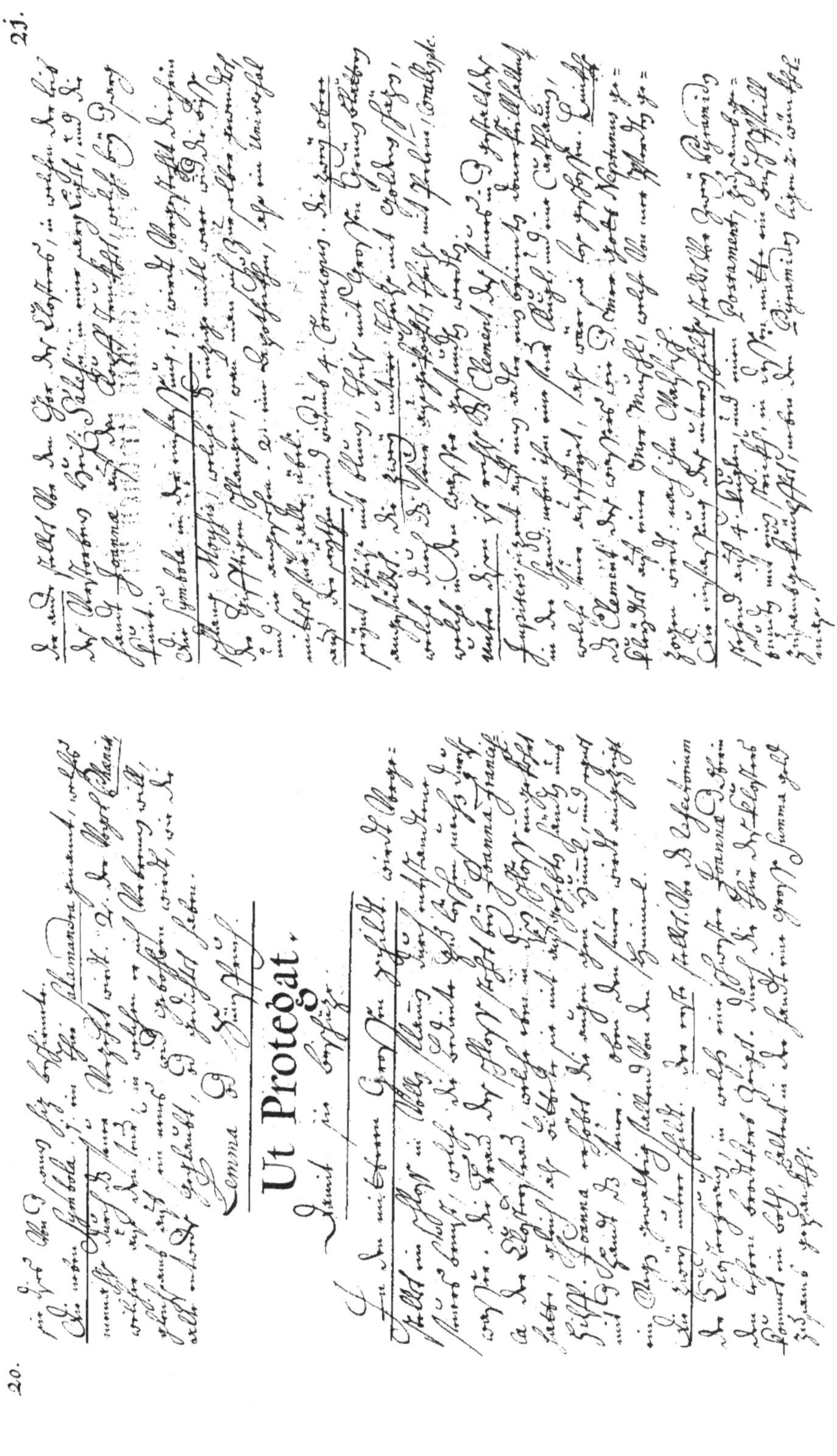

20.

sie durch den ... hiz beschienete.

Die neben symbola. 1. ein thier salamandra genannt, welches niemals durch das feuer verzehret wirdt. 2. der vogel Phoenix welcher auf dem herd, in welchem er sich verbrennen will, gleichsamb auch ein neues wid geboren wirdt, wie die alte entweder geglaubt, oder gedichtet haben.

Lemma der Zuschrift.

Ut Protegat.

Damit sie beschütze.

In dem mittleren grossen schildt. wirdt vorge=stellet ein schloss in vollen flammen durch entstandene feuers brunst, welche die bediente zu löschen mühe sich durch wasser. die Frau des schloss stehet bey Joanna Francisca der Klosterfrau, welche eben in diss schloss eingekehret hatte, gleich als bittete sie mit aufgehebten händen umb hilff. Joanna erhebet die augen gen himmel, und segnet mit der handt das feuer. oben dem feuer wirdt angezeigt ein regen gewaltig fallend von dem himmel.

Die zwey untere schildt. der erste stellet vor das refectorium der klosterfrauen, in welchem eine schwester Joanna den ... den leeren brodtkorb zeigt. durch die thür des klosters kommet ein both, haltend in der handt eine grosse summa geld zusamen gebracht.

21.

Der andere stellet vor den Chor des Klosters, in welchem der leib des verstorbenen heil. Salesii in einer sarg liegt, und die handt Joanna auf den kopf truckhet, welche bey dem sarg kniet.

Die symbola in der einfassung. 1. wirdt vorgestellet die ehrne schlang Moysis, welche das einzige mittel ware wider die biss der giftigen schlangen, wan man sich zu selber gewendet, und sie angesehen. 2. eine Apotheckhen, alss ein Universal mittel für alle übel.

auf den seithen seind widerumb 4. Cornucopia. die zwey obere seynd theils mit blumen, theils mit grossen grünen blättern angefüllet. die zwey untere theils mit goldenen stücken, welche durch das feuer ausgestossen, theils mit perlen, corallen etc. welche in dem wasser gefunden werden.

unter ihnen ist rechts das Element des feuers in der gestalt des Jupiters sitzend auf einem adler, einen brennenden donnerkeil haltend in der hand: neben ihm eine feuer kugl, und eine carthaunen, welche feuer ausspeyet, alss wäre sie loss geschossen. Linckhs das Element des wassers wie der meer gott Neptunus ge=schlüttet auf einer meer muschl, welche von meer pferden ge=zogen wirdt: nach ihm Walfisch.

Die einfassung des unteren schildt stellet vor zwey Pyramiden stehend auf 4. kugeln, und einem Postament, zusamben ge=bunden mit einem strickh, in dessen mitte ein buchstab zusamben geknüpfft, neben den Pyramiden ligen 2. wünschel=ruthe.

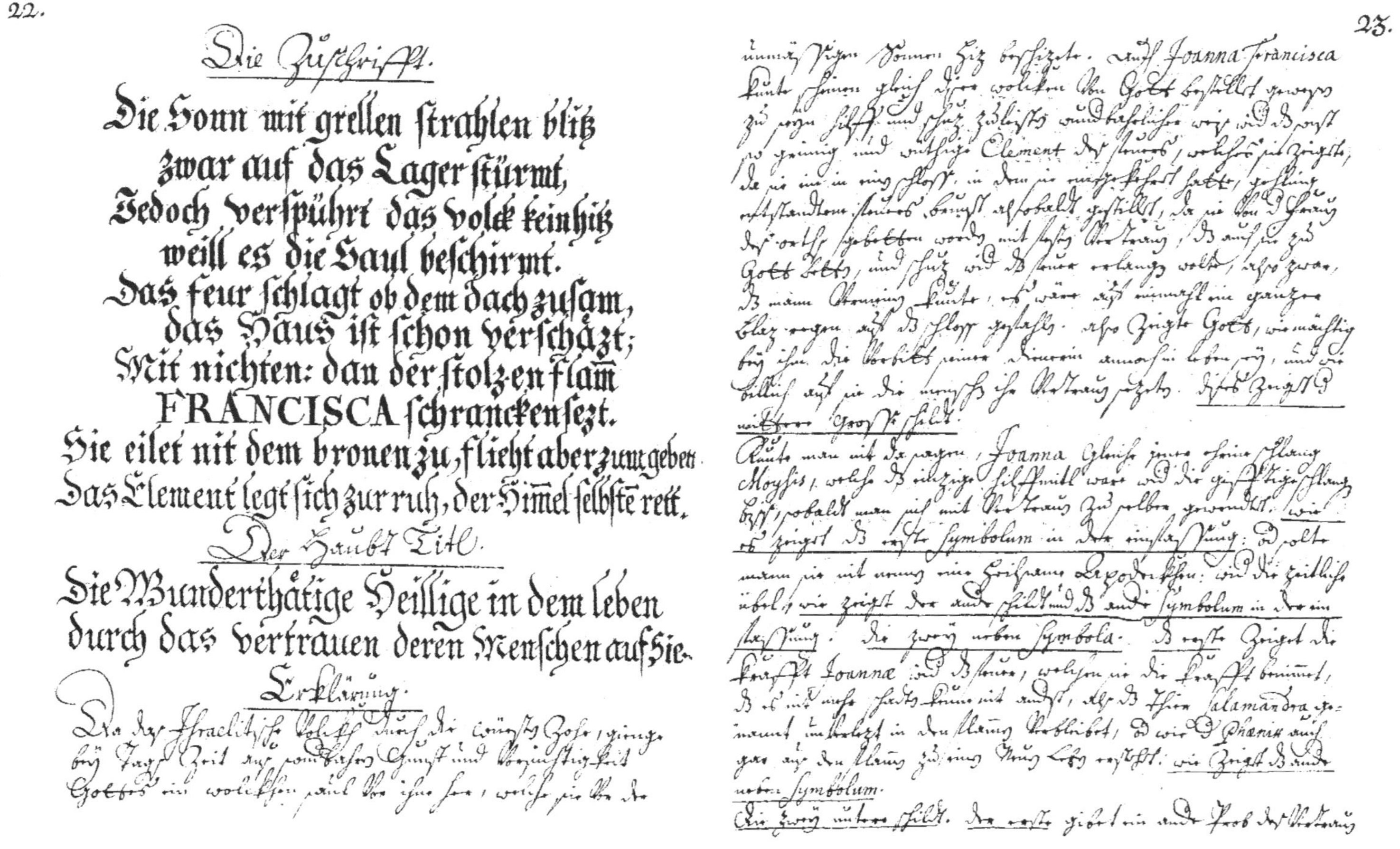
22.

Die Zuschrifft.

Die Sonn mit grellen strahlen bliz
zwar auf das Lager stürmt,
Jedoch verspührt das volck kein hitz
weill es die Saul beschirmt.
Das feur schlagt ob dem dach zusam,
das Haus ist schon verschäzt;
Mit nichten: dan der stolzen flam
FRANCISCA schrancken sezt.
Sie eilet nit dem bronen zu, flieht aber zum geben
Das Element legt sich zur ruh, der Himel selbste rett.

Der Haubt Titl.

Die Wunderthätige Heillige in dem leben
durch das vertrauen deren Menschen auf Sie.

Erklärung.

23.

24.

dem Menschen auf Joannam annoch in leben, und die Hoffnung
Joannæ auf Gott. dann als einstens in dem refectorio deren
Schwestern kein brodt vorhanden ware, ware sie wenig be-
kümmert, sondern verliesse sich auf ihre liebe Mutter, welche
aller Gott, und seiner Vorsichtigkeit heimbstellte, und desent-
wegen den Tisch zu bereiten liesse wie sonst. und siehe: gähling
kame, weiss nit woher, ein Bott, welcher ihr ein grosse Summa
geld einhändigte, und nachmahls sich nit mehr sehen liesse.
In dem andern schildt wirdt gezeigt jenes wunder, durch welches
die menschen noch mehr angetrieben würden ihr vertrauen auf Joan-
nam zu stellen, als ein dem Himmel liebe, und angenehme Person.
massen als der Leib deß verstorbenen H: Salesy aufgesetzet
worden, und Joanna neben der zarg kniend bettete, würde
die hand deß heiligen ihr auf den Kopf gelegt, welche der
entseelte heilige leib sanfft in das Haubt Joannæ drückte,
und zwar lange Zeit, gleich als wolte er sein wohlgefallen
und lieb gegen Joannam seine Tochter als ein liebvoller
Vatter bezeigen, auch nach dem Todt, und denen Menschen
zugleich einen sichern Zeug geben, wohin sie ihr Vertrauen setzen
sollen.
Die Cornucopia zeigen abermahl an die früchten und würckung
der Hoffnung und deß vertrauens; desentwegen sie mit grünen
blättern und blumen angefüllet, weilen die grüne farb die farb
der Hoffnung, die blumen aber Kennzeichen deß frühlings, welcher
der Austrag einer besseren Zeit nach dem winter, und eines fruchtbahren
jahres ist, welches alle hoffen; die Herz so auf dem untern
Cornucopia stehen, bedeütten widerumb den übergang ein, welcher einer

25.

hat, der allzeit hoffet.
Das feuer und wasser werden vorgestellt, als verwunderten sie sich über
die wunderkrafft Joannæ in Hoffnung der bewegt, bey welcher
sonst das wasser selbst den steinkunst hätte können abzwingen.
In dem ersten stuck deß untern schildes zeigt die Pyramid auf
dem sonst schlechterer Kugl fest gestellet ein Kennzeichen der stand-
hafftigkeit, welche in dem vertrauen erfordert wirdt. ebenso
zeigen an die zusamb gebundenen Pfeil, welche nit also leicht
gebrochen werden; das Windtfahnen ist ein Kennzeichen der aufrichtig-
keit in dem vertrauen.

Dritte Bildnuss
auf der rechten seithen.

Das Haubt Symbolum stellet vor ein Goldschmidts
Officin, und in selber unterschiedliche kostbahrkeiten, unter
welchen ein schildlein, auf welchen der nahmen Jesus durch
schmelz arbeith eingegraben ist.
Das erste Symbolum, stellet vor den Hesperischen garten, in welchem
guldene äpffel an dem bäumen hangen, unter welchen der drache
liegt, und sie bewahret.
Das andere ist ein balsamb bäumlein, welches in der mitte aufge-
sprenget ist, also, das der balsamb in ein untergestelltes gefäss
herab fliesset.

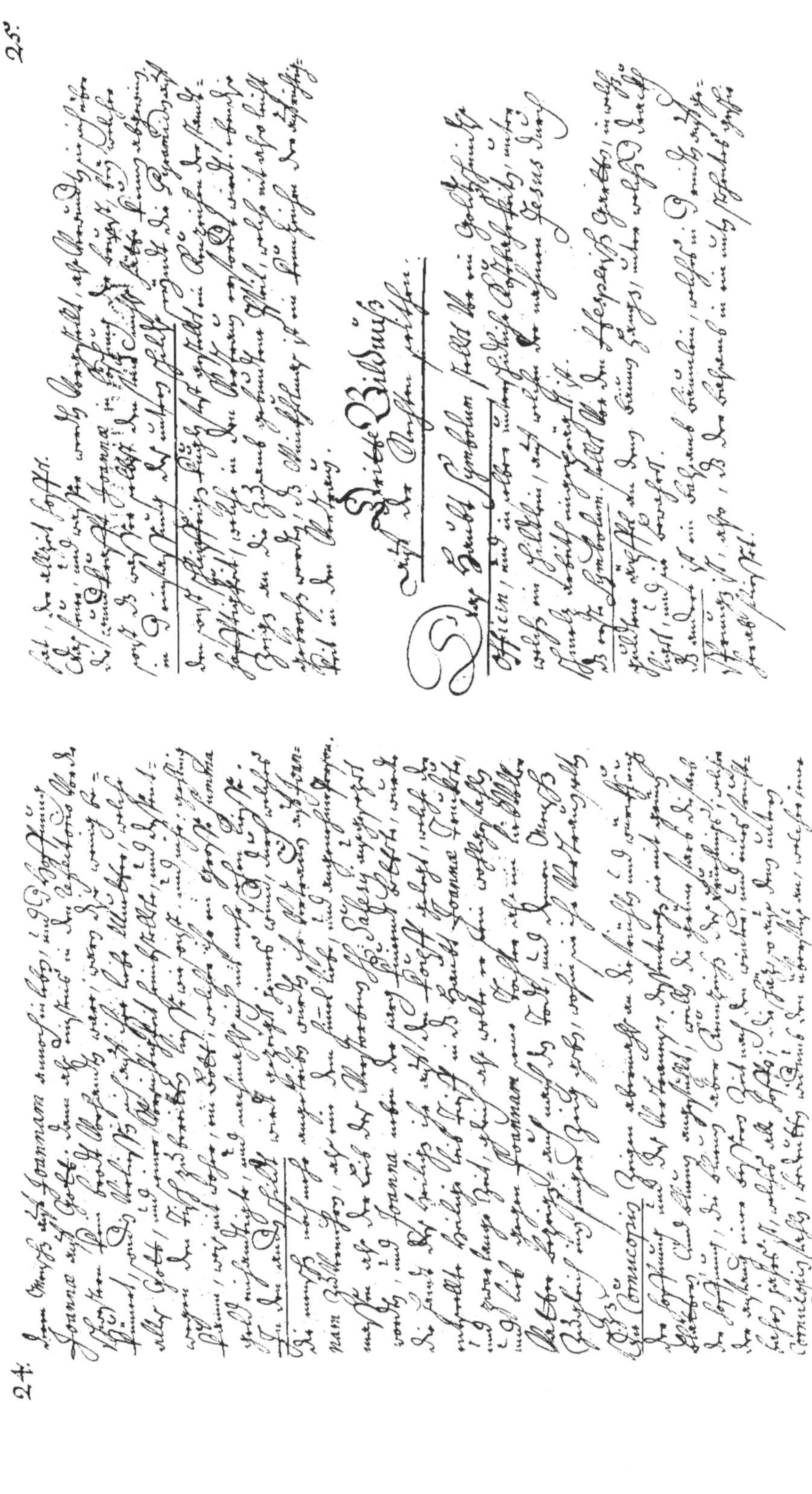

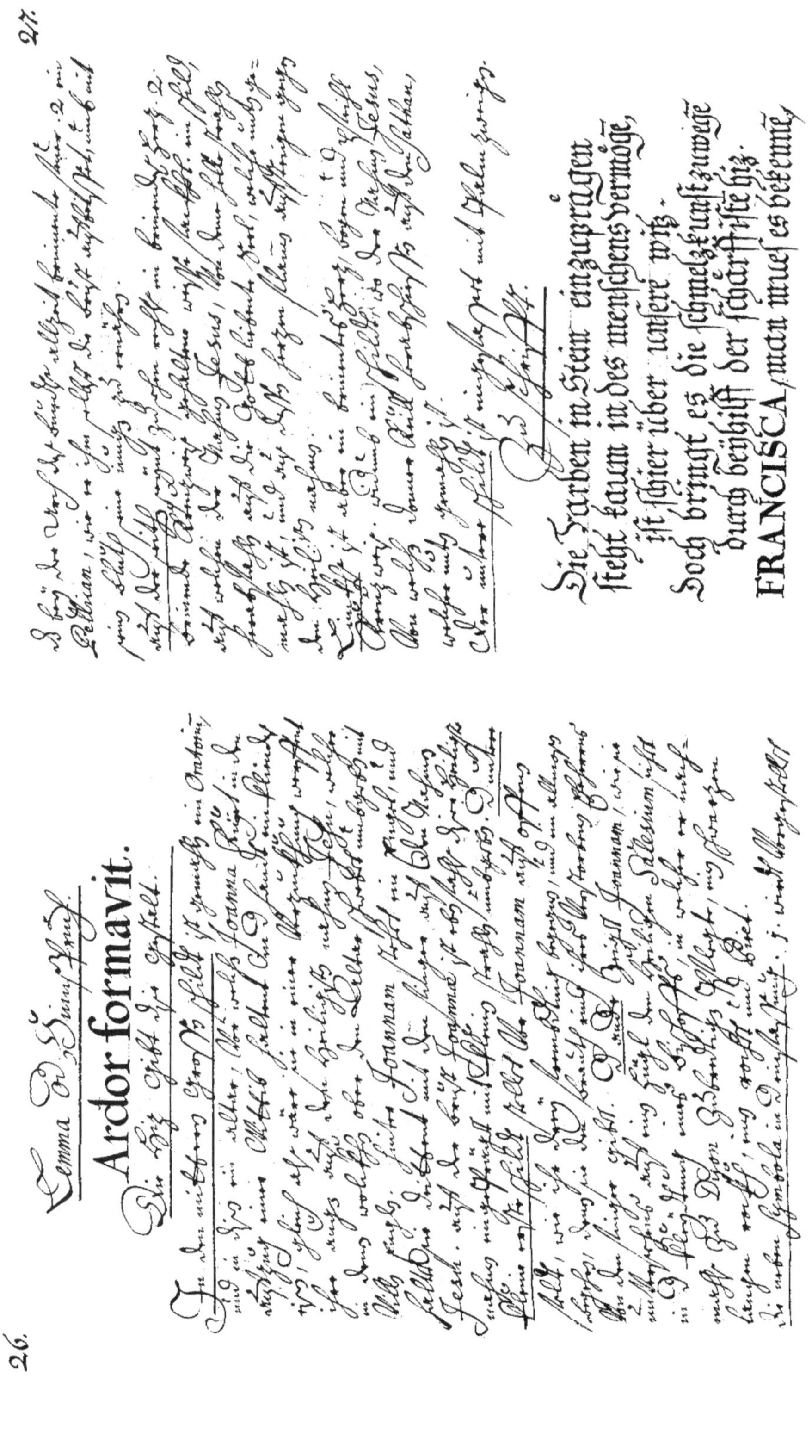
26.
Lemma ...
Ardor formavit.
Die Hiz gibt die gestalt.
27.
Zuschrifft.
Die Farben in Stein einzuprägen
steht kaum in des menschens vermöge,
ist schier über unsere witz.
Doch bringt es die schmelzkunst zuwege
durch beyhilff der schärffiste hiz.
FRANCISCA, man mues es bekenne,

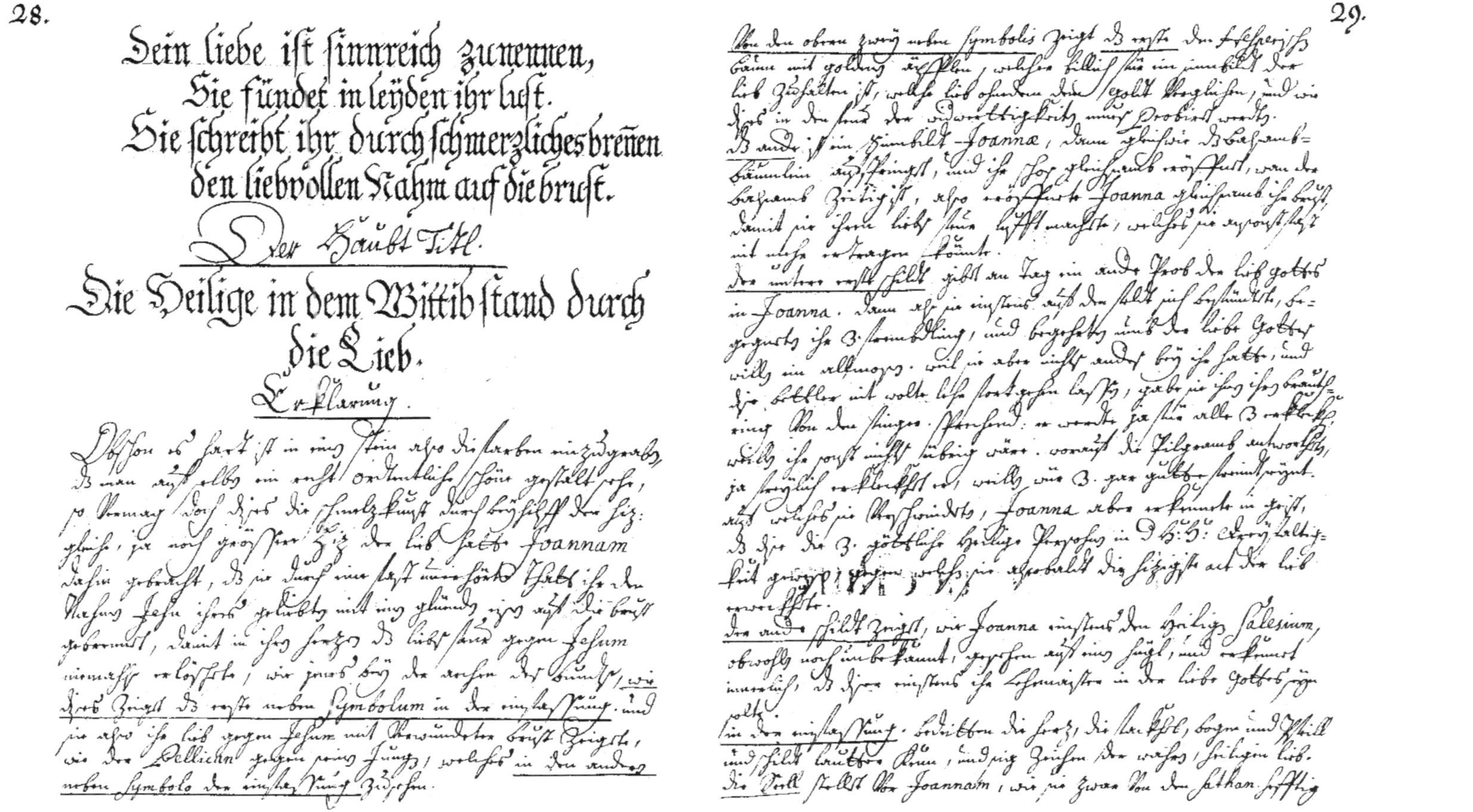
28.

Sein liebe ist sinnreich zunennen,
Sie fündet in leÿden ihr lust.
Sie schreibt ihr durch schmerzliches breñen
den liebvollen Nahm auf die brust.

Der Haübt Titl.

Die Heilige in dem Wittib stand durch die Lieb.

Erklärung.

29.

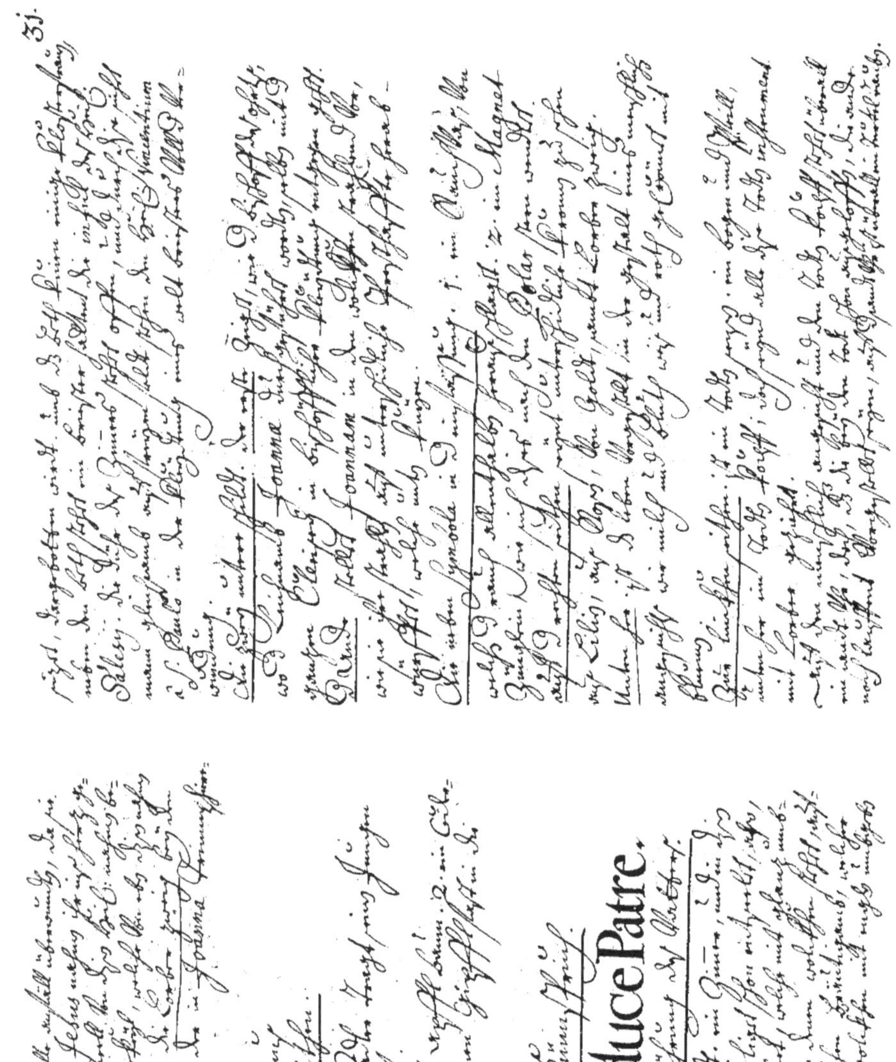

30.
Ad Lucem duce Patre
31.

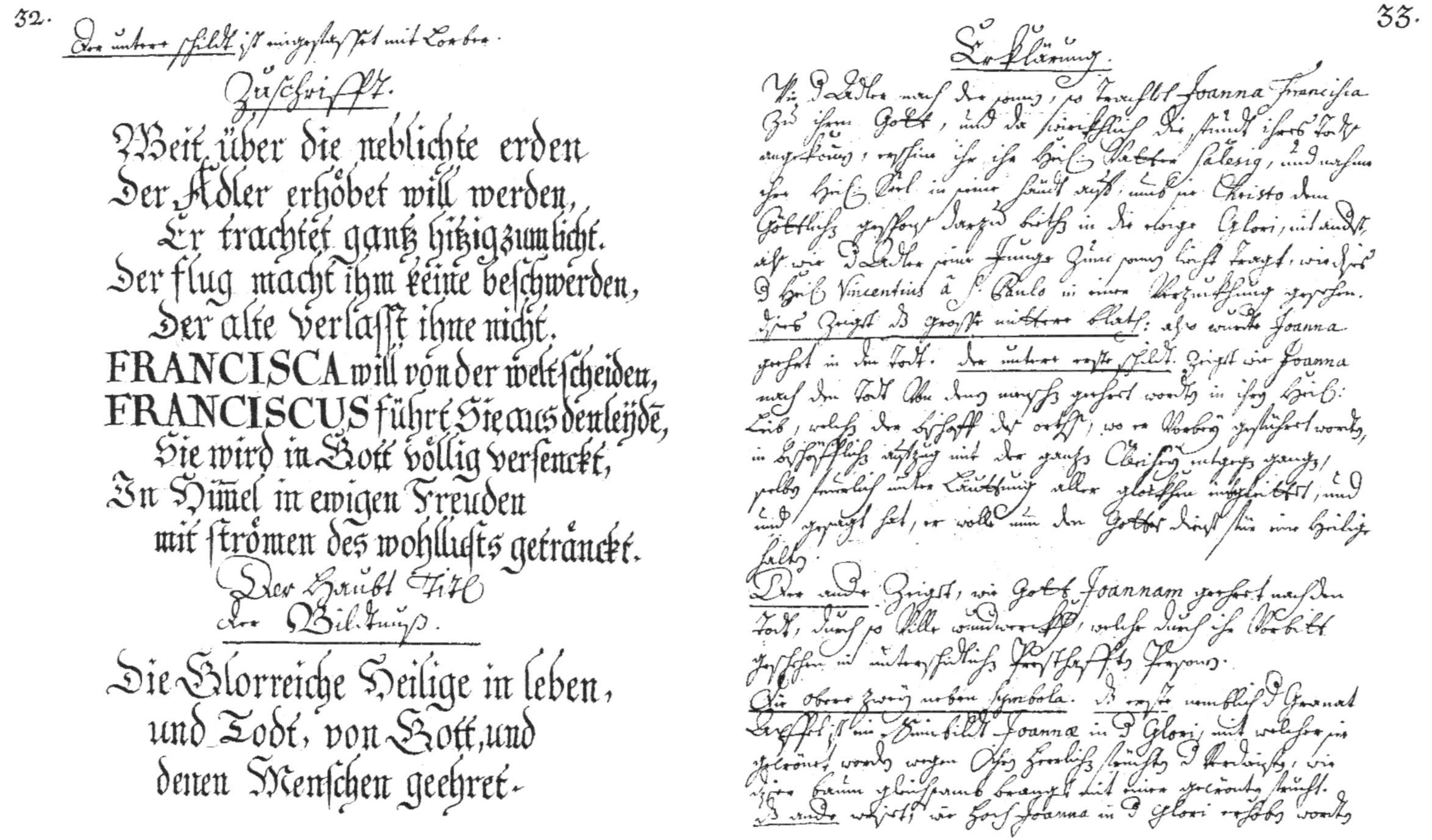
32.

Der untere schildt ist [illegible] mit Lorber.

Zuschrifft.

Weit über die neblichte erden
Der Adler erhöbet will werden,
Er trachtet gantz hitzig zum licht.
Der flug macht ihm keine beschwerden,
Der alte verlasst ihne nicht.
FRANCISCA will von der welt scheiden,
FRANCISCUS führt Sie aus den leÿden,
Sie wird in Gott völlig versenckt,
In Himel in ewigen Freuden
mit strömen des wohllusts getränckt.

Der Haubt Titl
der Bildnuß.

Die Glorreiche Heilige in leben,
und Todt, von Gott, und
denen Menschen geehret.

33.

Erklärung.

Wie der Adler nach der sonnen, so trachtet Joanna Francisca
zu ihrem Gott, und da sie [illegible] die stund ihres Todts
[illegible] ihr heil. Vatter Salesius, und [illegible]
ihr heil. Seel in seine händ [illegible] und zu Christo dem
Göttlichen [illegible] biß in die ewige Glori, [illegible]
als wie der Adler seine Junge [illegible] sonnen [illegible]
der heil. Vincentius à S. Paulo in einer [illegible] gesehen.
Das Zeigt der grosse mittlere blatt: als wurde Joanna
geführt in den Todt. Das untere rechte schildt. Zeigt wie Joanna
nach dem Todt [illegible] geführt worden in ihr heil.
Leib, welchen der bischoff der orthen, wo er [illegible] worden,
in bischöfflichen aufzug mit der gantzen Clerisey [illegible]
selbst [illegible] unter läuthung aller glocken [illegible], und
[illegible] gesagt hat, er wolle nun den Gottes dienst für eine Heilige
halten.
Der andere Zeigt, wie Gott Joannam geehrt nach dem
Todt, durch so vill wunderwerck, welche durch ihr Vorbitt
geschehen in unterschiedlichen [illegible]
Die obere zwey neben Symbola. Der rechte nemblich der Granat
[illegible] Joannæ in der Glori, mit welcher sie
gekrönet worden wegen ihrer herrlichen früchten der Tugenden, wie
[illegible]
Der andere [illegible] Joanna in der Glori [illegible] worden

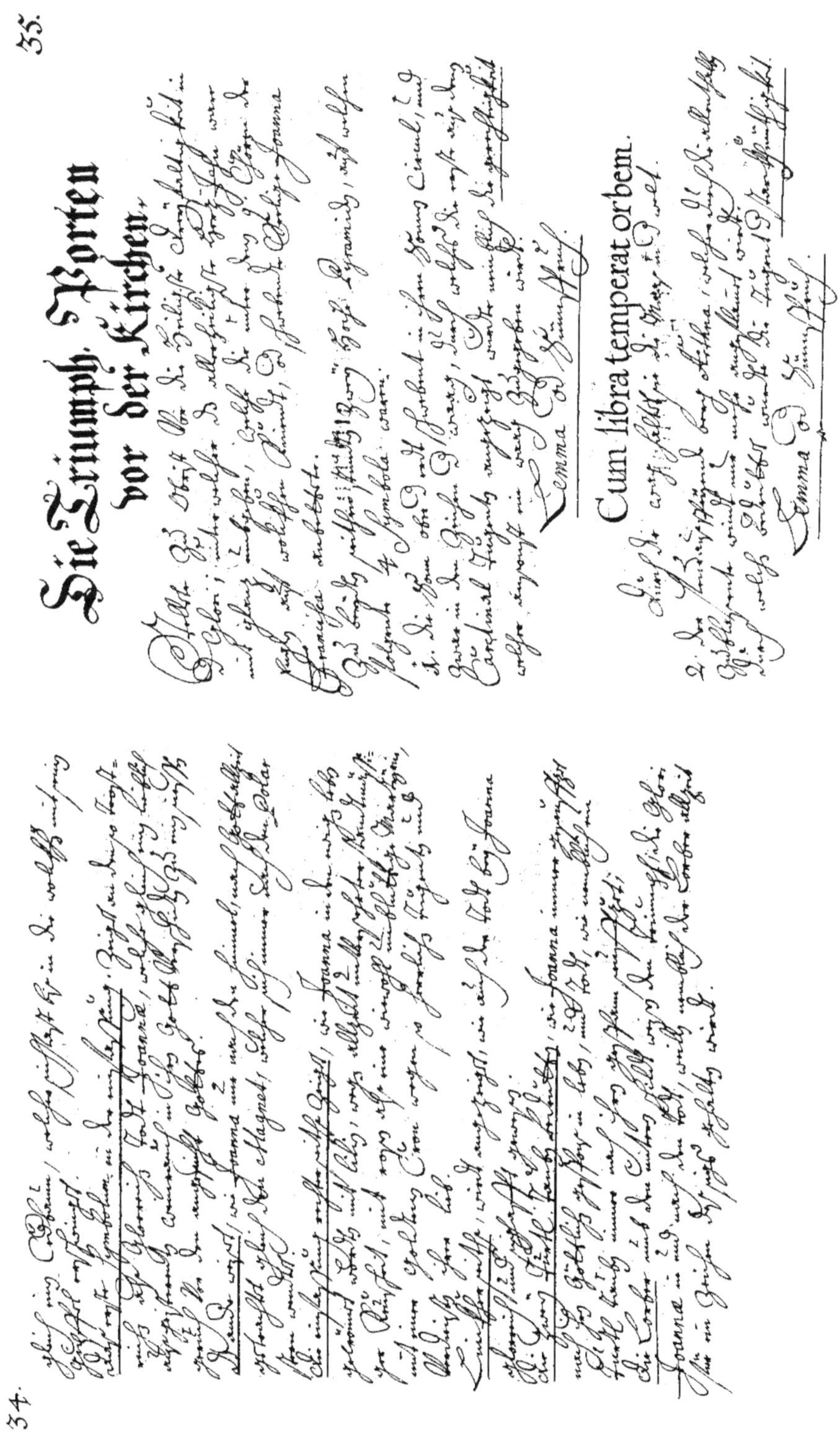
34.

35.

Die Triumph Porten vor der Kirchen.

Cum libra temperat orbem.

36.

Adversis clarior ardet.

Sie ist zu verstehen die scheinet heller durch die widrige [illegible] wind.

3. Ein Pferd auf der [illegible] an eine Säul gebunden, damit sich in den gebührenden Zaum und Schranken bleibe. durch welches zugleich die Tugend der Klugheit abgebildet wird.

Lemma der [illegible]

Dirigit hæc cursum.

Diese Regiert den Lauff.

4. Ein springender Brunn in mitte eines Blumen gartens, welcher Brunn sich allenthalben durch unterschiedliche ausflüß ergiesset, aber den gartten die Sonnen in vollen hitzigen schein. durch welchen die Tugend der Mäßigkeit zu verstehen ist.

Lemma der [illegible]

Mitigat æstum.

Sie mässiget die Hitz.

A. A. M. D. D. V. H. C. G.

37.

Auszierung der Kirchen und Altären.

Hoch Altar.

Dieser ware erstens mit einem Baldekin von französisch gelben und mit silber reich gestickten Zeug, mit einem prächtigen Aufsatz mit silbernen Borten zierlich überbaumt gänzlich überzogen, in mitte desselben stunde die künstlich gemahlte Bildnus der Heiligen Mutter Francisca in einer über 7. schuch hohen, schön geschnittenen und gut vergoldt und versilberten Rahm; unter diser Bildnus aber ware der kostbahr gefaste Partickel von der Heiligen. Zu beyden seithen hangeten 2 versilberte Hängleuchter die nächste stellung machten zwey schöne Oster-Mayen in Kübeln von geschlagenem Silber.

Nach diesen folgeten zu beyden seithen 2 grosse Pyramiden mit 3. und zu [illegible] versilberten Hängleuchtern und 5. [illegible] gezieret.

nach disen stunden widerum von obiger Gattung 2 Oster Mayen abwechslend in denen von silber geschlagenen Kübeln.

Nach diesen waren zu sehen beyderseits die 2 grosse silberne Statuen

300.

des heiligen Augustini, und des heiligen Francisci Salesii.
auf solche folgten abermahl 2. Mayen wie obige.
Die erste Stellung schlossen 2. Pyramiden in der größe
wie die vergoldte abgestelt mit zwey Spiegel leuchtern
und 6. Spiegel sternen behängt.
An der Mauer dieser Stellung hangten beyder seiths
4. Spiegel leuchter.
In der anderen Staffelung stunden zu beyden seithen
3 silberne schön vergoldte Große leuchter auf diese folgten
beyderseiths 2. Große Silberne Statuen des heil: Joachim
und Annæ. welche bekleydeten abermahl 2. Silberne
leuchter die beyde Statuen waren vorderhalb jedesmahl beleuchtet
mit einem silbernen Taffel leuchter. nach denen Statuen und
silbernen leuchtern stunden zwey silberne und vergoldte
Pyramiden, diese wurden widerumb von 2. silbernen leuchtern
secundirt. worauf gleichfals in voriger Größe die
2. silberne Statuen Sti. Josephi und Sti. Joannis des Evangeli-
sten mitersetzt, so gleichfalls mit einem silbernen Taffel-
leuchter illuminirt waren.
Die dritte Staffelung machte über alles herrlich das Hoch-
würdigste Guett in der kostbahren Monstrantz unter
einem rothsammeten mit Goldt stark gestückhten und mit
einem prächtigen aufsatz oder kugel von erhabener arbeith

39.

versehenen Baldakin. unter welchem zu beyden seithen des
Hochwürdigsten Guetts stunden 2. kleinere von kunstreicher
arbeith und und überaus kostbahr verfertigte auch
Monstrantzen in deren einer ein verschafter Tropfen
von dem heiligsten bluth Jesu Christi; in der anderen ein
verschafter dorn aus der Cron unseres erlösers zur verehrung
ausgesetzt war. zwischen diesen 2. heiligsten Reliquien stunde
gleich der Grossen Monstrantz erstens 2. silberne leuchter
sodann zwey kleine von silber und Goldt auch verfertigte
mit steinen und Perlen distinguirte Mayerlein in silbernen
krüeglen nach diesen aber widerumb 2. silberne leuchter stunden.
darauf folgten auf jeder seithen 3. silberne Große leuchter mit
einem rothen Mayen, worunter Glanz blumen mit steinen ver=
mengt waren, distinguirt.

Stellung Sti Salesii Altars.

Dieser Altar ware erstens gekleydet mit einem
Grossen von französisch Goldt-Taffet verfertigten,
und mit silbernen borthen reich und zierlich gesäumbten
Baldakin mit dergleichen kostbahren aufsatz;
in der Mitten ware die Gnaden bildnus der seeligsten
Mutter Gottes mit kostbahr gestickhter Kleydung
neben ihren ~~unter einer~~ auf dessen beyden seithen stunden

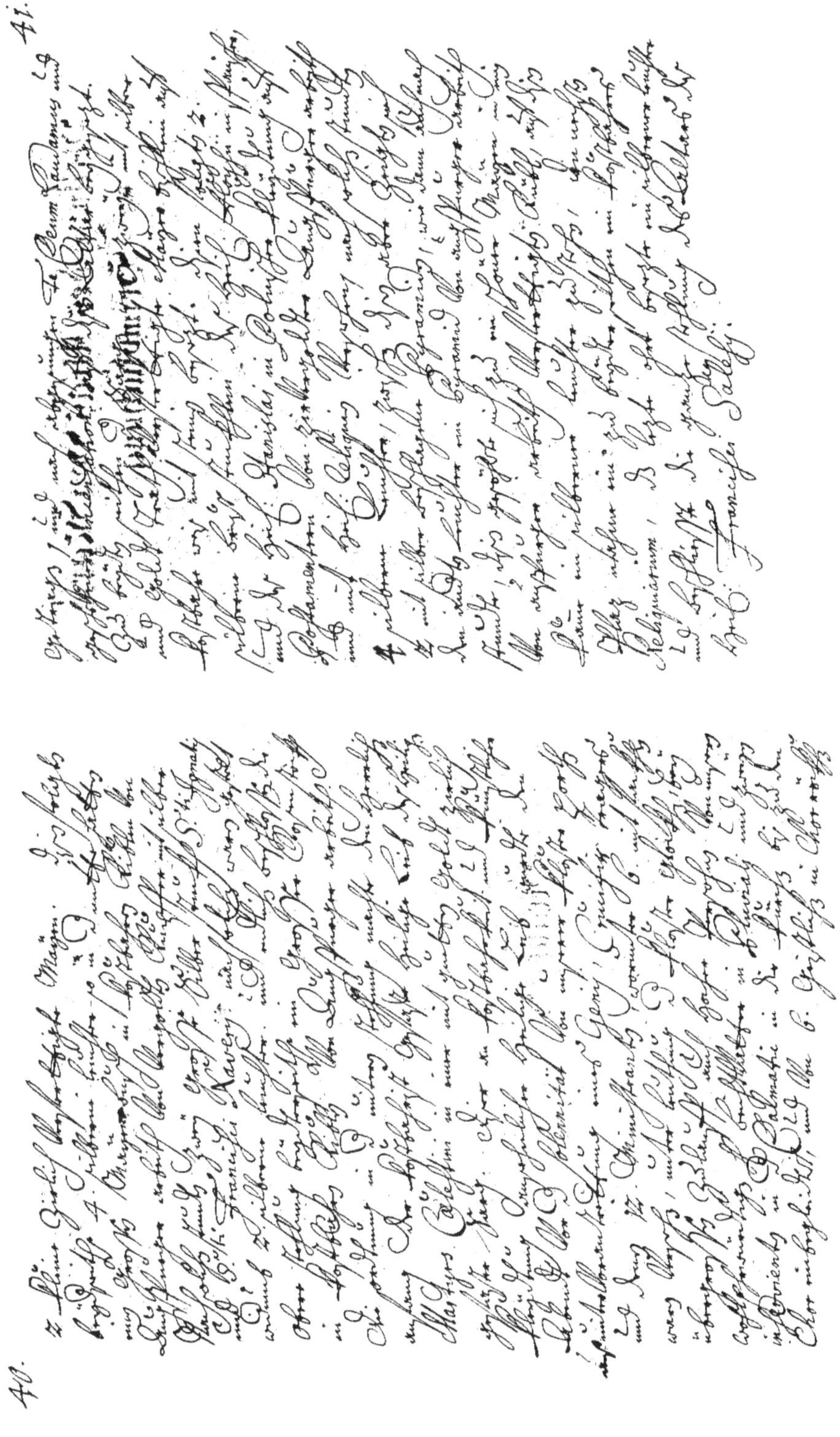

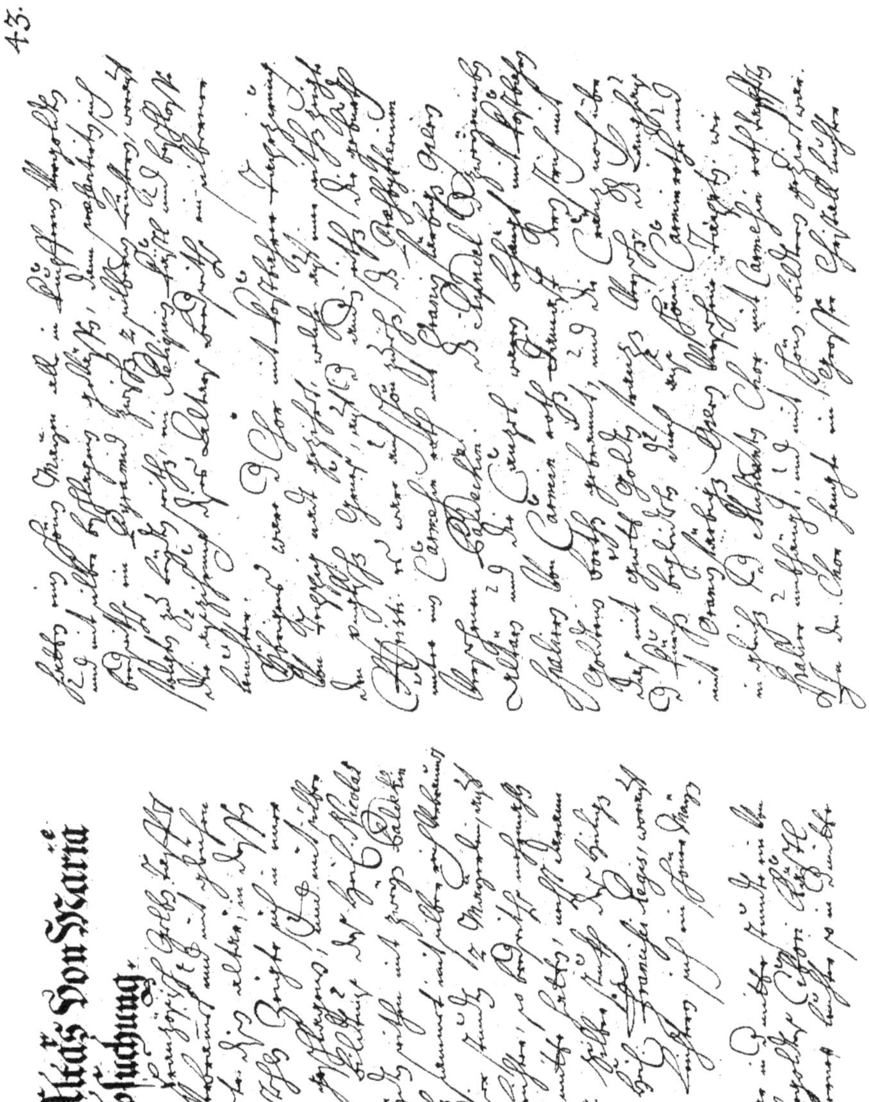
42.
Stellung des Altars von Maria Heimsuchung.
43.

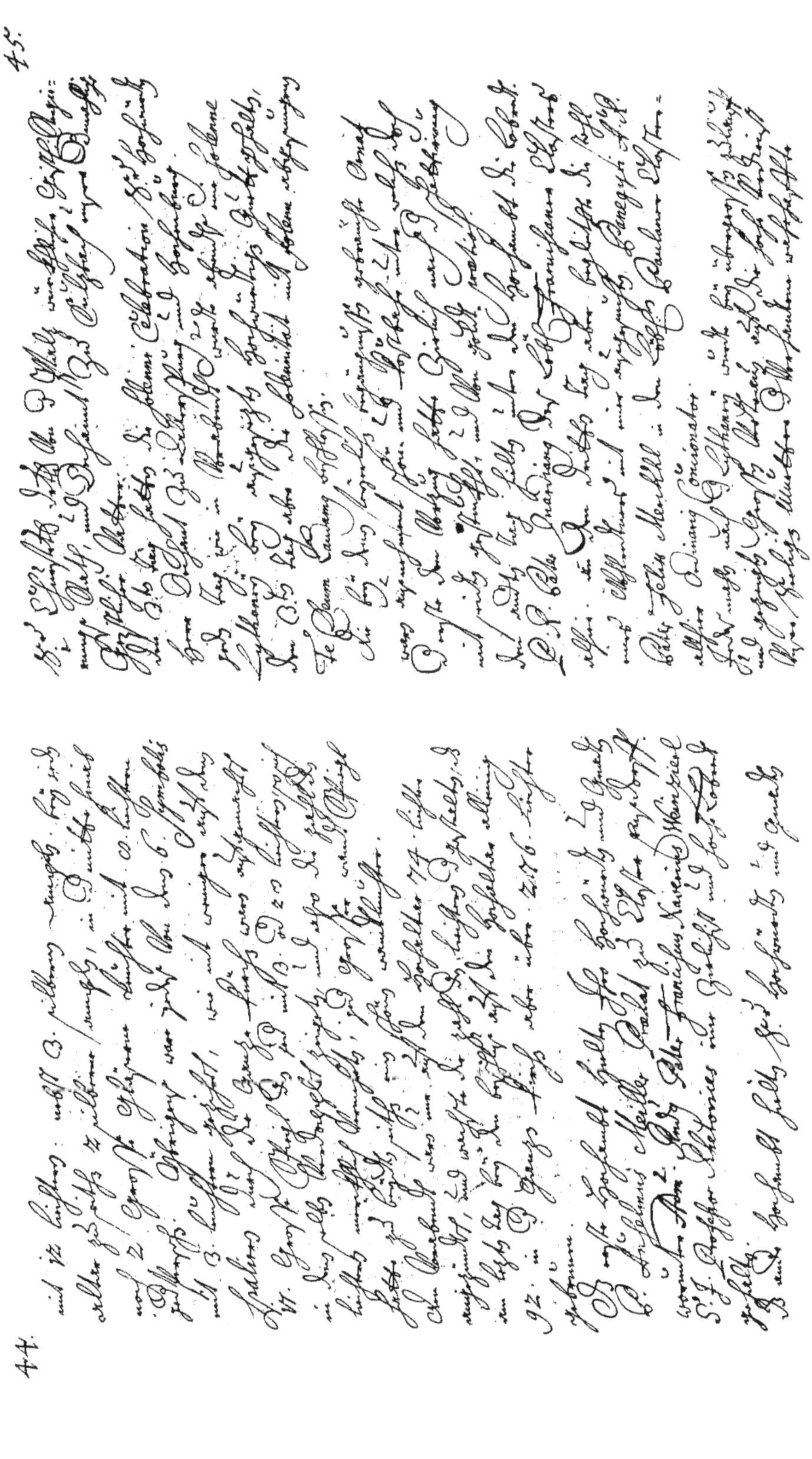

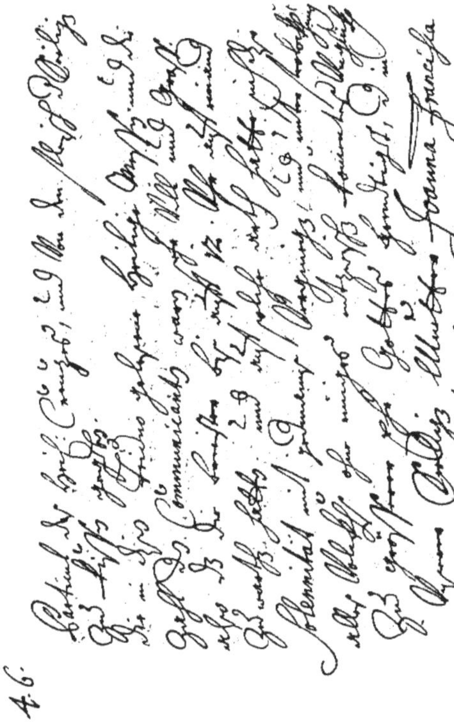
46.
Communicantes
Joanna Francisca
Amen.

Accord.

Zu vernehmen, Welcher gestalten zwischen dem hiesig: löbl: Frauen Closter Ordinis Sancti Francisci Salesij bey Maria Heimsuchung an einem: dan dem Kunstreichen Herrn Gottfried Bernhard Göz Bayr. Hofmahler: und Burgern des heyl. Reichs Statt Augspurg am anderen Theill nachfolgender Accord geschlossen worden. Erstl.

[illegible]

Erstlichen verobligiert sich wohlgesagter Herr Göz in das zu wohlermeldtem Frauen Closter gehörige Neu(?) erbaute(?): würdige Gottshaus: Seli(?) Augustini nachfolgende Fresco Mahlerey nach der Kunst ohne aussetzung zu machen, nemblich: in das grosse Stuckh des Langhauses von 46. Schuh lang, und 23. Schuh breit so vill können, wie der heilige Franciscus Salesius der seeligen Johanna von Chantal mit noch zweyen Closter-Frauen die heilige Regel überreichet, worbey unten die gestürzte Welt und Fleisch zu füessen angebracht, auch weiters vorgestellet wird, wie die seelige von Chantal den Königlichen Hof(?) oder Zullam(?) von der Heimsuchung Mariae in gegenwarth des heiligen Salesij ...(?), oben aber in einer Glori wird die göttliche Dreyfaltigkeit mit etwelchen schwebenden Englen vorgestellet, durch welche der heilige Orden aufgenohmen und angewiesen worden ist.

Zweytens solle in das Vordere Chor-stuck, so in der Capellen 19 schuhe lang, und so breit ist, durch fresco Mahlerey entworffen werden die allerheiligste Dreyfaltigkeit mit deren anbettenden heiligen Englen.

Drittens in das hintere Chor-stuck, so etwas grösser als das Vordere, die seelige von Chantal, wie ihr die göttliche Liebe den Nahmen Jesu auf die brust brennet, neben ihr Armuth, Keuschheit und Gehorsamb, welche umfangende, oben aber in der Glori das brennende Herz Jesu.

Und zumahlen vorhero bemeldter Herr Hoff die Histori von dem heiligen Francisco Salesio und der seeligen von Chantal noch nit völlig durchgangen hat, sondern in derselben noch weitere durchgehung begriffen ist, so derselbe selbsten, im fall noch ein- so anderes aus besagter geschicht-schicht-lich nach der länge neben obigen dreyen Hauptpuncten angebracht werden kan, solches ebenfahls in die fresco mahlerey zu entwerffen, auch dieses nach der [illegible] und [illegible] der Rahm-schafften zu gestatten, wie nit minder der anfangender frescomahlerey dem nach [illegible] entworffenen puncten [illegible] zu kommen, also dem Closter zu communiciren. Dahingegen

Viertens verobligiert sich selbes ihme H: Göz
vor solches zum Stand bringende Fresco Mah-
lerey Ein Tausend Fünff Hundert Gulden
baar zu bezahlen, auch vor ihme und seine mit-
bringende Zwey Scholaren alls Herrn... wäh-
rendter Verfertigung: und die Kosten zu
verschaffen.

Und wie nun beede Theill zu disem Accord sich
verstanden, und einverwilliget haben, Also
ist selber in Duplo verrichtet, sofort zu desto meh-
rerer Nachgelebung willen allerseits un-
terschriben, und gefertiget worden. So
geschehen Domberg den 7.ten April Ao: 1750.

Angela Victoria von Orban
Superiorin, und das Convent.

Godfrid Bernard Göz
Kayserlicher Hoff-Mahler
und bürger in Augsburg

Bildnachweis

BHStAM IV = Kriegsarchiv 25

Bildarchiv Foto Marburg 8

Blößner (1934) 31

Corpus der barocken Deckenmalerei in Deutschland,
Aufnahme Hubert Häusler 7, 9

Direktorium (1727) 14, 15

Kaeß, Friedrich, Neuburg 32, 33, 34, 35

Rochow, Henning von, Brannenburg 10, 36, 37, 38

Stoedtner, Dr. Franz, Berlin 11

Zentralinstitut für Kunstgeschichte, München,
Aufnahme Martin R. Hamacher, Konstanz 4, 5, 6, 12, 13

Bei einigen Vorkriegsaufnahmen aus dem Archiv der Damenstiftskirche war ein Bildnachweis nicht möglich. Alle übrigen Bildvorlagen stammen aus dem Archiv der Autorin.

München, Salesianerinnenkirche St. Anna,

heute Damenstiftskirche genannt. Klosterkirche erbaut 1733–1735 durch Johann Baptist Gunezrhainer, Fresken von Cosmas Damian Asam, Stuck von Egid Quirin Asam

Abb. 1 Ölgemälde: Das Münchner Salesianerinnenkloster unter dem Schutz des hl. Josef, Mitte 18. Jahrhundert. Aus dem Besitz der Münchner Salesianerinnen

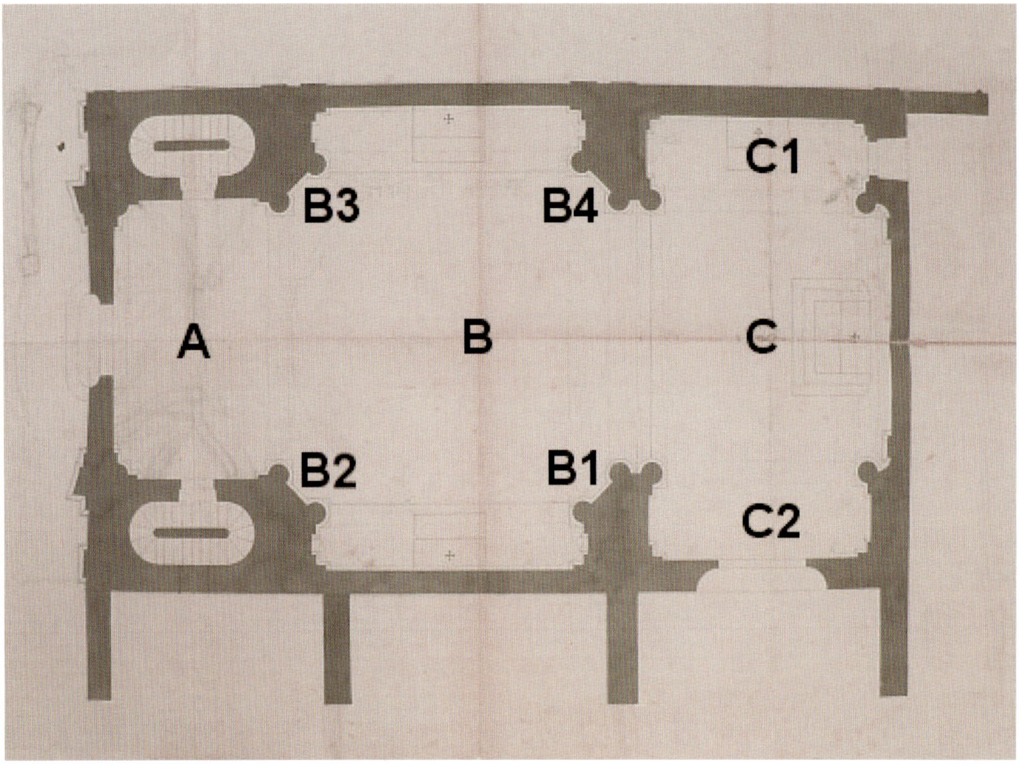

Abb. 2 Grundriss der Salesianerinnenkirche St. Anna mit den Themen der Deckenfresken:
A Engelskonzert
B Apokalypse 14, B1 Jo, B2 Mc, B3 Mt, B4 Lu
C Gottvater, C1 Wappen, C2 Wappen

Abb. 3 München, Salesianerinnenkirche St. Anna. Innenraum, Blick nach Osten, Hauptfresko, oben rechts: Evangelist Johannes, Vorkriegsaufnahme

Abb. 4 München, Salesianerinnenkirche St. Anna. Hochaltarbild von Joseph Ruffini: Hl. Anna und hl. Maria, Vorkriegsaufnahme

Abb. 5 München, Salesianerinnenkirche St. Anna. Hochaltarauszugsbild von Joseph Ruffini: Hl. Augustinus, Vorkriegsaufnahme

Abb. 6 München, Salesianerinnenkirche St. Anna. Fresko über der Orgelempore: Engelskonzert, Maße: Höhe 15,40 m; 3,50 x 6,30 m, Vorkriegsaufnahme

Abb. 7 Entwurf zum Hauptfresko der Münchner Salesianerinnenkirche St. Anna von Cosmas Damian Asam. Lavierte Zeichnung ohne Datierung und Signatur, Maße: 44,7 x 37,9 cm, Weilheim, Städt. Museum, Inv. Nr. D II 21

Abb. 8 München, Salesianerinnenkirche St. Anna. Hauptfresko: Apokalypse 14, rechts unten: Franz von Sales, links oben: Evangelist Johannes, Maße: Höhe 18 m; Ø 9,60 m, Vorkriegsaufnahme

Abb. 9 München, Salesianerinnenkirche St. Anna. Hauptfresko: Apk 14, Nachkriegsaufnahme

Segment I (S. 72)
a *Franz von Sales*
b *Agnes*
c *Nonne mit Krug und Brot*
d *Glaube*
e *Liebe*
f *Hoffnung*

Segment II (S. 76)
Bildmitte: Lamm auf dem Berg Zion

Segment III (S. 83)
g *Margaretha*
h *Barbara*
I *Katharina*
j *Apollonia*
k *Frau ohne Attribute, Wendepunkt*
l *Kunigunde*
m *Ursula*
n *Die fünf klugen Jungfrauen*
o *Maria*

Segment IV (S. 90)
p *Johanna Franziska von Chantal*
q *Margareta Maria Alacoque*
r *Salesianerin*
s *Juliana von Lüttich*
t *Angela von Foligno*
u *Mechtild von Hackeborn*
v *Katharina von Genua*
w *Katharina von Siena*
x *Klara von Montefalco*
y *Elisabeth von Thüringen*
z *Theresia von Avila*

Abb. 10 Kupferstich: Aureola Virginitatis, 1738 von Johann Andreas Pfeffel, aus: Joannis Francisci (à Stauffenberg), Sacrosancta Theologia universa sacris bibliorum figuris illustrata, symbolis adumbrata, assertis scholasticis, dogmaticis, moralibus elucidata, iconismis aeneis exhibita, Augsburg 1738

Abb. 11 München, Salesianerinnenkirche St. Anna. Chorfresko: Gottvater, Maße: Höhe 16 m; 6,10 x 6,70 m, Vorkriegsaufnahme

Abb. 12 München, Salesianerinnenkirche St. Anna. Stuckfigur links vom Hochaltar: Johannes der Täufer, Vorkriegsaufnahme

Abb. 13 München, Salesianerinnenkirche St. Anna. Stuckfigur rechts vom Hochaltar: Hl. Joseph, Vorkriegsaufnahme

Abb. 14 *Idealplan für ein Salesianerinnenkloster, 1637, vom Ordensstifter Franz von Sales beauftragt. Erdgeschoss*

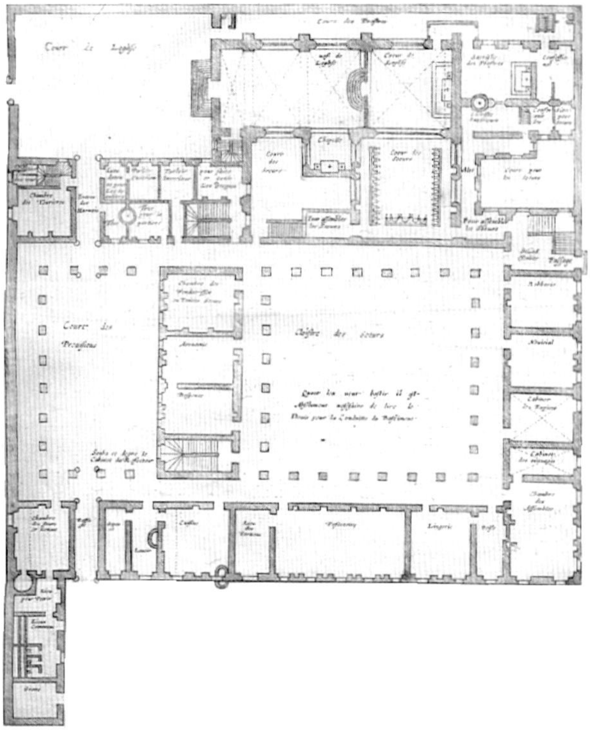

Abb. 15 *Idealplan für ein Salesianerinnenkloster, 1637, vom Ordensstifter Franz von Sales beauftragt. Obergeschoss*

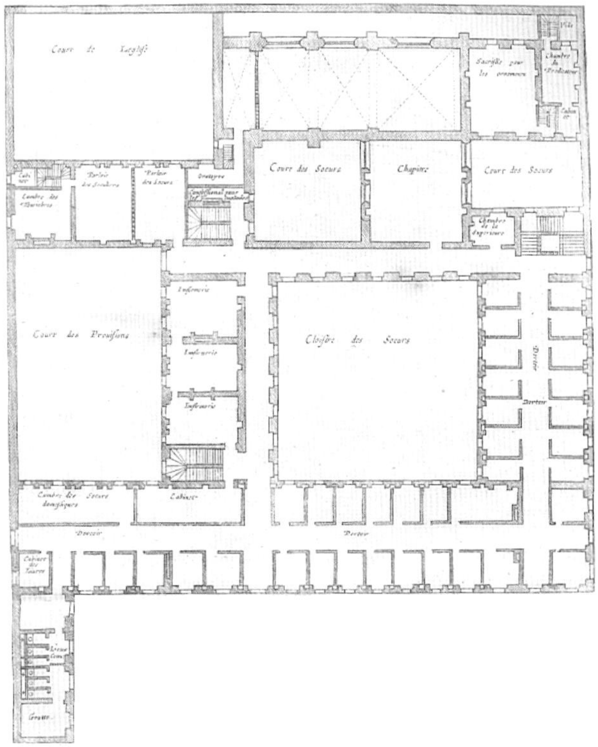

Abb. 16 München, Salesianerinnenkirche St. Anna. Eingangsportal, Entwürfe Abb. 16–23 unter der Zuständigkeit Gunezrhainers entstanden

Maße: 550 x 385 mm. Feder: schwarz über Vorzeichnung und Konstruktionslinien in Stift. Lavierung: schwarz (Schlagschatten). Einrisse mit Japanpapier hinterlegt. Wasserzeichen: Wappenkartusche mit bekrönender Lilie. Maßstab, Skala, 10 Schuh = 140 mm

Abb. 17 München, Gesamtanlage des Salesianerinnenklosters. Nicht ausgeführter Kirchengrundriss nach Plan I, 2. Stock der Klosteranlage, Umriss des Klostergartens

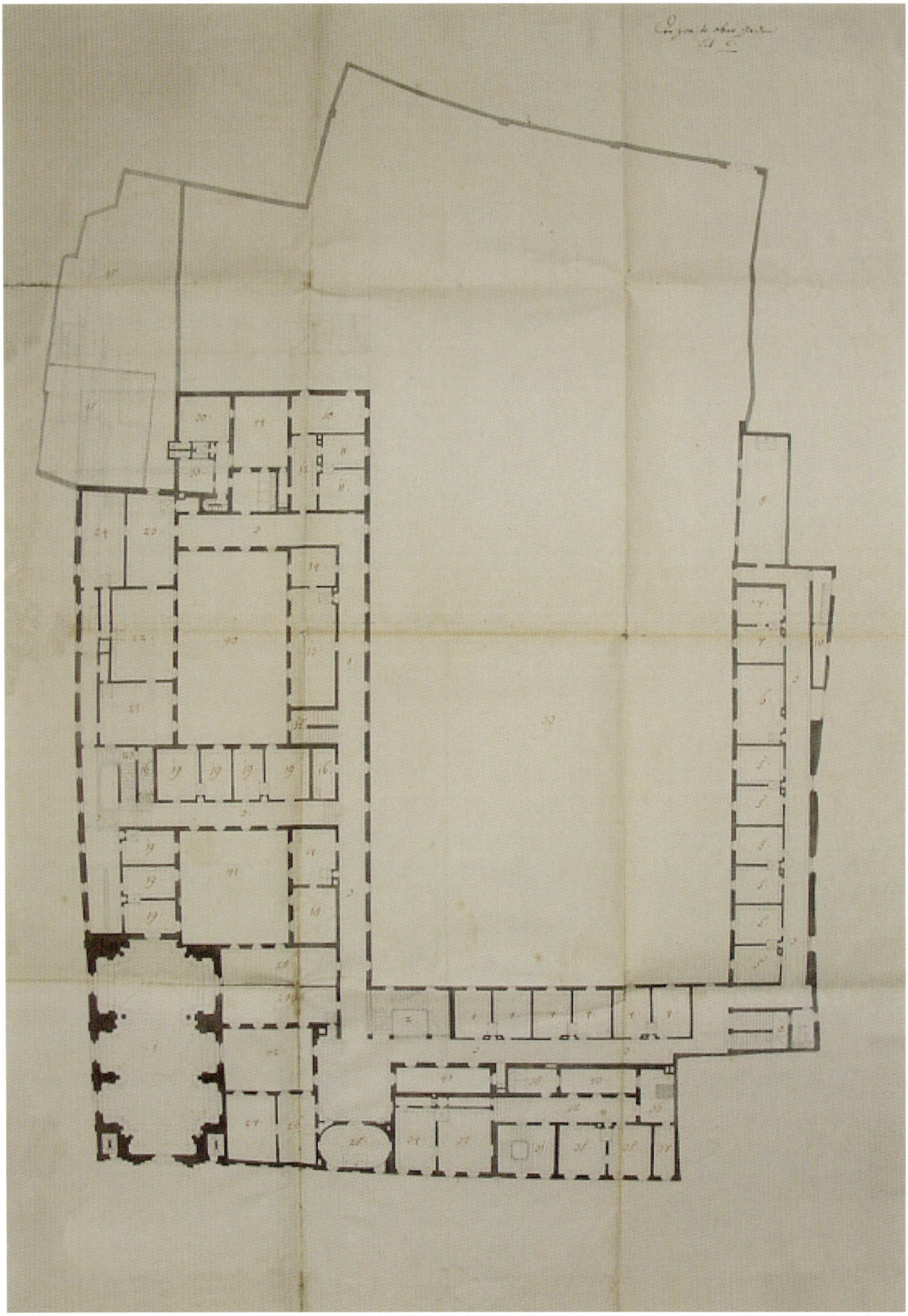

Maße: 820 x 547 mm. Feder: schwarz über Vorzeichnung und Konstruktionslinien in Stift. Lavierung: schwarz (Mauerwerk), rotbraune Nummerierung. Stockflecken / Zirkeleinstiche / Einrisse mit Japanpapier hinterlegt. Wasserzeichen: Lilie mit ICVSSON / Weintraube, kein Maßstab

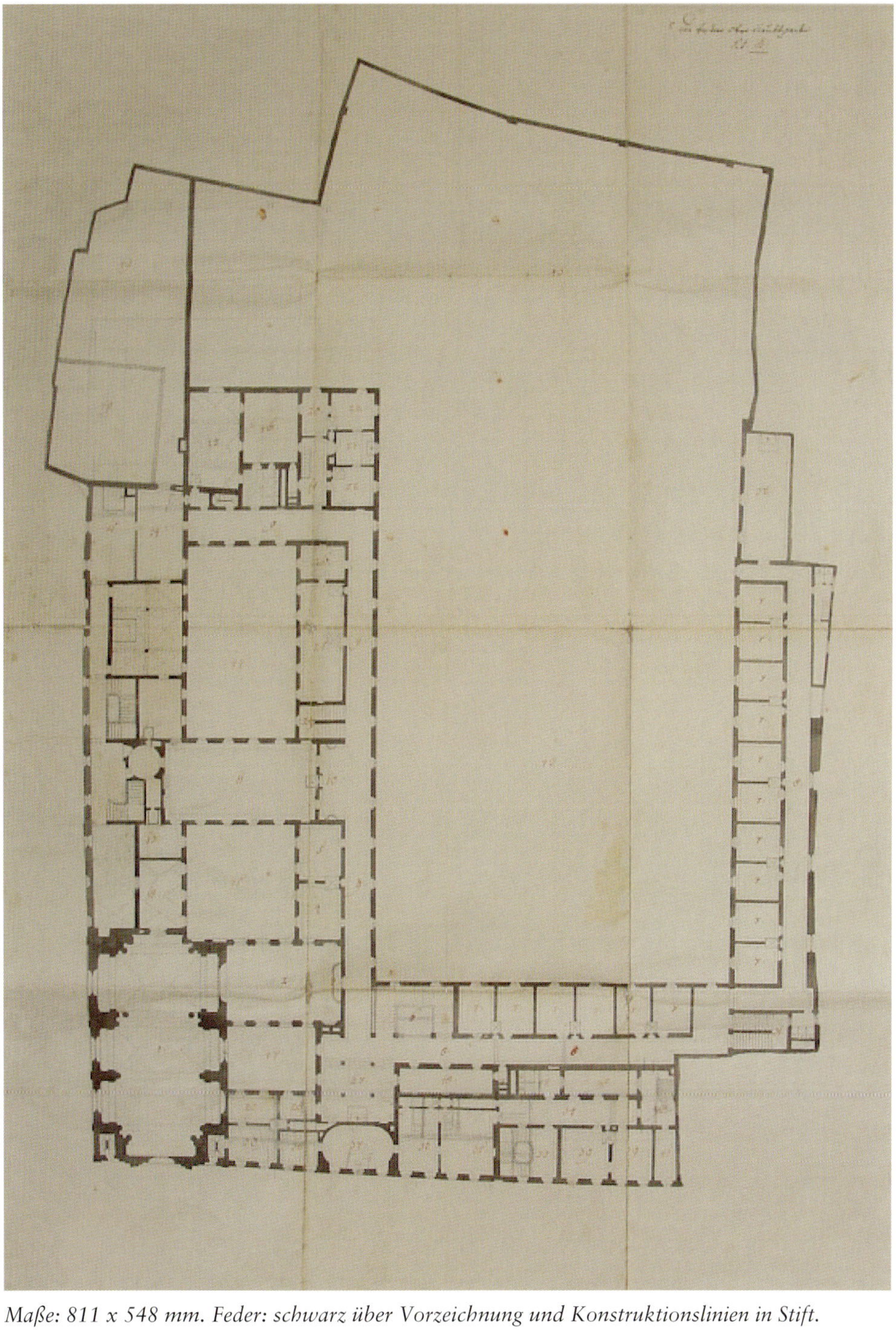

Abb. 18 München, Gesamtanlage des Salesianerinnenklosters. Nicht ausgeführter Kirchengrundriss nach Plan I, 1. Stock der Klosteranlage, Umriss des Klostergartens

Maße: 811 x 548 mm. Feder: schwarz über Vorzeichnung und Konstruktionslinien in Stift. Lavierung: schwarz (Mauerwerk), rotbraune Nummerierung. Stockflecken / Zirkeleinstiche / berissen. Wasserzeichen: Lilie mit ICVSSON / Weintraube, kein Maßstab

Abb. 19 München, Gesamtanlage des Salesianerinnenklosters. Kirchengrundriss nach Plan II, Erdgeschoss der Klosteranlage, farbige Ausführung des Klostergartens

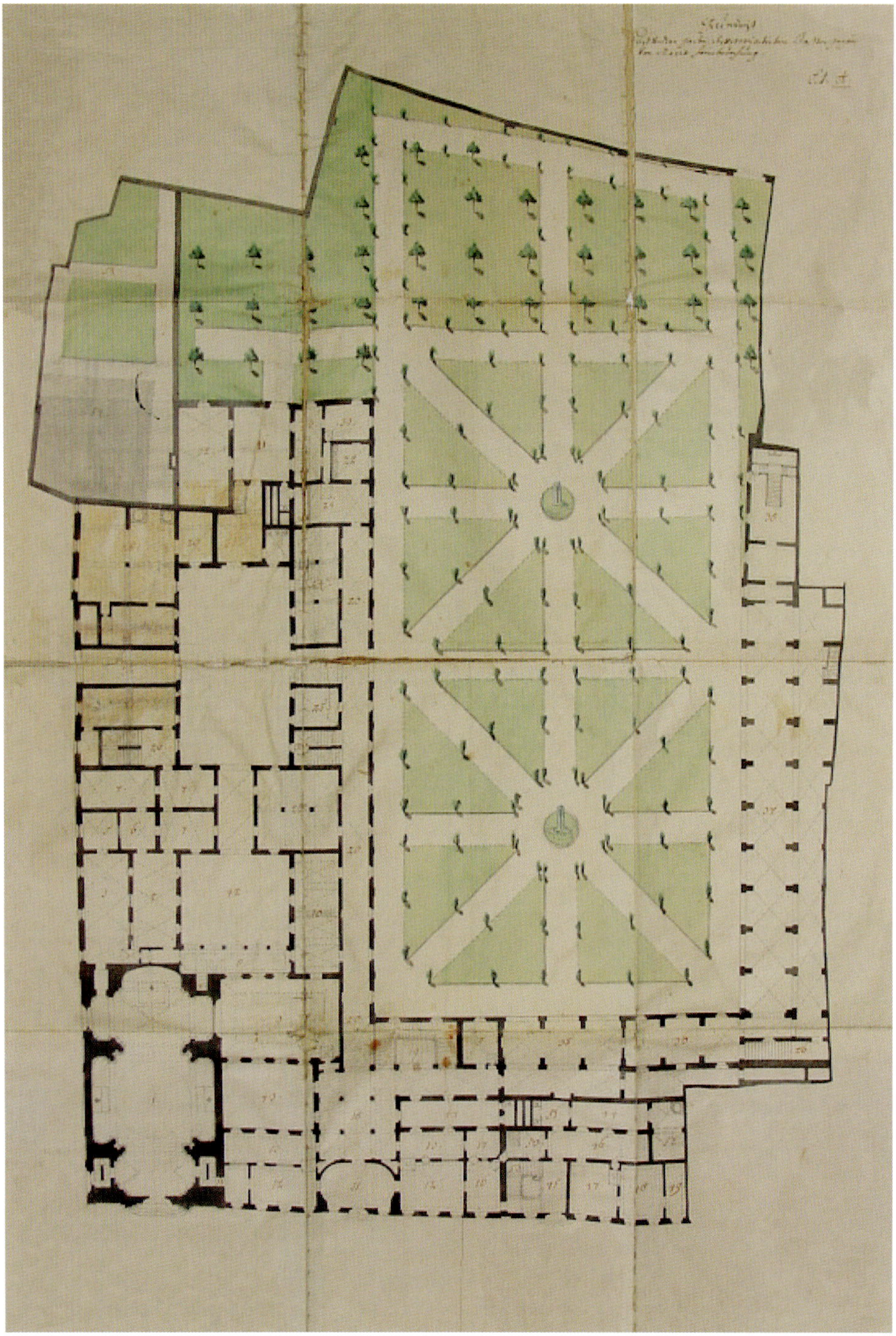

Maße: 799 x 549 mm. Feder: schwarz über Vorzeichnung und Konstruktionslinien in Stift. Lavierung: schwarz (Mauerwerk) / hellgrün (Rasen) / dunkelgrün (Bäume mit Schlagschatten) / blau (Brunnen) / rotbraune Farbe auf Gebäudeteilen / rotbraune Nummerierung. Stockflecken / Zirkeleinstiche / Einrisse mit Japanpapier hinterlegt. Wasserzeichen: Lilie mit ICVSSON / Weintraube, kein Maßstab

Abb. 20 München, Grundriss der Salesianerinnenkirche St. Anna. Ausgeführter Kirchengrundriss nach Plan II

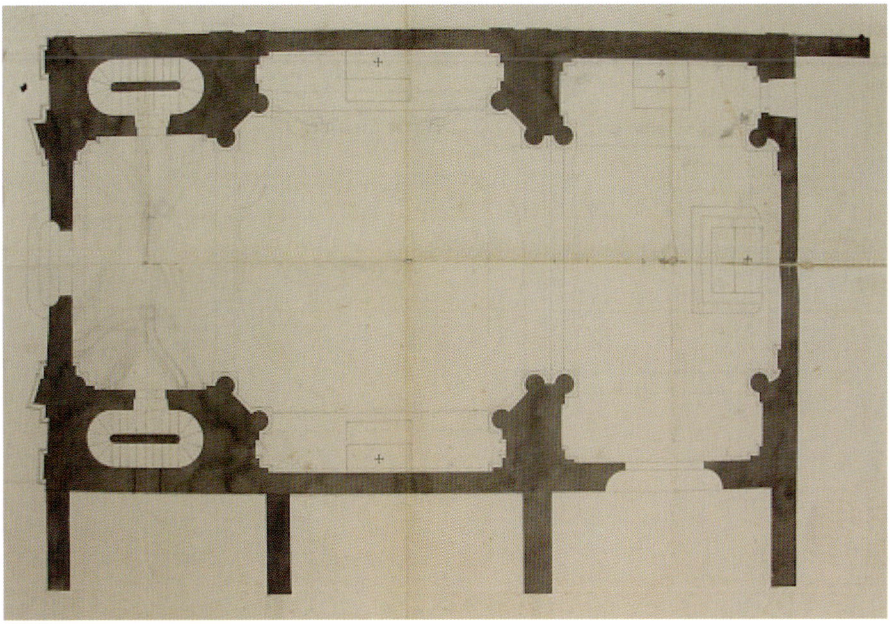

Maße: 567 x 414 mm. Feder: schwarz über Vorzeichnung und Konstruktionslinien in Stift. Bleistifteinzeichnung im Chorbereich. Lavierung: schwarz (Mauerwerk) Zirkeleinstiche / Einrisse mit Japanpapier hinterlegt. Wasserzeichen: A"Herz"R / Weintraube. Maßstab, Skala, 50 Schuh = 222 mm

Abb. 21 München, Salesianerinnenkirche St. Anna. Wandaufriss des Schwesternchors

Maße: 147 x 246 mm. Feder: schwarz über Vorzeichnung und Konstruktionslinien in Stift. Lavierung: grau (Mauerwerk, Schatten) / gelb, grün (Fenster). Wasserzeichen: IV. Maßstab, Skala, 50 Schuh = 146 mm

Abb. 22 München, Salesianerinnenkirche St. Anna. Altarschranke für den Chor, Baluster

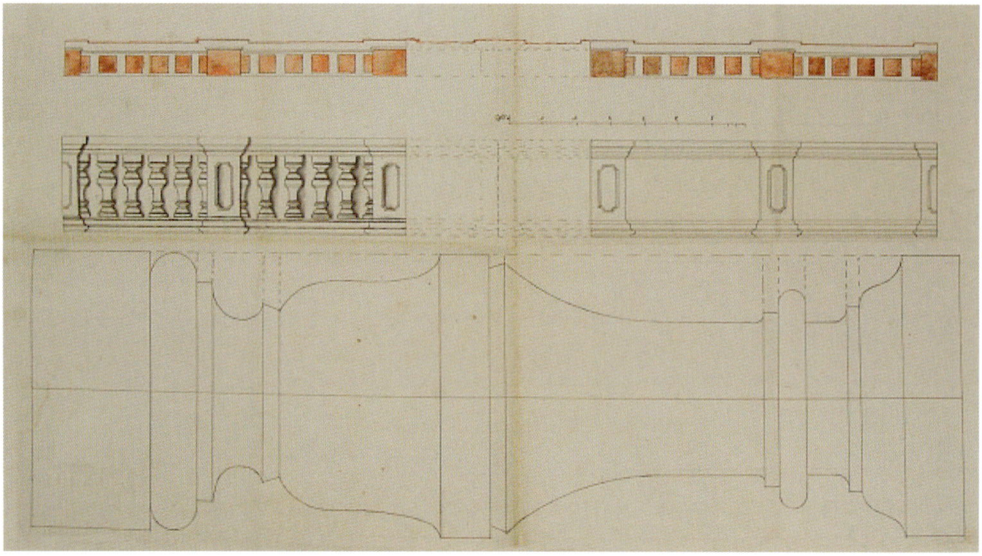

Maße: 339 x 576 mm. Feder: schwarz über Vorzeichnung und Konstruktionslinien in Stift. Lavierung: schwarz (Schlagschatten) / rotbraun (Schnitt). Stockflecken / Zirkeleinstiche. Wasserzeichen: bekröntes Wappen. Maßstab, Skala, 7 Schuh = 131 mm

Abb. 23 München, Salesianerinnenkirche St. Anna. Altarschranke für den Seitenaltar

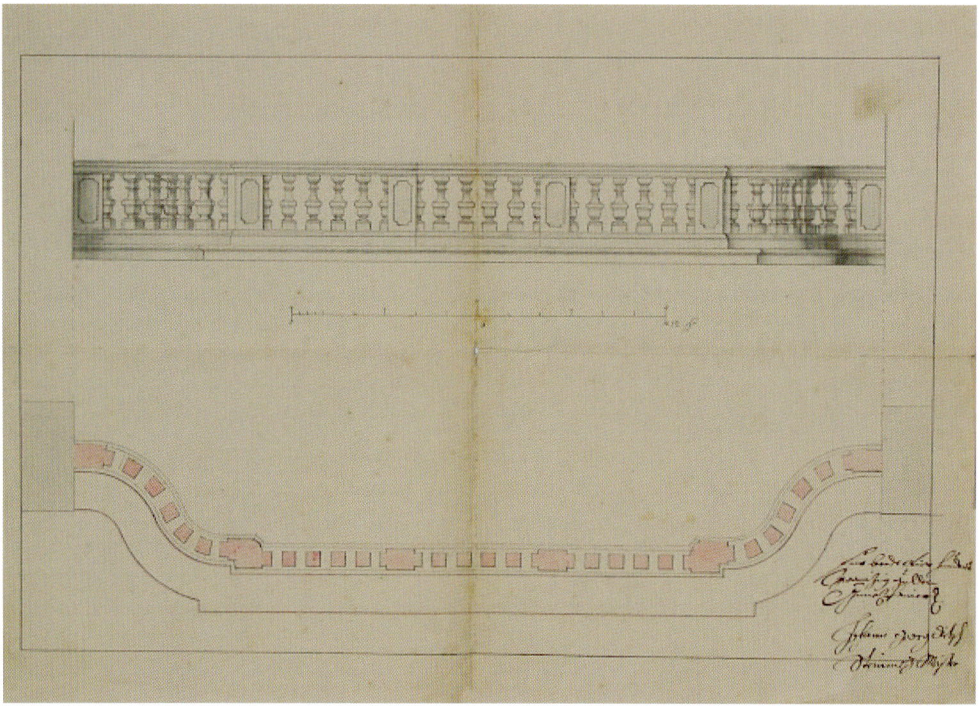

Maße: 302 x 444 mm. Feder: schwarz über Vorzeichnung und Konstruktionslinien in Stift. Lavierung: schwarz (Schlagschatten) / rosa (Schnitt), Stockflecken / berissen. Wasserzeichen: bekröntes Lilienwappen mit WR, Maßstab, Skala, 12 Schuh = 165 mm

Abb. 24 München, Salesianerinnenkloster. Aquarell aus der Klosterchronik: Klostergarten, Blick nach Westen

Abb. 25 München, Salesianerinnenkloster. Luftaufnahme vor der Zerstörung 1944

Wien, Salesianerinnenkirche Maria Heimsuchung.

Klosterkirche erbaut 1717–1727 durch Donato Felice Allio,
Fassade von Joseph Emanuel Fischer von Erlach,
Ölmalerei des Kuppelbildes von Giovanni Antonio Pellegrini, 1727

Abb. 26 Wien, Salesianerinnenkloster. Radierung von Johann Ziegler, 1783: „Das Adeliche Frauenkloster der Salesianerinnen am Rennweg“

Abb. 27 Entwurf zum Kuppelbild der Wiener Salesianerinnenkirche von Antonio Pellegrini: Himmelfahrt Mariens, 115 x 93 cm, Stuttgart, Staatsgalerie

Abb. 28 Wien, Salesianerinnenkirche Maria Heimsuchung. Kuppelbild, Detail: Hl. Maria, Aufnahme während der Restaurierung

Abb. 29 Wien, Salesianerinnenkirche Maria Heimsuchung. Kuppelbild, Detail: Gottvater, Aufnahme während der Restaurierung

Abb. 30 Wien, Salesianerinnenkirche Maria Heimsuchung. Kuppelbild, Detail: Jesus, Aufnahme während der Restaurierung

Amberg, Salesianerinnenkirche St. Augustinus,

heute Schulkirche genannt. Klosterkirche erbaut 1699 durch
Wolfgang Dientzenhofer, Umbau ab 1757,
Fresken von Gottfried Bernhard Göz, 1758,
Stuck von Franz Xaver Höpflmayr

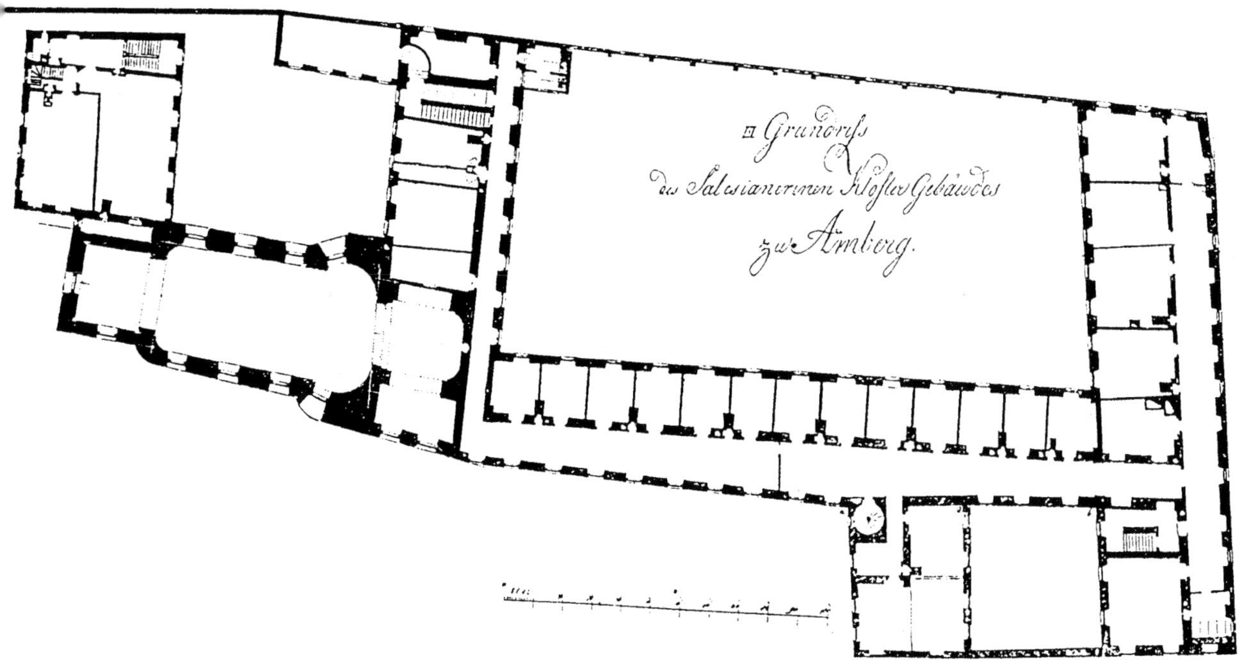

Abb. 31 Amberg, Salesianerinnenkirche St. Augustinus.
Grundriss von Kirche und Kloster vor dem Brand von 1815

Abb. 32 Amberg, Salesianerinnenkirche St. Augustinus. Hauptfresko: Szenen aus dem Leben der Ordensstifterin Johanna Franziska von Chantal

Abb. 33 Amberg, Salesianerinnenkirche St. Augustinus. Fresko über der Orgelempore: Johanna Franziska von Chantal wird der Name „Jesu“ auf die Brust gebrannt

Abb. 34 Amberg, Salesianerinnenkirche St. Augustinus. Chorfresko: Heilige Dreifaltigkeit

*Abb. 36 Ölgemälde: Herz-Jesu-Verehrung.
Aus dem Besitz der Münchner Salesianerinnen*

*Abb. 35 Amberg, Salesianerinnenkirche
St. Augustinus.
Wandfresko an der nördlichen Langhauswand:
Herz-Jesu-Verehrung*

Ordensstifter

Abb. 37 Ölgemälde: Franz von Sales (1567–1622). Aus dem Besitz der Münchner Salesianerinnen

Abb. 38 Ölgemälde: Johanna Franziska von Chantal (1572–1641). Aus dem Besitz der Münchner Salesianerinnen

Abb. 39 Ölgemälde:
Kurfürstin Henriette Adelaide
(Turin 1636 – München 1676).
Geschenk der Kurfürstin an die Münchner Salesianerinnen

Abb. 40 Ölgemälde:
Kaiserin Amalia Wilhelmine
(Lüneburg 1673 – Wien 1742).
Geschenk der Kaiserin an die Wiener Salesianerinnen

Abb. 41 Ölgemälde:
Kurfürstin Amalia Maria
(Wien 1701 – München 1756),
Tochter von Kaiserin Amalia Wilhelmine.
Geschenk der Kurfürstin an die Münchner Salesianerinnen